KB183096

어두운 시대에도 도덕은 진보한다

어두운 시대에도 도덕은 진보한다

마르쿠스 가브리엘 지음　전대호 옮김

MORALISCHER FORTSCHRITT IN DUNKLEN ZEITEN

MORALISCHER FORTSCHRITT IN DUNKLEN ZEITEN
by MARKUS GABRIEL

일러두기
- 원서의 주는 미주로, 옮긴이 주는 각주로 처리했다.
- 원서의 이탤릭체는 한국어판에서 고딕체로 표시했고,
  굵은 세리프체는 굵은 명조체로 표시했다.

이 책은 실로 꿰매어 제본하는 정통적인 사철 방식으로 만들어졌습니다.
사철 방식으로 제본된 책은 오랫동안 보관해도 손상되지 않습니다.

세계 안의 악은 거의 늘 무지에서 나오며, 선한 의지도 만일 계몽되어 있지 않다면 악에 못지않게 피해를 일으킬 수 있다. 사람들은 나쁘기보다 좋은 편이다. 하지만 이것은 전혀 중요하지 않다.

— 알베르 카뮈, 『페스트』

머리말

바야흐로 흥분이 들끓는다. 아무리 늦추어 잡아도 독일이 통일된 1989년 이후 몇십 년 동안 자명하게 여겨져 온 가치들인 자유, 평등, 연대와 이것들의 시장 경제적 실현이 걷잡을 수 없이 위태로워진 듯하다. 역사의 부활이라고 할 만한 이 흐름은 도덕적 근본 개념의 혼란을 동반한다.[1] 우리는 심각한 가치 위기에 처한 듯하다. 우리의 민주주의가 가치 위기에 감염된 듯하다.

우리가 빤히 보는 앞에서 미국, 폴란드, 헝가리, 튀르키예 등의 국가들은 민주주의 법치 국가를 도덕에 기초한 가치 시스템으로 간주하는 입장으로부터 점점 더 멀어지고 있다. 도널드 트럼프는 김정은과 교섭하고, 오르반 빅토르*는 반계몽적 독재적 지배자들과 조약을 맺고, 폴란

---

* 헝가리 총리.

드 정부는 권력 분립을 공격하고 법원의 독립성을 약화한다. 독일에서는 극우파의 테러가 증가한다. 미국 사회와 유사하게 독일 사회도 진보적 자유주의 세력과, 흔히 인종주의적이며 최소한 외국인을 적대시하고 독일을 내세우는 집단으로 분열하는 듯하다.

이 가치 위기는 우리의 몸뿐 아니라 사회까지 감염시킨 코로나 위기를 통해 심화된다. 주지하다시피 처음에 코로나 위기는 긍정적 효과를 냈다. 2020년 3월 이후 새로운 연대를 감지할 수 있었다. 그 연대는 정치가 이제껏 전례가 없는 도덕적 결정을 내린 것에서 비롯되었다. 인간의 생명을 구하고 보건 시스템을 지켜 내고 대유행의 감염 연쇄를 끊기 위하여, 시장 논리가 사회의 최상위 명령이라는 신자유주의적 전제의 효력이 정지되었다. 훨씬 더 파국적인 기후 위기는 이제껏 우리를 도덕적으로 옳은 행동을 위하여 심각한 경제적 손실을 감수하게 만들지 못한 반면, 신종 코로나바이러스는 순식간에 지구적 생산망의 작동을 저해했다.

요컨대 이미 지금 경제적 이유에서 명확히 드러났듯이, 위기가 지난 후에 우리는 위기 이전의 방식을 그대로 이어 갈 수 없다. 우리는 새로운 사회 모형이 필요하고, 그 모형의 기반은 순전히 경제적인 지구화 프로젝트보다 더 안정적이어야 한다. 왜냐하면 그 프로젝트는 코로나바이러스 앞에서 마치 카드로 지은 집처럼 붕괴했고, 2020년 코로나 위기의 향후 귀결과 2008년 금융 위기를 함께 고려하면, 어쩌면 1990년 이래로 그 프로젝트는 지속 가능성이 더 높은 다른 경제 형태와 비교할 때 거둔 초과 이익보다도 더 큰 비용을 유발했으니까 말이다.[2] 예컨대 독일이 은행들과 기타 기업들을 구제하기 위해 투입해야 했던 엄청난 자금만 이야기하려는 것이 아니다. 고삐 풀린 시장 논리가 유발한 부수적 피해도 중요하다. 중요한 예로 소셜 미디어가 자유 민주주의적 가치관에 미치는 부정적 영향을 꼽을 수 있다. 디지털화, 특히 급속히 확장하는 인터넷과 우리의 일상 속으로 파고드는 스마트폰은 데이터 수집 경쟁, 도청(盜聽), 기술 독점을 통한 고의적 조작, 자유주의 사상을 교란하기 위한 러시아, 북한, 중국의 사이버 공격을 유발했다.

모든 위기는 위험과 더불어 사회를 개선할 기회도 품고 있다. 코로나 위기는 우리를 비추는 거울이다. 그 위기는 우리가 누구인지, 어떻게 경제 활동을 하는지, 어떻게 생각하고 느끼는지 보여 주고, 그럼으로써 인류가 긍정적으로 변화할 가능성을 연다. 이상적일 경우, 그 변화는 도덕적 통찰을 길잡이로 삼을 것이다. 우리가 도덕적 이유에서 무엇을 하고 무엇을 하지 말아야 마땅한지를 과거보다 더 많이 숙고할 때만 우리는 사회적 상황을 개선할 수 있다.

윤리적으로 옳지 않은 사고방식을 찾아내고 그것을 극복하기 위한 제안을 내놓는 것은 철학의 과제다. 물론 이 과제를 철학이 혼자서 떠밑을 수는 없다. 철학은 자연 과학, 기술 과학, 생명 과학, 정신과학Geisteswissenschaft(인문학)*, 사회 과학에 의존한다. 지금 우리가 논하는 바는 순수한 학술적 관심사로 머물지 않는다. 우리가 인간으로서 누구이며 미래에 누구이고자 하는가 하는 일반적인 질문이 관건이다. 이린 형태의 자기 인식과 지속 가능한 〈좋음의 비전Vision des Guten〉(이것은 미국 철학자 브라이언 레이터의 표현이다)을 갖추려면, 학문, 정치, 경제, 시민 사회의 상호 신뢰와 심층적 협력을 육성하는 것이 필수적이다.

이를 위한 전제 조건은, 사회는 근본적으로 경쟁과 분배 투쟁(분배를 둘러싼 싸움)에 의해 조종되며 오로지 국가의 통제와 감시를 통해서만 그 투쟁을 제어할 수 있다는 뿌리 깊은 생각으로부터 벗어나는 것이다. 계몽된 사회의 목표는 오히려 자율, 곧 구성원들이 도덕적 통찰을 통해 자신들을 스스로 조종하는 것이다. 현대적 노동 분업과 한눈에 굽어볼 수 없을 만큼 복잡한 지구적 생산망을 고려할 때, 마찬가지로 지구적인 〈신뢰의 정신〉이 필요하다. 바꿔 말해, 우리가 통상적으로 말하는 〈연대〉가 더 많이 필요하다.[3]

* 독일어에서 〈정신과학〉은 우리의 〈인문학〉과 유사하다.

위기들(자유 민주주의의 위기, 보건 시스템의 약점, 지구적 시스템 경쟁, 고삐 풀린 디지털화)이 누적된 결과로, 오로지 경제적 지구화의 원리에 따라 구성되다시피 한 세계 질서의 몇몇 구조적 약점이 드러났다. 위기가 닥치면 알게 되듯이, 오로지 시장이 결정권을 쥐면 연대와 협력은 작동하지 못한다. 왜냐하면 시장은 이익을 향한 탐욕과 경쟁을 두둔하고 요즘은 점점 더 민족주의를 두둔하기 때문이다. 우리가 빤히 보는 앞에서 중국의 국가 자본주의가 민족주의를 두둔하고 있으며, 트럼프의 미국 우선주의America First 정책도 마찬가지다. 또한 대유행이 선포되고 이탈리아 북부에서 재난 상황이 벌어지자마자 시작된 유럽 내부의 의약품 확보 경쟁 역시 안타깝게도 같은 맥락 안에 있다.

어쨌든 지난 10년 동안 소셜 미디어가 — 주로 스마트폰을 통해 — 점점 더 보급되는 가운데 다시 한번 드러났듯이, 역사는 자동으로 도덕적-법적 진보를 산출하지 않는다. 우리가 세계의 사정을 거의 실시간으로 점점 더 많이 알게 될수록, 상황이 전혀 예상치 못한 두려운 방향으로 흘러간다는 인상이 더 뚜렷해진다. 민주주의의 종말, 새로운 유행병, 막을 수 없는 기후 위기부터, 우리의 일자리를 위협하고 어쩌면 — 영화 「터미네이터The Terminator」에서처럼 — 인류 전체의 생존을 위협하는 인공 지능까지, 온갖 문제가 거론된다. 산더미처럼 쌓인 그 문제들 앞에서 오늘날 제기되는, 사회의 모든 영역을 건드리는 절박한 질문은 이것이다. 우리는 과연 무엇을 해야 할까?

하지만 저 인상이 옳은지 여부를 따지기에 앞서, 몇 가지 개념을 설명할 필요가 있다. 당면한 사정이 무엇을 의미하는지 잘 모른다면, 어떻게 그 사정에 관하여 논할 수 있겠는가?

우리가 인간으로서 하거나 하지 말아야 마땅한 무언가를 나는 도덕적 사실moralische Tatsache이라고 부르겠다. 도덕적 사실들은 모든 인간을 향한 보편적 요구를 통보하고 우리의 행동을 평가할 기준을 정의한다. 도덕적 사실들은 우리가 인간인 우리 자신에게, 다른 생물들에게, 또한 모든 생물이 공유한 환경에 어떤 빚을 졌는지 알려 준다(이것은 미국 도덕 철학자 토머스 스캔런의 유명한 표현이다).[4] 도덕적 사실들은 의도적이며 합리적으로 통제할 수 있는 행위를 선한 행위와 악한 행위로 분류한다. 이 양자 사이에 도덕적으로 중립인 행위의 영역, 곧 허용되는 행위의 영역이 놓여 있다. 이 세 영역 — 선, 중립, 악 — 은 윤리적 가치들이다. 윤리적 가치들의 유효성은 보편적이다. 즉, 문화나 시대에 종속하지 않는다. 가치가 긍정적이기만 한 것은 아니다. 가치는 우리가 해야 마땅한 것뿐 아니라 하지 말아야 마땅한 것도 알려 준다. 또한 당연히 도덕적 숙고는 선하지도 않고 악하지도 않은 행위의 영역을 우리에게 허용한다. 우리가 일상적으로 행하고 추진하는 많은 것은 도덕적 평가의 대상이 아니다. 도덕적으로 무게가 실린 행위와 중립적인 행위를 구별하는 것은 철학적 윤리학의 중요한 과제다. 오직 그 구별을 통해서 우리는 도덕적으로 명확히 규제되지 않은 자유의 영역이 어디인지 알아챈다.

우리가 행하는 모든 것이 선의 범주와 악의 범주에 속하는 것은 아니다. 많은 일상적 행위는 도덕적으로 중립이다. 과거에 인류는 이를 예컨대 성생활과 관련하여 학습해야 했다. 과거에 비도덕적이라고unmoralish 여겨진 많은 것(이를테면 동성 간의 섹스)이 도덕적으로 중립임을 우리는 이미 오래전에 간파했다. 이것은 도덕적 진보다.

도덕적 사실은 요구, 권고, 명령으로 명확히 표현된다. 도덕적 사실은 도덕과 무관한nichtmoralisch 사실과 구별된다. 후자는 자연 과학, 기술 과학, 정신과학, 사회 과학에 의해 탐구되고 성공적일 경우 발견된다. 도덕과 무관한 사실은 우리에게 직접적으로 요구하는 바가 없다. 예컨대 알코올 섭취가 우리 몸에 해롭다는 사실을 우리는 알지만, 오로지 그 사실로부터 〈우리가 알코올을 마시는 것이 바람직할까? 얼마나 많이 마시는 것이 바람직할까?〉라는 질문에 대한 답이 나오지는 않는다. 또한 우리가 현대 물리학의 발견들과 그것들의 기술적 응용을 통하여 인류를 절멸할 수도 있고 인류의 존속에 기여할 수도 있음을 우리는 안다. 하지만 물리적으로 탐구 가능한 우주의 구조로부터, 아무튼 인간이 존재해야 마땅하다는 것이나 우리가 인간을 어떻게 다루어야 마땅한가 하는 것이 도출되지는 않는다.

예컨대 신경 퇴행성 질환(이를테면 알츠하이머병)에 걸린 사람을 우리가 어떻게 다루어야 마땅한지는 그 병이 어떻게 진행하는지, 또 환자와 보호자의 일상에 어떤 영향을 미치는지와 관련이 있다. 그러나 〈우리가 그 병에 걸린 사람을 윤리적으로 정당화할 수 있게 다루려면 어떻게 다루어야 마땅한가?〉라는 질문의 답을 오로지 그 병에 관한 연구로부터 얻으려는 것은 터무니없는 시도다. 우리가 우리 자신에게, 타인들에게, 다른 생물들에게, 그리고 환경에 진 빚은 물론 도덕과 무관한 사실들과 관련이 있지만 그 사실들로부터 엄밀하게 도출할 수는 없음을 우리가 인정할 때만, 도덕적 진보가 가능하다.

모든 도덕적 질문이 오로지 공간적, 시간적으로 우리와 가까운 구역과 관련이 있는 것은 아님을 우리는 윤리학에서 오래전에 깨달았다. 현대에 우리가 하거나 하지 말아야 마땅한 것은 현재와 미래의 모든 인간에게 직간접으로 영향을 미친다. 즉, 아직 실존하지 않는 미래 세대도 영향을 받는다. 더 나아가 우리의 의무들은 인간의 영역을 벗어나 다른 생물들과 (동물이 아닌 자연이라는 의미의) 환경에 영향을 미친다.[5] 윤리학은 보편적 가치를 다루며, 우리가 일상에서 속해 있는 작은 공동체들의 울타리를 뛰어넘는다.

계몽과 자유 민주주의의 근본 가치들이 흔들리고 역사가 퇴보하고 있다는 한탄이 점점 더 커지는 가운데, 〈과연 가치란 무엇이고 가치가 위기에 처했다는 진단은 정확히 무슨 뜻인가〉라는 질문에 답하는 작업은 대개 간과된다. 그런 근본적인 개념 설명은 수천 년 전부터 철학의 몫이며, 계몽의 추진력은 늘 그런 설명에서 나왔다.

이 책은 도덕적 가치들을 다루는데, 그 가치들은 특히 경제적 가치들과 구별되어야 한다. 흔히 접하는 이야기와 달리 도덕적 가치는 주관적이지 않다. 바꿔 말해, 도덕적 가치는 사람들이(개인이나 집단이) 내린 평가에 근거를 두고 실존하지 않는다. 오히려 가치는 우리가 가치관을 평가할 때 기준으로 삼는 잣대다. 가치관은 개인이나 집단을 정의할 수 있고 사람들의 생활 방식과 소속 집단을 규정할 수 있다. 우리는 도덕적 사실을 기준으로 가치관을 평가함으로써, 옳은지 여부에 따라 가치관을 분류할 수 있다.

선과 악은 우리의 도덕적 숙고의 양극을 가리키며 특히

충분히 명백한 사례들의 형태로 우리에게 익숙하다. 이를 테면 수천 년 전부터, 인류의 진보를 이끈 성자, 종교 창시자, 영웅 들은 도덕적 나침반이 존재한다는 견해를 옹호했다. 거꾸로 늦어도 20세기 전체주의적 독재자들의 만행 이후로 우리는 근본적인 악das radikale Böse의 사례들을 익히 안다. 대량 살상 무기 사용, 전면전, 집단 학살 수용소는 근본적인 악의 표출이었다. 홀로코스트를 유례없는 극단적 악의 사례로 우리 독일인 앞에 소환하여 우리를 늘 다시 침묵하게 만드는 독일의 기억 문화는 악이 정말로 존재함을 일깨우는 중요한 기능을 한다. 악은 제2차 세계 대전이 끝나면서 사라지지 않았다. 오히려 악은 오늘날 바샤르 알아사드*를 비롯한 많은 전쟁 범죄자와 대량 학살자의 모습으로 출현한다.

선과 악은 보편적 가치이다. 선은 소속 집단, 역사적 시(時)점, 문화, 취향, 성별, 계급, 인종과 상관없이 보편 도덕적으로 명령된다. 반면에 악은 보편 도덕적으로 금지된다. 우리 각자 안에 선과 악이 있으며, 그 선과 악은 우리의 일상적 생각과 행위에서 나타난다. 이 보편적 가치들이, 그리고 구체적이며 한눈에 굽어볼 수 없을 만큼 복잡한 행위 상황들에 그 가치들을 적용하는 것이 이 책의 주제다.

* 시리아 대통령.

16

〈어떻게 우리가 함께 각자가 자기 삶의 매 순간에, 우리 자신을 도덕적으로는 개인들로서 또 법적으로는 정치적 공동체로서 개선하는 데 기여할 수 있을까〉라는 질문을 인류가 늘 다시 스스로에게 던지지 않는다면, 민주주의도, 민주주의 법치 국가도, 권력 분립도, 윤리학도 아예 존재하지 않을 것이다. 어쩌면 위기가 심화된 지금이야말로 새로운 계몽을 위한 최적의 시기가 아닐까? 새로운 계몽은 이 책이 추구하는 야심 찬 목표다.

나는 인간의 행동을 제한하는 도덕적 가드레일이 존재한다는 주장과 논증을 펼칠 것이다. 그 가드레일은 문화에 종속하지 않으며 보편적으로 유효하다. 그 가드레일은 21세기의 보편적 가치의 원천이다. 그 가드레일의 유효성은 과반수 사람의 인정에 의존하지 않는다. 이런 의미에서 그 유효성은 객관적이다. 인간적 숙고의 다른 영역에서와 똑같이 윤리적 질문과 관련해서도 진실과 사실이 존재한다. 윤리학에서도 사실이 임의적 견해보다 더 중요하다. 관건은 이제껏 우리가 파악하지 못한 도덕적 사실을 함께 찾아 나서는 것이다. 왜냐하면 모든 각각의 시대는 새로운 윤리적 난제들을 제시하고, 시작된 지 얼마 안 된 21세기의 복잡한 위기들은 오직 혁신적인 사유 도구를 통해서만 극복될 수 있으니까 말이다.

이 책은 실제로 존재하고 정말로 위험한 우리 시대의

카오스에 질서를 부여하려는 독특한 시도다. 따라서 나는 도덕적 문제의 해결을 위한 철학적 도구 상자를 개발하고 싶다. 나의 목표는, 우리의 행성에서 인류의 과제는 협력을 통해 도덕적 진보를 가능케 하는 것이라는 생각에 새로운 활력을 불어넣는 것이다. 21세기를 위한 보편적 가치에 부합하는 도덕적 진보 — 따라서 만민의 진보 — 를 이루어 내지 못한다면, 우리는 상상할 수 없을 만큼 깊은 구렁텅이에 빠질 것이다. 코로나 위기를 통해 (어쩌면 수많은 사람이 빈민으로 전락할 것이기 때문에) 심화될 우리 행성의 사회 경제적 불평등은 장기적으로 지속 가능하지 않다. 그러므로 예컨대 우리는 우리 자신의 행위의 귀결들 때문에 우리로서는 상상할 수 없는 고통을 겪는 사람들을 우리로부터 멀리 떼어 놓기 위해 민족 국가의 국경을 내세울 수 없다. 그런 웅크리기 전략은 도덕적으로 배척해야 할 뿐 아니라 경제적, 지정학적으로 실패할 수밖에 없다. 좋든 싫든, 만민은 한배를 탔다. 그 배는 우리의 행성이며, 우리는 지속 불가능한 생산망과 무책임한 행위를 통해 그 행성을 둘러싼 얇고 연약한 대기를 파괴하고 있다. 코로나 대유행은 깨어나라는 경보다. 마치 우리의 행성이 우리의 급속한 자멸을 늦추고 추가적인 침해로부터 당분간이라도 자신을 보호하기 위해 면역 시스템을 활성화하기라도 한 것 같다.

안타깝지만, 2008년 금융 위기 이래로 우리가 매우 심각한 가치 위기에 빠졌다는 것은 전적으로 옳은 판단이다. 자유 민주주의가 눈에 띄게 퇴보하는 가운데 지난 몇 년 동안 우리는 독재적 국가 경영의 모형들이 급속히 확산하는 것을 체험했다. 트럼프, 시진핑, 자이르 메시아스 보우소나루,* 레제프 타이이프 에르도안,** 오르반, 야로스와프 카친스키***를 비롯한 많은 국가수반이 그 모형들을 대표한다. 설상가상으로 브렉시트가 가결되고, 독일에서 새로운 — ⟨독일을 위한 대안당⟩의 우익 변두리에서 성장한 — 극우주의가 등장하고, 사회의 일부 진영은 부분적으로 인간이 초래한 기후 변화에 관한 자연 과학 전문가들의 견해를 싸잡아 불신한다. 게다가 인공 지능, 기계 학습, 로봇 공학의 발전으로 노동계가 진정한 위험에 처한 듯하다. 그리하여 예컨대 전설적인 사업가이자 억만장자인 일론 머스크나 최근에 사망한 물리학자 스티븐 호킹을 비롯한 몇몇은 가까운 미래에 인간보다 우월한 초지능이 출현하여 우리를 지배하거나 멸종시키고 지구에서 일어나는 진화의 통제권을 장악할 것이라는 추측까지 내놓는다.[6]

* 브라질 전 대통령.
** 튀르키예 대통령.
*** 폴란드 정치인.

하지만 자연 과학적-기술적 진보가 부분적으로 일으킨 기후 변화가 이른바 실존 위험Existenzrisiko 곧 우리 종이 자멸할 위험의 전부는 아니다. 20세기에 일어난 두 차례의 세계 대전은 정보 기술, 특히 메시지의 코드화 및 해독 기술의 급격한 발전을 가져왔고, 그 발전은 제2차 세계 대전 이후 우리 생활 세계의 컴퓨터화로 이어졌다. 컴퓨터화의 최신 단계, 곧 디지털화의 핵심은 스마트폰, 소셜 미디어, 검색 엔진, (승용차, 비행기, 열차 등에 탑재된) 이동 수단 제어 시스템이 우리의 활동과 사고방식에 중대한 영향을 미치는 것이다.

이것은 실제로 우리의 실존을 위협하는 변화다. 왜냐하면 이 모든 조종 구조는 인공 지능을 동원하기 때문이다. 인공 지능은 오늘날의 체스 프로그램과 바둑 프로그램처럼 사고 과정에서도 우리를 능가하기 위하여 우리의 사고 과정에 침투할 역량을 갖추었다. 체스와 바둑에서는 가장 뛰어난 인간 선수들도 인공 지능에게 이길 가망이 없어진 지 오래다. 예컨대 몇 년 전에 딥마인드는 〈알파고〉라는 인공 지능을 개발했는데, 그 인공 지능은 고대 중국에서 유래한 바둑에서 최고의 선수들을 이긴다. 바둑은 체스보다 더 복잡한데도 말이다.

오늘날 소셜 네트워크에 접속하는 사람은 인공 지능이 선별한 뉴스 피드, 요약 정보, 그림, 비디오에 붙들려 화면 앞을 떠나지 못한다. 그럴 때 우리는 말하자면 더 우월한 상대에 맞서 일종의 사회적 체스를 둔다. 그 상대는 우리에게서 점점 더 많은 시간과 주의를 앗아 갈 것이다. 우리는 진지한 뉴스와 가짜 뉴스에 폭격당하고 결국엔 스스로 생각하는 능력을 어쩌면 완전히 상실할 것이다.

인공 지능 내부와 배후에 숨어 있는 기업의 이익과 소프트웨어의 조종에 아직은 저항하는 아날로그적 인간과 자유 민주주의의 애처로운 퇴각전(退却戰)은, 자연 과학적-기술적 진보는 오로지 도덕적 진보와 발맞출 때만 성공한다고 믿는 근대의 이상을 위태롭게 만든다. 그 발맞춤이 이루어지지 않으면, 우리의 행동을 이롭게 제어하기 위한 기반 시설(근대적 복지 국가도 그런 기반 시설 중 하나다)은 올더스 헉슬리의 『멋진 신세계Brave New World』와 조지 오웰의 『1984년Nineteen Eighty-Four』 같은 고전 문학 작품이나 ── 우리 시대에 더 가까운 예를 꼽자면 ──「블랙 미러Black Mirror」, 「로맨틱 컴퓨터Electric Dreams」, 「이어스 앤 이어스Years and Years」 같은 공상 과학 시리즈가 펼치는 디스토피아적 공포 시나리오로 돌변한다.

우리가 어느 모로 보나 속한 (이 책이 다룰) 어두운 시대의 특징은, 도덕적 인식의 빛이 부분적으로 시스템 수준에서, 예컨대 가짜 뉴스의 확산, 정치적 조작, 선전, 이데올로기, 기타 세계관을 통해 가려지는 것이다.

어두운 시대를 헤쳐 나갈 대책은 계몽이다. 계몽은 이성의 빛을, 따라서 도덕적 통찰을 전제한다. 계몽의 중요한 주춧돌 하나는, 상황이 우리에게 도덕적으로 요구하는 바가 무엇인지를 우리가 대부분의 경우에 실은 안다는 생각이다. 윤리적 딜레마와 같은 난감한 상황은 드물다. 윤리적 딜레마란, 우리가 선택할 수 있는 여러 행위 가운데 어느 것을 선택하더라도 도덕적 명령을 이행하지 못하는 결과가 나오는 상황을 뜻한다. 윤리적 딜레마 상황에서 우리가 선한 행동을 하면 자동으로 다른 선한 행동을 하지 않게 되고 따라서 도덕적으로 그릇된 행동을 하게 된다.

그런 상황에서 우리에게 필요한 것은 다른 상황들에서 얻은 명확한 도덕적 통찰이다. 이는 삶의 커다란 난관에서 우리가 도덕적으로 길을 잃지 않기 위해서다. 우리가 우리 자신의 도덕적 통찰에 접근할 길이 막히면, 우리는 어둠 속에 놓이게 된다.

우리가 어두운 시대에 산다는 것을 절실히 느끼는 당사자는 이 세계에서 가장 가난한 사람들이다. 왜냐하면 그들은 가장 필요한 것이 없는 곤경을 흔히 겪기 때문이다. 우리 곁에서는 신종 코로나바이러스의 확산을 막기 위해 바이러스학자가 정치인 및 보건 전문가와 함께 발 벗고 나서는 반면 — 먼 나라뿐 아니라 예컨대 독일의 난민 수용소에서 비좁게 사는 — 가장 가난한 사람들은 코로나 감염병을 비롯한 수많은 질병에 무방비로 노출되어 있다. 그것은 부분적으로 우리 부유한 사람들의 책임이지만, 우리는 일상에서 그 책임감을 억누른다. 왜냐하면 우리의 사업과 소비 관행은 우리가 모두 한배를 탔다는 점을, 동일한 행성에 산다는 점을 기만적으로 외면하기 때문이다.

그러나 도덕적 시야가 어두워지는 현상은 가난한 국가들을 희생양으로 삼은 지난 몇십 년 동안의 세계사적, 세계 경제적 동향과만 관련이 있는 것이 아니다. 그 현상은 이미 오래전에 독일 사회에도 침투했다. 18세기에 처음 일어난 거대한 계몽의 물결이 없었다면 결코 존재할 수 없었을 민주주의 법치 국가의 가치 목록에 부합하게 성장한 독일 사회에서도 도덕적 시야가 어두워지고 있다. 코로나 대유행은 보건 시스템의 심층적인 약점들을 들추어냈을 뿐 아니라 서로를 배려하지 않는 도덕적 폐해를 특유한 방식으로 드러냈다. 오르반, 시진핑, 블라디미르 푸틴, 트럼프 등의 민족주의적 정치인들은 예전엔 생각할 수 없었을 정치적 목표들을 유행병을 핑계로 관철하기 위하여 이 위기를 이용한다. 예컨대 미국은 유럽인 여행자에 대하여 국경을 봉쇄했고, 이에 유럽 연합도 국경 봉쇄로 대응했다. 감염 연쇄를 끊고 통계 곡선을 관리해야 한다는 바이러스학적 명령을 통해 정당화된 정치적 비상사태는 모든 국가에서 예외 없이 개별 정치인과 정당을, 나아가 민족 국가 전체를 정치적으로 돋보이게 하는 데 이런 저런 방식으로 동원된다. 예컨대 독일은 자국 보건 시스템의 우월한 장비와 조직을 전 세계에 뽐낸다. 이는 주로 중국에 맞선 상징적 군비 경쟁의 일환이기도 한데, 이에 질세라 중국도 완벽한 위기관리국으로 행세하면서 공산주의적 미사여구로 치장한 자국의 자본주의적 독재 모형을 퍼뜨린다.

여기 독일에서도 중국의 조치에 대한 찬사가 나오고 디지털 〈감시 자본주의Überwachungskapitalismus〉가 시험되는 것은 불안을 자아낸다. 우리 모두는 사회적 거리 두기에 따른 공간적 고립 상태에서 전례 없이 많은 데이터를 생산하고, 그렇게 차츰 우리의 프라이버시를 포기하고 있다.[7] 지금 우리는 거의 모두 온종일 화면 앞에 앉아 있다. 일터와 사적인 휴식 장소가 융합하여 홈 오피스라는 새로운 구성물을 이루었으며, 많은 기업은 시대의 혜택을 남김없이 누리고 업무 공간에 드는 비용을 절약하기 위하여 코로나 위기 이후에도 개인의 가정에 침입할 것으로 예상된다. 이것은 사실상 새로운 〈공론장의 구조 변동〉을 촉진하는 미심쩍은 동향이다. 이 흐름은 프라이버시의 마지막 장소 — 집, 자택 — 를 공적인 데이터 및 상품 생산망에 완전히 편입한다.[8]

이런 극단적 조치들은 자유 민주주의의 가치 위기를 심

화한다. 그 위기는 2020년 초반의 연대감을 통해 극복된 것이 아니라 단지 연기되었을 뿐이다. 코로나 터널의 출구에서 우익 포퓰리즘의 퇴행적인 힘이 벌써 우리를 기다리고 있다. 관건은 우리가 지금 이 위험에 맞서 백신을 접종하는 것이다. 즉, 우리가 도덕적 이유에서 무엇을 하거나 하지 말아야 마땅한지를 더 잘 통찰하기에 적합한 사고방식을 개발하는 것이 관건이다.

프랑스 혁명의 북소리와 함께 등장한 근대는 계몽의 유토피아에 기초를 두며, 그 유토피아의 본질적 핵심은 우리의 제도들 — 무엇보다도 국가 — 이 도덕적 진보를 위한 도구라는 생각이다. 그런데 그런 계몽은 학문, 경제, 정치뿐 아니라 모든 개별 시민이[9] 자신의 일상적 행동을 통해, 우리가 최선의 앎과 양심을 가지고 도덕적으로 옳은 행동을 하려고 개인적으로 또 집단적으로 노력할 때만 가능하다. 계몽의 유토피아는 프랑스 혁명을 통해 손에 잡힐 듯 다가온 듯했지만, 그 후 주로 민족주의적 이해관계에서 비롯된 격렬한 반동을 통해 멀어져 갔다. 그 반동의 출발점은 프랑스의 다양한 혁명 세력이 저지른 테러의 물결과 그 뒤를 이은 나폴레옹의 독재였다.

그러나 여러모로 우리는 18세기 후반과 19세기보다 더 진보했다. 좋은 면에서도 그렇고, 나쁜 면에서도 그렇다. 도덕적으로 뒤처짐 없이 발맞추지 않으면서 자연 과학적-기술적 진보를 추진하면 어떤 구렁텅이에 빠지게 되는지 우리는 목격했다. 그런 자연 과학적-기술적 진보는 예컨대 대량 살상 무기들을 낳았고, 그것들은 20세기에 간헐적으로 인류를 표적으로 사용되었다. 또한 근대 기술과 보조를 맞추어 경제가 거침없이 진보하지 않았다면, 우리는 기후 재앙을 목전에 두지 않았을 것이다.

우리는 오로지 도덕적 진보를 통해서만 민족주의의 강화에 따른 새로운 전쟁의 위험과 수억 명의 인구를 위협하는 생태 위기에 맞설 수 있다. 인간이 자신의 도덕적 능력을 자각하는 것, 그리고 민족 국가의 이기주의를 넘어선 지구적 협력만이 세계사적 구렁텅이를 향해 꾸준히 가속하는 움직임을 멈출 수 있음을 인정하기 시작하는 것은 시대의 명령이다.

도덕적 진보란 우리가 무엇을 하거나 하지 말아야 마땅한지 더 잘 인식하는 것이다. 그러므로 도덕적 진보는 인식을 전제하며, 부분적으로 가려졌던 도덕적 사실을 우리가 들추어내는 것이 일반적인 도덕적 진보의 핵심이다. 환경에 해로운 배출 가스를 줄이는 데 적합한 조치는 무엇인지, 질병을 어떻게 진단하고 치료할지, 자원을 어떻게 공정하게 분배할지, 어떤 표현을 심리적 폭력으로 분류해야 할지, 성적인 괴롭힘과 기타 권력 및 폭력이 작용하는 젠더 차별을 어떻게 극복할지, 안락사를 어떻게 규제해야 할지, 이 모든 것은 실재를 마주해야만 대답할 수 있는 도덕적-법적 질문들이다.

　도덕과 무관한 사실들이 어떠한지는, 이상적일 경우 자연 과학, 정신과학, 사회 과학, 기술 과학 연구의 협력을 통해 알아낼 수 있다. 바꿔 말해, 우리 시대의 절실한 도덕적 질문들에 비추어 실재를 연구하라는 임무를 대학교를 비롯한 연구 기관들에 부여함으로써 알아낼 수 있다. 철학은 자연 과학과 기술에도 의존한다. 철학은 우리가 인간과 기타 동물들과 환경에 관하여 아는 바를 당연히 무시하지 말아야 하며 오히려 이 지식을 철학적으로 숙고된 인간상 안에 편입시켜야 한다. 거꾸로 이것도 마찬가지로 중요한데, 자연 과학자와 기술 과학자뿐 아니라 철학적 주제에 관하여 예전보다 더 많이 발언하는 경제 과학자도 철학의 발전 상태를 알아야 한다. 그렇게 여러 분야가 협력하면서 모든 대화 참가자가 상대의 지식을 진지하게 받아들이고 자신의 언어로 번역하지 않으면, 계몽의 이상은 실패할 수밖에 없다.

　도덕적으로 뚜렷한, 어쩌면 우리 모두에게 닥친 위험 앞에서 무엇을 하거나 하지 말아야 마땅한지 알아내려면, 우리는 도덕과 무관한 사실들을 최대한 정확하게 고려하는 데 도움이 되는 모든 전문 지식을 돌아보아야 한다. 예컨대 우리의 소비 행태와 지구적 생산망이 유발하는 막대한 환경 위험을 과거 어느 때보다 더 절실히 알아야 한다. 그래야 적절한 도덕적, 정치적, 사회 경제적 조치를 취할 수 있으니까 말이다. 우리의 기후 목표에 최대한 빨리 도달하려면 풍력 발전을 더 늘릴 필요가 있는가 하는 질문은 얼마나 많은 풍력 발전기를 정확히 어디에 건설해야 할지 판단하는 데 결정적인 역할을 한다. 또한 도덕과 무관한 다른 기후 관련 변수도 고려해야 한다. 예컨대, 어디에서 어떤 폭풍이 발생할지, 풍력 빌진기 견실을 위해 얼마나 많은 숲을 벌목해도 될지를 말이다. 그래야 과학, 경제, 정치, 시민 사회의 유의미한 협력을 통해 우리의 자식들뿐 아니라 아직 태어나지 않은 인류에게도 최대한 좋은 미래의 기반을 마련해 줄 수 있다.

그런데 이 요구가 탈근대적 자의성의 침입으로 흔들리고 있다. 지금도 여전히 탈근대주의는 객관적 진실은 궁극적으로 전혀 없다고 가르치려 든다. 즉, 적절한 연구 방법을 통해 밝혀 낼 수 있는 사실은 없고, 늘 정치적 입김이 스며든 견해만 존재한다는 것이다. 심지어 학문은 궁극적으로 근거가 없으며 정치적 동기가 스며든 여론 조종에서 결코 벗어날 수 없다고 여기는 사람도 많다. 그리하여 어느새 특히 미국과 영국의 주요 대학교들에서는, 대학교는 정체성 정치적identitätspolitisch 분쟁을 해결하는 장소라는 견해가 널리 퍼지고 있다.

이런 맥락에서 탈근대적 지식 사회학자 브뤼노 라투르는 수십 년 전부터, 사실들matters of fact은 존재하지 않고 단지 실험실에서 탐구되거나 생산되는 다양한 관심거리들 matters of concern만 존재한다고 주장한다. 구체적으로 그의 견해에 따르면, 람세스 2세는 그의 미라에 관한 연구에서 폐결핵으로 사망한 것으로 밝혀졌지만 그 병으로 사망했을 수 없다. 왜냐하면 폐결핵 병원균은 19세기에야 발견되었기 때문이다.[10] 우리가 환경을 보호해야 하는 것은 그렇게 하지 않으면 우리 자신과 기타 생물들이 (자연 과학 덕분에 우리가 깨달은 대로) 심각한 위험에 빠질 것이기 때문이 아니라, 일종의 생태학적 연방 의회인 〈사물들의 의회〉가 존재하며 거기에서는 열대 우림과 곤충과 오존층이 투표권을 가졌기 때문이라고 라투르는 믿는다.[11] 다른 많은 초창기 탈근대 이론가와 마찬가지로 라투르는, 사실들을 도외시하고 그 대신에 억압당하는 자들을 사회적으로 옹호할 것을 1980년대부터 촉구해 왔다. 그에 따르면, 최근에 환경도 억압당하는 자들의 무리에 추가되었다.

하지만 이런 형태의 정체성 정치는 명백한 헛소리다. 왜냐하면 기본적으로 사실들을 상대로 싸움을 걸기 때문이다. 만약에 라투르의 과학 철학이 옳다면, 우리는 코로나바이러스를 실험실에서 연구하기를 그침으로써 간단히 퇴치할 수 있을 것이다. 왜냐하면 그 바이러스는 발견(혹은 오히려 발명)되어야만 존재할 테고 감염력을 발휘할 테니까 말이다. 이것은 탈근대적 헛소리다.

실재를 알지 못하면 절실한 도덕적 질문들에 유의미하게 답할 수 없다. 우리는 누구나 이를 삶에서 직접 경험하여 잘 안다. 사실들을 너무 오랫동안 무시하고 실재를 외면하는 사람은 삶의 위기에 점점 더 깊이 빠져든다. 어느 순간에 우리는 사실들 앞에 우리 자신을 세우고, 〈우리는 누구이며 누구이고자 하는가〉라고 물어야 한다. 그럴 때, 실재와 사실들과 앎과 진실에 대한 탈근대적 부정은 더는 도움이 되지 않는다. 이를 2020년 당시 미국 대통령의 거의 모든 발언에서 확인할 수 있다. 그는 진실과 실재는 존재하지 않으며 항상 집단 소속의 표현만 존재한다는 탈근대적 견해에 전적으로 동의하는 것이 틀림없다.

주의 깊게 살펴보면, 탈근대적 정체성 정치는 고삐 풀린 디지털화와 똑같이 파괴적이다. 날뛰는 디지털화는 복지 국가를, 심지어 민주주의 자체를 중국식 통치 체제로 대체하고 산업의 컴퓨터화와 자동화를 통해 경제적 호황을 무자비하게 촉진하는 것을 기분 좋게 꿈꾼다.

민주주의 법치 국가를 낳은 계몽의 이상으로서의 근대는 모든 진영으로부터 공격당하고 있고, 이 요란한 동요는 우리 모두를 다양한 방식으로 몹시 당황하게 한다. 그

렇게 민주주의 법치 국가의 기반이 야금야금 침식당하는
— 탈근대적 자의성과 밀접한 관련이 있는 — 세태에 맞
서 나는 이 책에서 새로운 계몽의 윤곽을 제시할 것이다.
나는 새로운 계몽을 새로운 도덕적 실재론*이라고 부르고
자 한다.[12]

거듭 말하지만, 현재 우리는 역사적 시야가 어두워지는
것을 체험하고 있다. 지구적 연결망을 이룬 인류는 지금
인류 자신을 멸종시키는 일에 열중하고 있다. 오로지 이
익을 향한 탐욕 때문에 인간성을 대가로 생산되는 종종
터무니없는 소비재의 지구화된 생산망이 그 멸종 작업에
힘을 보탠다. 2년마다 자동차를 바꿀 능력과 의지가 있는
사람처럼 자주 새 자동차가 필요한 사람은 아무도 없다.
그들은 단지 최신 내부 설비와 기술에 경탄하여 지갑을
열 따름이다. 스마트폰, 태블릿, 의류, 다양한 사치품도
마찬가지다. 우리는 우리 자신과 자식들을 위해 그것들을
사면서 그 구매로 자식들의 미래를 망친다는 것을 알아채
지 못한다. 플라스틱에 대한 불만을 토로하고 우리가 즐
겨 수영하고 낚시하고 싶은 바다가 플라스틱에 의해 파괴
되는 것을 목격하면서도 바다 그림이 그려진 플라스틱 장
난감을 구매한다.

* 마르쿠스 가브리엘의 철학 전반을 〈신실재론〉으로 칭한다면, 새로운
도덕적 실재론을 〈도덕적 신실재론〉이라고 부를 수 있을 것이다.

우리의 소비 행태는 완전히 모순적이다. 예컨대 우리는 사업을 위한 여행의 수요를 줄이기 위해 디지털화에 의존하지만, 디지털화도 생태 위기를 심화한다는 점을 쉽게 간과한다. 나는 독일 연방 정부가 개최한 어느 회의에 초대받아 참석했는데, 소셜 미디어가 민주주의 법치 국가에 끼칠 수 있는 악영향을 짚어 볼 목적으로 열린 그 회의에 참석한 일부 사람들은 그 회의가 유튜브로 생중계된다는 점을 자랑스러워했다. 소셜 미디어를 문제시하고 소셜 미디어에 저항하기 위해 소셜 미디어를 동원하는 것은 명백한 모순이다.

우리가 누구나 매일 관여하는 많은 모순이 무해한가 하면, 전혀 그렇지 않다. 〈위험할 수도 있는 자연 과학적-기술적 진보를 옳은 방향으로 이끌기 위해 반드시 필요한 도덕적 진보를 우리가 이루어 낼 수 있는가〉라는 질문은 우리의 일상에서 시작된다. 물리학과 화학은 근대적 기반 설비와 식수 공급망을 만들어 냈지만, 원자 폭탄과 화학 무기도 생산했다. 자연 과학적-기술적 진보만으로는 사람들이 도덕적으로 옳은 일을 행하고 제도화하리라는 것이 보장되지 않는다. 이는 경제적 부가 그것을 보장하지 못하는 것과 마찬가지다. 우리는 누구나 삶의 매 순간, 악과 파괴의 규모를 줄이기 위해 선을 행할 것을 촉구받는다. 책임져야 할 행위는 〈저 바깥〉이나 〈저 위〉 정치계, 언론계, 경제계의 유력인들 사이에서만 이루어지는 것이 아니라 우리 각자의 곁에서도 이루어진다.

허구적 인물을 예로 들 수 있을 성싶다. 나는 그 인물을 〈안톄 클라인하우스〉라고 부르겠다(이 이름을 가진 실존 인물은 없기를 바란다). 베를린 프렌츠라우어 베르크에 사는 안톄는 한 아프리카 아동의 대모(代母)이고, 자선 단체 〈세계를 위한 빵〉에 기부하며, 레스보스섬에서 문명사회의 일부 사람들과 유럽 국경 수비대에게 억압당하는 아동 이민자들을 텔레비전으로 보면서 그들에게 대체로 연민을 느낀다. 그녀는 현재의 어두운 시대에 나날이 새롭게 충격과 공포를 느끼며, 지인들이 〈독일을 위한 대안〉 당을 찍지 않게 하려고 애쓴다. 왜냐하면 그녀는 관용과 세계를 향한 개방성을 옹호하기 때문이다. 어느 날 안톄의 어린 딸 루나는 유치원에서 새로 사귄 친구 아이샤를 생일잔치에 초대하고 싶어 한다. 그런데 안톄는 아이샤를 집으로 초대하는 것이 왠지 부적절하다고 느낀다. 아이샤는 그의 부모가 튀르키예에서 독일로 이주했기 때문에 전혀 다른 문화를 지녔고 독일어가 서툴다는 점이 마음에 걸린다. 게다가 살라미 피자도 문제다. 안톄는 아이샤 앞에 돼지고기를 놓고 싶지 않다. 아이샤의 문화를 존중하기 위하여 결국 아이샤는 초대자 명단에서 제외된다. 안톄가 보기에는 아이샤가 자신의 문화 속에서 행복하게 성장하는 편이 아이샤 본인을 위해서도 더 낫기 때문이다. 이는 아프리카의 대자(代子)를 위해 안톄가 기부하는 돈이 그 아이가 예컨대 고생길을 무릅쓰고 독일로 향해야만 하는 상황에 처하지 않고 고향에서 성장해도 되도록 만드는 데 기여하는 것과 마찬가지다.

이런 형태의 기만적 행동이 보여 주는 바는, 우리 모두가, 심지어 외견상 전혀 무고하고 약간 진보적이기끼지 한 안톄 클라인하우스조차도 잠재적으로 위험한 선입견을 지녔다는 점이다. 지하철을 타고 가다가 왠지 〈이슬람 테러리스트처럼〉 생긴 누군가가 타면 움찔하며 몸을 움츠리는 사람은 잠재적으로 인종주의적이며 확실히 외국인 공포증적인 선입견을 표현하는 것이다. 〈전형적인 독일인은 어떻게 생겼는가〉라는 질문을 제발 한번 던져 보라! 당신이 그 질문의 답을 안다고 믿는다면, 당신은 지금 자신의 인종주의적 선입견을 마주하게 된 것이다. 전형적인 독일인은 없고, 전형적인 독일인의 생김새는 더더욱 없으니까 말이다.

환경 오염의 주범은 우리 모두이며 특히 독일인이다. 독일인의 역사는 고틀리프 다임러와 카를 프리드리히 벤츠가 내연 기관으로 추진되는 자동차를 발명한 것을 포함하니까 말이다. 아름다운 바덴뷔르템베르크주의 역사는 〈녹색당〉의 창립뿐 아니라 내연 기관 자동차의 발명도 주요 사건으로 기록해야 한다. 내연 기관 자동차는 애당초 우리에게 생태 정책이 필요하게 만든 원인 중 하나다.

이 모든 모순을 해소하려면, 거대한 지구적, 정치적 해법만 필요한 것이 아니다. 동시에 우리 자신을, 우리의 고유한 선입견과 행위를 출발점으로 삼아야 한다. 악이 〈저 바깥의〉 미국인, 억만장자, 사우디아라비아인, 중국인, 러시아 해커 등에게만 있는 것이 아님을 우리가 인정할 때만 도덕적 진보가 가능하다. 사람들은 이 시대가 어두운 것을 그들의 탓으로 돌리고 싶어 하지만 말이다.

기후 위기와 더불어 현재 독일이 직면한 중요한 위험은 정치적 극단주의와 그에 따른 테러리즘이다. 이 위험은 지난 몇 년 동안 정치적 암살들(발터 륍케의 피살)과 최근에 하나우에서 벌어진 것을 비롯한 테러들로 현실화되었다. 이것은 이 책에서 다룰 한 가지 근본적인 문제가 낳은 결과이기도 하다. 그 문제는 바로 탈사실적 감정 과잉 postfaktische Gefühlsduselei이다. 이 문제의 핵심은, 때로는 고의로 동원되기도 하는 정체성에 관한 이야기에 기초한 집단 소속감과 과반수의 창출이 크고 작은 결정에서 하는 역할이, 이성적으로 납득할 만한 근거들을 대고 사실들을 확인함으로써 모든 인간이 알아챌 수 있는 방식으로 옳은 행위 노선을 함께 선택하려는 노력이 하는 역할보다 더 큰 것에 있다. 간단히 말해서, 오늘날에는 감정이 강조된

트위터 형식의 짧은 뉴스, 인스타그램의 사진, 혹은 미디어에서 띄우는 정치적 구호가 검증 가능한 사실보다 더 중요할 때가 많다.

거듭 말하지만, 바로 그렇기 때문에 지금은 계몽의 중심 생각을 되살릴 때다. 즉, 우리가 무엇을 하고 무엇을 하지 말아야 마땅한지를 이성을 통해 알아내기 위해 함께 노력할 수 있다는 생각을 되살려야 한다. 그런데 오늘날 계몽은, 도덕적 질문들에 대해서는 보편적으로 수용 가능하고 모든 인간에게 합당한 해답이 존재하지 않으며 늘 강자의 권리 방어만 존재한다고 가르치려 드는 사상들에 맞서기 위해 업데이트될 필요가 있다. 따라서 이 책은 그런 사상들을 누구나 납득할 수 있게 비판하고 반박할 것이다. 이런 의미에서 이 책은 새로운 계몽의 첫걸음이다. 새로운 계몽이 반드시 필요하다는 점은 다른 학자들에 의해서도 지적된 바 있다.[13]

새로운 계몽은, 페터 슬로터다이크의 성공한 — 하지만 뜻은 여기에서와 전혀 다른 — 표현을 빌리면, 공동 면역Ko-immunismus을 추구한다. 관건은 모든 각각의 시대에 맞게 자유, 평등, 연대 등의 가치 목록을 내용적으로 새롭게 조정하고, 이성을 쓰러뜨리기 위해 동원되는 각각의 위험을 평가하는 것이다. 이성은 늘 비이성과 싸워야 하며, 그 이유는 다양하다. 미국 철학자 스탠리 카벨은 주저

『이성의 요구*The Claim of Reason*』에서 다음과 같은 추측을 제기했는데, 아마도 전적으로 옳은 추측일 것이다. 〈자신의 인간성을 부정하기를 바라는 것보다 더 인간적인 것은 없다.〉[14]

나의 책이 겨냥하는 독자는 가능한 한 최대 범위의 사람들, 현재 느껴지고 지각되는 사회 정치적 논쟁들의 야만화를 못마땅하게 느끼며 도덕적 판단을 위해 이성을 동원하는 시도에 대해서 열려 있는 사람들이다. 소통 가능하며 타인들과 공유 가능한 근거들이 성공적인 〈함께 살기〉의 도덕적 기반이라는 점을 확신시키기 위해 모두와 대화할 수는 없다. 기후 변화를 부인하거나 백신에 반대하는 악명 높은 사람들에게 논증이 힘을 발휘하지 못하는 것과 마찬가지로 예컨대 극우 폭력범과 그를 부추기는 정신적 방화범에게도 논증은 효력이 없을 것이다. 그러나 기본적으로 진실을 인식하고 사실들을 인정하려 애쓸 뿐 아니라 모든 사람이 도덕적 문제 상황에서 모든 타인을 기본적으로 같게 대해야 한다는 원칙을 인정하려 애쓰는 제도를 갖춘 사회에서는, 근거 대신에 구호가, 오류를 범할 수도 있는 논증 대신에 감정적 호소가 힘을 발휘하는 논쟁 상황에서보다 정신적 방화범의 악이 덜 쉽게 번창한다. 소셜 미디어가 작심하고 강화하는 탈사실적 시대는 종교적, 정치적 유형을 비롯한 온갖 유형의 극단화를 꽃

피우는 토양이다. 근거들을 주고받으면서 누가 옳은지 밝혀내기 위하여 이슬람 국가의 증오 설교자나 극좌파 스탈린주의자와 대화하는 것은 부질없는 짓이다. 왜냐하면 대화 상대의 이데올로기가 그런 근거 교환의 기본 규칙들을 받아들이지 않기 때문이다.

민주주의 법치 국가의 기반을 가용한 모든 수단(무고한 사람들에게 가하는 폭력을 포함한)으로 허무는 것을 목표로 삼은 극단적 불관용은 관용의 대상이 아니다. 그러므로 이 책이 겨냥하는 독자는 〈이 어두운 시대에 도덕적 사실과 도덕적 진보가 존재할까〉, 그리고 〈어떻게 우리가 보편적 가치에 기초하여 21세기의 가치 질서를 짤 수 있을까〉라는 질문을 합리적으로, 곧 개인적 견해에만 얽매이지 않고 다루고자 하는 사람들이다. 이런 작업에 관심이 없는 사람들이 점점 더 늘어난다는 것도 문제의 한 부분이며, 나는 철학적 관점에서의 숙고를 통해 이 부분의 해결에 기여하고 싶다.

차례

1장
가치들은 무엇이며 왜 보편적인가

이 장의 주제는 새로운 계몽의 윤리학적 근본 개념들이다. 그것들은 몇 가지 핵심 주장에서 도출된다. **새로운 도덕적 실재론의 핵심 주장들**[1]은 아래와 같다.

핵심 주장 1: 우리의 개인적, 집단적 견해로부터 독립적인 도덕적 사실들이 존재한다. 이 사실들은 객관적으로 존립한다.

핵심 주장 2: 객관적으로 존립하는 도덕적 사실들은 본질적으로 우리에 의해 인식 가능하다. 즉, 정신 의존적이다. 그 사실들은 인간을 향해 있으며, 우리가 무엇을 해야 마땅한지, 해도 되는지, 혹은 반드시 막아야 하는지를 알려 주는 도덕적 나침반이다. 그 사실들은 핵심을 추리면 뻔할 정도로 명백하지만 어두운 시대에는 이데올로기, 선전, 조작, 심리적 메커니즘 들을 통해 가려진다.

핵심 주장 3: 객관적으로 존립하는 도덕적 사실들은 인간이 존재했고 존재하고 존재할 모든 시대에 유효하다. 그 사실들은 문화, 정치적 견해, 종교, 성별, 혈통, 외모, 나이로부터 독립적이며 따라서 보편적이다. 도덕적 사실들은 차별하지 않는다.

나는 핵심 주장 1을 **도덕적 실재론**이라고 칭할 것이다. 주장 2는 도덕적 요구들이 향하는 표적인, 자유로운 정신적 생물로서의 우리 인간에 관한 것이다. 그렇기 때문에 나는 이 주장을 **인본주의**라고 부른다. 마지막으로 주장 3은 일반적으로 **보편주의**라고 불린다.[2]

우리는 이 장의 인상적인 표어로 두 개의 허구적 국가관을 제시하고 대조할 수 있다. 첫째 국가관을 PRN으로 표기하겠다. P는 다원주의Pluralismus, R은 상대주의Relativismus, N은 허무주의Nihilismus를 가리킨다. 나는 가치 다원주의, 가치 상대주의, 가치 허무주의의 조합을 폐해로 간주한다. 왜냐하면 전반적으로 그 조합은, 도덕적 규범들 곧 가치 시스템들은 오로지 다소 자의적인 인간 집단들이 그 가치 시스템들을 채택함을 통해서만 발생하고 유지된다는 생각을 뜻하기 때문이다. 이 모형에 따르면, 가치들은 집단을 결속하는 믿음이며, 따라서 가치들의 유효성은 해당 집단에 국한된다.

한 예로 모든 형태의 낙태와 알코올 섭취, 동성 섹스를 신이 보기에 꾸짖을 만하다는 이유로 도덕적 타락으로 간주하고 많은 경우에 커피와 차까지 배척하는 복음주의적, 기독교 근본주의적 공동체의 가치관을 들 수 있을 것이다. 여호와의 증인을 비롯한 많은 기독교 근본주의 집단은 또한 신의 도덕적 명령이 일부 선택된 사람들만을 향한다고 믿는다. 그들이 보기에 대다수 사람은 애초부터 저주받았으며 지옥 불에 삶아지거나 그냥 소멸할 것이다.

덜 극단적인 (그러나 똑같이 그릇된) 예로는, 시간 엄수와 정확성을 비롯한 〈독일적〉 가치가 존재한다는 생각이 있다. 그런 독일적 가치는 예컨대 이탈리아처럼 사람들이 분 단위의 시간에 무관심하고 노동 과정을 독일식으로 정확하게 수행하는 것에 큰 가치를 두지 않는 곳에서는 유효하지 않다고들 한다. 이 통념은 치명적인 귀결을 가져왔다. 얼마 전 코로나 위기에 처한 이탈리아가 코로나 감염증의 만연으로 인한 자국 보건 시스템의 과부하를 완화하기 위해 다른 유럽 국가들의 물류 및 재정 지원을 절실히 필요로 했을 때, 유럽의 동료 국가들은 처음에 지원을 거부했다. 독일에서는 북이탈리아의 문제는 문화적 결함 — 이른바 〈이탈리아적 카오스〉 — 의 소산이라는 이야기가 평소보다 더 많이 들렸다. 이는 도덕적으로 배척해야 할, 증명 가능하게 그릇된 전형(典型)이다. 이탈리아 북부의 보건 시스템이 어떤 문화적 이유 때문에 코로나 대유행에서 한계에 봉착했다는 것은 옳지 않다. 이탈리아 북부와 기타 지역들의 끔찍한 비극은 지역적 문화가 가진 문제가 표출된 것이 아니다. 오히려 그 비극도 바이러스의 확산 방식을 통해 설명할 수 있을 성싶다. 그 방식은 데이터와 연구의 부족으로 아직 명확히 밝혀지지 않았지만 말이다. 독일이 보유한 인구 대비 중환자 병상수가 이탈리아보다 많다는 점은 어떤 〈독일적 가치〉 때문이 아니라 독일 보건 시스템의 구조와 더 우수한 국가 재정 운영 때문이다. 우리가 명확한 도덕적 시각을 갖추면, 민족주의적 헛소리를 막을 수 있다. 그런 시각이 없으면, 윤리학, 곧 도덕적 사실에 대한 합리적 연구는 있을 수가 없다.

새로운 계몽은 PRN 국가에 대항하여 〈인본주의적 보편주의자들의 공화국RHU, Republik der Humanistischen Universalisten〉이라는 이상을 옹호한다. 곧 보겠지만, 이 공화국의 도덕 철학적 기조는 기쁘게도 독일 기본법*과 대체로 들어맞는다. 약자 RHU를 달리 해석하여, R은 실재론Realismus, H는 인본주의Humanismus, U는 보편주의Universalismus를 가리킨다고 볼 수도 있다.

  * 우리의 헌법에 해당한다.

독일 기본법은 지난 70년 동안 진보적인 역할을 했는데, 이는 그 법이 어두운 시대의 산물로 등장했기 때문이기도 하다. 심지어 나치 독재도 계몽의 등불을 완전히 꺼버리지 못했다. 독일 민족주의적 자만을 부추기거나 무해한 헌법 애국주의Verfassungspatriotismus를 변론하려고 이런 이야기를 하는 것이 아니다. 오히려 독일 역사에서 가장 지독했던 구렁텅이에 맞선 반동으로 독일 기본법이 발생한 상황을 지목하려는 것이다.

독일 연방 공화국 기본법은 가치들의 목록을 제시하는데, 그 목록은 독일 시민뿐 아니라(그것을 작성할 때 염두에 둔 독자는 명백히 독일 시민이지만) 모든 인간을 향한 요구를 담고 있다. 그것은 가치 중립적 기반이 전혀 아니다. 가치 중립적 기반이라면, 그 위에서 정치적 파벌 싸움이 펼쳐지고 심지어 민주주의 자체의 붕괴도 일어날 수 있을 것이다. 그렇기 때문에 오늘날 우리가 맞은 가치 위기는 민주주의 위기이기도 하다. 보편주의를 손상하는 사람은, 우리는 모두 인간이며 그 이유만으로도 특정한 권리와 의무를 가진다는 것이 우리 공동체의 기반이라는 생각에 반발하는 것이다. 그 권리는 우리의 개인적 소질을 자유롭게 발전시킬 권리, 생명과 신체적 온전함을 유지할 권리, 남녀가 법적으로 평등할 권리, 성별이나 언어, 출신, 소득 등으로 인해 재판에서 불이익을 당하지 않을 권리 등이다.

흔히 간과되지만, 우리의 기본권은 의무를 함축한다. 예컨대 인종주의적 전형이나 동성애 혐오로 인해 불이익을 당하지 않을 권리가 있는 사람은 바로 그 권리가 있기 때문에, 어떤 타인에게도 그런 식으로 불이익을 주지 말아야 할 의무도 있다. 기본권은 우리가 인권을 누리는 데 기여해야 한다. 인권은 우리가 법적으로 명문화하지 않은 많은 것을 포함한다. 이를테면 거주 공간을 얻을 권리, 환경 보호를 요구할 권리(이 권리는 우리가 인간으로서 쾌적함을 느끼기에 충분할 만큼 깨끗한 공기를 호흡하는 것을 가능케 한다), 여가를 얻을 권리, 연금을 받을 권리, 진보와 협력을 촉진하는 것을 목표로 삼은 연대적 공동체 안에서 살기 위한 온갖 것을 요구할 권리가 그러하다.

이 장에서 나는, 도덕적 사실의 근거가 신이나 보편적 인간 이성이나 진화에 있는 것이 아니라 그 사실 자체에 있다고 논증할 것이다. 다른 많은 사실과 마찬가지로 도덕적 사실도 정당화를 필요로 하지 않으며 다만 그 사실의 윤곽을 파악할 수 있게 해주는 인식을 필요로 한다. 도덕적으로 자명한 것들이 있다. 예컨대 〈신생아를 괴롭히지 말라!〉라는 명령이 그러하다. 중국인, 독일인, 러시아인, 아프리카인, 미국인을 막론하고, 무슬림, 힌두교도, 무신론자 등을 막론하고 어느 누구도 이 명령의 도덕적 자명성을 진지하게 의심하지 않을 것이다. 이 밖에도 도덕적으로 자명한 것이 아주 많다. 모든 사람이 그것들의 자명성을 단박에 통찰한다. 그러나 우리는 이를 망각하곤 한다. 왜냐하면 도덕적 질문은 대개 난해하고 복잡한 도덕적 문제를 다루고, 그런 문제 앞에서는 공동체들의 견해가 갈리는 듯하기 때문이다.

모든 도덕적 문제를 최종적으로 해결하는 도덕적 알고리즘, 규칙, 규칙 시스템은 존재하지 않는다.

한 예를 보자. 얼마 전까지만 해도 많은 이가 아동에 대한 체벌이 전적으로 정상이며 바람직하고 반드시 필요하다고 생각했다(지금도 여전히 그렇게 생각하는 이가 많다). 어쩌면 과거에 일부 아동들은 체벌이 자신들에게 이롭다고 생각했을 것이다. 왜냐하면 사람들이 날이면 날마다 이른바 사실들을 들이대면서 그렇게 가르쳤기 때문이다. 그리하여 사람들은 체벌은 불쾌하지만 합리적이라고, 이를테면 독감 예방 접종과 비슷하다고 믿을 수 있었다. 그러나 근대에 비로소 서서히 발생한 심리학, 사회학, 종교학, 신경 생물학은 체벌이 트라우마를 일으킨다는 것, 가정 내 폭력과 가혹 행위는 심지어 전체주의 체제의 중요한 기반이라는 것을 보여 주었다. 전체주의 체제는 가정 폭력 위에 건설된다.

물론 다음과 같은 생각이 원리적으로 가능하긴 하다.

〈체벌이 성숙에 결정적으로 기여하며 오늘날의 기준에서 부드럽게 양육된 아동은 야만적이고 자본주의적이며 환경 파괴적인 소비 습관에 빠지는 경향이 있으므로 우리가 다시 매를 들어야 한다는 것을 보여 주는 지식이 앞으로 50년 안에 등장할 것이다.〉 그러나 이 생각이 옳을 개연성은 지극히 낮다. 더구나 이 생각이 옳더라도, 미래에 체벌을 정당화하는 근거는 과거의 근거와 전혀 다를 것이다. 왜냐하면 과거에 사람들은 그때까지 발견되지 않았던 사실들을 전혀 몰랐으니까 말이다.

우리가 도덕적 질문 앞에서 오류를 범할 수 있다는 것으로부터 도덕적 진보는 존재하지 않는다는 것이 도출되지는 않는다.

이 장의 과제는 세 가지 핵심 주장인 실재론, 인본주의, 보편주의를 상세히 설명하고 특히 가치 다원주의, 가치 상대주의, 가치 허무주의, 즉 PRN에 맞서 그 주장들을 방어하는 것이다. 곧 전개할 생각의 윤곽을 보여 주고 몇몇 오해를 미연에 방지하기 위하여 나는 우선 PRN이 정확히 무엇인지 간략하게 설명하고자 한다.

가치 다원주의는 〈국가가 다르면, 풍습도 다르다〉가 도덕에서 유효하다는 견해다. 각각의 국가는 고유한 도덕규범을 갖춘 문화를 특징으로 가지며, 일부 국가들은 서로 소통할 수 있는 집단을 이룬다는 것이다. 따라서 사람들은 서양을 동양과 구별되는 가치 질서로, 유럽을 아프리카와 구별되는 가치 질서로 간주한다. 구역을 어떻게 구획하고 다양한 가치 시스템을 어떻게 할당하건 간에, 오류는 경계를 사이에 두고 분리된 가치 시스템들이 존재한다는 생각에 있다. 이 생각은 **공약 불가능성**Inkommensurabilität이 존재한다는 (배척해야 할) 생각으로 신속하게 이어진다. 즉 서로 근본적으로 달라서 같은 잣대로 잴 수 없는 도덕 시스템들이 존재한다는 생각을 불러온다.

하지만 가치 다원주의가 자동으로 공약 불가능성 개념을 주춧돌로 삼는 것은 아니다. 일단 가치 다원주의는 일종의 민족학적 주장이다. 가치 다원주의는 다양한 장소에서 발견되는 가치관에 대한 연구에 기초하여, 다수의 가치관이 존재한다는 입장을 채택한다. 하지만 이로부터 그 가치관들 가운데 더 낫거나 더 옳은 가치관은 없다는 결론은 아직 나오지 않는다. 가치 다원주의자라도 자신의 가치 시스템이 다른 모든 가치 시스템보다 우월하다고, 어쩌면 유일하게 옳은 가치 시스템이라고 주장할 수 있을 것이다. 가치 다원주의자는 거의 모든 가치관이 틀렸다고 말할 수 있을 것이다. 다양한 견해 시스템이 존재한다는 것만으로는 그 시스템들 가운데 하나가 옳다고 간주되는 것을 배제할 수 없다.

가치 상대주의는 한 걸음 더 나아가 도덕적으로 권장해야 할 것과 배척해야 할 것은 서로 공약 불가능한 각각의 가치 시스템 안에서만 유효하다고 본다. 어떤 시스템이 다른 시스템보다 도덕적으로 더 나은지 확정하는 포괄적 질서 따위는 존재하지 않는다. 설령 시스템이 선택된다 하더라도, 그 선택은 도덕적 기준에 따라 이루어지지 않는다. 따라서 가치 상대주의자에게는 그 자체로 선한 것이나 악한 것은 결코 없으며, 선과 악은 항상 다양한 가치 시스템 중 하나 안에서만 유효하다. 따라서 서로 다른 가치 시스템을 옹호하는 두 사람은 엄밀히 말하면 서로를 독립적인 잣대로 평가할 수 없다.

예컨대 상트페테르부르크의 푸틴 지지자는 자유 민주주의를 소리 높여 비난하고 그것을 서양의 퇴폐 문화로 간주하는 반면, 가치 상대주의를 옹호하는 네덜란드인은 다름 아니라 민주주의에서는 다양한 가치 시스템이 공존할 수 있다는 것 때문에 자유 민주주의를 좋다고 여긴다면, 상대주의자에 따르면 양쪽 중 누구도 객관적으로 옳지 않다. 상대주의자가 보기에 그들은 둘 다 자신의 시스템 안에서 유효한 바를 표현할 따름이며, 따라서 상대주의자에 따르면 제각각 전적으로 옳다. 상대주의자는 가치 시스템들의 마주침은 도덕적으로 통제 가능한 윤리학적 대결로 이어지는 것이 아니라 지정학적 해석 권력을 둘러싼 시스템들의 경쟁과 구체적 싸움으로 이어진다고 본다.

마지막으로 **가치 허무주의**는 이 모든 것의 결론으로, 행위에 효력을 미치는 가치는 아예 존재하지 않는다고 간주한다. 가치 허무주의자는 가치에 대한 논의가 모두 내실 없는 잡담에 불과하며 기껏해야 특정 집단이 자기네가 선호하는 바를 경쟁 집단들에 맞서 관철하기 위해 내세우는 핑계라고 여긴다.

나는 이 세 가지 견해가 모두 틀렸음을 독자에게 확신시키고 동시에 PRN과 죽이 맞는 탈근대적, 탈사실적 시대정신에 반발하는 대안을 제시하고자 한다.

우리가 무엇을 하고 무엇을 하지 말아야 마땅한지 지시하는 도덕적 사실이 있다. 일반적으로 **사실**은 참인 무언가다. 사실의 예로는 〈함부르크는 독일 북부에 있다〉, 〈2+2=4〉, 〈당신은 지금 이 문장을 읽고 있다〉 등이 있다. 이 같은 실재 서술들과 달리 **도덕적 사실**은 대개 무언가를 하거나 하지 말아야 마땅하다고 지시하는 요구다. 도덕적 사실의 예로 〈아동을 괴롭히지 말아야 마땅하다〉, 〈환경을 보호해야 마땅하다〉, 〈모든 사람을 가능한 한 동등하게 ─ 외모, 고향, 종교와 상관없이 ─ 대우해야 마땅하다〉, 〈타인들을 방해하며 돌진하지 말아야 마땅하다〉, 〈누군가의 생명을 오직 당신만 구할 수 있다면, 당신 자신이 위험에 빠지지 않는 한에서 그 사람을 적절히 도와야 마땅하다〉 등을 들 수 있다. 도덕적 사실은 객관적으로 존립하는 도덕적 사정(事情)이며, 그 사정은 어떤 구체적 행위가 명령되는지, 허용되는지, 혹은 금지되는지 확정한다. 도덕적 사실과 가치는 제대로 인식되지 않거나 전혀 준수되지 않더라도 존립할 수 있다. 공격적으로 돌진하는 일은 고속 도로와 슈퍼마켓에서 그야말로 일상다반사로 벌어지고 있으며, 유감스럽게도 많은 아동이 독일에서 성폭행과 괴롭힘을 당한다. 그럼에도 존립하는 도덕적 사실들이 있다면, 그 사실들은 우리가 그것들에 관심을 기울임을 통하여 비로소 존재하게 되는 것이 아니고, 우리가 그것들을 발명하거나 그것들에 합의함을 통하여 존재하게 되는 것은 더더욱 아니다.

　도덕적 사실은 사회적 타협이나 문화적 구성물이 아니다. 왜냐하면 그것은 〈유일무이한 고유의 방식으로〉 존립하며 보편적 가치 잣대로 측정할 수 있기 때문이다. 그 가치 잣대는 타협과 문화적 구성물의 가치를 더 상위에서 평가할 때 사용될 수 있다. 도덕적 사실은 문화에 구애받음 없이 항상 이미 유효하다. 물론 난해하거나 새로운 도덕적 질문이 존재하지 않는다는 뜻은 아니다. 이 문제는 나중에 자세히 논의될 것이다. 우리가 무엇을 하고 무엇을 하지 말아야 마땅한가, 또 무엇을 해도 되고 안 해도 되는가(무엇을 해도, 혹은 하지 않아도 도덕적 질서를 해치지 않는가)에 관한 도덕적 숙고의 과제는 관련된 도덕적 사실을 함께 찾아내는 것이다. 요컨대 도덕적 숙고에서 관건은 우리 자신과 타인들을 옳은 행위를 하도록 설득하는 것이지, 타인들에게 그들 나름의 선입견과 이해관계에 비추어 사회적 상황을 지각하라고 권유하는 것이 아니다.

좋음, 나쁨, 중립: 도덕적 기본 규칙들

우리 시대의 구체적인 도덕적 질문들을 다양한 사례를 통해 다루기에 앞서, 몇 가지 개념을 추가로 설명해야 한다. 개념이 불명확하고 모호하면, 쉽게 논리적 오류를 범하기 때문이다. 그럴 때 우리는 근거가 탄탄하고 정합적이며 최선의 경우 참인 견해를 제시하지 못하게 된다. 우리의 행위를 다루는 실천 철학 분야에서 그런 일이 벌어지는 것은 생활 세계에 큰 영향을 미치므로 특히 고약하다. 행복, 도덕, 의무, 권리에 대하여 우리가 모호한 표상만 가지고 있으면, 우리는 너무나 쉽게 오류를 범한다. 왜냐하면 그럴 때 우리는 이 개념들의 근본적인 정의를 한눈에 굽어보지 못하기 때문이다. 따라서 철학의 주요 과제 하나는 개념 설명이다. 이마누엘 칸트 이래로 개념 설명은 근대적 계몽의 이상과 밀접하게 연결되었다.

윤리학은 플라톤과 아리스토텔레스에 의해 그 개념이 만들어진 이래로, 좋은 삶, 성공한 삶이 무엇인가를 체계적으로 다루어 온 철학의 하위 분야다. 좋은 삶, 성공한 삶, 혹은 삶에서 성공적인 한 시기를 가리키는 전통적인 이름은 **행복**Glückseligkeit, **희랍어로** 〈eudaimonia〉이다. 현대 독일어에서는 〈Glück〉라는 축약 표현도 많이 쓰인다. 학문으로 자처한 최초의 체계적, 합리적 윤리학인 아리스토텔레스의 윤리학은 그런 연유로 무엇보다도 먼저 행복에 대한 연구다. 윤리학을 뜻하는 독일어 〈Ehtik〉은 희랍어 〈에토스ethos〉에서 유래했는데, 이 단어의 의미는 〈체류지〉, 〈거주지〉, 〈관습〉, 〈습관〉, 〈성격〉, 〈사고방식〉을 아우른다. 따라서 에토스에 대한 연구는 예로부터 인간의 성격 형성도 다룬다. 이는 성격 형성에 대한 연구를 출발점으로 삼아, 어떻게 우리가 행복에 이르고 삶과 생존의 걸림돌과 고난에도 불구하고 행복을 유지할 수 있는가 하는 질문에 답하기 위해서다.

〈인간은 일반적으로 또 주어진 상황에서 무엇을 해야 마땅한가?〉라는 질문에 대한 대답으로서의 **도덕**은 윤리학과 구별되어야 한다. 당연한 말이지만, 인간적 행위 맥락의 다른 영역들에도 규범과 제재가, 특히 법의 형태로 존재한다. 일반적 윤리학의 보편적 가치도 일종의 규범이다. 그러나 윤리적 규범과 맞물려 있지만 대체로 도덕과 무관한 중립적 행위 영역을 규제하는 규범도 있다. 예컨대 교통 법규가 그러하고, 주어진 예술 장르(이를테면 오페라)에 대한 평가에서 작동하는 미적 규범도 그러하다. 우리가 어떤 예술 장르를 선호하는가는 도덕과 무관한 사안이다. 당신이 루트비히 판 베토벤의 오페라 「피델리오 Fidelio」보다 미국 드라마 「하우스 오브 카드House of Cards」를 더 좋아한다면, 그것은 (저급한 취향의 표출이긴 하지만) 선하지도 않고 악하지도 않다.

규범을 다루는 이론은 철학적 윤리학보다 범위가 더 넓다. 예컨대 법적 규범이 자동으로 도덕적 의미를 띠는 것은 아니다. 도덕적으로 그릇된 국가에서라면, 그 국가의 법적 규범을 따르는 것은 도덕적으로 배척해야 한다. 그러나 도덕적으로 중립인 법적 규범이 민주주의 법치 국가에도 있고 도덕적으로 미심쩍은 국가에도 있다. 밤에 텅 빈 거리에서 보행자 신호등이 빨간색일 때 길을 건너는 사람은 어떤 의미에서도 도덕적 오류를 범하는 것이 아니다. 반면에 밤에 도시의 텅 빈 거리에서 차를 몰고 고속으로 달리는 사람은 도덕적 오류를 범하는 것이다. 왜냐하면 누군가를 못 보고 차로 칠 위험이 있기 때문이다.

요컨대 도덕과 법은 서로 관련이 있지만, 합동인 두 도형처럼 같은 것은 전혀 아니다. 법적 규범의 효력과 행위자를 통제하는 권능은 사실적 판결과 그 바탕에 놓인 법이 빤히 비도덕적이라 하더라도 여전히 존립한다. 스탈린주의적 공개 재판은 합법이었다. 물론 우리는 그 재판을 도덕적으로 부당하다고 여기지만 말이다. 이것이 **합법성**Legalität과 **정당성**Legitimität의 근본적인 **차이**다.

도덕은 어떤 행위가 금지되고, 어떤 행위가 명령되고, 어떤 행위가 허용되는지 구체적으로 확정하는 규칙들을 명확히 제시한다. 그런 방식으로 우리는 양극단과 도덕적 중간을 추상적으로 표시할 수 있다. 도덕적으로 단적으로 금지된 것은 **악**이다. 악한 행위는 어떤 경우에도 하지 말아야 마땅하다. 도덕적으로 단적으로 명령된 것은 **선**이다. 이 도덕적 스펙트럼의 중앙은 허용된 것이다. 허용된 것은 선한 것도 아니고 악한 것도 아니며 그저 단지 허용된 것이므로, 나는 그것을 **중립**das Neutrale(어원은 라틴어 〈neuter=구애받지 않음, 둘 중 어느 쪽도 아님〉이다)이라고 부르겠다. 중립은 선악의 저편에 놓여 있지 않다. 오히려 중립은 말하자면 선악의 이편에 놓여 있다. 중립은 선도 아니고 악도 아닌 중간이니까 말이다. 도덕적 스케일의 한 극단으로서의 선은 단적으로 명령된 것이며 따라서 허용된 것이 아니다. 왜냐하면 허용된 것이란, 해도 되고 안 해도 되는 것이기 때문이다. 반면에 선은 안 하면 안 되는 것이다. 선은 도덕적으로 필연적인 것, 현실적 대안이 없는 것이다. 어떤 대안도 선보다 더 나쁘다는 것은 선의 본질에 들어 있다. 물론 우리가 보기에 모든 인간적 행위가 빤히 선하거나 중립이거나 악한 것은 아니다. 선, 중립, 악은 도덕적 스펙트럼상의 주요 기준점 세 곳일 뿐이니까 말이다. 나는 도덕적 공간을 더 일반적으로 파악하기 위하여 앞으로는 도덕적으로 명령된 것, 허용된 것, 배척해야 할 것을 주로 거론하고자 한다.

도덕적으로 명령된 것이란 주어진 상황에서 해야 마땅한(그러나 자동으로 모든 상황에서 해야 마땅하지는 않은) 것이다.[3] **도덕적으로 허용된 것**이란 주어진 상황에서 할 수 있지만 해야 마땅하거나 반드시 해야 하는 것은 아닌 모든 것이다. 모든 각각의 상황에서, 도덕적으로 중요하지 않은 많은 것이 허용된다. **도덕적으로 배척해야 할 것**이란 주어진 상황에서 하지 말아야 마땅한(그러나 자동으로 모든 상황에서 하지 말아야 마땅하지는 않은) 것이다.[4]

이 책의 중심 개념 중 하나는 〈가치〉다. **가치**란 일반적으로 평가의 잣대다. 가치의 특수한 예를 들면, 인간으로서의 우리 앞에 놓인 보편적 행위 선택지들의 평가 잣대인 도덕적 가치가 있다. 우리가 인식 가능한 잣대를 들이댐으로써 사실적으로 실행된 행위를 도덕적으로 평가하거나 가능한 행위를 사실들에 비추어 도덕적으로 평가할 때, 우리는 도덕적 사실들에 의지하는 것이다. 행위가 선의 영역에 속하는지, 중립이나 악의 영역에 속하는지를 기준으로 행위를 평가하는 일은 도덕적 사실들 및 도덕과 무관한 사실들을 다루며, 〈오류 가능한 앎 주장Wissensanspruch(무언가를 안다는 주장)〉을 통해 그 행위를 저 가치 영역 중 한 곳에 집어넣는다.

앎 주장이 **오류 가능하다** 함은, 주장되는 바가 얼마든지 거짓일 수 있으며, 그 주장을 받아들이도록 강제하는 근거가 없다는 뜻이다. 대개 앎 주장은 오류 가능하다. 왜냐하면 우리가 모든 사정을 굽어보면서 전적으로 확실하게 판단할 수 있는 경우는 절대로 없기 때문이다. 예컨대 나는 앙겔라 메르켈*이 지금 베를린에 있다고 믿는다. 하지만 내가 착각하는 것일 수도 있다.

우리가 실재에 관하여 무언가 알아내고 싶을 때, 그 실재가 더 복잡할수록, 심지어 우리가 최대한 확실하게 내놓는 앎 주장조차도 결국 거짓일 개연성이 더 높아진다. 도덕적 질문들 앞에서도 마찬가지다. 왜냐하면 이 경우에도 관건은 실재가 어떠하냐 하는 것이기 때문이다. 우리는 까다로운 상황에서 무엇을 해야 마땅한지 알아내고자 한다. 이것은 자의적으로 행위 선택지들을 설정하는 것과 다르다.

도덕적 가치는 보편적이다. 모든 장소와 시간에서 모든 인간에게 유효하다. 비록 이를 모든 사람이 반드시 전적으로 명확하게 아는 것은 아니더라도 말이다. 우리는 도

---

* 이 책이 저술된 2020년 당시 독일 총리.

덕적 가치에 관하여 오류를 범할 수 있다. 도덕적 가치가 보편적이라는 것으로부터 누구나 항상 도덕적 가치를 알아챈다는 것이 귀결되지는 않는다.

도덕적 가치는 특히 경제적 가치와 구별된다. **경제적 가치**는 이를테면 주식 시장에서 화폐 단위로 은행에 의해 측정된다. 경제적 가치는 재화의 생산 및 거래에 관한 협상 과정의 성과를 표현한다. 경제적 가치는 보편적이며 시간에 구애받지 않는 방식으로 유효하지 않다. 게다가 경제 영역에서는 때때로 매우 비도덕적인 게임 규칙들이 작동한다. 왜냐하면 작심하고 타인의 손해를 일으키거나 적어도 득이 되는 정보를 타인에게 숨김으로써 이익을 거두는 것이 그 영역에서는 통상적이기 때문이다.

좋은 사회에서는 법규로 표현되는 정치적 조치를 통해 도덕적 가치와 경제적 가치의 올바른 위계가 추구된다. 그리하여 예컨대 이상적인 법치 국가는 재화의 생산과 거래가 도덕적 최소 기준을 위반하지 않도록 보살핀다. 그러면 윤리가 경제적 가치 상승보다 우위를 점하고, 비도덕적 경제 성장은 경기 후퇴보다 더 나쁜 것으로 간주된다. 예컨대 독일을 비롯한 많은 국가에서 인신매매는 금지되어 있다. 또한 독일에는 최저 임금과 보편 건강 보험을 비롯한 사회 복지 정책들이 있다. 이는 모든 사람과 모든 것이 시장의 규칙에 종속되는 것을 막기 위해서다. 거꾸로 오로지 경제적 가치가 지배하고 도덕적 가치보다 더 중요하게 취급되면, 우리는 비도덕적인, 배척해야 할 사회 안에서 살게 된다. 그런 사회 형태를 부분적으로 미국에서 관찰할 수 있지만, 세부적으로는 독일에서도 관찰할 수 있고, 자세히 들여다보면 결국 도처에서 지목할 수 있다. 특히 미국에서 달러는 건강 보험료를 감당할 능력이 단적으로 없는 사람들의 건강보다 더 중요하다.

당연한 말이지만, 경제적 가치는 도덕적 가치의 실현을 위해 필수 불가결하다. 이는 특히 미국 철학자 마사 누스바움이 지적한 바다.[5] 도덕과 경제가 반드시 서로를 배제하는 것은 아니며, 실은 배제하지 말아야 마땅하다. 하지만 그러려면 계몽된 사회가 도덕적 원칙에 맞게 경제적 목표를 설정하는 것이 전제되어야 한다. 도덕적으로 배척해야 할 경제는 무조건 배척해야 한다. 이상적일 경우 이 원칙은 경제 이론의 구성과 시장 경제적, 정치적 실현에 영향을 미친다.

이런 맥락에서 베르톨트 브레히트의 「서푼짜리 오페라 Die Dreigroschenoper」에 나오는 유명한 대사 〈처먹는 게 먼저고, 도덕은 나중이야〉[6]는 단지 진실의 절반만 표현한다. 오직 도덕적 요구의 충족을 위한 경제적 전제 조건이 갖추어질 때만 도덕적 요구가 충족될 수 있다. 왜냐하면 어떤 상황에서도 도덕적 영웅으로 행동할 것을 우리 인간에게 보편적으로 기대할 수는 없기 때문이다. 거꾸로 경제의 임무는 영웅의 기개가 없어도, 즉 모든 사람이 지극히 일상적으로 도덕적 행위를 할 수 있는 조건을 갖추는 것이다.

결론적으로 경제는 도덕적 목표들을 따라야 마땅하며, 도덕이 경제적 목표들을 따르는 것은 마땅하지 않다. 도덕은 시장 논리에 종속되지 않는다. 반면에 시장 논리는 도덕적 통찰과 도덕적 진보를 지향하는 계몽된 사회의 상위 목표들을 지침으로 삼아야 마땅하다. 그렇게 하지 않으면, 시장 논리는 고삐가 풀린 것이며, 걷잡을 수 없이 커지는 도덕적 폐해들이 발생한다. 그런 폐해 중 하나는 (정당하게 비판당하고 있는) 금권 정치, 곧 돈의 지배다. 금권 정치의 확산은 특히 미국과 러시아에서 뚜렷하게 나타나고 있다.

도덕적 사실

사실Tatsache이란 객관적으로 존립하는 진실Wahrheit이다. 예컨대 〈독일 열차는 자주 연착한다〉는 사실이다. 또 〈지구는 위성을 하나만 지녔다〉, 〈지구는 태양 주위를 돈다〉, 〈앙겔라 메르켈은 독일 총리다〉, 〈인도 국민 1백만 명 이상이 운동화를 소유하고 있다〉, 〈나는 지금 이 문장을 종결하는 중이다〉도 사실이다.

하지만 가치의 영역에도 사실들이 있다. 즉, 도덕적 사실들이 존재한다. 오늘날 많은 사람은 도덕적 사실이 존재하지 않는다고, 즉 주어진 상황에서 우리가 무엇을 하고 무엇을 하지 말아야 마땅한지는 객관적으로 정해져 있지 않다고 암묵적으로 혹은 명시적으로 믿는다. 대신에 사람들은 이를테면 (장폴 사르트르의 문장을 빌리면) 〈신이 존재하지 않는다면, 모든 것이 허용될 테지〉[7]라고 여긴다.

따라서 근본적인 질문이 제기된다. 다양한 형태로 등장하는 그 질문은 이것이다. 〈객관적 가치들이 과연 존재할까?〉 이 질문은 〈우리가 무엇을 해야 마땅한가?〉라는 질문과 밀접하게 관련되어 있다. 만약에 순수한 실재는 어떤 요구도 품고 있지 않다면, 무릇 요구는 항상 권위자 — 선생, 부모, 교회, 우리가 내면화한 지배 체제 — 의 목소리일 뿐이라면, 윤리학은 실은 교육학이나 심리학, 혹은 사회학일 터이다. 우리는 윤리학을 종교적 생활 지침으로, 또는 우리를 비합리적인 가축 무리로서 조종하기 위하여 적용하는 행동 경제학으로 대체할 수 있을 터이다.

이런 연유로 코로나 위기를 맞아 바이러스학적 제안들과 더불어 행동 경제학적 모형들이 활용되고 있다. 많은 국가 — 다름 아니라 외출 금지령이 내려진 국가들 — 에서 인간은 도덕적 결정을 내릴 능력이 실은 없는 가축으로 취급된다. 이 관점에서 도덕은 도외시된다. 왜냐하면 당국은 인간이 참된 도덕적 통찰의 능력이 있음을 암묵적으로나 명시적으로 의심하기 때문이다.[8]

이것은 다소 완화된 형태의 가치 허무주의, 철학에서 반실재론으로 불리는 견해다. 이 그릇된 믿음을 더 정확히 이해하려면, 잠깐 철학 이론을 둘러보아야 한다.

〈객관적으로 존립하며 우리가 알아채거나 알아채지 못할 수 있는 도덕적 사실들이 존재하는가〉라는 질문을 다루는 철학 분야를 일컬어 **메타 윤리학**이라고 한다. 이 분야는 도덕적 가치들은 어떤 형태로 존재하는가, 바꿔 말해 금지된 것, 허용된 것, 배척해야 할 것을 언어적으로 표현하는 도덕적 문장들은 참이거나 거짓인가, 또 어떤 조건 아래에서 그러한가 등의 중요한 질문을 다룬다. 오늘날 메타 윤리학에서 가장 뚜렷한 이론 갈래들을 도덕적 실재론과 도덕적 반실재론으로 나눌 수 있다.[9]

도덕적 실재론은 객관적으로 존립하며 우리가 알아챌 수 있는 도덕적 가치가 존재한다고 본다. 도덕적 실재론에 따르면, 〈너는 살인하지 말아야 마땅하다〉나 〈너는 너의 이산화탄소 배출을 줄여서 너의 뒤를 이을 세대들도 잘 살 수 있게 해야 마땅하다〉 같은 도덕적 문장들은 참이다. 왜냐하면 이 요구들이 모사(模寫)하는 도덕적 사실들이 존재하기 때문이다.

반면에 도덕적 반실재론은 (오스트레일리아 철학자 존 레슬리 매키의 유명한 책 제목이 말해 주듯이) 윤리학이란 도덕적 옳음과 그름을 발명하는 작업이라고 여긴다.[10] 주관주의자로도 불리는 반실재론자는 실재 안에는 어떤 도덕적 가치도 없다고, 의무적인 행위도 없고 배척해야 할 행위도 없다고 믿는다. 이런 관점에서 보면, 도덕적 문장은 일상적인 사고에서 우리를 속여 도덕적 잣대가 존재한다고 믿게 만든다. 이 (일부 사람들이 비난하는) 속임수를 고대 소피스트부터 프리드리히 니체와 나치 헌법학자 카를 슈미트를 거쳐 오늘날에 이르기까지 많은 사상가가 거듭 폭로하려 했다.[11]

반실재론은 모든 도덕적 의무를 방기하는 가치 허무주의로 나아가는 위험한 한 걸음이다. 반실재론을 반드시 허무주의적으로 해석해야 하는 것은 아니지만, 그럼에도 반실재론은 우리가 인간으로서 어떤 상위의 도덕으로부터 요구를 받는다는 느낌을 왜 갖는지, 바꿔 말해 우리 모두가 익히 아는 양심의 목소리를 우리가 왜 체험하는지를 허무주의보다 더 잘 설명하는 경우가 거의 없다. 반실재론자가 보기에 그 목소리는 일종의 문법 착각이다.

표현의 자유: 민주주의는 얼마나 관용적일까?

의회 민주주의는 논쟁을 통해 기존에 없던 합의를 산출

하는 것을 목표로 삼는다. 타협에서와 마찬가지로, 그 합의 안으로 다양한 의견이 흘러들어야 한다. 그래야 그 합의가 최대한 많은 유권자 집단을 대표하게 된다. 그러므로 자유로운 의견 표현의 공간에서는 일단 모든 의견이 다른 모든 의견과 동등하게 좋다. 의견의 진실 여부는 중요하지 않은 것처럼 느껴진다. 이런 느낌의 연장선에서 다음과 같은 일이 벌어진다. 즉, 윤리적으로 절박하고 난해한 질문들 앞에서 진실의 가치가 타협을 통한 해결 전략으로 대체된다.

이로부터 치명적인 결과들이 발생할 수 있다. 왜냐하면 정치에서도 끊임없이 복잡한 도덕적 질문이 논쟁을 일으키고 도덕적 판단이 내려지기 때문이다. 그것은 좋은 일이다. 왜냐하면 우리가 선출한 대표자들도 인간이고, 더구나 그들은 커다란 도덕적 책임을 짊어졌기 때문이다.

공적인 논쟁에서와 마찬가지로 정치에서도 관건은 의견 형성에 머물지 않고 어떤 의견이 좋은지, 즉 진실이고 도덕적으로 정당화될 수 있는지 가려내는 것이다. 표현의 자유는 절대적이라는 생각, 즉 제시된 모든 의견이 실제로 다른 모든 의견과 동등하게 좋다는 생각에 문제가 있다는 점은 금세 드러난다.

예컨대 아동 성범죄자들이 정당을 창립하기로 결의한다고 해보자. 목적은 이제껏 억눌려 왔고 심지어 경찰의 박해까지 받아 온 소수자인 아동 성범죄자들이 유권자로서 목소리를 낼 수 있게 하는 것이다. 정당이 창립되면 그들은 의회 민주주의 틀 안에서 자기네 의견을 낼 수 있을 것이다. 만일 지금 당신이 그들의 아이디어가 좋다고 생각한다면, 사람들은 당신에게 일련의 비난을 정당하게 가할 것이다. 물론 당신은 그런 의견을 표현해도 되지만(표현하더라도 당신은 처벌당하거나 다른 방식으로 국가의 탄압을 받지 않는다), 아동 성범죄자들에게 발언권과 재량의 범위를 제공하려는 당신의 노력은 그리 성공적이지 않을 것이다. 예컨대 아동 성범죄자들이 유치원에 가서 그들의 성적 다양성을 마음껏 펼칠 수 있도록 몇몇 유치원을 개방하자고 누군가가 제안한다면, 사람들은 이 의견이 설득력이 없음을 금세 알아챌 것이며, 더 나아가 모든 의견을 관용적으로 인정하고자 했던 이들마저도 문득 엄격한 도덕적 판단을 내리고 격렬히 반대할 것이다.

이 야만적인 예에서 보듯이, 민주주의 이념은 자유로운 의지 행사가 제도적으로 제약된 모든 소수자 — 성범죄자뿐 아니라 이를테면 주거 침입자, 살인자, 헌정 질서 파괴자 등 — 가 도덕적이며 또한 법적 문서로 보증된 (사회의 정치적 가드레일을 옮기기 위한) 정당 창립의 권리를 가진다는 것일 수 없다.

민주주의적 정당성이라는 가치의 틀이 존재한다. 민주

주의적 정당성은 단지 사실적인 합법성과 구별된다. 그렇기 때문에 입법부는 의회 회기마다 몇몇 법을 개정해야 한다. 왜냐하면 그 법들이 사회의 도덕적 진보에 보조를 맞추지 못하기 때문에 민주주의의 가치 틀에 어긋난다는 것이 몇 년이나 몇십 년에 걸쳐 드러났기 때문이다.

비교적 최근의 예로 독일 형법 103조 폐지를 들 수 있다. 그 형법 조항은 국가 원수에 대한 모욕죄를 다른 사람에 대한 모욕죄와 다르게 처벌하도록 규정했다. 튀르키예 대통령 에르도안이 자신을 조롱하는 시를 발표한 얀 뵈머만이 독일 법에 따라 징역형을 선고받게 하기 위하여 독일 변호사들을 선임하고 그 형법 조항에 호소하자, 심지어 메르켈까지 격분했고(물론 도덕적으로 문제 삼을 만한 뵈머만의 그 예술 작품은 그녀가 보기에 도를 넘었지만), 결국 의회는 신속하게 합의하여 그 조항을 폐지했다. 뵈머만 사건은 국가 원수에 대한 모욕을 특별히 엄하게 처벌하는 것은 시대에 맞지 않음을 보여 주었다. 그리하여 우리는 뵈머만의 극도로 미미한 공헌 덕분에 도덕적 진보를 이루어 냈다.

안타깝게도 우리는 다른 형태의 모욕들을 법적으로 적절히 제재하는 방법을 아직 터득하지 못했다. 이 사실은 독일에서 일어난 한 사건을 통해 새삼 드러났다. 그것은 녹색당의 여성 정치인 레나테 퀴나스트에 대한, 도덕적으로 명백히 묵과할 수 없는 모욕을 둘러싼 법정 다툼이다. 그녀는 부분적으로 승소했고, 그녀 개인을 겨냥한 22건의 언급 가운데 〈겨우〉16건만 합법으로 판결되었다. 『베를리너 모르겐포스트 Berliner Morgenpost』의 보도에 따르면, 합법으로 판결된 언급 중에 〈우웩, 너, 늙은 녹색 똥돼지〉도 있었다. 그 신문에 따르면, 재판부가 제시한 판결의 근거는 모든 동물 비유가 모욕은 아니라는 것이었다.[12] 이쯤 되면, 냉소주의적 판결에 가깝다. 왜냐하면 독일어에서 〈똥돼지〉는 동물 비유가 아니라 상대에게 심리적 고통을 주기 위해 내뱉는 욕설이니까 말이다. (돼지는 실은 아주 청결한 동물이다. 그러므로 〈똥돼지〉라는 욕설은 돼지도 모욕한다.)

물론 공인을 겨냥한 외견상 모욕적인 모든 표현이 모욕인 것은 아니다. 또한 민주주의 법치 국가의 바탕에 놓인 사상에 입각하여 우리가 모든 모욕적 표현을 형법으로 제재하지는 말아야 한다는 것도 옳다(형법을 통한 제재는 복잡한 법적 영역에 속한다). 민주주의 법치 국가의 본질을 감안하면, 예리한 처벌 장치를 적용할 때의 관대함도, 양편의 법적 다툼을 해소하려는 노력에 못지않게 중요하다. 민주주의 법치 국가는 이상적일 경우 사회적 평화를 원하며, 다행히도 사람들을 복잡한 재판의 함정으로 무자비하게 유인하려 끊임없이 시도하지는 않는다.

그렇기 때문에 법치 국가는 철통같은 법조문들로 이루어진 딱딱한 코르셋이 아니라, 우리의 도덕적 숙고도 고려하는 협상 과정의 표현이다. 재판은 여론과 씨름하며 진행되고 도덕적 숙고도 감안한다. 물론 판사는 도덕적 판단이 아니라 법적 판단을 내리지만, 윤리와 유관한 사건에서는 도덕적 근거도 판결의 정당화에 포함될 수 있다.

퀴나스트를 〈똥돼지〉라고 부르는 것은 도덕적으로 명백히 배척해야 한다. 즉, 도덕적으로 금지된 것에 속한다. 설령 그 호칭으로 그녀가 과거에 녹색당의 다른 당원들과 마찬가지(이것은 1980년대에 있었던 일들에 관한 언급이다)로 소아 성애를 명확히 배척하지 않았다는 점(이것은 별개의 문제다)을 지적하는 것이라 해도 마찬가지다. 한 도덕적 해악(여기에서는 무방비의 아동에 대한 성적 착취)에 맞선 싸움이 다른 도덕적 해악(모욕)의 동원을 자동으로 정당화하지는 않는다.

민주주의 법치 국가가 도덕적 진보의 촉진에 기여하고 법률 개정이나 새로운 — 이를테면 디지털화 규제에 관한 — 법 시스템을 통해 도덕적 진보를 반영해야 한다는 생각을 포기하는 것은 도덕과 작별하고 따라서 민주주의 법치 국가와도 작별하는 것일 수 있다. 왜냐하면 민주주의 법치 국가를 단지 특정 선거 절차와 실행으로 환원하여 정의할 수는 없기 때문이다.

법조인이 순수하게 법에 근거를 둔 것이 아니라 도덕에 근거를 둔 판단을 내릴 때면 거듭해서 부정적 논평이 나온다. 하지만 그런 비판은 생각의 오류를 포함하고 있다. 우리가 법적 논증에 대체로 의지할 수 있는 것은 오로지 그 논증이 민주주의 법치 국가 안에서 이미 도덕적으로 정당화되어 있기 때문이다. 법적으로 정의된 옳음은 도덕적 옳음과 상충하면 안 된다. 만약에 상충한다면, 우리는 그 법적인 옳음을 바꿀 것을 도덕적으로 요구받을 터이다.

예컨대 과거나 현재의 나치, 소련 공산당, 중국 공산당도 소송 절차와 법질서를 보유했다. 그러나 우리는 무엇보다도 이들이 비도덕적이었거나 현재 비도덕적이라는 이유로 이들을 배척한다. 합법성, 곧 법적 판단이 궁극적으로 정당성, 곧 도덕적 판단에 기초를 두지 않는다면, 합법성은 도덕적으로 공허하다.

민주주의에서는 관용의 한계가 존재하고 따라서 표현의 자유의 한계도 존재한다. 이 한계들은 사회가 도달한 도덕적 통찰의 수준과 연결되어 있다. 예컨대 우리는 식인(食人) 풍습을 허용해야 할 것인가를 놓고 진지하게 토론하지 않는다. 많은 행위 선택지는 근대 민주주의 법치 국가가 숙고할 만한 논제들의 범위를 훌쩍 벗어나 있다.

사회적, 사회 경제적, 도덕적, 정치적 선택 메커니즘은 공론장에서 토론할 가치가 정말로 있는 것의 범위를 제한한다. 새로운 계몽의 부분적인 목표 하나는, 민주주의 법치 국가의 형태로 제도화된 가치 시스템을 꼼꼼히 설명하는 것이다. 민주주의 법치 국가에서 사는 것이 예컨대 독일 제3제국이나 동독에서 사는 것은 말할 것도 없고 프랑스 혁명을 통해 전복된 18세기 구체제Ancien Regime에서 사는 것보다 더 나음을 시민이라면 누구나 논증할 수 있어야 마땅할 것이다. 시민들이 민주주의 법치 국가의 우월성을 통찰하지 못하고 그 우월성의 근거를 알지 못한다면, 민주주의는 구제할 수 없게 손상된 것이다. 왜냐하면 민주주의는 도덕적 진보의 바탕에 깔린 역사적 경험에 기반을 두는데, 이 경우에는 도덕적 진보가 지속될 수 없을 것이 틀림없으니까 말이다.

관용과 표현의 자유에 관한 유의미한 사회적 논쟁은 반드시 이 논점을 다루어야 한다. 이는 사람들이 진실과 사실들에도, 또 무엇보다 도덕적 영역의 진실과 사실들에도 귀를 기울이게 만들기 위해서다. 우리의 현재 국가 체제가 공동체로서 단지 순수한 설정Setzung이요 결정Beschluss이라면, 그래서 자의적인 법적 게임 규칙에 의존하지 않고는 그 결정을 정당화할 수 없다면, 우리는 고삐 풀린 신자유주의적 지구적 자본주의나 중국의 감시 공산주의에 맞선 시스템 경쟁에서 사회적 시장 경제 및 민주주의 법치 국가를 옹호하기 위한 정신적 토대를 완전히 상실한 것이다.

다수보다 도덕이 먼저다

경청을 바라며 공적인 결정 과정에 참여하고자 하는 소수자들의 요구를 항상 승인하는 것은 결코 있을 수 없다. 아동 성범죄자, 반(反)민주주의자, 명백한 헌정 질서 파괴자, 살인자 등은 그들의 도덕적 결함(이 결함을 각 개인의 사정을 참작하여 어떻게 설명할 수 있건 간에) 때문에 제도의 엄격함 앞에서 소수자로서 보호받을 권리가 단적으로 없다.

따라서 소수자 보호가 정당하게 중요한 경우에도, 특정 속성이나 행태를 공유한 사람들로 이루어졌으며 나머지 사람들의 집합보다 규모가 작은 모든 집합이 그저 작다는 이유만으로 벌써 보호할 가치가 있는 소수인 것은 전혀 아니다. 오히려 보호해야 할 소수는 대개 부당한 일을 입증 가능하게 당했거나 당하고 있는 사람들이다. 우리는 그들을 특별히 지원해야 한다. 그들이 빼앗겼거나 빼앗기고 있는 도덕적 법적 권리를 되찾아 주기 위해서다. 부당하게 억압당한 소수자들, 공론 형성이 그들을 고려하지 않은 탓에 배제당한 소수자들의 목소리를 경청하는 것은 민주주의의 도덕적으로 바람직한 면모다. 특정 조건에서 그것은 도덕적으로 명령되고, 따라서 진정한 민주주의적 가치다. 사람들은 그 가치를 표현의 자유라는 가치를 통해 국가적으로 보호하고 장려하고 싶어 한다.

하지만 누구에게 귀를 기울여야 할까? 누가 억압당했다고 정당하게 주장할 수 있을까? 모든 소수자에게 그의 생각과 느낌을 민주주의적 의사 결정을 위한 제도적 과정에 집어넣을 수 있도록 자유로운 표현을 위한 플랫폼을 제공하는 것은 보편적으로 긍정적인 도덕적 가치가 — 즉, 도덕적으로 명령된 것이 — 아니므로, 우리는 특히 오늘날 다음 질문을 긴급하게 제기해야 한다. 〈표현의 자유와 사회의 구조 변경에 어떤 한계가 있을까?〉

이와 관련해서 일부 사람들의 견해를 언급할 필요가 있다. 그 견해에 따르면, 우리는 독일 연방 공화국의 토대인 자유 민주주의 기본 질서를 대못 뽑듯이 적극적으로 뽑아내거나 일단 아예 인정하지 말아야 한다. (명백한 사례 몇몇만 언급하면) 이런 견해를 품은 극우 테러리스트, 제국 시민,* 북한을 모범으로 삼은 공산주의 독재 추종자는 민주주의적 의사 결정에 자신의 견해를 집어넣어도 되는 소수자들이 아니다.

* Reichsbürger. 정당한 주권 국가로서의 독일 연방 공화국을 매우 다양한 이유로 부정하는 사람들.

민주주의가 자신의 존속을 확실히 하는 것은 정당할뿐더러 도덕적으로 요구되는 바다. 왜냐하면 민주주의는 보편적으로 유효한 계몽의 가치 목록에 근거를 두기 때문이다. 그 목록의 목표는 모든 인간적 개성의 펼침을 위한 (도덕적 정당성의 틀 안에서 생각할 수 있는) 제도적 기틀 조건을 수용 가능한 방식으로, 나아가 이상적일 경우 유익한 방식으로 제공하는 것이다. 이때 칸트가 제시한 법치 국가의 기본 원칙, 곧 나의 자유는 타인들의 자유가 시작되는 곳에서 끝나므로 타인들의 공간을 침범하여 그들이 그들 자신을 펼칠 수 없게 만드는 것은 제재되어야 한다는 것은 유효한 최소한의 원칙이다.[13]

이 같은 단순한 논증을 통하여 이른바 **민주주의의 역설**을, 곧 자격을 갖춘 다수가 찬성한다면 민주주의는 표결을 통해 민주주의 자신을 거부할 수도 있다는 생각을 말끔히 제거할 수 있다. 많은 이가 민주주의란 다수의 결정이라고 여긴다. 그러나 이것은 근시안적인 생각이다. 예컨대 어느 정당이 독일인의 과반수를 설득하여 우리가 무슬림을 추방하거나 더 못된 방식으로 잔혹하게 처리해야 한다고 결정하게 만든다면, 혹은 우리가 다수의 결정을 통해 새로운 나치 독재 체제를 수립한다면, 이 결정들은 우리 민주주의의 틀 안에서 정당하지 않으며, 국가는 적절한 방식으로 이 결정들에 맞서 싸우게 될 것이다. 다수보다 도덕이 먼저다. 이것은 근대 민주주의의 결정적인 게임 규칙이다. 이 규칙 때문에 근대 민주주의는 특히 아테네 사람들의 고대 민주주의와 구별된다. 고대 아테네 사람들은 이 도덕적 사실을 아직 깨닫지 못했기 때문에 상당히 잔혹한 판단들을 내렸다.

다수가 무언가를 결정했다는 이유만으로 그 무언가가 벌써 자동으로 도덕적으로 정당할 수는 없다.

도덕적 정당성은 가치 목록에서 정치적 합법성보다 상위에 놓인다. 물론 어떤 행위 선택지가 도덕적으로 정당한가를 모든 경우에 쉽게 밝혀낼 수 있다는 뜻은 전혀 아니다. 이런 연유로 의회 민주주의의 이념이 정당화된다. 의회 민주주의는 여론뿐 아니라 의회에서 벌어지는 논쟁의 우열에 따라 재정적 자원을 분배한다. 정치적 논쟁의 목표는 도덕과 무관한 사실과 도덕적 사실을 견해의 불일치를 통해, 바꿔 말해 다양한 견해의 조정과 전문 지식의 수용을 통해 밝혀내는 것이어야 한다. 동등하게 정당화된 다수의 행위 선택지가 도덕적으로 정당하며 정치적으로 합법적인 것으로서 놓여 있을 때 비로소 과반수 형성을 통한 결정을 시도할 수 있다.

요컨대 민주주의는 〈무엇이든지 좋다〉*가 절대로 아니

* Anything goes. 과학 철학자 파울 파이어아벤트가 쓴 유명한 책의 제목.

다. 민주주의적으로 정당한 시민을 뜻하는 민중Volk은 개별 집단들로 이루어지는데, 그 집단들의 의지 형성은 임의적이라는 탈근대적 견해는 극심한 오류이며 독일 기본법을 통해 규정된 민주주의의 개념에 반한다.

문화 상대주의: 강자가 옳다

다소 뚜렷이 분리된 문화들이 존재하는 것처럼 보인다. 더 나아가 문화들 사이의 경계 긋기는 흔히 민족 국가들의 국경과 관련이 있는 듯하다. 통상적으로 사람들은 예컨대 독일 문화, 중국 문화, 미국 문화, 또는 러시아 문화를 이야기한다. 또한 일부 사람들은 수천 년 전부터 세계사적 문화 전쟁이 벌어져 왔으며, 21세기에는 지구화를 통해 상호 경쟁이 더 심화된 문화권들 사이의 분쟁으로서 그 문화 전쟁이 펼쳐진다고 믿는다. 이 생각은 20세기 말에 하버드 대학교 교수이자 정치학자 새뮤얼 헌팅턴에 의해 권위 있게 제기되었다. 그는 2004년 미국인의 정체성을 다룬 저서에서 문화 전쟁의 개념을 미국에 적용하면서, 우리 시대의 트럼프와 마찬가지로 미국의 앵글로아메리칸 개신교도 정체성을 옹호하면서 라틴 아메리카인의 이민을 문제시한다. 이 생각은 대표적으로 역시 하버드 대학교 교수이자 노벨상 수상자 아마르티아 센에 의해 상세히 반박되었다.[14]

헌팅턴을 비롯한 문화 전쟁 이론가들의 논증에서 특히 눈에 띄는 허점은 문화란 무엇인지 명확히 설명하지 않는다는 것이다. 이 때문에 〈문화〉라는 표현이 너무 자주 사용되는데, 꼼꼼히 살펴보면 그 표현의 배후에는 명료한 개념이 아니라 위험한 혼란이 도사리고 있다. 헌팅턴은 커다란 문화권들이 존재한다고 여긴다. 이를테면 이슬람 문화권, 서양 문화권, 라틴 아메리카 문화권이 있다고 말이다. 헌팅턴에 따르면, 이 문화권들은 서로 갈등하고 그 갈등은 전쟁으로 이어진다. 그런데 그는 자신이 문화들을 어떻게 정의하고 구별하는가에 관한 종교학적 기준이나 문화 철학적 기준을 제시하지 않는다. 이런 식으로 가면 결국 **전형(典型)Stereotype**이 발생할 따름이다. 바꿔 말해, 사람들을 여러 집단(이를테면 힌두교도와 무슬림, 유럽인과 중국인, 북아메리카인과 라틴 아메리카인)으로 분류하는 그릇된 사고 패턴이 발생할 뿐이다.

이런 집단 구성은 사실들에 들어맞지 않는다.[15] 예컨대 모든 유럽인이 똑같이 생각하고 행위하느냐 하면, 전혀 그렇지 않다. 유럽인들은 내부적으로 상당히 다양하다. 이 사실은 매우 국지적인 수준에서도 드러난다. 독일 북부 사람이 보기에 바이에른 사람은 때에 따라 외국인보다 문화적으로 더 낯설게 느껴진다. 또한 이것조차도 전형이다. 왜냐하면 함부르크에도 다른 함부르크인 집단들과 구별되는 집단을 이룬 사람들이 있기 때문이다. 사람들이 힌두교도 집단이나 기독교도 집단에 속한다는 생각은 추상이며, 한 사람을 그런 추상적 집단에 편입함으로써 이해하거나 심지어 예측할 수 있다고 우리가 믿는다면, 그 추상은 오류를 일으키고 심지어 위험할 수 있다. 이런 식으로 전형들이 생겨난다.

모호한 문화 개념에 기초한 가치 다원주의는 가치 보편주의의 맞수로서 널리 퍼져 있다. 기본적으로 가치 다원주의는 도덕적 가치를 포함한 모든 가치는 결국 집단 소속의 표현이라고 주장한다. 이 견해에 따르면, 예컨대 미국적 가치, 중국적 가치, 러시아적 가치 등과 구별되는 독일적 가치(판에 박힌 것들을 꼽자면, 근면, 성실, 장인 정신)가 존재한다. 게다가 지난 10년 동안에는 유대교-기독교적 가치 혹은 서양적 가치가 특히 무슬림적 가치와 구별되는 것으로서 거듭 거론되었다. 그리하여 사정이 더 복잡해진다. 왜냐하면 종교적 가치 시스템을 정확히 규정하는 과제는 최소한 문화를 구별하는 과제에 못지않게 어렵기 때문이다.

가치 다원주의와 가치 상대주의의 기반에 놓인 모호한 문화 상대주의를 반박하는 작업에 착수하려면, 먼저 문화 상대주의에 귀를 기울여야 한다. 이는 문화 상대주의란 과연 무엇을 의미할 수 있는지 알아보기 위해서다.

우선 다음을 전제하기로 하자. **문화 상대주의**란 — 도덕적 가치를 포함한 — 모든 가치는 집단 소속의 표현일 따름이라는 주장이다. 문화 상대주의가 출발점으로 삼는 집단들은 문화들이다. 요컨대 문화 상대주의에 따르면, 가치는 문화에 상대적이고, 사람들은 문화에 따라 분류된다. 일반적으로 **상대주의**란, 특정한 담론 영역이 있을 때, 첫째, 그 영역 안의 진술들은 특정한 전제 시스템 아래에서 상대적으로 진실이며, 둘째, 그런 시스템이 여럿 존재하고, 셋째, 〈어느 시스템이 더 나은가〉라는 질문에 대한 독립적 입장 표명은 원리적으로 불가능하다는 이론이다.

사람들은 다양한 안건 앞에서 상대주의에 찬성할 수 있다. 아름다움에 관한 담론에서 상대주의자는 아름다움은 오직 관찰자의 눈 안에만 있다고 여긴다. 내가 아름답다고 느끼는 것을 당신은 추하다고 느낄 수 있고, 거꾸로도 마찬가지다. 또한 우리의 견해 차이를 중재하고 누가 옳은지 판정할 수 있는 독립적 행위자는 없다고 여긴다. 아름다움에 관한 나의 견해를 어쩌면 신경 생물학적, 정신분석적 관점에서 나의 성적 취향에 기초하여, 또는 사회학적 관점이나 기타 관점에서 나의 인생사에 기초하여 설명할 수 있을 것이다. 어쩌면 나는 늘 나에게 중요한 타인들이 추천하는 것만 아름답다고 여길 것이다. 상대주의자에 따르면, 당신도 마찬가지다. 상대주의자는 아름다움에 관한 진술을 특이 체질 같은, 개인적 특징이 좌우하는 취미 판단Geschmacksurteil으로 환원한다.

이 책의 주요 주제인 도덕적 가치에 관하여 문화 상대주의자는 아래와 같은 견해를 품는다.

문화 상대주의 1: 도덕적 가치는 문화에 상대적이다. 절대적인 도덕적 가치는 없다.

문화 상대주의 2: 다수의 문화가 존재하며, 그 문화들을 포괄적이며 보편적인 하나의 상위 문화 아래 포섭하는 것은 절대로 불가능하다.

문화 상대주의 3: 〈어떤 문화를 따라야 마땅한가〉라는 질문 앞에서 어떤 문화에도 의존하지 않는 중립적(특정 문화에 매이지 않은) 입장 표명은 없다.

상대주의자들의 통상적인 믿음에 따르면, 문화들은 서로 싸우며, 도덕적 가치를 일깨움으로써 그 싸움을 중재할 수는 없다. 왜냐하면 문화들과 마찬가지로 도덕적 가치도 화해 불가능한 싸움에 휘말려 있기 때문이다. 이 문화 투쟁에서 상위의 도덕적 질서는 무의미하다. 상대주의자는 그런 질서를 환상으로 간주한다. 왜냐하면 상대주의자가 보기에 도덕은 기껏해야 다수의 문화 중 하나가 스스로 자신에게 부과한 무언가이기 때문이다. 문화 투쟁에서 적에 대한 도덕적 존중은 기껏해야 시스템 경쟁에서의 경쟁력 약화를 가져오며 그렇기 때문에 문화 상대주의자들에 의해 — 정치적으로 좌파건 우파건 간에 — 거부된다.

이 세계관의 정서를 대변하는 허구적 인물의 구호가 있다. 넷플릭스 시리즈 「하우스 오브 카드」에 등장하는 미국 대통령 프랭크 언더우드의 구호는 다음과 같다. 〈정의란 없다. 오직 정복이 있을 뿐.〉 이 생각은 당연히 넷플릭스보다 훨씬 더 오래되었으며, 허구적인 미국 대통령만이 생각을 옹호하는 것은 아니다. 유감스럽게도 이 생각은 현실적인, 전혀 허구적이지 않은 우리 시대의 백악관을 지배한다. 그 백악관을 지원하는 공화당은 스스로 판단하기에 화해 불가능한 민주당에 맞서 화해 불가능한 문화 투쟁을 벌이고 있다.

특히 트럼프가 자주 호소하는 생각, 곧 강자가 옳다는 생각을 최초로 명확히 제시하고 옹호한 허구적 인물은 플라톤의 정치적 주저 『국가』에 등장하는 연설가 트라쉬마코스다. 트라쉬마코스에 따르면, 싸움에서 이긴 자가 옳다고 하는 것이 곧 옳은 것이다(옳음Gerechtigkeit — 〈디카이오쉬네dikaiosyne〉 — 은 고대에 최상위 도덕적 가치를 가리키는 이름이었다). 『국가』 1권에서 소크라테스는 처음에 폴레마르코스라는 인물과 정치적 주제들에 관하여 대화한다. 그러는 중에 유명한 소피스트인 트라쉬마코스가 끼어든다. 플라톤은 소피스트를 대중 선동가로, 어떤 의미에서 가짜 뉴스 제작자로 묘사한다. 소피스트의 말솜씨는 약한 논증을 능수능란한 수사법으로 엮어 강하게 만듦으로써 한낱 잡담을 통해 상대를 굴복시킨다.[16]

플라톤의 『국가』에서 트라쉬마코스는 소크라테스가 옳음은 보편적이라는 견해를 한창 펴고 있을 때 대화에 끼어든다. 〈서로에게 고개 숙여 인사하다니, 당신들은 참 우직하게 행동하는구먼.〉[17] 그렇게 트라쉬마코스는 소크라테스를 지나치게 바른 생활에 매달리는 사람으로 비난하고는 옳음을 주제로 짧게 토론하자고 청한다. 토론이 시작되고 얼마 지나지 않아 그는 아래와 같은 옳음의 정의에 도달한다.

한번 들어 봐! …… 내 주장은 이거야. 옳음이란 다름 아니라 강자의 이익이다.[18]

이 주장을 뒷받침하기 위해 트라쉬마코스가 내놓는 논증은 오늘날 토론장이 아니라 세계라는 무대 위에서 성대하게 되살아난다. 그는 국가 권력이란 다름 아니라 정부의 강제 집행력이며 정부의 형태를 통해 규정된다고 여긴다. 이와 관련하여 트라쉬마코스는 독재 정치tyrannis, 귀족 정치, 민주 정치를 구분한다.

모든 지배 체제는 자신의 이익에 맞게 법을 만들지. 민주 정치는 민주적인 법, 독재 정치는 독재적인 법 등을 말이야. 이 법들에 따라서 지배자들은 그들 자신의 이익을 예속자들이 따라야 할 옳음으로 선포하고 그 옳음의 선을 넘는 모든 자를 법을 위반하고 그릇된 짓을 한다는 이유로 처벌하지. 그리고 나의 가장 좋은 친구, 이게 내 주장인데, 이것이 모든 국가에서 똑같은 방식으로 〈옳은〉 것이야. 바꿔 말해, 기존 지배 체제의 이익이란 말일세. 기존 지배 체제가 권력을 쥐고 있어. 그러니 제대로 숙고하기만 하면 누구나 이런 결론을 내리게 되지. 어디에서나 똑같이 옳음은 강자의 이익일세![19]

강자가 옳다는 생각은 수천 년에 걸쳐 다양한 형태로 등장한다. 그 생각은 정치적 우익에서 강제력 행사를 정당화하기 위해 사용될 뿐 아니라 좌익에서도 마찬가지로 뚜렷이 옹호된다. 카를 마르크스도 계급과 도덕을 관련짓는다. 잘 알려져 있듯이, 그는 계급들이 서로 싸운다고 여긴다.[20]

고대 소피스트와 마찬가지로 오늘날의 좌파 활동가와 우파 활동가에게도 자신의 견해의 진실성은 대개 중요하지 않다. 오로지 싸움에서 우선 말솜씨로 우위를 점한 다음에 공직 점유를 통해 권력을 거머쥐고 숙청 작업을 통해 정치적 맞수를 이상적일 경우 완전히 제거하는 것만이 중요하다. 이것이 정치적 극단주의의 본질이다. 정치적 색채와 상관없이 말이다.

강자가 옳음을 도덕적 가치 판단의 기반으로 간주하는 사람은 도덕과 작별한 지 오래된 사람이다. 도덕적 가치가 계급, 성별, 세대, 정당, 문화 등에의 소속의 표현일 따름이라면, 도덕적 가치는 실은 전혀 존재하지 않는 것이다. 그렇다면 유일한 관건은 정치적 싸움에서 이기는 것, 그러면서 도덕적으로 좋게 들리는 말을 풀어내, 자신을 역사의 환한 면을 대표하는 세력으로 내보이고 권력에 오르기 위해 수단으로 사용한 폭력을 은폐하면서 권력을 유지하려 애쓰는 것뿐이다.

폴 보고시언과 탈레반

문화 상대주의의 기반이 허약하다는 사실을 뉴욕 대학교 교수이자 철학자 폴 보고시언이 지난 수십 년 동안 제시한 일련의 논증에서 알아챌 수 있다.[21] 그가 든 사례 하나는 그와 어느 탈레반 조직원 사이의 도덕적 충돌이다.[22] 보고시언은 아래와 같은 충돌이 존재한다고 믿는다.

보고시언: 성인 여성과 소녀에 대한 학교 교육은 도덕적으로 명령된다.

탈레반 조직원: 성인 여성과 소녀에 대한 학교 교육은 도덕적으로 금지된다.

문화 상대주의자는 이 상황을 서술할 때, 보고시언과 탈레반이 실은 순전히 이해득실 때문에 싸운다고 할 것이다. 보고시언은 미국의 이익과 가치를 대변한다고 문화 상대주의자는 짐작할 수 있을 것이다. 미국의 가치는 소년, 소녀, 기타 다양한 젠더를 가리지 않는 보편적 의무 교육을 포함한다. 왜냐하면 만민이 교육의 혜택을 받아 나중 삶에서 기회의 평등을 누려야 마땅하기 때문이다. 상대주의자는 미국인의 견해 시스템과 문화를 더 큰 서양적 가치들의 맥락 안에 넣어서 더 깊이 분석할 수 있을 것이다. 반면에 이런 관점에서 보면 탈레반은 다른 문화를 보유했을 것이다. 그 문화는 여성에게 전혀 다른 사회적 과제들을 부여하는데, 이는 탈레반의 코란 해석 및 기타 지역적 풍습과 관련된 사항일 것이다.

아마도 상대주의자는 이 숙고가 모든 진영에 우호적이며 모든 진영을 어떻게든 옳다고 인정한다고 여길 것이다. 누구나 스스로 보기에는 옳으니까 말이다. 상대주의자에 따르면, 보고시언도 탈레반도 특정한 도덕적 진술들을 진실로 간주한다. 비록 진정으로 도덕적인 이유에서는 아니고 각자의 집단 소속 때문에 그러는 것이긴 하지만 말이다.

하지만 이 숙고는 겉보기보다 더 약점이 많다. 조금 더
자세히 살펴보자. 보고시언의 지적에 따르면, 상대주의
자는 결국 충돌하는 양 진영의 진술들을 재해석해야 한
다. 즉, 상대주의자가 보기에 보고시언은 그 자신의 진술
〈성인 여성과 소녀에 대한 학교 교육은 도덕적으로 명령
된다〉를 실은 믿지 않는다. (보고시언과 달리) 상대주의
자는 절대적인 도덕적 명령은 없음을 안다고 믿으므로 보
고시언을 그렇게 이해할 수밖에 없다. 그러므로 상대주의
자는 보고시언이 진술할 때 말하자면 다른 진술을 듣는
다. 그 진술은 아래와 같다.

성인 여성과 소녀에 대한 학교 교육은 미국 가치관에
따라 상대적으로 도덕적으로 명령된다.

다른 도덕적 견해들에 대해서도 마찬가지다. 즉, 탈레
반 조직원의 진짜 취지는 아래와 같다.

성인 여성과 소녀에 대한 학교 교육은 탈레반의 코란
해석에 따라 상대적으로 도덕적으로 금지된다.

이 재해석의 치명적 문제는 한 걸음 더 나아간 추상화

에서 더 뚜렷이 불거진다. 일반적으로는 다음과 같은 경우에 A와 B 사이에 명백한 도덕적 충돌이 있다고 간주할 수 있을 것이다. 즉, A는 φ가 도덕적으로 명령된다고 믿고, B는 φ가 도덕적으로 금지된다고 믿는다면, A와 B 사이에 명백한 도덕적 충돌이 있는 것이다.

이때 ⟨φ⟩는 도덕과 유관한 행위를 가리킨다. 그런데 만약에 도덕적 충돌이, A는 φ가 (예컨대) 독일에서 도덕적으로 명령된다고 여기는 반면에 B는 φ가 (예컨대) 사우디아라비아에서 도덕적으로 금지된다고 여기는 것에 있다면, 사정은 전혀 달라질 것이다. 이 경우에 독일인 문화 상대주의자는 독일에서는 결코 하지 않을 행위(이를테면 투석 사형에 적극적으로 참여하기)를 사우디아라비아에서는 할 수 있을 것이며, 그 행위는 도덕적 오류가 아닐 것이다. 그러나 일반적인 서양인은 완고한 문화 상대주의자라 하더라도 결코 그런 행위를 하지 않을 것이다. 요컨대 문화 상대주의자는 자신이 도덕적 관점을 지녔으며 사람에게 극심한 고통을 가하지 말아야 마땅하다는 무조건적 견해를 품었음을 인정할 것이다.

그렇지 않다면, 문화 상대주의자가 서술하고 싶어 하는 충돌은 아예 존재하지 않을 터이다. 문화 상대주의자는 사우디아라비아 외부에서는 투석 사형을 하지 말아야 마땅하다는 견해를 품고, 사우디아라비아인은 오직 사우디아라비아에서만 투석 사형을 해야 마땅하고 독일에서는 그렇지 않다는 견해를 품는다면, 양자는 견해가 일치할 테고, 서로 다른 견해 시스템들이 존재하는 것이 아니라 단지 국지적으로 유효한 행동 규칙들이 존재할 따름일 터이다. 반면에 독일인 문화 상대주의자가 투석 사형을 하지 말아야 마땅하다는 견해를 독일에서 품는다면, 이 견해는 당연히 사우디아라비아에서도 그에게 유효할 터이다.

다른 장소에 있고 그곳에서는 도덕적 명령과 금지에 관한 다수의 견해가 어쩌면 겉보기에 다르다 하더라도, 도덕도 덩달아 변화해야 할 이유가 과연 있을까? 게다가 다음과 같은 결정적인 논점을 고려해야 한다. 즉, 사우디아라비아에서 투석 사형을 당하는 사람들은 그곳에서는 투석 사형이 도덕적으로 옳다는 견해를 품지 않을 것이 상당히 확실하다. 여기에서 벌써 문화 상대주의의 심각한 문제 하나가 드러난다. 한 문화권 안에서도 문화는 일반적으로 균일하지 않으며 기껏해야 어느 정도의 다수 견해가 형성될 따름이라는 문제 말이다. 모두가 받아들이는 명확한 가치관이 지배하는 폐쇄적인 문화권은 존재하지 않는다. 문화는 늘 다양하다. 작은 집단을 정의하는 문화도 마찬가지다. 이것은 누구나 가족 잔치에서 경험하여 잘 아는 바일 것이다.

우리가 무엇을 하고 무엇을 하지 말아야 마땅한가에 관

한 도덕적 사실들은 지역과 무관하다. 그 사실들은 모든 곳에서 모두에게 유효하다. 그래서 예컨대 덴마크에서 제정된 이른바 〈게토 법〉은 도덕적으로 배척해야 한다. 2018년 덴마크는 도시 구역 28곳을 게토로 지정하고 그 구역들에서 유효한 특별법을 제정했다. 2018년 12월 28일 자 「타게스샤우Tagesschau」의 보도에 따르면, 게토 구역들에서는 의무 보육이 시행되고 〈절도와 공공물 훼손 등의 범행〉이 더 가혹하게 처벌된다. 또한 초등학교 입학 전 예비 학교에서 의무적으로 언어 시험이 치러지고 경찰관도 더 많이 배치된다. 이런 식으로 일부 사람들이 체계적으로 불이익을 당한다. 그들은 정상적인 덴마크인에 대한 통념에 맞추어진다. 그 통념이 그들의 행동을 더 가혹하게 처벌하는 이유로 동원된다. 이것은 개인을 보지 않고 판결하는 〈눈먼 정의blinde Gerechtigkeit〉의 이념에 현저히 반한다. 중도-우익 연합 정권에서 우익 민족주의 정당인 〈덴마크 민중당〉에 의해 관철된 게토 법은 도덕적으로 배척해야 할 법조문 해석의 한 예다. 이 경우에 덴마크는 일종의 완화된 귀족 정치 국가처럼 행동한 것이다. 귀족 정치 국가에서는 일부 사람들이 다른 사람들보다 더 낫다고 간주되며, 따라서 민중(모든 덴마크인)이 아니라 민중의 한 부분 집합이 주권자로 뛰어오른다. 그렇게 되면 민주주의는 적어도 이 부분에서는 종말을 맞는다.

여기에서도 모호한 〈문화〉 개념을 국가에 적용하는 것은 매우 부적절함이 새삼 드러난다. 정치적으로 매우 모범적이라고들 하는 덴마크인(이것 역시 그릇된 전형이다)이 자기네와 다르다고 선언된 사람들에게 맞서 뻔뻔스럽게 불이익을 주고 그들을 2등 시민으로 격하하는 방식으로 이빨을 드러낸다. 요컨대 가혹하고 부당한 조치의 예로 꼭 북한이나 사우디아라비아를 댈 필요는 전혀 없다. 도덕적 부당함은 안에서, 이 경우에는 유럽 연합 내부에서 시작된다. 도덕적 부당함은 서양인이 도덕적 정당함을 자부하며 멀찌감치 떨어져 바라보는 낯선 사정이 아니다.

유대교-기독교적 가치는 존재하지 않으며
이슬람교는 명백히 독일에 속한다

문화 상대주의는 포퓰리즘의 연장통에 들어 있는 공구다(많은 논란이 있는 개념인 포퓰리즘은 나중에 자세히 논의될 것이다). 포퓰리즘 색채를 강하게 띤 정부나 야당은 구체적 행동 계획을 정당화하고 관철하기 위해 자주 문화 상대주의에 의지한다. 한 예로 지난 10년 동안 널리 거론된 〈유대교-기독교적 가치〉, 〈유대교-기독교적 전통〉, 심지어 〈유대교-기독교적 서양〉을 들 수 있다. 유대교-기독교적 서양이 떠들썩하게 입에 오르내린 출발점은 2010년 당시 독일 대통령 크리스티안 불프가 독일 통일

20주년을 기념하여 행한 연설이었다. 그는 그 연설의 여파를 의도하지 않았을 것이 틀림없다. 그 연설에는 아래와 같은 유명하고 악명 높은 대목이 들어 있다.

우리는 무엇보다도 먼저 명확한 태도가 필요합니다. 독일에 대한 이해가 필요합니다. 여권상의 국적이나 가족사, 신앙에 국한되지 않는 더 포괄적인 소속에 대한 이해가 필요합니다. 기독교는 의심의 여지없이 독일에 속합니다. 유대교는 의심의 여지없이 독일에 속합니다. 이것은 우리의 기독교-유대교적 역사입니다. 하지만 이슬람교도 어느새 독일에 속합니다. 거의 2백 년 전에 요한 볼프강 폰 괴테는 『서동시집West-östlicher Divan』에서 이를 다음과 같이 표현했습니다. 〈자기 자신과 타인들을 잘 아는 사람이라면 이것도 알아챌 것이다. 이제 동양과 서양은 더는 분리될 수 없다.〉[23]

연설은 〈신이 독일을 보호하기를 기원합니다〉라는 문장으로 마무리된다. 여담이지만 역시 독일에 속한 다신교도와 무신론자는 이 문장에 전적으로 동의하지는 않았을지도 모른다. 아무튼 연설은 이른바 〈기독교-유대교적〉역사를 호명했다. 하지만 그 역사가 언제 시작되었는지, 그 역사가 독일의 역사 전체에서 정확히 어느 기간을 차

지하는지(이를테면 게르만 종족들의 기독교 이전 역사와
는 어떤 관계인지, 독일 역사에서 실제로 기독교-유대교
적 역사의 본질적인 부분인 끔찍한 반유대주의 물결과는
또 어떤 관계인지) 말하지 않았다. 잘 알다시피 독일 역사
가 온통 유쾌한 것은 결코 아니다. 그리고 교리로 확정된
유대교와 기독교의 신앙 내용은 부분적으로 양립 불가능
하다. 이 두 세계 종교의 경전에서 명시적으로 언급된 가
치 시스템도 마찬가지다. 기독교와 유대교가 늘 평화롭게
공존했는가 하면, 전혀 그렇지 않다. 기독교의 역사는 반
유대주의로 가득 차 있다. 반유대주의는 과거에 모든 기
독교도의 신앙 고백에 포함되었다. 그 의미가 명확한 〈기
독교-유대교적 역사〉는 아예 존재하지 않는다.

불프의 연설은 특히 결정적인 단어인 〈소속〉을 전혀 설
명하지 않음으로써 거대한 혼란을 유발했다. 그리하여 우
리는 (불프와 더 나중에 독일 총리 메르켈이 밝힌 견해대
로) 이슬람교가 독일에 속하는가 아니면 (그들의 요란한
반대자들, 대표적으로 선동가 틸로 자라친*이 주장하는
대로) 속하지 않는가 하는 질문을 놓고 여러 해에 걸쳐 무
의미한 논쟁이 벌어지는 것을 참아 내야 했다. 유감스럽
게도 그 논쟁은 여태 종결되지 않았다.

* 무슬림의 독일 이민에 반대하는 저서 『독일은 스스로 소멸하고 있다
Deutschland schafft sich ab』를 쓴 것으로 유명한 경제학자이자 정치인.

아무튼 이것은 전적으로 명백한데, 이슬람교는 어느 모로 보나 다른 일신교들에 못지않게 독일에 속한다. 불프의 연설과 뒤이은 갑론을박에서 무신론자, 불가지론자, 다신교도 등은 당연히 잊혔다. 독일 기본법과 인권으로서의 종교의 자유는 이들의 존재 권리를 명백히 문서로 보장하는데도 말이다. 독일 기본법 4조 1항과 4조 2항는 아래와 같다.

(1) 신앙과 양심의 자유, 그리고 종교적 세계관적 신조(信條)의 자유는 불가침하다.
(2) 방해받지 않는 종교 생활이 보장된다.

종교 개념은 일신교로 한정되지 않으며 기독교나 유대교로는 더더욱 한정되지 않는다(이런 한정은 터무니없을 것이다). 종교와 민주주의는 어떤 관계인가, 그리고 종교의 자유를 가치로서 어떻게 정당화하고 옹호할 것인가는 아직 명확한 결론이 나지 않은 질문들이다.[24] 이슬람 논쟁의 공방이 뜨겁게 달아오르는 와중에 때로는 끔찍할 정도로 비과학적인 논증과 더불어 거듭 제기된 주장에 따르면, 이슬람교는 그 자체로 자유 민주주의 기본 질서를 위협하며 이슬람교의 가치는 우리의(누구의?) 인권 개념 등과 양립할 수 없다. 이 주장은 이를테면 자라친이 대중에게 퍼뜨린 코란 해석을 통해 뒷받침되었다. 그는 이슬람교에 관하여 어떤 전문 지식도 없는데 말이다.

〈이슬람교〉나 〈기독교〉는 과연 무엇을 의미할까? 성경이나 코란에 적혀 있는 것이 기독교나 이슬람교의 전부라고 간단히 대답할 수는 없을 것이다. 이 단어들은 사람들이 한 전통을 장려한다는 것, 자선을 베푼다는 것, 성탄절이나 라마단을 쉰다는 것을 의미할까? 아무튼 근본주의적 코란 해석과 마찬가지로 엄격한 근본주의적 성경 해석도 민주주의 법치 국가와 양립할 수 없다. 많은 이가 전자를 위험시하면서 기독교 근본주의와 유대교 근본주의는 외면하거나 무해하다고 여기지만 말이다.

이 대목에서 다음을 상기할 필요가 있다. 거대한 일신교적 세계 종교들인 유대교, 기독교, 이슬람교는 모두 18세기와 19세기의 혁명들에 이어 수립된 근대 민주주의보다 훨씬 더 먼저 발생했다. 이 종교들의 창시자들은 근대 민주주의에 호의적일 수 없었다. 왜냐하면 그들의 시대에는 그런 통치 형태가 전혀 알려져 있지 않았기 때문이다. 힌두교와 불교까지 포함한 모든 세계 종교의 경전에 등장하는 행위 권고와 명령은 인간 존엄의 침해를 명시적으로 촉구하며 이런 면에서 인권에 대한 우리의 통찰과 명백히 양립 불가능하다. 섬뜩한 예로 모세 오경 중 셋째 경전인 「레위기」의 한 대목을 들 수 있다. 남성 동성애를 다루는 그 대목은 이러하다. 〈남자가 같은 남자와 동침하여, 여자에게 하듯 그 남자에게 하면, 그 두 사람은 망측한 짓을 한 것이므로 반드시 사형에 처해야 한다.〉(「레위기」 20장 13절)

여기에 비하면 추방은 그리 가혹하지 않을 수도 있겠는데, 모세의 율법에서 그런 벌은 더 쉽게 내려질 수 있었다. 〈남자가 월경하는 여자와 동침하여 그 여자의 몸을 범하면, 그는 그 여자의 피 나는 샘을 범한 것이고, 그 여자도 자기의 피 나는 샘을 열어 보인 것이므로, 둘 다 백성에게서 끊어지게 하여야 한다.〉(「레위기」 20장 18절)

불륜도 딱히 사려 깊게 처리되지 않는다. 〈남자가 다른 남자의 아내 곧 자기의 이웃집 아내와 간통하면, 간음한 두 남녀는 함께 반드시 사형에 처해야 한다.〉(「레위기」 20장 10절)

부모를 저주하는 사람 역시 전망이 좋지 않다. 〈아버지나 어머니를 저주하는 사람은 반드시 사형에 처해야 한다. 그는 아버지와 어머니를 저주하였으니, 자기 죗값으로 죽는 것이다.〉(「레위기」 20장 9절)

힌두교의 중요한 경전인 『바가바드기타』도 피비린내 나는 맥락 안에서 펼쳐지는 이야기다.[25] 그 경전은 『마하바라타』라는 장대한 서사시의 일부인데, 이 서사시는 친척 사이인 쿠루족과 판두족이 왕위 계승과 영토 주권을 놓고 벌이는 잔인한 전쟁을 다룬다. 어느 복잡한 상황에서, 비슈누 여신의 아바타인 크리슈나 신이 판두족 왕자 아르주나의 마부로 등장한다. 아르주나는 친척을 상대로 잔인한 전쟁을 벌이기를 망설인다. 그때 크리슈나 신이 나타난다. 신의 등장은 전쟁의 종식과 친척의 화해를 가져오기는커녕 아르주나에게 싸울 용기를 준다. 왜냐하면 아르주나는 신이 자신의 마부로 나타난 것이 전쟁의 정당성을 입증한다고 여기기 때문이다.

힌두교 경전『바가바드기타』에서 아르주나와 크리슈나가 나누는 대화의 주제는 평화 사절 파견 따위가 아니라 친척 간 전쟁의 정당화다. 힌두교의 이 같은 문헌 기반은 구약 성경 및 신약 성경과 마찬가지로 상당한 피비린내를 풍긴다.

기독교의 태도도 딱히 더 우호적인 수준은 아니다. 신약 성경을 보면, 예수는 〈평화가 아니라 칼을 주려고 왔다〉.(「마태복음」 10장 34절) 〈너희는 내가 세상에 평화를 주러 온 줄로 생각하느냐? 내가 너희에게 말한다. 그렇지 않다. 도리어, 분열을 일으키러 왔다.〉(「누가복음」 12장 51절) 이런 맥락에서 예수는 말세의 예언자로서, 사람이 자기 가족을 버리고 예수를 아버지와 어머니보다 더, 자기 자식들보다도 더 사랑할 것을 촉구한다. 신약 성경의 말세적 분위기는, 세계가 곧 멸망하고 최후의 심판이 열릴 것이며 그 (아직 도래하지 않은) 상황에서는 시민적인 가족 생활의 지속이 전혀 무의미할 것이라는 전제에 기초를 둔다.

아르주나는 간디가 아니다. 마찬가지로 마태는 프란치스코 교황이 아니다. 여기에서 종교 분야의 도덕적 진보를 확인할 수 있다. 간디의 힌두교 해석과 프란치스코 교황의 기독교 해석은 평화주의적이고 보편주의적이다. 이 해석들은 처음부터 근본주의적 탈선에 맞서려 애쓴다. 하지만 사정은 여러 이유에서 그리 간단하지 않다. 간디와 프란치스코 교황은 둘 다 반동적 여성관을 지녔다고 비난당할 수 있다.

이 예들이 주는 교훈은 이러하다. 모든 세계 종교의 경전들은 민주주의적으로 명문화된 인간 존엄의 존중과 명백히 양립 불가능한 행위 지침과 세계관을 곳곳에 담고 있다. 때때로 노골적으로 표현된 그 잔인한 폭력의 촉구를, 인간 존엄을 짓밟으라는(동성애자와 외도한 자를 돌로 쳐 죽이고, 부인과 노예를 소유물로 다루라는 등) 요구를 따르는 사람은 근대 민주주의 법치 국가의 기본적인 게임 규칙을, 더구나 오늘날 독일에서 유효한 그 규칙의 법률 버전을 위반하게 된다. 코란에는 잔인한 대목과 폭력의 촉구가 있기 때문에 이슬람교는 독일에 속하지 않는다고 믿는 사람은 마찬가지 이유에서 유대교, 기독교, 힌

두고, 불교도 독일에 속하지 않는다고 인정해야 한다. 그렇다면 독일의 주요 정당인 기독 민주당은 독일 기본법과 양립할 수 없으며 연방 헌법 수호청의 수사를 받아야 할 집단일 것이다. 이것은 당연히 터무니없는 이야기다. 독일에는 종교의 자유가 있다. 종교의 자유는 근본주의와는 양립 불가능하지만 종교와는 양립 불가능하지 않다. 이슬람교에 대한 비근본주의적 해석이 (다른 종교들에서와 마찬가지로) 얼마든지 다양하게 존재하므로, 당연히 이슬람교는 불교 명상 센터나 교회와 똑같이, 손톱만큼의 처짐이나 다름도 없이 독일에 속한다. 이를 따로 강조할 필요가 없어진다면, 그것은 커다란 도덕적 진보일 것이다.

근대 국가들은 어느 종교에서나 종교 생활이 제한되도록 종교의 자유를 정의한다. 성경의 자구(字句)를 엄격히 준수하려는 사람은 코란의 자구에 매달리는 사람과 마찬가지로 독일에서 종교 생활을 자유롭게 할 수 없다. 물론 실제 상황은 훨씬 더 복잡하다. 왜냐하면 경전의 자구가 과연 무엇인지가 명확하지 않기 때문이다. 경전의 자구가 무엇인지에 대한 판단이 벌써 해석에 의존한다.

이런 연유로 근대에 **해석학**Hermeneutik(어원은 희랍어 〈hermeneia=이해〉다)이라는 분야가 생겨났다. 해석학의 도움으로 경전들은 근대적 지식과 양립 가능하게 해석된다. 해석학은 신학의 한 분야로 발전하여 독립했다. 신학은 예컨대 독일에서는 공립 대학교의 신학과 형태로 세금을 통해 지원된다. 계몽 프로젝트에서 이 지원의 의미는, 종교 해석을 (철학과와 같은) 국가적 제도들과 연결하여, 그 해석이 근대 법치 국가의 본질을 이루는 (어떤 종교와도 결부되지 않았으며 어떤 종교를 통해서도 정당화되지 않은) 보편적 가치들과 어느 정도까지 양립 가능한지 밝혀내는 것이다.

다른 모든 종교와 마찬가지로 이슬람교에도 동일한 게임 규칙이 적용된다. 독일에 사는 무슬림 인구가 최소 4백만 명에 달하고 그중 다수가 이 글의 저자가 독일인인 것과 똑같은 의미에서 독일인 곧 독일 국민이라는 사정을 감안하여, 독일 연방 교육 연구부가 여러 대학교에 이슬람 신학 센터를 설립한 이후 어느새 지금은 이슬람교도 신학적으로 더 정확히 연구된다.

또 하나의 자명한 사실을 상기하자. 독일 기본법에 나오는, 인권 사상에 기초한 기본권들은 첫째, 독일에서만 유효한 것이 아니며, 둘째, 독일에서 독일인에게만 유효한 것이 아니다. 독일에 체류하는 프랑스 관광객, 망명자 등의 인간 존엄도 호엔촐레른 가문의 후손들의 인간 존엄과 똑같이 보호되어야 한다. 호엔촐레른 가문은 상당히 먼 과거부터 오늘날의 독일 영토에서 거주해 온 것으로 입증되었으며, 그 가문의 몇몇 선조는 제국주의 시대와 제1차 세계 대전 중에 반인도적 범죄를 저질렀다.

인권의 보편성은 독일 기본법 1조 2항에서 아래와 같이 표현된다.

이에 독일 국민은 침해 불가능하고 양도 불가능한 인권들을 세계 내 모든 인간 공동체와 평화와 정의의 기반으로서 신봉한다.

여담이지만, 이 문장에서 독일 국민에 속하기 위한 조건이 무엇인가에 관한 기준 하나를 알 수 있다. 인권을 모든 인간 공동체 등의 기반으로서 신봉한다는 것이 그 기준이다. 이것은 독일 국민의 개념 규정의 일부다. 물론 이것만으로 독일 국민이 되는 것은 아니다. 독일 국적은 다른 기준들에 따라서 규정된다.

법치 국가는 표현의 자유, 국적(국가 소속), 기본권에 관한 게임 규칙을 규정한다. 그 규칙은 헌법 수호를 위한 기반으로 활용될 수 있다. 따라서 인권들을 반박하는 제국시민이나 종교적 근본주의자도 자동으로 추방되거나 국적을 잃지 않는다. 왜냐하면 그런 추방이나 국적 박탈 조치는 그 자체로 인권과 양립 불가능하고 오히려 많은 포퓰리스트가 두려워하지만 전혀 실존하지 않는 의견 독재Meinungsdiktatur나 〈동독 2.0〉으로 귀결될 터이기 때문이다.

표현의 자유를 위한 재량 공간이 충분히 존재해서 심지어 〈독일에서 인권들은 그리 잘 보장되지 않는다〉라는 명백히 거짓이거나 기본법과 양립 불가능한 의견을 표현해도 된다는 것은 인권에 속한다. 그럼에도 이 의견은 거짓이다. 그리고 이슬람교가 독일에 속하는가에 관한 논쟁은 무의미하다. 왜냐하면 대답이 너무나 간단하기 때문이다. 대답은 〈그렇다〉이다.

북한과 나치 타임머신

일부 독자들은 반발하면서, 의견들의 무제한적 다원성을 관용하는 것은 민주주의의 가치 목록에 속한다고 항변할 것이다. 아무튼 기본법과 양립 불가능한 의견들을 표현해도 된다면서 말이다. 다수의 가치 시스템과 가치가 존재한다는 점을 감안해야 한다고 그들은 지적할 것이다. 이번에도 가치 상대주의가 그런 반발과 딱 어울리는 입장인 듯하다. 가치 상대주의는 관대한 관용 원칙을 제시하니까 말이다. 가치 상대주의의 관용 원칙은 불관용마저도 관용할 만큼 관대하다. 하지만 거짓인 의견의 표현을 특정한 조건에서 관용해야 한다는 것으로부터 그 의견의 바탕에 깔린 가치관을 관용해야 한다는 것이나 요컨대 상대적인 가치들이 존재한다는 것은 귀결되지 않는다.

　의견이 진실이거나 거짓일 수 있다는 것은 의견의 본질에 속한다. 빌 게이츠가 모든 사람에게 강제로 백신을 맞히려 한다는 의견을 가진 사람은 오류를 범하는 것이다. 마찬가지로 메르켈 총리가 동독 2.0을 이룩하려 한다고 믿는 사람도 오류를 범하는 것이다. 메르켈은 그렇게 할 생각이 전혀 없다.

　우리는 거짓 의견을 관용한다. 이는 일반적으로 잘하는 행동이다. 왜냐하면 오직 진실인 의견만 가진 사람은 없기 때문이다. 정반대로 우리는 누구나 상당히 많은 거짓 의견을 지녔다. 왜냐하면 누구도 모든 것을 알 수는 없기 때문이다. 하지만 이로부터 우리가 모든 의견을 관용해야 한다는 것이 귀결되지는 않는다. 한 번만 더 숙고하면 깨닫게 되듯이, 불관용을 관용할 이유를 설득력 있게 댈 수는 없다. 불관용은 관용에 맞선 싸움을 포함한다. 관용의 적이 관용을 파괴하는 것을 관용이 대관절 왜 허용해야 한다는 것인가? 이는 전쟁주의자(전쟁 선동자)가 평화주의를 공격해 올 때, 평화주의자는 그 공격을 고분고분 받아들여야 한다는 것과 다를 바 없다. 오히려 평화주의자는 가용한 수단을 동원하여 — 그 수단이 적의 수단에 상응하고 도덕적으로 허용되는 한에서, 곧 폭력적 수단을 배제하는 한에서 — 전쟁주의자의 활동을 제한하고 이상적일 경우 완전히 저지할 권리가 있다. 평화주의의 핵심은 다름 아니라, 무릇 전쟁이 없어야 한다는 것, 따라서 평화주의자가 전쟁주의자에게 관용을 베풀어야 할 일도 없어야 한다는 것이다.

불관용에 대한 대응도 마찬가지다. 관용의 긍정적인 도덕적 면모는, 누군가의 삶과 사고방식이 우리가 느끼기에 의아하고 심지어 혐오스럽더라도, 그가 스스로 옳다고 여기는 대로 살고 생각할 권리를 우리가 그에게 일정한 한계 내에서 허용하는 것에서 유래한다. 그 한계는, 그의 다르게 살기와 다르게 생각하기가 나의 다르게 살기와 다르게 생각하기의 재량 공간을 침범하면 안 된다는 것에 의해 정해진다. 도덕적으로 중립인 삶의 계획과 결정에 관용을 베푸는 것은 도덕적으로 명령된다. 반면에 도덕적으로 배척해야 할 삶의 계획과 결정에(이를테면 사디즘이나 우익 테러리즘에) 관용을 베푸는 것은 도덕적으로 배척해야 한다.

불관용이 관용에 반발하고 관용을 파괴하려 할 수 있다는 것은 불관용의 본질에 속한다. 관용적인 사람들은 이를 순순히 수용해서는 안 된다. 다르게 살고 다르게 생각하는 사람들이 명백히 도덕적으로 그릇되게 살고 그릇되게 생각한다면[예컨대 홀로코스트를 부정하는 바이에른 제국 시민들, KKK(큐 클럭스 클랜) 추종자들, 소아 성범죄자들, 스탈린주의자들, 로텐부르크의 식인 살인범을 생각해 보라], 그들의 행위가 정당한 의견 차이의 스펙트럼 안에서 활동하는 이들의 행위 재량 공간을 침범하는 한에서 그들의 행위를 제한할 도덕적 권리가 성립한다.

더 나은 국가와 더 나쁜 국가, 더 나은 법과 더 나쁜 법, 더 나은 정부와 더 나쁜 정부가 존재한다. 우리가 북한과 독일의 법 시스템을 비교하거나 현재 독일과 (대략 오늘날의 독일 영토에 존재했던) 독일 제국의 법 시스템을 비교할 때 갖다 대는 도덕적 잣대는 많은 경우에 명확한 비교 결과를 제공한다. 자유로운 의지로 독일에서 북한으로 이주하여 그곳의 법정에 세워지기를 바라는 사람은 아무도 없을 것이다. 타임머신을 타고 독일 제국이나 심지어 나치가 독재하는 독일로 돌아가고 싶다고 생각하는 사람들은 유감스럽게도 있다.

그들에 맞서 한 가지 논증을 펼칠 수 있는데, 그것은 미국 정치 철학자 존 롤스의 유명한 생각의 변형이다. 이 논증이 넌지시 보여 주는 바는, 도덕적 나침반이 존재하며, 우리는 명확히 제시된 조건들 아래에서 도덕적으로 중요한 결정을 내릴 때 그 나침반을 활용한다는 것이다. 이 논증을 〈**나치 타임머신**〉이라고 부르자. 나치 독재 상황이 재현되기를 바라는 확신에 찬 어느 네오나치가 타임머신에 탈 기회를 얻었다고 가정해 보자. 그 타임머신에 타면

1941년으로 돌아가 당시의 독일 제3제국에서 살 수 있다. 네오나치는 어쩌면 반색하면서 곧바로 타임머신에 타려 할 것이다. 그러나 한 가지 주의할 점이 있다. 네오나치는 그냥 그 자신으로서 과거로 가는 것이 아니라 당시 독일에서 살았던 누군가가 될 것이다. 그가 누군가가 될지는 사전에 알 수 없다. 그는 아돌프 히틀러나 에른스트 룀, 마르틴 하이데거로 될 수도 있지만 안네 프랑크, 해나 아렌트, 프리모 레비, 또는 나치 독재에 희생된 수백만 명 중 하나로 될 수도 있다. 그는 다른 누군가로 될 때 자신의 본래 정체성을 상실하므로, 당연히 자신의 변화를 알아채지 못할 것이다. 또한 그는 제2차 세계 대전의 전선에서 개죽음을 당하는 가난한 〈아리안〉 독일인으로 될 수도 있다. 따라서 그가 스스로 보기에 좋게 될 확률은 급격히 하락한다. 왜냐하면 당시 독일인과 독일 체류자 가운데 나치의 혜택을 받은 사람은 결코 다수가 아니었으니까 말이다. 나치당의 공식 명칭은 〈국가 사회주의 독일 노동자당〉이었지만, 그 당은 전혀 사회주의적이지 않았으며 결코 노동자당도 아니었다. 적어도 단순 노동자의 장기적인 형편이 바이마르 공화국에서보다 더 개선되는 것에 공을 들인 정당은 전혀 아니었다.

네오나치가 이런 조건 아래에서 나치 타임머신에 탈 기회를 얻는다면, 그는 틀림없이 망설일 것이다. 만약에 어떤 유토피아적 국가의 형성에 미리 관여한 다음에 그 국가로 가게 된다면 훨씬 더 좋을 것이다. 이 기회를 얻은 사람은 자신이 누구로 되어 어떤 구체적 상황에 놓일지 미리 알지 못하므로 누구에게나 좋은 처지가 허락되는 사회 질서를 미리 만들어 놓는 것이 좋을 터이다.

그런 사회를 자유롭게 구상하는 사람은 합리적이고 중립적으로 행동하는 것이 바람직하다. 그런 행동이 가능한 것은 우리 인간이 타인들의 입장에 서는 능력을 다소 우수하게 갖추었기 때문이다. 이런 연유로, 사고 실험과 이상 국가 시나리오를 통해 상상력을 훈련하는 것은 윤리 교육의 중요한 부분이다.

여기에서 활용된 롤스의 생각은 무지의 베일veil of ignorance이라는 이름으로 널리 알려져 있다. 이 생각은 도덕 철학에서 당연히 오랜 역사를 지녔지만 활발히 논의된 롤스의 정치 이론을 통해 특히 유명해졌다.[26] 우리는 롤스가 정치 이론에 활용한 생각을 윤리학의 기반에 다가가는 첫걸음으로 써먹을 수 있다. 왜냐하면 문화적, 사회적으로 제약된 우리의 관점을 넘어선 도덕적 판단을 내리는 것이 가능하다는 단서를 그 생각에서 얻을 수 있기 때문이다.

롤스의 사고 실험은 비록 단독으로는 바라는 결과를 산출하지 못하지만 그래도 옳은 방향을 가리킨다. 우리는 무엇을 하거나 하지 말아야 마땅한가에 관한 이유를 따질 때, 삶의 평범한 실천 상황에서 끼어드는, 부분적으로 비도덕적인 우리의 이해 관심을 도외시할 능력이 있다. 우리는 타인들을 위하여 우리의 이해 관심을 뒤로 미룰 수 있다. 왜냐하면 우리는 우리 자신이 타인이라고 상상할 수 있기 때문이다. 물론 이 상상이 완벽하게 이루어지는 일은 절대로 없다. 왜냐하면 우리는 일반적으로 우리 자신을 상상에 포함시켜, 우리가 타인의 몸속에 있다면 어떠할까 하고 상상하는 경향이 있기 때문이다. 하지만 바로 이 불완전성을 우리는 다시금 통찰하고, 우리가 우리 자신과 타인들에게 도덕적 이유에서 무엇을 빚졌는가에 관한 숙고에 참작할 수 있다.

이런 연유로 예술과 문화생활은 윤리의 발달에 필수 불가결하다. 허구가 없다면, 허구가 사회 전체에 퍼져 있지 않다면, 도덕 교육은 불가능하다. 전체주의 시스템이 예술의 자유를 제한하는 것은 우연이 아니다. 그 시스템은 예속된 사람들의 상상력을 제약하고자 한다.

가치 다원주의와 가치 허무주의

요컨대 가치 상대주의는 비정합적이며 따라서 정당화될 수 없다. 우리가 도덕적 이유에서 무엇을 하거나 하지 말아야 마땅한가는 단지 집단 소속의 표현에 불과할 수 없다.

가치 다원주의는 가치 상대주의보다 더 약한 주장이며 약간 더 탄탄하다. 가치 다원주의는 일단, 다양한 가치관이 존재하며 그것들은 근본적으로 모순되기 때문에 공약수가 없다는 무해한 견해다. 그러나 이 견해는, 도덕적 질문들 앞에서 인류의 의견은, 하위문화들과 하위 집단들이 도덕적 신념의 수준에서 서로 근본적으로 다르다는 통념이 암시하는 것보다 훨씬 더 높은 수준으로 일치한다는 점을 간과한다. 한마디로 이 견해는 옳지 않다. 사회적 다원성과 다문화성은 다양한 문화에 속한 사람들이 중요한 도덕적 질문들 앞에서 자동으로 의견이 엇갈린다는 것을 함축하지 않는다.

특정 문화에 국한되지 않은 방대한 데이터를 활용하여 이 주제를 다룬 연구들이 이제는 존재하는데, 그것들은 입증 가능하게 문화에 구애받지 않는 추상적, 보편적 원칙들이 존재할 뿐 아니라 심지어 구체적 상황들에서의 결정 패턴도 보편성을 띤다는 것을 보여 준다.[27] 이 결과에 놀라지 말아야 할 것이다. 실제로 인간 집단들 사이에는 근본적인 생물학적 차이가 없다. 따라서 우리의 근본적인 (윤리를 위해서도 중요한) 감정들도 충분히 유사하리라고 짐작하는 것이 도리어 합당하다.

가치 보편주의는 생물학적 기반을 지녔다. 하지만 그 기반으로 가치 보편주의를 완전히 떠받칠 수는 없다. 왜냐하면 더 높은 도덕의 생물학적 전사(前史)는 가까운 인간관계와 소집단에서 펼쳐졌기 때문이다. 따라서 우리의 윤리적 문제를 생물학적 기반에 의지하여 유의미하게 해결하는 것은 오늘날 더는 불가능하다.

설령 가치 다원주의가 옳다 하더라도, 양립 불가능한 여러 가치관의 존재는 보편적 가치가 존재하지 않음을 함축하지 않는다. 부분적으로 양립 불가능한 가치관들이 다양하게 존재한다는 것은 옳다. 그러나 그 가치관들은 문화들를 정의하는 것이 아니라 기껏해야 통계적으로 식별 가능한 집단들을 정의한다. 그런데 다양한 인간 집단이 다양한 가치관을 가졌다는 것으로부터, 그 가치관들이 모두 옳거나 정당하다는 것이 도출되지는 않는다. 왜냐하면 일부 가치관들, 예컨대 히틀러가 『나의 투쟁 Mein Kampf』에서 제시하는 가치관은 배척해야 하니까 말이다.

위험한 가치 상대주의와 대체로 무해한 가치 다원주의 외에, 도덕적 실재론을 인정하지 못하게 막는 전설이 또 있다. 영향력이 막강한 그 전설에 따르면, 어떤 가치도, 어떤 도덕적 사실도 실재하지 않는다. 이것이 가치 허무주의, 곧 어떤 형태의 도덕적 객관성도 존재하지 않는다는 주장이다.

가치 허무주의 추종자는 모든 정치적 진영에 있다. 극좌 허무주의자가 있는가 하면 극우 허무주의자도 있고,

오늘날 〈시민적 중도〉로 불리는 정치적 중도에도 있다.

주목할 만하게도 독일에는 극우 허무주의 전통이 존재한다. 그 전통은 제2차 세계 대전 이후에 예컨대 철학자 하이데거와 영향력이 큰 헌법학자 슈미트의 사상에서 여전히 힘을 발휘했다. 이 두 사람은 모두 나치 독재의 수립과 유지의 다양한 단계에 본인이 연루된 것을 미화하려는 개인적 자서전적 이해 관심이 있었다. 그들은 갑자기 명백하게 세계사의 범죄자로 판명된 본인을 받아들이기가 심리적, 도덕적으로 쉽지 않았는데, 확실히 이 사정은 방금 말한 이해 관심과 맞물려 있었다. 그리하여 이 두 사상가에게는 가치 허무주의 같은 이데올로기가 말하자면 영혼의 진통제로 작용했다. 만약에 권력 투쟁으로부터 독립적이고, 권력 장악 같은 폭력 행위를 통해 자신의 가치관을 관철하는 개별자들의 의견으로부터 독립적인 도덕적 사실들이 존재하지 않는다면, 그들이 간접이나 심지어 직접으로 참여한 만행의 죄가 외견상 줄어들 터이다. 물론 하이데거와 슈미트는 나치의 권력 장악 이전에도 이미 가치 허무주의적 견해를 가지고 있었다. 그 견해는 그들이 취한 정치적 입장을 부분적으로 설명해 준다(이 문제는 아직 명확히 밝혀지지 않았으며 다각도로 연구할 필요가 있다).

보편적 가치가 객관적으로 실존한다는 생각을 반박하

는, 꽤 명확하게 작성된 논쟁적인 글이 있다. 1959년 슈미트가 손수 쓴 그 글은 「가치들의 독재Die Tyrannei der Werte」라는 그야말로 냉소적인 제목이 붙어 있다. 이 글은 특히 하이데거를 증인으로 끌어대는데, 슈미트는 전설적인 〈법철학 위원회〉를 통해서도 하이데거를 잘 알았다. 그 위원회는 나치의 최고위 법률가 중 하나인 한스 프랑크가 위원장이었으며 1934년에 창설된 이래로 바이마르에 있는 〈니체 자료 보관소〉에서 열렸다. 부분적으로 격한 논쟁을 일으킨 이 사정의 역사적 세부 사항은 제쳐 두기로 하자.[28] 슈미트의 논증은 흥미롭고 실로 도착적이다. 그는 — 하이데거와 마찬가지로 — 홀로코스트를, 보편주의를 옹호하며 정치적으로 좌파 성향인 유대인 철학자들이 주도한 신칸트주의가 낳은 결과로 설명한다. 이 맥락에서 **신칸트주의적 가치 철학**의 근본 생각은, 자연 과학은 우주의 가치 중립적 영역을 서술하는 반면, 철학과 정신과학, 사회 과학은 인과적으로 관찰 가능하지 않지만 그럼에도 객관적으로 실존하는 규범들의 유효성의 영역을 탐구한다. 이때 규범은 유명한 정언 명령을 비롯한 최상위 도덕적 원칙들을 말한다. 슈미트는 가치 철학 전체를 아래와 같이 규정한다.

인간의 존재에서는 아니더라도 적어도 인간이 가치

라고 부르는 것의 유효성에서, 인간은 자유롭고 책임 있는 존재라고 주장하려는 노력. 이 노력을 형이상학적인 것의 실증주의적 대체물로 간주할 수 있을 것이다.[29]

여기에서 슈미트는 속임수를 쓴다. 무슨 말이냐 하면, 무언가가 형이상학적이라 함은, 가용한 최선의 자연 과학적 수단으로도 그 무언가를 탐구할 수 없다는 것, 요컨대 그 무언가를 물리학적으로 탐구하는 것이 원리적으로 불가능하다는 것을 뜻한다.[30]

그런데 물리학적으로 탐구할 수 없는 것은 많다. 예컨대 수, 정의(옳음), 독일 연방 의회 선거, 미술사(美術史)가 그러하다. 물리학은 오로지 실험을 통해 파악할 수 있는 것만 물리학적 방법으로 탐구할 수 있다. 물리학의 장비들이 측정할 수 없는 것에 대해서 물리학은 침묵해야 한다. 이것은 약점이 아니라 도리어 물리학의 진정한 강점이다. 물리학은 실험과 수학적 이론을 통해 우주에 관하여 괄목할 만한 지식을 축적하고 그것을 기술적으로 활용할 수 있게 만든다.

일찍이 칸트와 마찬가지로(이 사안에서 칸트는 스코틀랜드 철학자 데이비드 흄을 계승한다) 신칸트주의자들은 이런 식으로 이른바 **〈자연주의적 추론 오류**naturalistischer Fehlschluss**〉**에 대항한다. 자연주의적 추론 오류는, 우리가 해야 마땅한 것을 우리가 이미 관찰 가능한 방식으로 하는 것에서 도출하려 한다. 즉, 자연 과학적 혹은 사회 과학적으로 탐구 가능한 존재와 당위를, 자연과 규범을 혼동한다.

물리학은 기껏해야 측정되는 것, 따라서 사례인 것만 서술할 수 있고, 이런 식으로 측정 가능한 특정 과정의 미래 전개를 예측할 수 있다. 반면에 가치 판단은 측정 가능한 것을 다루지 않으며 예측 가능한 것은 더더욱 다루지 않는다. 왜냐하면 가치 판단은 규범적이기 때문이다. 가치 판단은 무엇이 일어나야 마땅한지 지시하지, 무엇이 일어날 것이라고 예측하지 않는다. 이것이 신칸트주의자들이 강조한 유명한 **존재와 당위의 차이**다. 그들에 따르면 당위는 형이상학의 주제, 즉 물리학의 범위 안에 놓이지 않은 대상들과 사실들을 다루는 숙고의 주제다. 실제로 이 생각은 이미 칸트에게서 발견된다. 칸트는 이 생각을 윤리학의 정초에 동원했다. 그는 윤리학을 〈윤리 형이상학Metaphysik der Sitten〉으로 칭했다.[31]

존재와 당위의 구별은, 때때로 우리에게 근본적인 행동 변화를 요구하는 도덕적 사실이(기후 변화를 늦추기 위해 더 지속 가능하게 생활하라는 요구를 생각해 보라) 실제 행동에 대한 서술로 환원되는 것을 막는 구실을 해야 한다. 인간이 경험적으로 입증 가능한 방식으로 어떻게 행동하는지를 가지고 그가 도덕적으로 옳게 행동함을 증명하는 것은 불가능하다. 우리가 어떠한가와 우리가 어떠해야 마땅한가는 자동으로 일치하지 않는다.

요컨대 가치를 가치관으로 환원하고 당위를 측정 가능한 존재로 환원하면, 가치는 유효성을 잃는다. 사람들은 늘 도덕적 규범을 위반한다. 더 정확히 말하면, 하루의 모든 순간에 우리의 행성에서 유감스럽게도 무수한 도덕적 만행이 벌어지고, 부유한 산업 국가에 사는 우리도 우리의 소비 행태를 통해 그 만행에 가담한다.

하지만 이로부터 우리가 도덕적으로 옳게 행동할 능력이 없다는 결론을 내려서는 안 된다. 그것은 노골적인 냉소주의일 터이다. 무엇보다도 이것이 중요한데, 위의 유감스러운 사실로부터, 우리가 실제로 하는 행동이 규범을 모사한다는 결론은 나오지 않는다. 오히려 규범은 다름 아니라 인간의 관찰 가능한 행동이 규범에 들어맞지 않을 때 제 역할을 한다. 따라서 규범을 자연 과학적으로 충분히 확언할 수 있는 경우는 절대로 없다. 항상 지켜지는 규범은 사회 과학적 탐구의 대상일 수 없을 것이다. 이것이 〈규범성 이론Normativitätstheorie〉의 중심 생각이다. 이 생각을 상세히 제시한 대표적인 인물로 베를린 훔볼트 대학교의 유명한 법학자 크리스토프 묄러스가 있다.[32]

이런 연유로 20세기 전반기에 위대한 물리학자들은 두

차례 세계 대전의 양쪽 진영에서 전례 없는 방식으로 대량 살상 무기와 절멸 장치 들을 생산하면서도 나쁜 물리학자가 아닐 수 있었다. 다름 아니라 탁월한 물리학자들이었기 때문에 그들은 나가사키 및 히로시마 원폭 투하와 같은 대량 살상에 쓰인 무기들을 제작해 냈다. 물리학자는 직업적으로 도덕적 옳음을 통찰하는 사람들이 결코 아니다. 이것은 비난이 아니다. 물리학자가 다른 사람들보다 도덕적으로 더 열등하거나 우월하다는 이야기가 아니다. 이 사례에서 알 수 있는 것은, 우주의 하위 시스템들의 작동 방식에 관한 물리학적 지식이 저절로 인류의 도덕적 진보에 보탬이 되지는 않는다는 점뿐이다.

바로 이것이 신칸트주의의 핵심 주장 중 하나다. 그러므로 슈미트의 견해와 달리 신칸트주의는 형이상학적인 것을 대체하기는커녕 오히려 옹호한다. 이를 위해 신칸트주의는 가치의 차원은 우리가 자연 과학적-기술적 실험의 틀 안에서 다섯 가지 감각으로 관찰할 수 있는 것과는 다른 존재론적 지위를, 바꿔 말해 다른 존재 등급Seinsrang을 지녔다고 지적한다.

몇 년 전부터 우리가 알듯이, 슈미트의 정신적 친척인 하이데거는 반유대주의적 견해를 거침없이 밝힌다. 그는 유대인 학살마저도 유대인 자신의 탓으로 돌린다. 그가 1942년에 적은 메모에 담긴 당대 상황에 대한 논평은 대단히 혼란스러움에도 불구하고 또렷한 반감을 자아낸다.

형이상학적 의미에서 본질적으로 〈유대적인〉 것이 유대적인 것에 맞서 싸울 때, 비로소 역사에서 자기 말살의 정점이 도래한 것이다. 〈유대적인〉 것이 도처에서 지배권을 완전히 거머쥔 것이라면, 그리하여 〈유대적인〉 것에 맞선 싸움도 도처에서 지배권을 완전히 거머쥐었고 무엇보다도 먼저 〈유대적인〉 것에 순종하게 되었다면 말이다.[33]

여기에서 〈순종Botmäßigkeit〉은 굴복을 뜻한다. 하이데거의 취지는 반유대주의가 유대적인 게임 규칙에의 굴복이라는 것이다. 그는 특유의 장황한 문체로 유대인들이 수학적-논리적 능력과 경제적-전략적 능력을 통해 근대적 절멸 시스템을 개발함으로써 스스로 자신들을 없앴다고 주장한다. 반유대주의자들이 유대인들의 부추김을 받아 근대로 진입하면서 그 절멸 시스템은 유대인들을 향하게 되었고 그 시스템을 수단으로 삼아 홀로코스트가 실행되었다.

슈미트와 마찬가지로 하이데거는 도덕적 좋음을 일종의 테러로 변환한다. 우리가 해야 마땅한 무언가가 갑자기 폭정이 된다. 이로써 역할이 뒤바뀐다. 실제로 테러와 폭정은 신칸트주의 가치 철학에서 나오지 않았으며, 짐승 같은 방식으로 모욕당하고 고문당하고 처형당한, 슈미트와 하이데거의 유대인 동료 수백만 명에게서는 더더욱 나오지 않았으니까 말이다. 오히려 테러와 폭정의 책임은 나치들에게 있었다. 우리는 독일 제국에서 일어난 일을 절대로 잊지 말아야 한다. 왜냐하면 그 일은 인간이, 체계적으로 조직되었으며 자연 과학적-기술적 진보에 의해 촉진된 근본적인 악을 행할 수 있음을 보여 주었기 때문이다.

가치를 순전히 설정된 것으로 간주하고 따라서 선한 사람을 냉소적으로 〈굿멘쉬Gutmensch〉(공상적 박애주의자)라고 비방하는 사고방식은 안타깝게도 널리 퍼져 있으며, 우리 시대에 예컨대 비외른 회케*라는 인물이 슈미트, 니체, 하이데거를 동원하여 나치 시대의 가해자와 피해자를 뒤바꾸려 하는 것(표어는 〈치욕의 기념물〉**이다)은 우연이 아니다. 이런 식으로 독일을 위한 대안당의 일각에서 퍼뜨리는 정치 담론은 조금씩 조금씩 희생자와 가해자의 역할을 뒤바꿈으로써 홀로코스트와 나치를 대수롭지 않게 여기는 태도의 득세에 기여한다.

나치의 만행을 상대화하는 것도 도덕적으로 배척해야

* 독일을 위한 대안당의 극우 정치인.
** Denkmal der Schande. 어느 연설에서 회케가 베를린의 〈학살된 유럽 유대인을 위한 기념물〉을 이렇게 불렀다.

할 행동이다. 이것은 알렉산더 가울란트의 유명한 발언이 도덕적으로 수용될 수 없는 이유 중 하나다. 잘 알려져 있듯이 그는 연방 의회에서 독일을 위한 대안당의 극우 청소년 조직 〈독일을 위한 젊은 대안〉의 회원들에게 이렇게 말했다. 「1천 년[!] 넘게 성공적으로 이어져 온 독일 역사에서 히틀러와 나치는 새똥 한 줌에 불과합니다.」 이 연설에서 가울란트는 〈그 12년에 대한 책임〉을 명시적으로 인정하지만, 다른 한편으로 그가 영광스럽다고 표현하는 1천여 년의 역사도 인정할 것을 청중에게 요구한다. 이 연설은 뒤죽박죽이고 터무니없고 틀린 내용투성이다. 예컨대 독일(〈독일〉의 정확한 의미에 대해서 가울란트는 침묵한다)은 1천여 년 전부터 존재하지 않았다. 두 가지 선택지만 있다. 〈독일 역사〉라고 할 만한 것이 1천 년보다 훨씬 더 전부터 존재했을 수 있다. 하지만 이때 〈독일 역사〉란 오늘날 독일 연방 공화국의 영토에서 일어난 일을 가리킨다. 또 다른 선택지는 〈독일 역사〉란 독일 민족 국가의 성립 이후에 일어난 모든 일이라고 보는 것이다. 그런데 독일 민족 국가는 1천여 년 전에 세워지지 않았다.

오늘날의 독일 연방 공화국 영토에서는 기쁜 성취가 당연히 많이 있었다. 활자 인쇄술의 발명, 베토벤의 교향곡들, 현대 물리학, 수학적 무한의 발견, 독일 관념론 철학, 정치적으로 유효한 생태 운동의 발생, 그 밖에 훨씬 더 많은 성취가 있었다. 하지만 어떤 성취도 과거 1천 년을 성공의 색깔로 도배하면서 나치를 12년으로 제한하고 새똥으로 표현함으로써(가울란트는 나치당이 12년 넘게 존재했다는 점을 간과한다) 축소할 근거일 수 없다. 내가 가울란트의 이 유명한 혼란을 언급하는 것은, 도덕과 무관한 사실에 관한 틀린 주장을 도덕적으로 틀린 판단과 연결함으로써 오류를 범할 수도 있음을 보여 주는 사례를 들기 위해서일 따름이다.

당연한 말이지만, 가치 허무주의가 슈미트, 하이데거, 최근의 회케와 같은 극우 사상가들 사이에서만 호응을 얻는 것은 아니다. 가치는 실재하지 않는다는 통념, 오히려 우리가 가치를 발명한다는 통념이 지배하는 곳이라면 어디에나 가치 허무주의가 널리 퍼져 있다. 트럼프 정권의 냉소적 정치도 가치 허무주의를 동원했다. 노골적인 거짓말, 예측 불가능한 결정, 더 나은 논증에 대한 뻔뻔스러운 무시, 도덕이 진보한다는 생각에 대한 경멸은 트럼프의 탈근대적 미디어 퍼포먼스의 기반이다. 그는 가치 허무주의의 간판스타다. 그의 목표는 국제적 권력 시스템 안에서 미국의 권력 유지와 강화이며, 이는 그의 지지자들을 강화하고 적들을 가능하면 제거하거나 행위의 재량을 대폭 제한하여 그의 이익의 실현을 방해하지 못하게 만들기 위해서다.

니체의 섬뜩한 혼란

일반적으로 **허무주의**란 실은 그 어떤 것도, 심지어 삶조차도 객관적 가치를 지니지 않았다는 견해다. 허무주의는 현실을 종들과 개체들의 생존 투쟁이 한창인 가치 중립적 장소로 간주한다. 허무주의의 핵심 사상에 따르면, 가치는 누군가가 그 자체로는 전혀 가치가 없는 무언가를 가치 있게 여길 때만 존재한다.

이 생각을 특히 강렬하게 제시한 인물은 니체다. 그는 이른바 〈노예 도덕〉인 (우리가 이미 보았듯이, 실은 존재하지 않는) 기독교-유대교적 가치 시스템을 권좌에서 끌어내리고 참신한 〈주인 도덕〉을 지배적 지위로 격상하는 거창한 시도에 이 생각을 동원한다.

니체가 자신의 급진적 몸짓을 옹호하기 위해 내놓은 논증은 엄밀히 따지면 딱 하나뿐이다. 그는 그 논증을 도덕 비판에서 다양한 방식으로 활용한다. 구체적으로 다음과 같은 논증인데, 따지고 보면 이것은 논증이라기보다 수사법적 술수다. 니체에 따르면, 가치는 가치 판단이 존재할 때만 존재하며, 가치 판단은 다름 아니라 가치의 발명이다. 예컨대 그는 아래와 같이 쓴다.

운 좋게도 나는 신학적 선입견과 도덕적 선입견을 구별하는 법을 늦지 않게 터득하고 더는 악의 기원을 세계의 배후에서 탐색하지 않았다. 심리적 질문 일반에 관한 타고난 까다로운 분별 감각과 약간의 역사 및 고전학 학습 덕분에 나의 문제는 신속하게 다음과 같은 다른 문제로 바뀌었다. 어떤 조건 아래에서 인간은 선과 악이라는 저 가치 판단을 발명했을까? 그리고 그 가치 판단 자체는 어떤 가치가 있을까?[34]

그런데 여기에서 니체는 증명해야 할 것을 전제한다. 무슨 말이냐 하면, 도덕적 가치가 발명되었다고 전제한다. 바꿔 말해, 그는 선결문제 요구의 오류petitio principii로 불리는 사이비 증명을 제시한다. 두 사람 A와 B가 있는데, A가 B에게 B가 아직 확신하지 않는 무언가를 증명하고자 한다면, B가 아직 확신하지 않는 그 무언가를 단지 주장하는 것만으로는 부족하다. **〈선결문제 요구의 오류〉**는 증명되어야 할 것을 먼저 전제로 삼는 순환적 증명이다. 요컨대 니체는 논리적으로 견고한 설득 작업Überzeugungsarbeit을 전혀 하지 않는다. 대신에 자신의 (전적으로 인상 깊고 효과가 막강한) 〈말로 구워삶기 솜씨Überredungskunst〉를 발휘하여 독자를 자신의 저서 『도덕의 계보Genealogie der Moral』의 핵심 주장 아래로 슬근슬쩍 쓸어 넣는다.

그러면서 그는 **〈얼버무리기Äquivokation〉**라는 또 다른 오류도 범한다. 얼버무리기란 언어적으로 친근하지만 의미가 다른 두 표현을 추론에서 함께 사용하면서 그것들의 의미가 같은 척하는 술수다. 아래는 쉽게 알아챌 수 있도록 도식적으로 구성한 얼버무리기의 예다.

1. 앙겔라 메르켈은 영리한 여우다.
2. 여우는 포식 동물이다.
결론: 따라서 앙겔라 메르켈은 포식 동물이다.

첫째 문장에서 〈영리한 여우〉는 은유로 사용된다. 반면에 둘째 문장에서는 여우가 동물종으로서 서술된다. 따라서 그 두 전제로부터 위 결론은 도출되지 않는다. 이 추론은 겉보기에만 논리적이고 실은 그렇지 않다.

니체의 얼버무리기는 〈가치〉의 경제적 의미와 도덕적 의미를 늘 뒤섞어 사용하는 것이다. 그럼으로써 그는 모든 도덕적 논증의 배후에 권력 전술이 숨어 있다고 암시한다. 더 나아가 그는 아래와 같은 단순한 추론 오류에 의지한다.

1. 사람들은 가치들을 발명한다.
2. 가치들은 가치를 지녔다.
결론: 따라서 사람들은 가치들의 가치를 발명한다.

첫째 문장에 대한 근거로 니체는 우리가 가치 판단들을 발명한다는 것을 제시하는데, 이것은 어떤 의미에서 옳은 말이다. 내가 어떤 행위를 악하다고 판단할 때, 나는 이 판단을 존재하게 만드는 것이다. 그 판단은 내려진 다음에야 비로소 존재한다. 이런 의미에서 그 판단은 발명품이다. 그러나 이로부터 행위의 악함 자체가 발명품이라는 것은 귀결되지 않는다. 요컨대 첫째 문장 안에 벌써 혼란이 숨어 있다. 위 추론의 오류는 유사하게 구성된 아래 〈추론〉과 비교하면 확연히 드러난다.

1. 사람들은 의약품을 발명한다.
2. 의약품은 화학적 속성들을 지녔다.
결론: 따라서 사람들은 의약품의 화학적 속성들을 발명한다.

니체의 문장 〈가치들은 가치를 지녔다〉는 가치의 두 가지 의미를 뒤섞는다. 첫째 의미는 도덕적이고, 둘째 의미는 전략적 혹은 경제적이다. 사람들은 경제적 가치(이를테면 상품 가격)를 발명한다. 왜냐하면 경제적 가치는 목표 설정과 협상 과정에 의존하기 때문이다. 그러나 우리는 도덕적 가치를 발명하지 않는다. 기껏해야 도덕적 가치 판단을 발명할 뿐이며, 그 판단은 옳을 수도 있고 옳지 않을 수도 있다. 그리고 선이라는 도덕적 가치나 악이라는 반(反)가치가 가치를 지녔다는 말은 대체 무슨 뜻일까? 그냥 선은 선이요 악은 악이다. 첫째 가치에 달라붙는 둘째 가치는 없다. 니체의 암묵적 견해와 달리, 선이 자동으로 이로운 것도 아니고, 악이 자동으로 해로운 것도 아니다. 악인이 자기 목표를 달성하기는커녕 오히려 뜻하지 않게 결국 선의 조건을 창출할 수도 있다. 심지어 괴테가 불러낸 〈늘 악을 의지하지만 늘 선을 이루어 내는 힘〉[35]도 어쩌면 있을 것이다. 남에게 해를 끼치고 싶은 사람이 누구나 그 뜻을 이루어 내는 것은 아니다. 그러나 니체의 믿음과 달리, 이것은 도덕적 가치가 자동으로 또 다른 가치를 지녔다거나 정작 중요한 것은 그 가치라는 것을 의미하지 않는다.

니체는 도덕적 가치가 도구적 가치를 지녔다고 여긴다. 실은 이것이 증명되어야 할 바인데, 니체는 이것을 암묵적으로 전제한다. 배후에서 작동하는 (또한 아르투어 쇼펜하우어에게 의지하는) 논증은 외견상 그럴싸하다. 도덕적으로 유의미한 일상적 상황, 이를테면 다음과 같은 상황을 생각해 보라. 당신은 지하도를 통과하면서 담요 위에 앉은 노숙자를 본다. 그는 돈을 구걸하려고 손을 내민다. 이런 상황에서 우리 머리에는 예컨대 이런 생각들이 떠오를 수 있다. 〈모든 사람을 도울 수는 없어〉 또는

〈난 지금 바빠〉 또는 〈불쌍한 사람이군. 나는 그를 도와야해!〉 등의 생각들 말이다. 유감스럽게도 이런 장면 앞에서, 그 노숙자의 곤경은 그 자신의 탓이라고 생각하는 사람, 심지어 저런 사람들 때문에 〈우리의〉 돈이 너무 많이 쓰인다고 여기는 사람도 있다.

자, 이제 당신이 노숙자에게 몇 유로를 준다고 해보자. 이 경우에 당신은 내가 왜 돈을 주었을까 하고 자문할 수 있다. 나는 나 자신을 선하고 예의 바른 사람으로 느끼고 싶은 것일까? 아무튼 내가 조금은 도울 수 있다고 생각하는 것일까? 내가 약간의 기부금을 내고는 있지만 곤경에 처한 사람들을 대체로 돕지 않는다는 사실을 나는 숨기고 싶은 것일까?

결정을 내릴 때 우리는 우리 자신의 진짜 동기를 흔히 모른다. 도덕적으로 유의미한 일상적 상황에서 행위할 때 우리는 대개, 우리가 순수한 도덕적 동기에서 행위한다는 것을 확인하기 위하여 복잡한 심리학적 자기 탐구를 공들여 수행하지 않는다.

이 때문에 일찍이 (칸트의 뒤를 이어) 쇼펜하우어는 인간 행위의 전부는 결코 아니더라도 대다수는 도덕과 무관한 동기에서 이루어진다고 추측했다. 예컨대 당신이 노숙자에게 돈을 주는 이유는 그 노숙자가 당신의 할아버지를 연상시키기 때문에 당신이 죄책감에서 벗어나고 싶어서,

또는 그 노숙자에게 연민을 느껴서라고 말이다.

그런데 니체는 우리의 행위뿐 아니라 모든 도덕적 가치 판단도 도덕적 생각을 표현하는 것이 아니라 전혀 다른 기능을 한다고 여긴다. 모든 도덕적 가치의 배후에 전략이 있다고, 도구적 혹은 전술적 가치가 있다고 니체는 추측한다.

이 새로운 요구를 선언하자. 도덕적 가치들에 대한 비판이 필요하다. 우선 이 가치들의 가치 자체를 의문시해야 한다. 이를 위해 도덕적 가치들이 이제껏 성장하고 발달하고 밀려날 때 처해 온 조건과 상황을 알 필요가 있다(귀결, 증상, 가면, 위선, 질병, 오해로서의 도덕, 하지만 또한 원인, 치료제, 자극제, 억압, 독으로서의 도덕). 그런 앎은 이제껏 존재하지 않았으며 욕망되지도 않았다. 사람들은 이 〈가치들〉의 가치를 주어진 것으로, 사실로, 모든 의문 제기 너머의 저편으로 간주했다. 또한 이제껏 사람들은 〈악〉보다 〈선〉에 더 높은 가치를 매기는 것을 추호도 의심하거나 망설이지 않았다. 무릇 인간을 (인간의 미래까지 포함해서) 감안할 때의 요구, 유용성, 번영이라는 의미에서의 더 높은 가치를 말이다. 만약에 거꾸로가 진실이라면 어쩌지? 〈선〉에 퇴보의 증상도 들어 있고, 마찬가지로 위험, 유혹, 독,

말하자면 미래를 비용으로 지불하면서 현재를 살기 위한 수단으로서의 마취제도 들어 있다면 어쩌지?[36]

역시나 이 인용문에서도 니체는 크고 작은 논리적 오류를 다수 범하며, 그 모든 오류는 하나의 얼버무리기에서 유래한다. 그는 가치의 경제적 의미와 도덕적 의미를 대놓고 뒤섞는다. **경제적** 관점에서 가치는 협상이나 여러 복잡한 측정 과정의 산물이다. 토지의 가치는 공급, 수요, 경제 정책, 잠재적 구매자의 구매력, 위치의 장점, 토양의 질, 시 당국의 농업 계획, 그 밖에 다양한 변수에서 유래한다. 그러나 토지 자체는 유로 단위로 따질 수 있는 특정한 가치를 지니지 않았다. 토지의 금전적 가치는 방금 언급한 모든 요소로부터 발생한다. 그 요소들은 끊임없이 변동하며, 그 때문에 부동산 투기가 발생하고 국가적 조세 정책이 마련된다.

반면에 **도덕적** 가치는 본질적으로 협상 불가능하다. 어린아이에 대한(대다수 사람은 어린아이가 대상일 경우에 더 명백하다고 느끼지만, 또한 무릇 인간에 대한) 고문이 악하다는 것은 복잡한 현상의 산물이 아니라 항상 이미 사실이었다. 아이들을 고문하는 것은 언제나 커다란 도덕적 오류를 범하는 것이었다. 고문자가 이를 의식했든 말든 상관없이 말이다.

이 대목에서 이렇게 물을 수도 있을 것이다. 아이들을 고문하지 말아야 한다는 것을 누가 확정할까? 실제로 아이들은 과거에(예컨대 마녀재판에서) 고문당했고, 안타깝지만 지금도(예컨대 시리아의 지하 고문실에서) 고문당하지 않는가? 이 질문 속에는 생각의 오류가 들어 있다. 사실은 확정으로부터 독립적으로 존립한다. 지구에 딸린 위성이 하나 존재한다는 것이나 우리 몸이 세포들로 이루어졌다는 것을 누구도 확정하지 않는다. 사람들은 객관적으로 존립하는 가치들에 실은 영향을 미칠 수 없다. 우리는 단지 그것들을 인식할 수 있을 따름이다. 물론 그 가치들은 자연적 사실들이 아니지만, 그렇다고 우리가 우리의 생각을 바꿈으로써 그것들을 변화시킬 수는 없다. 다수 견해는 객관적으로 존립하는 가치들의 진위에 대해서 아무것도 말해 주지 못한다. 왜냐하면 대다수 사람이 착각할 수도 있기 때문이다. 특정 견해를 다수가 공유했다는 이유로 그 견해가 참이나 거짓이 되는 것은 아니다. 이는 가짜 뉴스와 새롭고 대단히 교묘한 조종과 선전이 난무하는 디지털 시대에 우리가 늘 새롭게 명심해야 할 점이다.[37]

도덕적 요구의 유효성은 신이나 인간 집단, 진화, 또는 보편적 인간 이성이 그 유효성을 확정했다는 것에서 나오지 않는다. 도덕적 요구의 유효성은 오히려 그 요구 자체에 기반을 둔다. 바로 이것이 도덕적 사실의 존재를 인정한다는 것을 의미한다. 다른 무엇으로, 이를테면 다수 견해나 신의 명령, 진화적 적응, 경쟁에서 이타적 행동의 행동 경제학적으로 측정 가능한 이로움으로 환원되지 않는 도덕적 사실이 존재함을 인정한다는 것은, 도덕적 요구들이 그 요구들 자체에 기초하여 유효함을 인정한다는 뜻이다.

무언가가 도덕적으로 선하거나 악하다는 것이 모든 관련자에게 뚜렷이 드러나야 하는 것은 아니다. 악을 행하는 줄 모르고 행할 수도 있다. 이것은 기후 위기에서, 또 지구적 자본주의와 그 착취 시스템의 도덕적으로 배척해야 할 지나친 성장에서 나타나는 중요한 면모다. 그러나 사람이 근본적인 악을 행하면서 그것이 근본적인 악임을 모르는 경우는 상상하기 어렵다. 사람을 고문하거나 처형하는 사람은 그 행위가 도덕적으로 배척해야 할 것임을 알지만 나름의 더 높은 목적 때문에 마지 못해 그 행위를 한다.

문제는 근본적인 악임을 알면서도 악을 행하는 것이 가능하다는 점이다. 우리 대다수는 제2차 세계 대전 중에 강제 수용소들에서 충실히 근무한 범죄자들에게 도덕 심리학적으로 무슨 일이 벌어졌던 것인지 상상하지 못한다. 그리고 여기에서 나는 그들의 입장에 서보려고 시도할 의사가 눈곱만큼도 없다. 그러나 실제로 사디스트들이 존재

했고 지금도 존재한다는 것은 엄연한 사실이다. 그들은
자신이 책임져야 한다는 것을 더없이 잘 알면서도 근본적
인 악을 실행한다.

가치 허무주의는 허무주의와 마찬가지로 실재와 어긋
난다는 점에서 실패로 돌아간다. 오로지 자연 과학적으로
측정되는 것만 존재하거나 실재하며 나머지 모든 것은 인
간 정신의 자유로운 발명품이어서 어떤 실재와도 대응하
지 않는다는 믿음은 치명적인 오류다. 이 믿음이 터무니
없다는 점은, 인간 정신의 자유로운 발명품이 존재한다는
주장 자체가 자연 과학적 측정에서 나오지 않았으므로,
이 믿음에 따르면, 이 주장 자체가 어떤 실재와도 대응하
지 않는, 인간 정신의 자유로운 발명품이라는 결론이 나
온다는 점에서 벌써 드러난다.

2장
왜 도덕적 사실은 존재하지만
윤리적 딜레마는 존재하지 않는가

우리가 어려운 윤리적 결정을 내려야 할 경우, 우리 앞에 놓인 상황은 대개 불명확하다. 이런 일은 특히 도덕적 부담과 책임이 큰 직업에 종사하는 사람들, 예컨대 의사, 병원장, 정치인에게 자주 일어난다. 우리는 이를 몇몇 국가의 코로나 위기에서 속수무책으로 목격했다. 보건 시스템이 대유행을 감당할 역량을 갖추지 못했기 때문에 모두를 구할 수 없다면, 누가 살아도 되고 누가 최악의 경우 죽어야 하는지 결정해야 한다. 이 결정은 많은 사람에게 심각한 심리적 외상(外傷)을 입힐 것이다.

하지만 이런 비상 상황은 평소에도 늘 벌어진다. 지구의 빠듯한 자원은 국제 정치와 복지 사회들의 지구적 생산망을 통해 운용된다. 경쟁에 기반을 둔 시장들이, 때때로 철벽 같지만 필연적 이유 없이 정해진 민족 국가들의 국경과 더불어, 끊임없이 삶과 죽음을 결정한다. 민족 국가들은 이웃 국가들보다 더 많은 이익을 챙기려 애쓴다. 그리고 우리는 누구나 소비 행동을 통해, 또 타인에 대한 지극히 일상적인 태도를 통해 도덕적으로 중대한 결정들을 내린다. 하지만 우리는 그 결정들에 익숙해져 있어서 그것들이 중대함을 전혀 느끼지 못한다.

우리의 복잡한 지구적 상황으로 인해 우리는 늘 이런저런 윤리적 딜레마에 빠지는 것처럼 보인다. 도처에서 우리 모두가 절박한 도덕적 질문들에 맞닥뜨리는 듯하다. 우리가 공정하고 지속 가능하게 생산하고 소비하려면 어떻게 해야 할까? 타인에게 해를 끼치지 않으면서 구매할 수 있는 상품은 과연 어떤 것들일까? 우리의 교통 시스템을 어떻게 조직해야 할까? 휴가 때 우리는 자동차나 비행기를 타고 어디로 가야 할까?

우리가 각자의 경제적 형편에 걸맞은 소비망과 생산망에 묶여 있다는 점은 우리의 일상생활의 구조에 근본적인 영향을 미친다. 이 사정을 우리가 끊임없이 부당함과 부담으로 느끼지 않는 것은 오로지 이 사정이 휴가, 여가, 사치, 건강, 자유를 제공하겠다는 약속과 결부되어 있기 때문이다. 우리는 소비할 수 있기 위하여 노동하고 그 대가로 (때로는 후한) 보상을 받는다. 그러면서 어느새 우리의 온라인 소비 관행이 그 자체로 노동이 되어 버렸음을 알아채지 못한다. 소셜 미디어에서 활동하는 사람은 데이터를 생산하고, 소프트웨어 대기업들은 그 데이터로 돈을 번다. 모든 각각의 클릭, 모든 각각의 〈좋아요〉가 조만간 달러로 변신하여 제프 베이조스, 마크 저커버그 같은 사람들의 계좌로 들어간다.

이 경제적 질서는 자명하지 않다. 이 질서는 지난 2백 년 동안, 바꿔 말해 근대에 형성되었다. 그 형성 과정은 산업 혁명과 거대한 역사적 격변들을 거쳤으며 마지막으로 디지털 혁명을 거치는 중이다. 지금 코로나 위기는 이 질서의 현재 상태를 특히 또렷하게 보여 줌으로써, 우리가 경제 시스템 안의 데이터 점들로서 존재하는 것에 무비판적으로 익숙해졌음을 누구나 깨달을 수 있게 해준다. 우리 일상에 스며든 수많은 지구적 생산 시스템은 우리가 도덕적으로 유의미한 결정들을 끊임없이 내리게 만든다. 코로나 위기 이전에 우리의 삶꼴Lebensform은 노멀normal하지(정상적이지) 않았다. 그 삶꼴은 아주 많은 사람에게 치명적이었다.

우리 모두가 익히 아는 문제지만, 근대의 일상은 워낙 복잡해서 우리는 어떻게 하면 옳은 결정을 개인적으로 내릴 수 있는지 더는 이해하지 못한다. 그리하여 많은 이는 냉소주의에 빠져, 도덕적으로 요구하는 바가 많은 정책은 전혀 불가능하며 우리는 타인들의 복지를 희생시켜 우리의 복지를 확보해야 한다고 믿는다. 이런 생각을 품은 사람은 자세히 들여다보면 참아 내기 어려운 도덕적 모순들로부터 저만치 떨어져 자신을 정당화한다.

그러나 해결 불가능한 윤리적 난제들이 산더미처럼 뒤엉켜 있다는 인상은 착각이다. 이 장에서 나는, 더 자세히 살펴보면 윤리적 딜레마는 실재하지 않음을 보여 줄 것이다. 즉, 우리가 취하는 모든 선택지 각각이 도덕적으로 배척해야 할 귀결들로 이어지기 때문에, 우리가 불가피하게 도덕적 잘못을 범하게 되는, 해결 불가능한 상황은 없다. 만약에 그런 윤리적 딜레마가 존재한다면, 우리는 도덕적 숙고와 행위를 더는 정합적으로 할 수 없을 테고, 윤리는 없고 기껏해야 전략적 계산만 존재할 터이다. 우리 사회가 자동으로 고통과 도덕적 해악을 일으키더라도 그런 사회를 반쯤 안정화하는 데 기여하는 전략적 계산 말이다.

아니다, 우리는 거대한 비극 속에서 살고 있지 않다. 우리 모두가 오이디푸스처럼 의지에 반할뿐더러 최선의 노력에도 불구하고 죄를 짓게 되는 비극의 주인공인 것은 아니다. 우리가 속한 복잡한 상황은 체계적인 생각의 전환을 요구하지만 우리가 윤리적으로 옳은 판단을 내리는 것을 불가능하게 만들지 않는다. 윤리적 질문 앞에서 우리는 오류를 범할 수 있지만, 우리 인류는 수천 년에 걸쳐 꽤 많은 도덕적 앎을 축적했다. 왜냐하면 도덕적 사실은 우리에게 완전히 은폐되어 있을 수 없기 때문이다. 우리의 일상적 루틴은 도덕적 통찰을 뚜렷이 반영한다. 우리는 다소 참을성 있게 줄을 서고, 우리의 도움을 필요로 하는 사람에게 자리를 양보하고, 버스 안에서 우리를 바라보는 어린아이에게 미소를 보내고, 우리의 동료(우리가 좋아하지 않는 동료라 할지라도)에게 우호적으로 인사한다.

우리가 상호 존중이라는 도덕적 질서를 지킨다는 점은 그 질서가 깨질 때마다 어김없이 드러난다. 예컨대 2020년 봄과 여름에 미국에서 인종 차별적 경찰 폭력과 기타 요인들(코로나 위기로 인한 실업률 급상승, 분열을 조장하는 대통령 등)로 인해 거대한 사회적 소요가 발생했을 때 그러했다. 우리의 삶이 정상(正常)적이라는 느낌은 안전, 평화, 어느 정도 공평하게 분배된 부와 밀접한 관련이 있다. 그런데 과반수 사람이 도덕적 통찰을 하고 그 통찰에 따라 행위에 나설 준비를 갖추지 않았다면, 이 모든 것은 존재하지 않을 터이다.

이미 공들여 이루어 냈고 부분적으로는 투쟁으로 성취한 근대의 도덕적 진보는 지구적 질서의 재구성을 위한 기반이 되어야 한다. 우리의 경제를 이끄는 자연 과학적-기술적 진보는 오래전부터 한 걸음 더 앞서 있는 우리의 도덕적 통찰과 어깨를 나란히 해야 한다. 바로 그렇게 도덕적 통찰이 더 앞서 있기 때문에, 우리 행성에서 벌어지는 부당함 앞에서 많은 이가 절망하면서 우리는 비극을 벗어날 수 없다고 믿는 것이다. 요컨대 자연 과학적-기술적 진보가 우리의 도덕적 수준을 따라올 것을 요구해야 한다. 과학은 인류의 도덕적 안녕을 기준선으로 삼아 방향을 잡아야 한다.

만약에 우리의 일상적 상황들이 도덕적으로 해결 불가능한 딜레마들로 가득 차 있다면, 의도적으로 옳은 행위를 하는 것은 불가능할 터이다. 우리가 문득 옳은 행위를, 그야말로 선행을 하더라도, 그것은 복잡한 상황 속의 순수한 우연일 터이다. 그런데 이는 우리가 도덕적으로 행위할 능력이 전혀 없음을 의미한다. 우리의 행위는 우연이 가지고 노는 공일 터이며, 사람들은 그 우연을 행동 경제학적 모형이나 진화 심리학적 모형으로 기껏해야 근사적으로 서술할 수 있을 터이다. 사람들이 어떻게 행동하는지, 또 사람들을 어떻게 조종할 수 있는지에 대해서 통계적으로 진술하기 위해서 말이다.

그러나 다행히 이 인상은 착각이다. 무슨 말이냐 하면, 실제로 우리는 오늘날 과거보다 도덕적으로 더 낫게 행위하고 생각한다. 도덕적 진보는 존재한다. 물론 도덕적 진보가 자동으로 이루어지는 것은 아니지만 말이다. 도덕적 진보는 동물권 인정, 아동 보호, 동성 결혼 합법화, 그리고 사회 일반이 바라지만 아직 전혀 완결되지 않은 양성 평등의 실현 과정을 아우른다.

추가로 더 큰 희망의 이유가 있다. 즉, 우리가 옳은 행위를 전혀 할 수 없다는 것은 원리적으로 불가능하다. 만약에 우리가 전혀 할 수 없는 행위가 있다면, 그 행위는 옳은 행위가 아니다. 우리의 상황이 너무 복잡해서 우리가 원리적으로 실행할 수 없는 도덕적으로 유의미한 요구, 윤리적 명령은 엉터리다.

이 철학적 논증은 플라톤과 아리스토텔레스가 윤리학을 합리적이고 철학적인 학문 분야로 정당화한 이래로 철학사 전체를 관통해 왔는데, 이 논증으로부터 놀라운 귀결들을 도출할 수 있다.

우리 인간은 해야 마땅한 행위를 주로 한다. 그러면서 우리는 도덕과 무관한 새로운 사실을 거듭 발견하고 도덕적으로 유의미한 새로운 사실(예컨대 인공 지능과 오늘날 우리의 생활 세계에 속한 디지털 제품들)을 만들어 낸다. 그리하여 새로운 윤리적 질문들이 제기되고, 이로써 다시금 도덕적 진보의 가능성이 열린다. 우리는 본성상 단지 이기적이며 심지어 폭력적인 충동을 따를 뿐이라는 의미에서 근본적으로 악하지 않다. 인간은 본성상 선하지도 않고 본성상 악하지도 않다. 인간은 본성상 자유롭다. 그리고 도덕과 관련해서 자유는 우리가 옳은 행위나 그른 행위를 할 능력이 있다는 것을 의미한다.

우리 행위의 과반수가 악하다면, 우리가 이룬 사회는 자멸할 것이다. 이것은 칸트의 도덕 철학의 주요 통찰 중 하나다. 당연한 말이지만, 이 통찰은 우리가 다음을 시인해야 함을 의미한다. 즉, 현재 우리는 인류의 근본적으로 악한 자멸을 위해 계속해서 부지런히 공을 들이고 있다. 우리는 엄청난 플라스틱 쓰레기를 생산하고, 상상할 수 없을 만큼 많은 이산화탄소를 뿜어 내고, 공장식 축산에서 나온 저렴한 육류를 소비하고, 열대 우림을 벌목한다. 이 행위들이 근본적으로 악함을 우리가 깨닫지 못하는 한, 우리에게 절실히 필요한 — 특히 환경 보호와 관련한 — 도덕적 진보는 요원하다.

우리가 도덕적으로 그른 행위들을 체계적으로 한다면, 그것은 오로지 우리가 보기에 명백하며 전적으로 일상적인 도덕적 요구들을 체계적으로 은폐함을 통해서만 이루어진다. 주로 도덕적으로 그른 행위를 하는 사람들로 이루어진 사회는 도덕과 무관한 사실에 관한 질문에 항상 틀리게 대답하는 사람들로 이루어진 집단과 똑같이 불안정할 것이다. 우리가 항상 착각한다면, 우리는 가게에서 빵을 사는 것조차도 할 수 없다. 왜냐하면 우리 눈앞에 빵이 있어도 그것을 빵으로 알아보지 못할 것이기 때문이다.

보편적 가치가 존재한다는 말은, 우리가 항상 착각할

수는 없다는 사실, 우리가 인간으로서 항상 이미 도덕적 실재와 접촉하고 있다는 사실을 표현한다. 황금률(〈남이 너에게 어떤 행위를 하는 것을 네가 바라지 않는다면, 그 행위를 누구에게도 하지 마라〉)과 같은 유명한 격언이나, 칸트의 정언 명령과 근대적 만민 평등의 원칙처럼 요구하는 바가 더 많은 변형된 격언은 앞서 언급한 우리 행위와 생각의 근본 구조를 인간이 통찰함을 증명한다. 미국 철학자 도널드 데이비슨은 그 통찰을 〈호의의 원칙principle of charity〉으로 명명했다.[1] 우리 견해와 행위의 절대적 과반수가 잘못되어 있다는 것은 단적으로 불가능하다. 왜냐하면 만약에 그렇다면 우리는 아예 존재하지 못할 테고 정합적으로 행위하지 못할 터이기 때문이다. 언어 습득과 상호 언어 이해가 벌써 최소한의 도덕적 인식을 전제한다. 생각해 보라. 당신이 당신의 교육자를 끊임없이 때려서 당신에게 뭐라도 가르치는 것을 단념하게 만들 수는 없지 않은가. 우리의 생존을 돕는 사람들이 우리를 기다리는 가운데 우리가 출생한 직후부터 시작되는 학습은 우리가 도덕적으로 옳은 행위를 한다는 것을 전제한다. 성공적인 도덕적 행위가 없다면, 사회는 없다.

그렇기 때문에 최악의 도덕적 괴물들 — 마르키 드 사드의 소설 속 인물들이나 유감스럽게도 세계사적 주요 인물인 히틀러, 마오쩌둥, 김정은 — 조차도 때때로 도덕적으로 행위한다. 비록 자신의 편이라고 느끼거나 함께 폭정을 실행하기 위해 필요하다고 느끼는 사람들을 상대할 때만 그렇게 하더라도 말이다.

코로나 위기는 어두운 시대에 도덕을 진보시키는 동력을 보여 주었다. 지금 벌써 과감하게 예언할 수 있다. 코로나 위기에 많은 정부가 내린 결정들은 도덕적으로 요구하는 바가 많은 정책을 실행하는 것이 가능함을 증명했다. 게다가 정책에 드는 비용은 거의 중요하지 않았다. 다른 많은 정부와 마찬가지로 독일 정부는 우리의 건강을 지키기 위해 이제껏 상상할 수 없던 규모의 경제적 손실을 감수할 준비가 되어 있음을 보여 주었다. 독일 시민은 이를 받아들였다. 왜냐하면 우리의 정치인들을 움직인 이유들이 단지 그들의 전술적 계산에서 나온 것이 아니라 참된 도덕적 근거에서 나왔다고 여길 만했기 때문이다. 그리하여 연대의 물결, 사회적 결속의 물결이 일어나게 되었다.

이로써 하나의 세계사적 증명이 이루어졌다. 즉, 복잡한 민주주의 사회에서 우리는 시장과 로비스트와 신자유주의적 경제학자의 명령을 자동으로 따라야 한다는 말은 핑계라는 것이 증명되었다. 정치는 자동으로 도덕적 부패라는 통념은 틀렸다. 정치는 사람에 의해 수행되며, 사람은 도덕적으로 통찰하고 책임질 능력이 있다.

보편주의는 유럽 중심주의가 아니다

프랑스 혁명은 근대를 여는 북소리였다. 그 혁명의 한 부분은, 인간을 계급에 따라 분류하고 인종, 종교, 성별에 따라 평가할 수 있다는 통념을 종식한다는 목표에 다양한 사회 집단들이 헌신하면서 품은 도덕적 열정이었다. 요컨대 근대는 구체제 — 냉소적인 절대 군주들과 그들이 비호하는 특권 계급들 — 의 가치 상대주의를 극복하고 당대의 지배자들이 대체로 짓밟았던, 모든 인구 집단에 적용되는 인권을 요구하려는 노력과 함께 시작되었다.

그런데 얄궂게도 근대의 발생사는 흔히 도덕적 보편주의에 맞선 흐름으로 규정된다. 왜냐하면 프랑스 혁명에 이어 폭력 사태, 국가 테러, 나폴레옹 전쟁의 틀 안에서의 전면전, 새로운 착취 시스템들이 등장했기 때문이다. 탈근대적, 탈식민주의적 근대 비판자들에 따르면, 근대 전체는 유럽 식민주의의 진행 과정이었다. 유럽 식민주의는 보편적 도덕처럼 들리는 언어를 사용하면서 세계의 다른 지역들에서 재앙을 일으켰다.

그러나 보편적 가치가 있다는 생각은 근대 유럽의 발명품이 아니다. 오히려 그 생각은 첫째, 근대 이전에도 이미 있었고, 둘째, 유럽 바깥에도 있다.[2] 이를 제쳐 두더라도, 보편적 인권 개념이 유럽의 발명품이라는 믿음은 치명적인 유럽 중심주의적 오만이다. 이 믿음은 애당초 인권의 보편적 유효성을 위태롭게 만들뿐더러 다음과 같은 질문을 유발한다. 〈오늘날 유럽으로 불리는 유라시아판의 한쪽 귀퉁이 바깥에 거주한 사람들은 그들의 도덕적 요구들이 모든 인간을 향해 있음을 어찌하여 깨닫지 못했단 말인가?〉 오스트레일리아 원주민, 중국인, 인도인, 아메리카 대륙의 토착민은 자신들이 인간이며 인간은 무엇보다도 모든 인간에게 유효한 도덕적 요구들을 제기한다는 점에서 다른 생물과 구별된다는 점을 전혀 깨닫지 못했다고 믿는 것은 그야말로 터무니없다.

하지만 현재까지의 역사를 보면, 복잡하게 조직된 대규모 문화들의 충돌이 발생했던 모든 시대에 이런저런 집단이 자기네가 경멸하거나 두려워하는 다른 집단(〈러시아인〉, 〈황인종의 위험〉)을 온전한 가치를 지닌 인간들로 간주하지 않으려 했다는 점은 엄연한 사실이다. 유대인, 피부색이 어두운 사람, 수메르인, 또는 아즈텍인은 어떤 식으로든 자신보다 덜 인간적이라고 누군가가 믿는다면, 무엇보다도 그는 모든 인간이 다소 동일한 DNA를 지녔으며 진지한 생물학적 관점에서는 인종에 따라 분류하기가 전혀 불가능하다는 점을 간과하는 것이다. 인간의 생물학적 본성에 관한 이 같은 명백히 그릇된 믿음은 인종주의의 원천 중 하나다.

요컨대 그릇된 보편주의자는 보편적 요구를 제기하면

서, 자신이 몇몇 사람만 지닌 속성을 보편화하려 하고 있음을 간과한다. 예컨대 모든 인간을 개종시켜 기독교도로 만들고자 한다면, 그것은 그릇된 보편주의다. 왜냐하면 그 개종의 요구는 보편적이긴 하지만 도덕적 사실들에도 들어맞지 않고 도덕과 무관한 사실들에도 들어맞지 않는 그릇된 요구이기 때문이다. 사람들을 ― 십자군 원정이나 식민지 정책에서처럼 ― 다소 강압적으로 개종시키는 것은 도덕적으로 배척해야 할 행위인 것이 전적으로 확실하다. 최악의 경우에는, 오직 몇몇 사람만 온전한 가치를 지녔다고 보는 오류마저도 그런 식으로 보편화된다.

그릇된 보편주의가 존재한다는 것으로부터 보편주의가 그 자체로 그릇되었다는 결론은 도출되지 않는다.

보편적인 도덕적 요구와 가치의 배후에는 늘 특정한 집단의 이해관계가 숨어 있다는 널리 퍼진 의심을 자세히 검증하고 무력화하기에 앞서, 우리는 먼저 보편주의의 생각들을 더 정확히 이해해야 한다.

가치 보편주의란 보편적 가치가 존재한다는 견해다. 이 견해를 내 방식대로 표현하면, 인간의 행위는 세 범주로 분류되며, 한 범주에서 다른 범주로의 이행은 물이 흐르듯이 이루어진다는 것이다. 이미 설명했듯이, 보편적 가치 시스템의 세 범주는 선, 중립, 악이다. 이 분류는 시대와 문화를 막론하고 유효하며 사람들이 도덕적으로 숙고하는 모든 곳에서 (다양한 언어적 표현으로) 발견된다.

보편주의는 상대주의의 반대다. 보편주의에 따르면, 도덕적 가치는 집단 소속과 상관없이, 따라서 모든 인간에게(궁극적으로는 심지어 인간의 영역 너머에서도) 유효하다. 그러므로 오로지 단 하나의 보편적 가치 시스템이 존재한다. 선, 중립, 악이 존재한다.

보편적 가치는 모든 도덕적 사실이 단박에 명백하지는 않은 복잡한 상황에서 우리의 도덕적 판단을 제한하는 가드레일이다. 복잡한 행위 상황의 예로 코로나 위기 이전에 뮌헨에 가서 옥토버페스트*를 즐기는 것을 생각해 보자. 이 상황에서는 도덕적으로 유의미한 에피소드가 다양하고 풍부하게 발생한다. 우리가 친구들과 함께 어느 천막 안 식탁에 앉았는데 그 식탁에 일본인 관광객들도 함께 앉아 있다. 이 상황에서 예컨대 맥주를 주문하기, 우호적으로 인사하기, 적당한 신발을 신기 등은 도덕적으로 허용된다. 식탁에 앉은 사람 중에 누구도 이것들을 도덕적으로 배척해야 할 행위로 느끼지 않을 것이다. 일본인 관광객들에게 환영의 뜻을 표하는 것, 이를테면 그들이 적당한 맥주를 주문하도록 돕고 종업원의 관심을 끄는 경쟁에서 뒤처지지 않도록 돕는 것도 도덕적으로 허용된다. 식탁에 앉은 누군가가 알코올 의존이 염려될 정도로 많은 맥주를

* 뮌헨의 맥주 축제.

146

마시거나 여성 종업원이나 일본인의 몸을 더듬는 것을 당신이 본다면, 개입하는 것이 도덕적으로 명령된다.

중국이나 미국에서 벌어지는 맥주 축제에서 유효한 도덕적 조건들도 비본질적으로만 다르다. 이 세계의 어느 축제에서 누가 누구를 성적으로 괴롭히건 간에, 그것은 도덕적으로 허용되지 않는 행위다. 다른 사람들을 성적으로 괴롭히는 당사자가 남자든, 여자든, 바이에른에 사는 트랜스젠더든, 일본인 장관이든, 마을의 여성 목사든, 트럼프든 상관없이 말이다. 근본적으로 다른 도덕적 신념들이 지배하는 장소는 단적으로 없다. 그렇지 않다면 사람들은 서로 소통할 수 없을 것이다.

일반적으로 가치관과 가치 사이에 모든 것이 걸린 결정적 차이가 존재한다. **가치관**은, 일반적으로 또 주어진 특수한 상황에서 사람은 무엇을 해야 마땅하다고, 그리고 그것은 선, 중립, 악과 어떤 관련이 있다고 당신은 믿는가 하는 질문에 대한 대답이다. 반면에 선, 중립, 악 그 자체는 **가치들**이다. 가치들은 주어진 인간 집단이나 개인이 어떤 가치관을 가졌느냐로부터 독립적으로 존립한다. 주어진 행위 상황에서 우리가 무엇을 하거나 하지 말아야 마땅한지 결정하려면, 보편적 가치들을 지목하는 것만으로는 아직 부족하다. 왜냐하면 우리는 그 상황을 구성하는 도덕과 무관한 사실들을 알아야 하고 그 상황에 참여한 사람들이 그 상황을 어떻게 평가하는지를 다른 사람들과 함께 알아내야 하기 때문이다. 사람들이 상황을 어떻게 평가하고 느끼는지 따져 보는 것도 도덕적 숙고의 일부다.

보편적 가치는 우리에게서 구체적 결정권을 앗아 가지 않는다. 도덕적 나침반은 우리가 어느 방향으로 가야 마땅한지 보여 주지만, 개별 걸음들은 여전히 우리가 항상 오류를 범하기 쉬운 개인으로서 내디뎌야 한다. 그렇지 않다면 우리는 자유롭지 않을 테고, 오히려 우리의 행위는 말하자면 보편적 가치의 도덕적 힘에 의해 미리 정해질 것이다.

이 맥락에서 **도덕적 실재론의 근본 주장**은 가치관이 참이거나 거짓일(옳거나 그를) 수 있다는 것이다. 서로 화해할 수 없는 가치관을 지닌 다양한 집단이 모두 그릇되었을 가능성도 당연히 있다. 어떤 사람들을 강제 수용소에 수감하여 파멸시켜야 마땅한지를 놓고 나치와 스탈린주의자가 토론하면 의견이 엇갈린다. 왜냐하면 그들은 제각각 다른 집단을 수감하고자 하기 때문이다. 그러나 이 경우에는 양편의 가치관이 둘 다 그릇되었다. 사람을 강제 수용소에 수감하는 것 자체가 악이니까 말이다. 스탈린주의자와 나치의 가치관은 역사 철학적 고려에 기초를 둔다. 양쪽 모두 세계사적 자동운동Automatismus이 존재한다고 믿는다. 더 나아가 우리가 그 자동운동을 경제학적으로 발견할 수 있다고(전통적인 마르크스주의자처럼), 혹은 그 자동운동의 핵심은 인종 전쟁이며 그 자동운동의 섭리로 우리 민족을 적의 정복으로부터 보호할 지도자가 나타난 것이라고(나치처럼) 믿는다. 이 (명백히 거짓인) 견해들로부터 스탈린주의자와 나치의 목표를 도덕적으로 배척해야 할 행위를 통해 달성하기 위한 구체적 조치들이 도출된다.

보편주의는 유럽 중심주의가 아니며 유럽인의 문화가(그 문화가 무엇이건 간에) 모종의 다른 방식으로 우월하다고 보는 견해도 아니다. 모든 인간 문화에는 반드시 해야 마땅한 것과 반드시 하지 말아야 마땅한 것의 구별이 있다. 또한 모든 문화는 관용 구역을 개발한다. 그 구역 안에서는 도덕적으로 배척해야 하고 허용되지 않는 행위가 도덕과 무관한 이유들 때문에 관용된다.

보편주의가 유럽 중심주의가 아니라는 것은 보편주의가 다음과 같은 보편적 명령을 포함한다는 점에서 단적으로 드러난다. 그 명령은 이것이다. 〈자신의 고유한《문화》로 여기는 바를 다른 문화들에 대한 제국주의적 억압의 토대로 활용하지 말라.〉 제국주의, 노예화, 식민주의는 악의 스펙트럼에 속하며 따라서 도덕적으로 보편적 금지 사항이다. 물론 이 금지된 것들이 존재하지 않는다는 뜻은 아니다(심지어 이것들을 규정하는 복잡한 법률 시스템까지 존재했다).

이 대목에서 다양한 문화는 다양한 도덕적 판단을 내린다고 반발하는 것은 심각한 오류다. 물론 그럴싸하게 보일 수도 있는 반발이다. 실제로 1900년경 독일 제국 시민의 압도적 다수는 식민주의를 전혀 문제시하지 않았으며 심지어 어쩌면 더 많은 식민지를 원했을 수도 있다. 하지만 그렇다고 해서 식민주의가 정당화되는 것은 아니다. 이는 1956년에 창립된 평평한 지구 협회의 회원들이 지구는 평평하다고 믿더라도 지구가 평평해지지 않는 것과 마찬가지다. 오히려 우리는 독일 땅에서 제국 시대와 독재 시대에 비해 오늘날이 도덕적으로 진보했다고 평가해야 옳다.

물론 우리가 도덕적으로 완벽한 환경에서 산다는 뜻은 전혀 아니다. 우리 자신의 문화에는 (당신이 무엇을 당신 자신의 문화로 간주하건 간에) 다양한 도덕적 결함이 존재하며, 우리는 일부 결함을 고의로 간과한다.

노예 제도가 여러 형태로 존속하는 것도 그런 결함이다. 물론 공식적으로 노예 제도는 불법이지만 말이다.[3] 오늘날 우리의 세계 질서 안에 노예 제도와 인신매매가 존재함을 부정하는 것은 도덕적으로 배척해야 할 행위다. 왜냐하면 그렇게 하면 노예화된 사람들을 도울 수 없을뿐더러 노예 제도에 가까운 상황을 너무 오래 외면하게 되기 때문이다. 그런 상황의 예로 도살장 노동자들이 감금되는 것과 농작물을 수확하는 노동자들이 부분적으로 무책임한 위생 상태에 처해 있는 것을 꼽을 수 있다. 그 농업 노동자들은 독일이 코로나 봉쇄를 겪는 동안에 우리에게 아스파라거스와 딸기를 공급해 주었다. 하지만 정작 그들은 흔히 받아들이기 어려운 조건에서 고되게 노동해야 했고 바이러스에 노출되었다. 요컨대 우리의 일상적 행동은 도덕적으로 숙고된 최적의 표준에 들어맞지 않으며, 많은 상황에서 우리는 우리의 행동이 실은 얼마나 그릇되었는지 간과한다.

도덕적 진보는 결승선이 없다. 도덕적 진보는 영원한 과정, 영영 종결할 수 없는 과정이다. 이는 도덕과 무관한 사실들이 끊임없이 변화하기 때문이기도 하다. 우리는 정신적, 역사적 생물이고 자연도 계속 변형되기 때문에, 최종적인 도덕적 결론은 존재하지 않는다. 다만, 옳은 행위를 하고 그른 행위를 하지 말라는, 결코 완전히 이행할 수 없는 요구가 존재한다. 도덕은 우리를 지상 낙원으로 데려가지 않으며, 보편적 가치는 우리가 자연 및 모든 인간과 화해한 최종 상태로 우리를 자동으로 이끌어 주지 않는다.

아동에게 불이익을 주는 나이 차별과
기타 일상의 도덕적 결함들

자신의 행동은 옳고 타인들의 행동은 미심쩍다고 평가하면서 우리의 불행을 〈높은 사람들〉의 탓으로 돌리는, 매우 인간적인 경향이 존재한다. 이 경향도 코로나 위기에서 뚜렷하게 불거졌다. 국가는 내가 선하다고 여기는 행위를 제발 좀 해야 마땅하다며, 많은 이가 분통을 터뜨린다. 일부 사람들은 메르켈, 옌스 슈판,* 마르쿠스 죄더**가 슈퍼 영웅이 아니라 정치인이라는 것에 놀라는 듯하다. 민주주의적 분업 체계 안에서 정치인은 책임을 짊어지고 비록 오류일 가능성이 있더라도 명확한 노선으로 나아갈 따름이다.

도덕적 결함은 가정에서부터 시작되며 더없이 일상적인 상황에서 드러난다. 그 결함은 아무 문제도 없다고 여길 만한 상황에서도, 그리고 바로 그런 상황에서 힘을 발휘한다.

다음은 나 자신의 삶에서 경험한 사례다. 우리는 이 사례에서 뚜렷한 도덕적 결함을 알아챌 수 있다. 얼마 전에 나는 일요일을 맞아 다섯 살배기 딸과 함께 아주 큰 수영장에 가려 했다. 한바탕 수영한 다음에 가운을 걸치고 함

---

* 독일의 보건부 장관.
** 바이에른주 총리.

께 점심을 먹는 것은 우리의 즐거운 의례다. 그 수영장은 이를 위해 필요한 모든 것을 제공한다. 심지어 실내 수영장 안에 야자나무들까지 있다. 그러나 내가 모르는 새로운 규칙이 적용되고 있었다. 안내판에 작은 글씨로 아동은 이제 일요일에는 대형 실내 수영장에 들어갈 수 없고 토요일에만 들어갈 수 있다는 규정이 적혀 있다는 것을 현장에서 사람들이 일러 주었다. 한술 더 떠서, 간이식당으로 가는 유일한 길은 그 실내 수영장을 통과하게 되어 있다. 그러니까 16세 미만의 아동은 토요일에만 수영장에서 음식을 먹을 수 있다. 왜냐하면 다른 모든 요일에 아동은 간이식당으로 갈 수 없기 때문이다.

항의와 토론은 소용이 없었다. 엄청 배고프고 슬픈 내 딸은 실내 수영장에 들어갈 수 없고 따라서 피자에 도달할 수 없다는 통보를 들었다. 공교롭게도 딸과 나는 인종주의에 관한 대화를 막 나눈 참이었다. 내 딸은 인종주의를 전혀 이해하지 못한다. 왜냐하면 그 아이는 일단 다른 사람들이 다른 피부색을 가졌다는 것조차 제대로 알아보지 못할뿐더러, 사람들이 그런 차이를 근거로 서로를 〈부당하게unfair〉(내 딸은 〈비도덕적으로〉라는 말을 이렇게 한다) 대우하는 것이 어떻게 정당화된다는 것인지 어차피 이해할 도리가 없기 때문이다. 수영장 매표소에서 5분 동안 토론한 후, 내 딸은 매우 불친절하고 원칙에 충실한 여성 직원에게 〈아줌마는 아동을 적대하는 인종주의자예요!〉라고 외쳤다. 규칙이 그렇게 되어 있어서 어쩔 수 없다고 그녀가 대꾸하자, 내 딸은 〈그렇다면 그 규칙이 인종주의적이군요〉라고 말했다.

이 에피소드는 물론 인종주의와 무관하지만 아동에게 불이익을 주는 나이 차별의 명백한 사례로서, 도적적으로 배척해야 한다. 유감스럽게도 이런 나이 차별은 독일에 매우 광범위하게 퍼져 있다. 다른 나이 집단들과 달리 아동은 민주주의 정치에서 부모의 투표나 미래를 위한 금요일* 같은 시위를 통해서 간접적으로만 대표된다. 6세 미만의 아동은 자연적 조건 때문에 어차피 발언권을 행사하지 못하고 어쩔 수 없이 부모를 비롯한 타인의 후견을 받는다. 우리의 아동들은 많은 활동에서 배제된다. 왜냐하면 성인들의 견해에 따르면, 성인은 일요일에 사우나와 수영장(또한 예컨대 열차의 일등석, 비행기의 비즈니스석, 호텔)에서 아동의 소란으로부터 벗어날 권리가 있기 때문이다.

레저 상품을 일부 집단들에게만 제공하고 다른 집단들은 배제하는 것은 당연히 도덕적으로 허용된다. 그러나 그런 조치에서 사회의 도덕적 결함이 표출될 수 있고, 바

* Fridays for Future. 기후 변화 대응 행동을 촉구하는 국제적 청소년 시위.

로 아동에 대한 부정적 차별이 그런 결함 중 하나다. 독일인이 이 결함을 그리 심각하게 느끼지 않는 것은 오로지 아동에 대한 차별이 독일에 특히 만연해 있기 때문이다. 그러나 성장하는 세대들은 확실한 도덕적 진보를 이루어 냈으며, 이 측면에서 우리는 그들에게 빚을 졌다. 이 사실은 미래를 위한 금요일을 둘러싼 토론에서 특히 명확하게 드러났는데, 그 토론에서 아동과 청소년의 생각은 대다수 성인의 생각보다 도덕적으로 훨씬 더 진보적이었다. 이 차이는 지금도 여전하다.

수영장에서 벌어지는 인종주의적 차별은 아동에 대한 나이 차별보다 도덕적으로 더 심각한 폐해다. 왜냐하면 인종주의는 이미 체계적인 대량 학살을 유발해 왔고 지금도 유발하고 있기 때문이다. 그리하여 우리는 마침내 〈모든 형태의 인종주의는 배척되어야 한다〉라는 도덕적 사실에 대한 이해에 어느 정도 이르렀다. 만약에 인종주의가 노예제와 대량 학살로 이어지지 않고 〈단지〉 일상적 인종주의로서 일부 사람들에 대한 배제와 차별만 일으켰다면(이런 배제와 차별은 독일에 여전히 존재한다) 오늘날 과반수의 사람은 인종주의를 명확한 악으로 인식하지 못할 것이다. 인종주의는 역사적으로 노예제와 뗄 수 없게 얽혀 있다. 근대에 거의 모든 사람이 인종주의적 차별의 끔찍한 효과들을 차츰 깨닫게 된 것은 그 얽힘 때문이기도 하다.

한마디 보태자면, 이것은 늙은 백인 남성들에게 문제가 있다는 식의 지적이 아니다. 늙은 백인 남성은 젊은 흑인 소녀, 급진 페미니스트, 중년 트랜스젠더 바이에른 주민과 마찬가지로 인간이다. 과거와 현재에 특정 직업이나 직위를 50세 이상의 백인 남성이 차지할 통계적 확률이 특히 높다는 것은 사실이며, 이는 더 먼저 이루어진 도덕적으로 배척해야 할 결정들이 빚어낸 결과다. 하지만 그렇기 때문에 말하자면 복수를 위해, 또는 단순한 통계 교정을 위해 특정 나이의 백인 남성에게 불이익을 준다면, 그것 역시 도덕적으로 배척해야 할 조치다. 실제로 그런 조치를 요구하는 사람은 아무도 없다. 해결해야 할 보편적 문제는 차별적인 불이익 주기지, 차별적인 불이익 주기가 흔히 늙은 백인 남성에 의해 이루어진다는 사실이 아니다. 젊고 피부색이 어두운 여성들이 책임과 보수가 많은 일자리에서 늙은 백인 남성들을 배제하는 것은, 늙은 백인 남성들이 젊고 피부색이 어두운 여성들에게 그렇게 하는 것보다 더 낫지 않다. 이 두 가지 배제 가운데 하나가 아주 흔히 일어나는 것은 단지 과거의 사정들 때문이다.

젊고 피부색이 어두운 여성이 늙은 백인 남성보다 도덕적으로 더 낫다는 착각을 경계해야 한다. 국가, 사회, 각각의 개인은 차별적인 생각에 저항해야 한다. 우리에게 필요한 것은 성공한 차별을 손보기 위한 규정이 아니라 차별에 맞서 싸우기 위한 규정이다. 우리가 예컨대 공무원의 성비를 국가의 법령으로 규정할 때, 그 목적은 특정 인간 집단의 과거 대표자들이 다른 집단들을 배제했기 때문에 그 집단에 복수하는 것이 아니라, 명백히 지속 불가능하며 부당한 자원 분배 형태를 바로잡는 것이다. 늙은 백인 남성들에게, 그들이 늙은 백인 남성들이고 과거에 늙은 백인 남성들이 부당한 이익을 챙겼다는 이유만으로 차별적으로 불이익을 주고 자원(특정 일자리, 중환자실, 산소 호흡기 등)에 접근할 수 없게 한다면, 그것은 도덕적으로 배척해야 할 조치다. 특정한 사회적 영역이나 정치적 영역에서 (미국 영화 산업에서처럼) 어떤 우연적인 (곧, 필연적이지 않은 방식으로 형성된) 과반수가 자기네 권력을 남용하여 다른 사람들에게 도덕적 굴욕감을 준다면, 그것이 진짜 문제지, 그 과반수가 주로 늙은 백인 남성이라는 것은 진짜 문제가 아니다. 자기네 권력을 남용하는 과반수가 젊고 피부색이 어두운 여성으로 이루어졌다 하더라도, 상황은 도덕적으로 털끝만큼도 더 나아지지 않는다.

도덕적으로 배척해야 할 행위 패턴은 행위자의 나이와 외모에 상관없이 배척해야 함을 우리가 인정할 때, 도덕적 진보가 이루어진다. 왜냐하면 그 인정이 없으면 우리는 단지 복수 시스템을 확립하는 것이며, 그러면 예컨대 늙은 백인 남성뿐 아니라 젊은 백인 남성도 부당한 대우를 받는다고 느끼며 저항할 것이기 때문이다. 도덕적 해악을 끼쳤다는 비난을 정당하게 가할 수 있는 사람에게 우리가 도덕적으로 배척해야 할 행위를 가하는 것으로는 역사적 부정의를 바로잡을 수 없다.

물론 무릇 비율 할당은 도덕적으로 배척해야 할 조치라고 말하려는 것은 아니다. 비율 할당은 과거에 받아들일 수 없을 정도로 불평등한 자원 분배를 초래했던 시스템들을 특정 시점부터 바로잡는 데 기여한다. 그러나 모든 인간 각각이 모든 인간적 행위 각각을 똑같이 정당하게 실행할 수 있거나 심지어 실행해야 마땅하다는 규칙까지 유효한 것은 아니다.

여성의 정부 고위직 참여가 (실질적인 양성평등을 향한 최근의 다른 혁신들과 마찬가지로) 참된 도덕적 진보인 이유는, 여성이 유권자의 약 50퍼센트를 차지하는데도 독일 정부에서는 이제껏 과소 대표되었다는 점에 있다. 여성은 이를테면 (일부 사람들은 가부장적으로 이렇게 믿을지 모르지만) 더 부드럽고 공감 능력이 높고 침착해서 정부를 다르게 운영하리라는 전제가 꼭 필요한 것은 아니다. 여성은 남성과 그 밖에 다양한 성 소수자와 마찬가지로 오류를 범할 수 있다. 모든 사람은 때로는 도덕적으로 선하게 행위하고 때로는 그렇지 않게 행위한다. 한 집단이 자동으로 성자나 현자만으로 구성된다는 것은 도덕적 사실들 및 도덕과 무관한 사실들의 왜곡이다.

도덕적 갈등

타인들과 직간접으로 공유한 인간적 행위 상황에서는 예외 없이 도덕적 면모가 드러난다. 당신은 길을 건널 때 대개 다가오는 행인과 부딪히는 것을 피한다. 줄을 서서 기다릴 때 당신은 앞사람의 뒤꿈치를 태연히 밟지 않는다. 심지어 악이 일어나는 상황에서도 참여자들은 도덕적 게임 규칙을 잘 알면서 이를 위반한다. 시리아 비밀 감옥의 고문 담당자는 자기가 피해자에게 무슨 짓을 하는지 아주 잘 알면서도 의도적으로 피해자의 인간 존엄을 공격한다. 그 목적은 이루 말할 수 없는 신체 및 정신의 고통과 견딜 수 없는 공포를 일으켜 피해자의 의지를 되도록 꺾는 것이다. 고문 담당자는 무엇이 선한지 더없이 잘 알지만, 능동적으로 선에 등을 돌린다. 그렇지 않다면 고문은 전혀 작동하지 않을 테고, 고문 행위는 그저 사디즘일 것이다.[4]

우리는 우리가 속한 사회적 시스템을 매일 여러 번 교체한다. 아침에 당신은 예컨대 당신의 파트너나 동거인과 대화한다. 그런 다음에 지하철에 타고, 회의에 참석하고, 누군가를 만나 점심을 먹으러 가는 등의 활동을 한다. 우리는 사회적 생물이기 때문에, 우리가 하는 행위에 거의 항상 타인들이 참여한다. 물러나 혼자 있는 것은 대개 일시적으로 사회적 부담에서 벗어나기 위해서다. 그러나 그렇게 물러나는 활동도 사회적으로 조직되며 도덕적으로 유의미하다. 휴가에 대한 온갖 복잡한 기대(이를테면 휴식 스트레스)만 생각해 보아도 금세 고개가 끄덕여질 것이다. 휴가는 영혼이 사회적 부담에서 벗어나 느긋이 쉬도록 사회적 일상에서 물러나는 활동인데, 항상 누군가가 사우나 안에서 떠들거나 문을 쾅 닫거나 수건을 치워 버림으로써 타인들을 방해할 것이다. 그러면 휴가가 완벽해야 한다는 기대에 금이 간다.

이용자가 많을 때를 피해 철저히 홀로 사우나 안에 있더라도 방해받을 위험이 완전히 제거되지는 않는다. 언제든 다른 이용자가 들어올 수 있고, 조명에 딸린 전자 장치가 당신의 움직임에 반응하여 스위치를 올릴 수 있으니까 말이다. 불교 사원에 은둔하여 침묵하는 것도 소용이 없다. 왜냐하면 그곳의 침묵은 의례화되어 있고 사회적 규칙에 매여 있기 때문이다. 우리는 사회와 사회의 도덕적 요구들로부터 부분적으로만 벗어날 수 있다.

다수의 사람이 동일한 사회적 시스템에 속하게 되면

(비근한 예로, 사람들이 동일한 지하철 칸에 앉아 있으면) 곧바로 사람들은 서로를 관찰하면서 전체 상황을 담은 내면적 그림을 그리기 시작한다. 이는 타인들의 행동을 예측하기 위해서다. 사람들은 그 예측에 의지하여 자신의 방향을 잡는다. 인간이라는 동물로서 우리는 위험을 감지하고, 타인들의 행동에서 모종의 면모가 위협을 의도하는 것은 아닌지 주의 깊게 살핀다. 거꾸로 우리는 우호적인 만남의 전망이 있는지, 혹은 아무튼 중립적인 분위기가 유지될지도 마찬가지로 주의 깊게 살핀다.

지하철에서 연애를 걸 수도 있겠지만, 그것은 사실상 항상 부적절하다. 왜냐하면 지하철 안에서는 타인들이 없는 것처럼 굴면서 은밀하고 조심스러운 방식으로만 타인들을 관찰하는 것이 거의 세계적으로 통용되는 지하철 에티켓이기 때문이다. 지하철 안에서 명시적인 사회적 접촉을 시도하는 사람은 분별없이 추근대는 사람으로 느껴진다.

이런 에티켓은 문화에 구애받음 없이 유효하다. 사람들이 어느 도시에서 지하철을 이용하든, 슈투트가르트, 뭄바이, 런던을 막론하고 그 상황에 참여한 사람들은 서로 협력하면서 행위를 원만히 조율할 것이다. 그렇지 않다면 사람들이 지하철에 함께 탈 때마다 내전과 유사한 상황이 벌어질 것이다. 인간은 절대다수의 상황에서 평화적이지만, 폭력을 가할 수 있다고 위협하기도 하며, 그런 위협은 대개 암묵적이다. 그렇기 때문에 모두가 모두로부터 멀리 떨어지고 에티켓을 지킴으로써 서로가 서로를 습격할 수도 있다는 점을 누구도 의식하지 않도록 조심한다.

이때 사람들의 사회 형성은 바라봄, 몸짓, 신체 접촉이나 신체 접촉의 기피를 통해 이루어지고, 당연히 말을 통해서도 이루어진다. 이런저런 사회적 시스템이 형성되면, 곧바로 참여자들은 그 시스템의 도덕적 무게를 느낄 수 있다. 사람들은 규범성Normativität을, 상호 조율된 기대를 감지한다. 그 기대 덕분에 우리는 이런저런 행위를 해야 마땅하고 다른 행위를 하지 말아야 마땅함을 알아챈다. 타인에 대한 공감과 공유된 공통 상황을 특징 짓는 기대에 대한 공감이 없으면, 도덕적 통찰은 없다.

일반적으로 **규범성**이란 다음과 같은 사정일 따름이다. 즉, 사람들이 이런저런 행위를 해야 마땅하고 다른 행위를 하지 말아야 마땅함을 우리가 감지한다는(그리하여 알아챈다는) 것이 바로 규범성이다. **규범**이란 행동 패턴을 해야 마땅한 것의 범주와 하지 말아야 마땅한 것의 범주로 분류하는 명확한 지시다.

모든 규범이 도덕적인 것은 아니며, 모든 규범이 객관적으로 존립하는 것도 아니다. 독일어 맞춤법 규범을 위반하는 것은 도덕적 잘못이 아니다. 체스의 말을 규칙에 어긋나게 움직이는 사람은 체스 규칙을 어기는 것이다.

그러나 이것도 도덕적 잘못이 전혀 아니다. 일부 규범, 예컨대 식사 에티켓은 단지 우연적인 규칙이다. 도덕적 의미가 전혀 없는, 예컨대 소일거리를 위한 사회적 규범들도 있다. 그런 소일거리의 예로 여럿이 함께하는 사소한 놀이와 잡담이 있다. 그런 놀이와 잡담은 둘 다 규칙을 따르지만, 그 규칙은 강력하게 부과되지 않는다. 요컨대 모든 규범이 발견되는 것은 아니다. 어떤 규범은 부분적으로 취향에 따라 정해진다. 따라서 그런 규범은 사회 과학적 연구의 대상이 될 수 있다.

그러나 타인들도 참여하는 모든 인간적 행위 상황은 도덕적 면모를 띤다. 우리는 그 면모를 복잡한 감각 장치로 감지하는데, 그 장치의 일부는 까마득한 세월에 걸친 진화와 환경 적응의 산물이다. 인간은 수십만 년 전부터 집단을 이루어 살아왔고, 집단은 다양한 사회적 상황이 서로 충돌하지 않게 조율한다. 모든 인간 집단은 일상을 구획하고 공동체 내부의 다양한 역할을 다양한 구성원에게 부과한다. 그런 식으로 규범성이 발생한다.[5]

규범성이 발생하면, 곧바로 도덕적 선택지들이 눈에 들어온다. 5천 년 전 아마존 지역의 어느 소집단에서 한 사람이 집단 내부의 역할 분담을 감독하는 임무를 맡았다면, 모든 관련자는 그 역할 분담이 올바른지, 또 그 감독자에게 정말로 계속 복종해야 하는지 항상 다시 묻게 되었을 것이다. 그렇게 도덕적 질문들이 발생했고, 그것들은 때로는 암묵적으로, 때로는 리추얼을 통해 대답되었으며, 일부 질문들에 대해서는 명시적인 지시가 이야기와 기타 전승의 형태로 주어졌다.

단적으로 비도덕적인 사회도 없고, 도덕적으로 워낙 근본적으로 달라서 외부인이 그 안에서 하는 모든 행위가 위험한 과오일 수 있는 그런 사회도 존재하지 않는다. 사람과 사람이 만나는 모든 곳에서 사람들은 어느 정도까지는 서로를 이해할 수 있다. 또한 경험적으로 관찰 가능한, 인간들의 연대도 존재한다. 윤리학은 사회적 결속의 보편적 구조를 연구하고, 그로부터 우리의 도덕적 상황을 개선하기 위한 아이디어를 개발하려 애쓴다. 〈어떻게 하면 우리가 도덕적 진보를 이루어 낼 수 있는가〉라는 질문의 대답은 오직 참된 결정 상황이 맥락으로 주어졌을 때만 제시된다. 우리는 그 대답에서 오류를 범할 수 있다. 그렇지 않다면 우리는 도덕적으로 완벽할 터이다(이는 터무니없다).

우리 행위 상황의 도덕적 중요성은 보편적 가치가 감지 가능하게 그 상황 안에 있다는 것에서 나온다. 우리는 실재가 우리에게 도덕적 요구들을 제시함을 우리의 생각 기관Denkorgan으로 지각한다. 그 요구들을 파악하는 것이 늘 쉽지는 않다. 왜냐하면 행위 상황은 아무도 한눈에 굽어볼 수 없는 수많은 시스템과 얽혀 있기 때문이다.

오류 가능성, 허구적 메시아, 터무니없는 탈근대적 임의성

도덕적 질문 앞에서 우리는 오류를 범할 수 있다. 어두운 시대에 우리가 도덕적 진보를 모색할 때, 가치 위기가 그저 느낌일 뿐이건 실제로 입증 가능하건 간에 그 위기에 대응하기 위하여, 우리는 우리가 옳다고 여기는 구체적 가치 판단이 머지않아 혹은 50년 후에 오류로 판명될 수 있다는 점을 받아들여야 한다. 도덕적 실재론이 참이라면, 바꿔 말해 우리가 인식할 수 있고 인식해야 마땅한 도덕적 사실이 존재한다면, 우리가 불확실성을 다루어야 한다는 결론이 도출된다. 바꿔 말해, 우리는 도덕적 맥락에서 진실 주장Wahrheitsanspruch을 내놓을 수 있지만, 그 주장은 틀렸을 수도 있다. 우리가 착각할 때, 즉 거짓인 무언가를 참으로(혹은 거꾸로 참인 무언가를 거짓으로) 간주할 때, 우리의 진실 주장은 무너진다. 우리가 도덕과 유관한 매우 중요한 질문들에서 착각하지 않는다는 것을 그무엇도, 그 누구도 보증하지 못한다.

한마디 보태자면, 그런 질문 중 하나는 다음과 같은 정말로 난해한 질문이다. 〈어쩌면 우리는 불멸의 영혼을 가지고 있고, 이번 삶에서 그 영혼의 도덕성이 시험되는 것일까?〉 이 질문을 둘러싼 논의는 전혀 종결되지 않았다.

불멸의 영혼은 존재하지 않음이 자연 과학 연구를 통해 이미 오래전에 증명되었다고 믿는다면, 그것은 오류다. 왜냐하면 불멸의 영혼이 존재하는지는 자연 과학 연구를 통해 증명될 수도 없고 반증될 수도 없기 때문이다. 칸트는 이 사정을 『순수 이성 비판*Kritik der reinen Vernunft*』에서, 그리고 「혼령을 보는 사람의 꿈*Träume eines Geistersehers*」이라는 멋진 글에서 부각했다.

문화 상대주의에 대한 반론을 제기하면, 타인들의 견해에 대해서 관용적이지 않다는 비난이 때때로 돌아온다. 결국 당신이 착각하는 것일 수도 있다는 지적과 함께 말이다. 나를 비롯한 많은 사람에게 도덕적으로 옳게 보이는 무언가가 미래에 그릇된 것으로, 심지어 그야말로 악으로 판명될 수도 있다. 마찬가지로, 과거에 많은 사람이 최선의 지식과 양심을 따랐음에도 심각한 도덕적 오류를 범했다는 것도 엄연한 사실이다.

그렇다면 대체 왜 우리는 우리의 도덕적 판단을 신뢰해야 할까? 우리는 다르게 살고 다르게 생각하는 이들에 대한 우리의 관용을 충분히 확장하여, 예컨대 중국식 공산당 독재가 자유주의적으로 이해된 민주주의적 법치 국가보다 도덕적으로 우월하다는 견해도 고려해 볼 수 있어야 하지 않을까?

우리가 도덕적 질문 앞에서 착각할 수 있다는 것은 실

제로 도덕적 실재론의 귀결이다. 우리가 옳을 수 있는 곳에서는 그를 수도 있다는 일반적인 철학적 원리는 기본적으로 성립한다.[6]

그 이유는 간단하다. 무엇보다도 먼저, 참과 거짓은 우리의 생각 행동Denkverhalten을 평가하는 규범이다. 무언가를 주장하기는 일종의 행동하기다. 무언가를 주장하는 것은 무언가를 하는 것이다. 누가 무언가를 주장할 때, 그는 자신이 주장하는 바가 참이라고 자동으로 맹세하는 것이다. 그 후에 그 주장은 그 맹세의 측면에서 평가된다.

주장은 **오류**일 수 있다. 주장이 틀렸을 때 그러하다. 그런데 모든 오류가 똑같이 나쁘지는 않다. 의학적 오류는 치명적인 귀결로 이어질 수 있다. 반면에 내 열쇠가 내 웃옷 왼쪽 주머니가 아니라 오른쪽 주머니에 있다고 내가 착각할 경우, 이 오류는 사소하다.

오류는 거짓말과 구별된다. 일반적으로 **거짓말**이란, 발화자가 거짓으로 여기면서도 참이라면서 타인 앞에 가시적으로(가청적으로, 가독적으로) 내놓는 주장이다. 거짓말하는 사람은 고의로 거짓을 말한다. 따라서 착각하기는 거짓말하기와 다르다. 착각할 때 당신은 정말로 진실을 놓치는 것이니까 말이다. 예컨대 지금 나는 안네 빌이 어디에 있는지 모른다. 그러나 그녀가 뮌헨에 있음을 내가 안다고 어떤 불충분한 근거로 믿어 착각을 범하면서,

어느 친구에게 전화를 걸어 그녀는 뮌헨에 있다고 확고하게 주장한다면, 나는 거짓말하는 것이 아니다. 왜냐하면 나는 그녀가 뮌헨에 없음을 알지 못하기 때문이다.

무언가를 주장하기는 진실 주장을 제기하기다. 무언가를 주장하는 자의 말은 아무튼 참이어야 한다. 그러나 진실 주장은 당연히 진실 보증이 아니다. 진실 주장은 규범적 지위를 지녔다. 바꿔 말해, 진실 주장이 성공하냐 실패하냐를 기준으로 진실 주장을 평가할 수 있다. 당신이 진실 주장을 제기한다면, 당신은 사실들에 비추어 평가될 수 있다. 사실들이 당신의 말대로라면, 당신은 옳았다. 즉, 당신은 진실(참)을 말했다. 그렇지 않다면, 당신은 착각한 것이다. 아리스토텔레스의 글에 등장하는, 가장 오래된 진실(참)의 정의는 이를 아래와 같이 표현한다.

사실인 바를 사실이 아니라고 말하거나 사실이 아닌 바를 사실이라고 말하는 것은 오류[또는 거짓말]이며, 사실인 바를 사실이라고 말하거나 사실이 아닌 바를 사실이 아니라고 말하는 것은 참이다. 따라서 무언가가 사실이라고 주장하거나 사실이 아니라고 주장하는 사람은 참을 말하는 것이든지 아니면 오류를 범하는[혹은 거짓말하는] 것이다.[7]

우리 인간은 진실 주장을 제기하면서 오류를 범할 수 있다. 이를 철학 용어로 **오류 가능성**Fallibilität이라고 한다.[8] 우리가 오류를 범할 수 있는 이유 하나는, 우리가 항상 시간의 압박 아래에서 판단한다는 점, 그리고 정보가 담긴 흥미로운 판단을 내릴 때는 실재하는 모든 요소를 굽어볼 능력이 결코 없다는 점에 있다. 예컨대 내가 〈나는 지금 무언가를 주장한다〉라고 주장한다면, 이 주장은 대체로 정보가 담겨 있지 않아 흥미롭지 않다. 〈베를린은 베를린이라고 불리는 바로 그 도시다〉라는 주장도 마찬가지다.

주장은 정보를 전혀 담고 있지 않은 주장과 아주 많은 정보를 담고 있는 주장으로 분류할 수 있다. 이 분류는 부분적으로 우리의 이해 관심에 좌우된다. 인간적인 진실 주장과 앎 주장은 대개 순수한 숙고의 진공에서 이루어지는 것이 아니라, 우리가 우리의 주장을 가지고 파악하고 소통하려 애쓰는 실재 안에서 이루어진다. 요컨대 진실 주장은 모든 이해 관심으로부터 독립적이지 않다.

하지만 객관적 진실이란 없다는 뜻은 결코 아니다. 상대주의는 그렇게 주장할 법하지만 말이다. 절대적으로 중립적인 관점, 미국 철학자 토머스 네이글의 표현을 빌리면 〈어디도 아닌 곳에서의 관점 view from nowhere〉은 존재하지 않는다는 것은 옳다.[9] 〈베를린에 비가 온다〉가 진실이라면, 이 정보는 누가 누구에게 이 정보를 발설하는지 혹은 누가 언제 이 정보를 확언하는지에 따라 다양한 실용적 의미를 가진다. 내가 관광객으로서 베를린에 가는데 지금 그곳에 비가 온다는 것을 알게 된다면, 나는 우산을 챙길 것이며 어쩌면 상심할 것이다. 반면에 내가 그리스에서 여름휴가를 보내는 중에 베를린에 비가 온다는 이야기를 들으면, 나는 어쩌면 홀가분함을 느끼고 심지어 기쁨을 느낄 것이다. 혹은 베를린에 사는 동료 시민들에 대한 연민을 느끼거나 브란덴부르크에 풍년이 들 것을 예상하며 기뻐할 것이다. 또한 내가 베를린에서 주말농장을 가꾸거나 농업으로 생계를 꾸린다면, 이 정보는 나에게 대단히 중요하고 이런저런 행위를 유도할 것이다. 그러나 이 모든 것과 상관없이, 〈베를린에 비가 온다〉가 진실이라면 베를린에 비가 온다는 것은 달라지지 않았다. 거의 모든 경우에 진실은 이해 관심의 문제가 아니다. 오히려 진실은 무언가가 우리의 이해 관심으로부터 독립적으로 성립한다는 (곧 진실이라는) 의미에서 객관적이다.

착각할 수 있는 사람은 옳을 수도 있다. 이를 르네 데카르트까지 거슬러 오르는 날렵한 논증으로 금세 보여 줄 수 있다. 우리가 오로지 착각하기만 한다면, 즉 단 한 번도 옳지 않다면, 우리가 항상 착각한다는 것도 우리의 착각일 것이다. 바꿔 말하면, 우리는 〈우리가 항상 착각하는가?〉라는 질문을 제기할 수조차 없을 것이다. 그런 질문을 제기한다면 우리는 〈우리가 항상 착각하는가?〉라는 질문을 우리가 제기하는 것에 대해서 착각하지 않을 테니까 말이다. 간단히 요약하자. 자기가 착각하는지 여부를 자문하는 사람은, 자기가 착각하는지 여부를 스스로 자문한다는 것에 대해서만큼은 착각하지 않는다.

그러니 지금 당장 신중한 사상가의 표정을 지으면서 〈나는 항상 착각하는가?〉라는 질문을 제기해 보라. 당신이 나의 요청을 들어주려 애썼다면, 당신은 착각하지 않았다. 오히려 당신은 정말로 질문 하나를 제기했다. 이것이 근대 철학의 가장 유명한 문장인 〈나는 생각한다, 고로 존재한다Cogito, ergo sum〉의 배후에 놓인 묘수다.[10]

다시 〈가치〉라는 주제로 돌아가자. 가치들은 우리의 일상에서 우리의 도덕적 평가를 제한하고 유도하는 가드레일의 역할을 한다. 우리가 어떤 가치들을 우리의 것으로 여기는지 알면, 우리가 누구이고 누구이고자 하는지에 대해서 무언가 알 수 있다. 그러나 우리는 첫째, 어떤 가치들이 실재적으로 존립하는지에 대해서 착각할 수 있고, 둘째, 주어진 상황에서 우리가 어떻게 해야 우리의 가치들에 충실하게 되는지에 대해서 착각할 수 있다.

한 예로 중병에 걸린 친척의 치료에 관한 도덕적으로 중대한 결정을 들어 보자. 당신은 어느 가까운 친척이 난치성 암에 시달리고 있으며 결국 죽을 개연성이 높음을 알게 된다. 그러나 다른 한편으로 희망이 계속 다시 싹튼다. 왜냐하면 새로운 치료법들이 의료 시장에 나오기 때문이다. 그런데 그 치료법들의 효과는 아직 연구와 치료 성공 사례들을 통해 명확하게 입증되지 않았다. 더 나아가 어쩌면 기적을 일으키는 치료사나 대안 의술로 문제를 해결할 수 있을 가능성도 열려 있다.

이 같은 인생의 한계 상황들에서 우리는 우리 자신을 비로소 알게 된다. 이를테면, 우리와 그 친척 사이의 유대감이 얼마나 깊은지, 우리의 가치들과 신념들은 실제로 무엇인지 알게 된다. 그리고 우리는 시간의 압박 아래에서 중대한 귀결을 지닌 어려운 판단을 내려야 한다. 죽을 병에 걸린 친척에게 가혹한 항암 치료의 부담을 안기는 것을 우리는 원할까? 더구나 항암 치료가 성공할 가망은 거의 없는데도? 그런 어려운 상황에 처한 사람들에게 어떻게 조언해야 그들의 희망을 꺾지 않으면서도 그들이 환상을 품고 사는 것을 막을 수 있을까? 누군가가 우리에게 어떤 의미이고, 그 사람을 고려할 때 우리가 실제로 누구인지를 우리는 늦어도 그 사람과 작별할 때 고통의 경험을 공유하면서 감지한다. 특히 출생과 죽음은 모든 사회에서 삶의 한계 상황에 속하는데, 그런 한계 상황에서 우리는 윤리학이 무엇을 다루는지, 왜 우리 자신과 타인들에 관한 판단과 우리가 무엇을 해야 마땅한가에 관한 판단은 더없이 큰 무게를 지녔는지를 몸소 체험한다.

이 사실은 코로나 위기에서 특히 뚜렷이 감지되고 있다. 왜냐하면 현재의 위기에서는 사회적으로 공유되고 정치적으로 실현되는 우리의 도덕적 판단이 중요하기 때문이다. 의료 시스템 자원이 빠듯한 상황에서 어떤 사람들을 살려야 할지 선별하는 것이 관건일 때, 중환자실의 의사는 다음과 같은 질문에 직면한다. 〈인공호흡기가 부족하면 나는 누구를 먼저 도와야 할까? 자식을 셋 둔 어머니가 먼저일까, 아니면 또 다른 획기적 지식을 성취하기 직전일 가능성이 있는 노벨상 수상자가 먼저일까?〉 실제로 이것은 감당할 수 없는 상황이다. 왜냐하면 어떤 결정을 내리더라도, 도덕적 관점에서 결국 그 결정을 배척해야 하기 때문이다.

그러나 바로 그렇기 때문에 위 상황은 도덕적 딜레마가 아니다. 왜냐하면 이 시나리오에서는 옳은 행동을 하기가 불가능하기 때문이다. 진짜 딜레마는, 당신이 다른 관점에서 보면 그릇된 행동을 함으로써만 옳은 행동을 할 수 있을 때 성립하는데, 이 경우는 그렇지 않다. 당신이 어차피 그릇된 행동만 할 수 있을 때, 곧 여러 해악 중 하나를 선택해야 할 때, 이것은 도덕적 딜레마가 아니라 진짜 비극이다.

인명을 구할 능력과 책임이 있는 의사가 여러 환자 중 먼저 구해야 할 사람을 선택해야 한다면, 이 선택은 도덕적으로 완벽하게 정당화될 수 없다. 왜냐하면 아무튼 한 생명의 가치가 다른 생명의 가치와 비교되기 때문이다.

하지만 여기에 동반된 도덕적 과오는 그 의사에게 귀속되지 않는다. 왜냐하면 그 의사는 의료 자원의 부족을 유발한 책임자가 아니기 때문이다. 따라서 해당 위원회가 지침을 제시하여, 여전히 모든 인명을 구하는 것을 목표로 삼은 의사들이 관료주의적으로 합법적인 문서를 토대로 결정을 내릴 수 있도록 돕는다. 이 조치 덕분에 의사들은 심리적으로 엄청난 책임감에서 벗어나고, 우리는 도덕적 관점에서 궁극적으로 지지받을 수 없지만 최대한 신속하게 해야 할 행위들을 수행할 것을 의사들에게 요구할 수 있다.

이 모든 것을 직시할 때, 현재 전 세계에서 수많은 사람을 죽음으로 내모는 시장 논리 아래 병원들을 종속시키면 안 된다는 것과 각국의 의료 시스템이 바이러스 대유행을 견뎌 내기에 충분할 만큼 확장되어 있지 않다는 것을 의료 시스템을 관리하는 국가 기관이 늦어도 코로나 위기 이래로 깨닫는 것은 도덕적으로 명령된다.

코로나 위기 중에 우리는 자원을 분배하기 위하여 윤리적으로 복잡한 결정들을 내렸다. 그 결정들의 일차적인 목표는 바이러스 대유행을 억제하고 의료 시스템을 과부하로부터 보호하는 것이었다. 그 결정들은 특히 의사가 환자들을 분류해야 하는 상황을 피하도록 돕는다는 점에서 도덕적으로 옳다. 그 결정들 덕분에 한 인명의 가치를 다른 인명의 가치와 비교해야 하는 상황을 면하게 된다. 또한 이 자원 분배 조치는 다른 방면에서 정치를 확실히 윤리적인 맥락 안으로 집어넣는다. 왜냐하면 사람들이 때때로 단호한 조치들(이를테면 외출 금지나 학교 휴업) 때문에 고통받는 것을 대가로 치르니까 말이다.

바이러스학적 예측 앞에서 집행권자의 윤리적 결정은 다르게 내려질 가능성이 거의 없다. 이 때문에 독일에서 정부의 행위는 객관적 투명성을 확보함으로써 대체로 환영받았다. 하지만 그 행위는 참된 도덕적 숙고에 의지할 수 있는 만큼만 정당하다. 최대한 많은 인명을 코로나바이러스로부터 보호하라는 바이러스학적 명령을 지목하는 것만으로는 충분하지 않다. 왜냐하면 앞서 정치는 일반적으로 기후 위기를 비롯한 훨씬 더 큰 위기들에 적절히 대처하지 못했기 때문이다. 오히려 독일 정부는 예컨대 전기 자동차로의 전환이 너무 느리게 이루어진 상황에서 사람들의 삶의 질보다 독일 자동차 산업의 가치를 더 우위에 놓았다. 이 정책은 과거의 〈정상(正常)〉으로의 회귀는 없으리라는 점을 명백히 못 박은 코로나 위기의 여파 속에서 변화하고 있다. 이미 오래전부터 사람들은 과거의 정상이 지속 가능하지 않음을 안다.

요컨대 바이러스학적 명령뿐 아니라 자연 과학적-의학적 기반을 가진 다른 도덕적 명령도 유효하다. 예컨대 우리가 호흡하는 공기를 오염시키지 않는, 지속 가능하며 인간 친화적인 새로운 형태의 이동 수단을 개발하라는 절대적 요구를 그런 도덕적 명령으로 꼽을 수 있다.

인간이 만들지 않은 코로나바이러스와 달리, 엄청난 건강 훼손을 유발하는 환경 오염의 대부분은 전적으로 우리 인간의 책임이다. 그 책임은 수많은 행위자에게 분배되어 있다. 우리는 누구나 지구적 생산망의 이런저런 마디 점에서 활동하면서 사람들이 고통을 당하고 심지어 죽어야 하는 상황이 발생하는 것에 조금씩 기여한다.

그 사람들이 우리의 직접적 환경에 속하지 않으며 우리와 무관하다는 점을 냉소적으로 지적하면서 이 사실을 제쳐 두는 것은 부적절하다. 그런 논리 전개는 도덕적으로 배척해야 할 사고방식을 드러낼 따름이다. 그 사고방식은 어떤 변명으로도 미화될 수 없다.

의사들만 삶과 죽음의 한계 상황을 돌보아야 하는 것은 아니다. 의사는 도덕적으로 특히 까다로운 직업이며, 의사의 의학적이며 또한 도덕적인 지식은 도덕의 진보를 위해 중요한 역할을 하기 때문에, 의사는 특별한 존중을 받을 자격이 있다. 일상의 도덕적 난관을 생생히 보여 주는, 허구적이지만 교훈이 풍부한 사례 하나가 넷플릭스 시리즈 「메시아Messiah」에서 등장한다. 이 시리즈 속 허구의 현재에 누군가가 (맨 먼저 시리아에) 나타나는데, 많은 이는 그를 메시아로 여긴다. 그는 외견상 기적(이를테면 모래 폭풍을 일으켜 이슬람 국가를 다마스쿠스에서 몰아내고, 총에 맞은 아이를 되살리고, 워싱턴에서는 촬영 중인 카메라 앞에서 물 위를 걷는다)을 행하기까지 한다. 이 시리즈는 주인공이 정말로 세상에 (다시) 온 메시아인지 아니면 그저 광기를 띤 위험한 야바위꾼이거나 심지어 어쩌면 테러리스트인지에 대해서 모든 사람이(특히 우리 시청자가) 거듭 의문을 품게 만든다는 점에서 특별히 우수하다.

한 에피소드에서 어느 어머니가 암에 걸린 아이를 메시아로 추정되는 주인공에게 데려온다. 치유를 위해서다. 이를 위해 어머니는 화학 치료를 중단하여 아이의 생명을 위태롭게 한다. 왜냐하면 그녀는 화학 치료의 고통을 감내할 수 없고 신의 개입을 통한 기적의 치유를 희망하기 때문이다. 그녀는 남편에게 자초지종을 말하지 않고 메시아를 만나기 위해 아이와 함께 여행을 떠난다. 왜냐하면 남편이 그녀의 결정에 반발하며 아이가 계속 의학적 치료를 받게 하리라는 것을 알기 때문이다. 아내와 아이가 돌아온 후, 남편은 이혼을 신청하고 단독 양육권을 청구하기로 결심한다.

이 상황에서 복잡한 가치 판단들과 진실 주장들이 서로 충돌한다. 어머니는 무슨 수를 써서라도 딸의 병을 고치기를 바라며 딸에게 화학 치료의 고통을 떠안길 감정적 결기가 없다. 대신에 그녀는 주인공이 정말로 메시아일뿐더러 자신의 딸을 치유할 용의가 있다는 종교적 믿음에 의지한다. 아버지는 이를 믿지 않고 오히려 화학 치료의 성공 가망에 의지한다. 정면으로 충돌하는 이 가치 판단들은 여러 진실 주장 및 신념과 연결되어 있기 때문에, 결국 결혼이 유지될 수 없어 법치 국가의 법적 판단을 요구하는 지경에 이른다. 이 시리즈가 펼치는 사고 실험의 핵심 하나는, 누군가가 메시아로서 나타나 삶의 의미는 신으로부터 시험받는 것에 있다는 주장을 어느 정도 가시적인 방식으로 그럴싸하게 옹호할 때, 인류의 도덕적 삶에서 무엇이 위태로워지고 삶의 진지함이 어떻게 드러나는지를 우리에게 보여 주는 것이다.

윤리에 관하여 토론할 때 우리는, 윤리와 도덕은 신적인 것의 현존이나 심지어 아브라함 종교들(유대교, 기독교, 이슬람교)이 섬기는 인격신의 현존과 밀접하게 관련되어 있다고 믿는 사람이 수십억 명에 달한다는 점을 잊지 말아야 한다. 신들이나 신적인 것 혹은 유일신이 토론의 주제가 되면, 알다시피 분위기가 심각해진다. 근본적인 도덕적 질문들에 관하여 숙고할 때, 우리는 현재가 세속화된 시대가 전혀 아님을 잊지 말아야 한다. 오늘날 종교는 부차적인 사안에 불과하지 않다. 오히려 전반적으로 볼 때 종교를 믿는 사람이 어느 정도 무신론적인 성향을 띤 사람보다 여전히 더 많다. 우리의 종교적인 동료 인간들에게 ─ 어떤 종교를 믿는지는 전혀 중요하지 않다 ─ 아무것도 할 말이 없는 윤리학은 그릇된 보편주의의 한 예일 터이다.[11]

종교는 인류의 자화상 찾기 활동 안에 확고히 자리 잡았다. 윤리학은 이 사정을 감안해야 한다. 물론 윤리학이 종교적 권위에 의존해서는 안 되지만 말이다. 객관적으로 옳은 것을 종교적 권위자들도 믿는다고 해서 그것이 더 옳게 되지는 않는다. 그러나 우리는 종교적 사고가 도덕적 진보에, 심지어 도덕적 혁명에 본질적으로 기여해 왔음을 얕잡아 보지 말아야 한다. 이와 관련해서는 모든 한계를 뛰어넘는 기독교적 인간 사랑에 못지않게 다른 동물들까지 포용하는 불교의 자비(慈悲) 윤리도 중요하다.

인생의 한계 상황들의 반박할 수 없는 진지함은 그릇된 〈탈근대적 임의성 사상〉을 배척하는 또 하나의 근거이며, 나아가 충분한 근거다. 그 사상에 따르면, 극복할 수 없는 가치 다원주의가 존재한다. 따라서 우리는 결국 어떤 가치 시스템을 따를지를 기껏해야 근거 없이 선택할 수 있을 따름이다. 이 그릇된 사상을 추종하는 이들은 특히, 우리가 여러 가치 시스템 중 하나를 선택할 수 있다고 믿는다. 그러나 우리의 자유는, 확고한 입장을 취하기에 앞서 다양한 가치 시스템을 시험해 보는 것에 존립하는 것이 전혀 아니다. 탈근대적 임의성 사상은 — 이 사상은 본의 아니게 벌써 한 가치 시스템을 표현하는데 — 가치 다원주의의 적용 범위에 대한 턱없는 과대평가에서 유래한다. 상황이 진지해지면, 사람들의 가치 판단은 그리 다르지 않게 된다. 바로 이것이 넷플릭스 시리즈 「메시아」의 허구적 스토리가 보여 주는 바다. 메시아 앞으로 인도되는 아이의 어머니뿐 아니라 의학적 치료를 신뢰하는 아버지도 아이를 구하려 한다.

어떤 길도 중대한 가치 판단들을 비켜 가지 못한다. 사람들이 다양한 가치 시스템 중 하나를 선택할 수 있다고 믿는 사람은 그 믿음을 통해 벌써 가치 다원주의라는 하나의 가치 시스템을 선택한 것이다. 그러므로 가치 중립적 관점, 곧 거기에서 가치들을 평가할 수 있는 그런 중립적 위치는 존재하지 않는다. 가치 허무주의자도 가치관을 지녔다. 왜냐하면 그는 어떤 가치도 실재하지 않는다는 자신의 견해를 진실로서 고수하는 것을 하나의 가치로 여기기 때문이다(당연한 말이지만, 그리하여 그는 모순을 범한다). 가치들의 존재론(존재 방식과 유효 범위)에 관한 오류는 이미 객관적으로 존립하는 가치 시스템 안에서의 오류, 도덕적 질서 안에서의 오류다.

인간이 보편적으로 공유한 가치 판단 — 당연히 그 판단들은 우리를 민주주의가 아니라 독재에 의해 통치되는 중국인들과도 연결한다 — 이 존재함을 통찰하기 위해 곧장 신을 근거로 끌어들일 필요는 없다. 그 전술은 아시아 전역에서 일신교의 중요성이 비교적 미미하다는 사실 앞에서 어차피 실패한다. 또한 보편적 가치는 신적인 뒷받침을 필요로 하지 않기 때문에, 일신교는 보편적 윤리의 적절한 기반이 아니다.

오히려 우리 인간은 도덕적 능력을 갖춘 생물임을 통찰하는 것으로 충분하다. 우리는 이 통찰을 독일에서와 마찬가지로 중국과 일본에서도 성경에 의지하지 않고 정당화할 수 있다. 우리의 도덕적 판단들은 우리의 삶꼴Lebensform과, 바꿔 말해 우리가 특정한 종의 동물 — 다름 아니라 인간 — 이라는 사실과 밀접한 관련이 있다. 우리가 (늘 그렇듯이) 시간의 압박 아래에서 결정할 때, 생물학적으로 탐구 가능한 변수들이 우리의 행위 선택지를 미리 선별한다. 이 사실을 어떻게 알아챌 수 있냐 하면, 우리가 허구적인 끔찍한 고통을 — 예컨대 「메시아」에서 — 볼 때도 공포를 느낀다는 점에서 알아챌 수 있다. 그 시리즈에서 나오는 사건들은 〈진짜〉가 아니고 단지 〈텔레비전 안에서〉 일어난다는 것을 알면서도 우리는 감정의 냉탕과 온탕을 오간다. 왜냐하면 우리 대다수에게는 타고난 공감 능력이 있기 때문이다. 그 능력은 수십만 년에 걸쳐 발전했다. 우리의 도덕적 판단들과 가치들은, 지구에서 종들의 진화를 통해 발생한 형태와 과정을 우리 몸이 물려받았다는 점과 밀접한 관련이 있다. 인간이 진화적으로 성공하고 지능을 통해 다른 동물들을 전략적으로 능가하게 된 중요한 이유는 도덕적 느낌을(따라서 양심의 기반을) 가졌다는 것에 있다. 물론 도덕적 느낌이 우리의 도덕적 판단력의 전부인 것은 전혀 아니다. 그러나 도덕적 느낌은 도덕적 판단력을 돕는다. 왜냐하면 우리의 도덕적 판단력의 기원은 인간의 사회적 본성과 밀접하게 연결되어 있기 때문이다.

대다수 인간은 (출신과 상관없이) 극단적인 신체적 폭력을 목격하면 놀라 움츠러든다. 마찬가지로 보편적으로 알아챌 수 있는 환대의 몸짓, 예컨대 함께 아파하기, 손님을 우호적으로 대하기, 도와주기를 마다하지 않기 앞에서는 누구나 기뻐한다. 인간적 행위 상황을 지각하는 방식에 공통의 도덕적 기반이 없다면, 난생처음 만난 사람들은 자기를 이해시키고 상대를 이해하는 일의 실마리조차 풀지 못할 것이다. 그런데 우리는 도덕적으로 유의미한 느낌들(부끄러움, 모욕, 분노, 자랑스러움 등)을 계속 발전시킨다. 따라서 오늘날 우리의 도덕 시스템 — 우리가 깨달은 도덕적 사실들 — 을 단지 진화에만 의지하여 설명할 수 있다는 결론은, 우리의 도덕적 판단들의 진화적 전사(前史)로부터 나오지 않는다. 이 중요한 생각을 특히 명확하게 제시한 인물은 오스트레일리아 윤리학자 피터 싱어다.

도덕은 집단을 이루어 사는 포유 동물들과 우리가 공유한 직관적 반응들로부터, 우리의 언어 습득의 영향 아래 진화했다. 다양한 문화에서 도덕은 제각각 다른 모습을 얻었지만, 놀랄 만큼 큰 공통성이 존재한다. …… 도덕의 원천들을 이해하려는 노력은 우리를 이른 바 두 스승, 곧 신과 자연으로부터 해방한다. 우리는 도덕적 직관들을 조상으로부터 물려받았다. 이제 우리는 그 직관들 가운데 어떤 것을 바꾸어야 할지 알아내야 한다.[12]

탈근대적 임의성을 옹호하는 이들은 삶이 그야말로 진지하다ernst는 점을 간과한다. 한 생물의 모든 행위 상황 각각에서 모든 것은 위태롭다. 우리는 어느 순간에라도 죽을 수 있다. 언제든지 치명적인 병에 걸릴 수 있다. 우리는 삶이 행복하고 건강하게 진행되리라는 확실성을 전혀 가지고 있지 않다. 오히려 항상 우리는 누구도 지배하지 못하는 힘과 권능과 과정이 가지고 노는 공이다. 생물로서 우리는 실재의 처분에 내맡겨져 있다.

비인간적 자연은 자비를 모른다. 물론 주목할 만한 예외로, 인간이 아닌 동물들도 심지어 체계적인 도덕적 행동과 판단을 보이는 경우가 있다. 그렇게 동물계에도 도덕의 흔적들이 있는데, 이는 놀라운 일이 아니다. 왜냐하면 자연은 점진적 구조를 지녔기 때문이다. 고트프리트 빌헬름 폰 라이프니츠가 잘 요약했듯이, 자연은 도약하지 않는다natura non facit saltus.[13] 해설하자면, 자연에서 진화하는 새로운 형태(특히 생물학적 형태)는 하루아침에 발생하지 않고, 작은 걸음들을 거쳐서, 아주 오래 걸리고 대개 눈에 띄지 않는 변화의 결과로 발생한다.

따라서 다른 생물들의 행동 스펙트럼도 그들이 자기네 환경을 도덕적으로 유의미한 공간으로 경험하는 것에 의해 인도된다는 가설은 비록 완벽하게 입증되지는 않았지만 근거가 탄탄한 가설이다. 인간의 경우에는 느낌을 표현하는 복잡한 언어가 추가로 개입한다. 우리는 우리의 행동을 언어로 서술하고 평가하며 이 평가를 수천 년 전 이래로 그림, 글, 이야기 — 최근 들어서는 비디오와 소셜 미디어 — 형태의 문화유산으로 저장한다. 이것은 우리의 추상화 능력과, 따라서 일반적 규범 시스템을 발전시키는 능력과 관련되어 있다. 우리는 그 시스템을 언어로 코드화할 수도 있고 달리 상징적으로, 이를테면 예술 작품의 형태로 코드화할 수도 있다.

역사적으로 발전한 우리의 행위 패턴은 항상 기존 도덕적 판단들의 수정과 도덕적 진보를(또는 퇴보를) 유발하기에 충분할 만큼의 복잡성을 지녔으며, 그러므로 우리 인간의 도덕성은 다른 동물들의 도덕성보다 〈더 높다〉. 인간은 근본적으로 새로운 행위 패턴을 개발할 수 있다. 그러면 인간은 그 패턴을 이미 익숙한 도덕적 평가의 관행에 추가로 수용해야 한다. 석기 시대에는 대도시 생활에 시달리는 신경증 환자, 힙스터, 극우파, 호텔 경영자, 정무 장관이 없었다. 또한 우리는 미래에 인류가 어떤 행위 선택지를 개발하게 될지 예단할 수 없다.

도덕적 느낌들

모든 진실이, 인간적 이해 관심으로부터 완전히 독립적으로 존립한다는 의미에서 객관적인 것은 아니다. 도덕적 질문들에서는 결국 일차적이며 주요한 관건은 우리이며 간접적인 관건은 다른 생물과 환경 등이다. 객관과 주관이 서로를 배제하지 않는다는 점을, 우리의 주관적 감각과 느낌과 평가를 타인들이 객관적 관점에서 탐구할 수 있다는 것에서 쉽게 읽어 낼 수 있다. 무언가가 주관적이라는 이유만으로, 그것은 객관적으로 탐구될 수 없다고 결론지을 수 없다. 그러나 객관적 관점에서 우리의 주관을 예컨대 자연 과학적으로 일대일 대응을 통해 설명할 수 없다는 것도 사실이다. 인기 드라마 시리즈 「빅뱅 이론The Big Bang Theory」에 등장하는 셸던 쿠퍼는 끊임없이 그런 설명을 시도하지만, 그의 실패가 가장 중요하게 보여 주는 바는, 다름 아니라 사람에 대한 익숙한 앎과 공감과 삶의 경험이 관건이라는 점, 그리고 이것들을 순수한 자연 과학적 혹은 심리학적 관점으로 대체하는 것은 결코 불가능하다는 점이다. 자연 과학과 심리학을 공부함과 동시에 사람에 대한 익숙한 앎과 공감과 삶의 경험을 발전시키지 않는 사람은 자연 과학자나 심리학자가 되어 그 직업에 머무를 수 없다. 심리학이나 사회학 같은 분야들은 오로지 학문적 연구를 통해 매개되지 않은, 사람에 대한 익숙한 앎과 삶의 경험을 토대로 삼아서만 존재한다.

무언가가 주관적이라는 이유만으로, 그것은 진실이 아니라거나 사실적이지 않다고 결론지을 수 없다. 주관성은 객관성과 마찬가지로 실재에 속한다.

보편적 가치의 본질에 가까이 접근하기 위해 이 생각들을 조금 더 꼼꼼하게 표현해 보자. 일부 진실들은 인간의 정신(우리의 의식, 생각, 감각)과 관련이 없다시피 한 사정을 다룬다. 물리적 기본 입자들의 질량, 빅뱅, 자연의 근본적인 힘, 기타 등등은, 아무리 보아도 우리 중 누군가가 존재한다는 것에 종속되어 있지 않다. 이런 진실들을 다루는 생각은 최대로 객관적인 생각으로 분류될 수 있다. 요컨대 **최대 객관성**은 인간으로부터 완전히 독립적인 사실들과 과정들, 특히 비인간적 자연에 속한 사실들 및 과정들과 관련이 있다.

반대로 또 다른 일부 진실들은 전적으로 주관적이다. 즉, 스펙트럼의 반대쪽 끝에는 **최대 주관성**이 있다. 최대 주관성의 요점은 우리가 덧없는 한순간에 무언가를 느낀다는 것, 예컨대 쑤시는 통증을 느끼거나 꿈속에서 색깔 있는 표면을 본다는 (그리고 다시는 회상하지 않는다는) 것이다. 일부 의식 이론가들은 우리의 정신적 삶이 바닥층을 지녔으며, 그 바닥층은 우리가 오직 한순간 직접 체험한 느낌들로 이루어졌다고 믿는다. 그 바닥층을 일컬어 **현상적 의식**이라고 한다.

미국 철학자 샤론 휴잇 롤레트는 자신의 주요 주장을 제목으로 삼아 멋진 책을 썼다. 그 제목은 『가치에 관한 느낌: 현상적 의식에 근거를 둔 도덕적 실재론 *Das Gefühl von Wert. Moralischer Realismus in phänomenalem Bewusstsein begründet*』이다.[14] 그녀의 기본적인 생각은 쉽게 이해할 수 있으며 그럴싸하다. 우리가 도덕적 진술과 주장을 할 때, 즉 어떤 행위가 도덕적으로 명령된다거나 금지된다고 말할 때, 우리는 항상 우리 자신 및 다른 놈들(다른 생물들도 포함해서)이 그 행위 앞에서 어떤 느낌을 갖는지 고려한다. 느낌은 윤리학에 필수 불가결하며, 행위 선택지에 대한 도덕적 평가에서 결정적 역할을 한다.

이를 일본산 로봇 개를 발로 차는 것과 몰티즈를 차는 것의 차이에서 알 수 있다. 그 차이는 모든 것을 좌우할 만큼 크다. 당신이 로봇 개를 내차면, 당신은 그 로봇 개에게 고통을 가하지 않는다. 반면에 가엾은 강아지는 호된 발길질에 고통을 느낄 것이며, 이는 도덕적으로 금지된 상황이다. 따라서 로봇 개를 차는 것은 도덕적으로 허용되는 반면, 몰티즈를 학대하는 것은 도덕적으로 배척해야 한다.

로봇 개의 소유자는 어쩌면 느낌이 불쾌할 테고, 이는 도덕적으로 유의미하지만, 로봇 개는 절대로 불쾌한 느낌을 갖지 않는다. 왜냐하면 그놈은 느낌이 없기 때문이다. 로봇 개와 달리 강아지는 우리가 도덕적으로 존중할 의무가 있다. 왜냐하면 강아지는 느낄 줄 아는 생물이기 때문이다.

과거에 이와 유사한 기반 위에서 (특히 쇼펜하우어에 의해) 연민의 윤리Mitleidsethiken가 개발되었다. 이 윤리는 타인에 대한 연민을 도덕의 토대로 본다. 하지만 롤레트가 보여 주듯이, 이것은 부족하다. 왜냐하면 고통받는 다른 생물들을 연민하는 것이 유일한 관건은 아니기 때문이다. 윤리는 삶의 부정적 구역에만 있는 것이 아니라 기쁨과 사랑과 향유가 넘치는 곳에도 있다. 윤리는 금욕주의적이지 않다. 음울하고 비관주의적인 쇼펜하우어의 견해와 달리, 윤리는 폭력 감소를 위한 자기 훈육에만 기여하는 것이 아니다. 오히려 윤리는 전반적으로 쾌락주의적이다. 즉, 행복을 느끼는 것을 지향한다. 고통의 윤리가 있는 것과 마찬가지로 기쁨의 윤리도 있다. 분노의 윤리가 있는 것과 똑같이, 사랑의 윤리도 있다. 당신이 당신 자신이나 타인에게 좋은 행위를 할 때, 관건은 지구상의 고통을 줄이는 것에 그치지 않고 기쁨을 늘리는 것까지 아우른다. 당신이 도심을 걸으며 눈길이 마주치는 사람들에게 미소 지으면, 당신은 당신 자신과 타인들의 행복을 향상시킨다. 이것은 선한 행위다. 물론 반드시 하라고 명령된 행위는 아니지만 말이다. 다른 행인들에게 미소 지어야 한다고 지시하는 절대적 명령은 존재하지 않는다. 그럼에도 당신이 타인들과 당신 자신에게 기쁨을 주면, 당신은 사회의 행복 대차 대조표를 개선하게 된다.

이런 최소한의 의미에서 타인을 긍정적으로 대하는 것은 명령된다. 우리 시대가 어두운 이유 하나는 긴급한 도덕적 문제들이 하나같이 해결될 가망이 없어 보이는 것에 있다. 다행히 그 문제들은 해결될 수 있는데도 말이다. 우리 행성의 고등한 생물들을 혹사하는 기후 위기, 자유 민주주의 법치 국가들과 권위적 혹은 독재적 정권들 사이의 체제 경쟁, 고삐 풀린 지구적 자본주의는 하루아침에 해결할 수 있는 문제가 아니다. 특히 우리는 이 문제들의 해결이 우리로서는 감당할 수 없는 과제라고 날마다 느낀다. 왜냐하면 무엇부터 시작해야 할지 전혀 모르기 때문이다. 우리가 슈퍼마켓에서 비닐봉지를 사지 않고 봉사 활동으로 난민 아동을 돌보더라도, 여름휴가 때 비행기를 타고 카리브해에 가고 불투명한 조건에서 생산되는 명품 의류를 입는다면, 총괄적인 도덕적 대차 대조표에 오히려 부정적으로 기여하게 된다. 도덕적인 〈업(業) 계좌〉에 플러스 숫자를 찍으려면 대체 무엇을 해야 할지, 개인으로서의 우리 각자는 이제 알지 못한다. 물론 우리는 무엇을 해야 하는지 일반적으로는 알지만, 우리의 선한 의지를 실행에 옮기는 것은 구조적으로 우리에게 벅찬 일이다.

이 딜레마를 극복하기 위하여 롤레트는 윤리를 우리 자신에게 더 가까이 끌어당겨 우리의 일상적 경험의 감정적 기반 위에 자리 잡게 하는 작업에 치중한다. 이와 관련하여 그녀는 고대 윤리학의 전통에 기댈 수 있다. 그 전통의 중심에는 행복eudaimonia의 개념이 있었다. 우리의 행위 전반을 우리 자신과 타인들이 우리를 어떻게 느끼는지를 기

준으로 정비할 필요가 있다. 이런 기반 위에서 롤레트는
일종의 **쾌락주의**Hedonismus(희랍어 〈hedone〉는 쾌락, 기
쁨을 뜻한다)를 주창한다. 즉, 윤리에서 관건은 쾌감과
불쾌감이라고 주장한다. 만약에 롤레트가 옳다면, 도덕
적 진술이 다루는 행위들은 일차적으로 쾌락 대차 대조표
를 기준으로 평가되어야 할 것이다. 그렇다면 윤리학의
대상은 최대로 주관적인 사실들일 것이다. 하지만 아쉽게
도 롤레트의 기획은 순항하지 못한다. 왜냐하면 모든 기
쁨이 도덕적으로 권장할 만하지는 않고, 모든 행복이 도
덕적 존중을 받을 자격이 있는 것은 아니기 때문이다. 예
컨대, 포르쉐를 타고 아우토반을 질주하는 것이 토요타
프리우스를 타는 것보다 더 재미있다. 또 비너 슈니첼은
맛있지만 그 맛있는 요리를 위해 송아지가 죽임을 당했
다. 어느 야만적인 독재자가 신민(臣民)들을 효과적으로
고문하는 것에서 기쁨을 느낀다면, 이것 역시 인류에 대
한 도덕적 폐해다. 우리가 긍정적으로 체험하는 느낌 중
다수 — 예컨대 고향의 포근함, 집단 소속감 — 는 궁극적
으로 항상 배척해야 할 차별 시스템의 표현이기도 하다.
그것들이 우리에게 차별 시스템으로 느껴지지 않는 이유
는 우리가 그것들에 익숙해져서다.

　또한 연민이 모든 상황에서 도덕적으로 권장할 만한 느
낌인 것도 아니다. 예컨대 전쟁 범죄자가 가혹하게 처벌

되고 자신이 도덕적으로 괴물 같은 짓을 했음을 깨닫고 괴로워할 때, 그에게 연민을 느끼는 것은 적어도 도덕적으로 명령된 행위는 아니다. 고통과 쾌락은 다른 느낌들과 마찬가지로, 최대로 주관적인 상태로만 이루어지지 않은 어떤 맥락을 고려할 때만 도덕적으로 평가할 수 있다. 따라서 윤리학은 특정 시간에 특정 집단의 상태를 직접 다루지 않고 항상 또한 맥락을 다루며, 그 맥락이 그 상태를 설명해 주고 정당화하거나 부당화한다.

모든 느낌이 도덕적 존중을 받을 자격이 있는 것은 아니다. 일부 느낌은 손상해도 된다. 더 나아가 하나우 물담배 바 살인범* 같은 테러리스트의 느낌을 비롯한 일부 느낌을 손상하는 것은 심지어 도덕적으로 명령된다. 성공적일 경우 사람들은 조기 체포를 통해 테러리스트의 만행을 막는다. 사람들은 독일을 위한 대안당에 속한 많은 정치인이 이 사건에 대해 보인 반응을 지켜보며 그 당을 비난했는데, 비난의 근거는 그 당이 선거에서 이기려고 채택한 수사법과 선전이 극우 테러리즘의 바탕에 깔린 느낌을 도덕적으로 정당화하는 것을 기초로 삼는다는 것이었다.

흥분 정치Affektpolitik가 존재하고, 그 정치를 윤리적으로

* 2020년 2월 독일 헤센주 하나우에서 이주민 조상을 둔 독일 시민 아홉 명을 살해한 극우파 범죄자.

평가할 수 있다는 점을 우리는 일상에서 받아들인다. 그래서 우리는 우리 자신과 타인들에게 충동을 조절하라고 가르친다. 철학은 보편적인 목소리다. 합리적이며 체계적이고 학문적인 분야로서 철학은 수천 년 전 이래로 변화하는 시대 상황 속에서도 초당파적으로 유효한 것을 발견하려 애쓴다. 도덕적 숙고는 보편성을 추구하고 따라서 초당파적 중립성을 추구한다. 항상 옳은 정당은 없다. 특히 도덕적 질문들 앞에서는 그런 정당이 절대로 없다. 반면에 철학은 수학과 똑같이 당파적이다. 즉, 전혀 당파적이지 않다. 만일 어떤 철학적 숙고의 결론이 오로지 그 숙고를 한 당사자가 특정한 당원증을 지녔거나 지방 선거와 연방 선거에서 특정한 정당을 찍는다는 이유만으로 나왔다면, 그 결론은 이 이유를 통해 반증된다.

이런 연유로 우리는 오늘날 여론의 영역에서 더 적은 철학이 아니라 더 많은 철학을 필요로 한다. 현재 여론은 고도로 정치화되어 있으며, 그로 인해 사회가 가치 집단들로 분열되어 있다는 인상이 강화되고 가치 상대주의가 선호된다. 이런 상황에서 일부 정치인은 〈분할하고 지배하라〉라는 오래된 로마의 구호를 따름으로써 단기적으로 이득을 챙길 수 있다. 왜냐하면 그런 정치인은 유권자를 분열시키고 그럼으로써 표를 얻을 수 있기 때문이다. 그러나 이 오래된 전술은 다행히도 대중이 계몽되어 있는 조건에서는 장기적으로 성공하지 못한다. 이것은 이른바 민중 정당들Volksparteien이 위기에 처한 이유 중 하나이기도 하다. 정당의 행위와 결정이 디지털 기술을 통해 빤히 드러나는 이 시대에 민중 정당은 우리 모두를 통합하는 진실과 현실을 기준으로 방향을 잡는 일에 주력해야 한다. 일찍이 괴테는 이를 다음과 같이 표현했다.

갈라놓고 지배하라! 쓸모 있는 말
통합하고 이끌어라! 더 나은 반석(盤石)[15]

윤리학에서 관건은, 우리가 누구이고 누구이기를 의지하는가 하는 것이다. 따라서 우리의 인간으로서의 자화상들이 검증대에 오른다. 그 검증에서 보편적 가치들이 밝혀지는 것만으로는 그 가치들의 적절한 적용이 보장되지 않는다. 그렇기 때문에 복잡한 행위 상황에서 도덕적 사실들을 식별하기 위해서는 도덕과 무관한 사실들을 되도록 많이 살펴보는 것이 필수 불가결하다.

이때 다루어지는 것은 우리 자신이므로, 주관성을 고려해야 한다. 이런 연유로 윤리학은, 느낌이 없는 기계도 알고리즘의 형태로 모방할 수 있는 객관적 계산으로 변환될 수 없다. 오히려 우리가 다른 생물과 — 그 생물이 우리종에 속하는지 여부와 상관없이 — 공감할 수 있다는 점이 결정적으로 중요하다. 윤리는 주관성과 객관성을 관련 지으며, 그 관련의 비율은 상황에 따라 달라질 수 있다. 윤리는 최종적으로 해결하는 것이 절대로 불가능한 과제를 우리에게 부과한다.

의사, 환자, 인도 경찰관

만약에 우리가 느낌을 가지지 않았다면, 윤리는 존재하지 않을 것이다. 우리는 달, 아메바, 로봇 개, 중력에 대하여 직접적인 도덕적 책임이 없다. 왜냐하면 이놈들은 어떤 느낌도 가지지 않았기 때문이다. 또 내가 내 책상을 긁어 흠집 내거나 몹시 좌절하여 이런저런 무생물 대상을 파괴하더라도, 나는 도덕적 오류를 범하는 것이 아니다. 단, 그 무생물 대상이 알브레히트 뒤러의 회화나 누군가가 사랑하는 곰 인형이라면, 사정이 다르겠지만 말이다. 직접적인 도덕적 책임은 오로지 느낄 줄 아는 생물에 대해서만 성립한다. 바꿔 말해 롤레트의 글에서 배울 수 있듯이, 윤리와 도덕은 현상적 의식과 밀접하게 맞물려 있다. 간접적 책임에 대해서 말하자면, 우리는 예컨대 대기와 바다에 대하여 간접적인 도덕적 책임이 있다. 왜냐하면 대기와 바다의 상태는 (우리를 포함한) 생물들에게 영향을 미치기 때문이다.

그러나 극우 테러범이나 이슬람 근본주의 테러범의 사

례는 모든 느낌이 도덕적으로 존중받을 자격이 있는 것은 아님을 보여 주었다. 인종주의에 기초하여 특정 인간 집단에 혐오를 느끼는 사람은 도덕적으로 배척해야 할 느낌을 가진 것이다. 그는 인지적 노동을 통해 그 느낌을 극복해야 한다.

우리 논의의 맥락에서는 이것이 결정적인데, 최대 객관성에 초점을 맞추는 입장과 최대 주관성에 초점을 맞추는 입장 사이에 중간 입장이 존재한다. 그 입장은 새로운 도덕적 실재론이다.

새로운 도덕적 실재론은 도덕적 진술이, 느낄 줄 알고 생각하는 생물들이 연루된 실재하는 사정(事情)을 다룬다는 것을 출발점으로 삼는다. 그 실재하는 사정은 결코 최대로 객관적이거나 최대로 주관적이지 않다. 오히려 그 사정은 이 양극단 사이 어딘가에 위치한다. 정확히 어디에 위치하는지는 우리 행위 상황의 구체적 형편에 달려 있다.

약간 추상적인 이 제안을, 일상적 상황을 예로 들어 알기 쉽게 설명할 수 있다. 몸의 은밀한 부위에(그 부위를 더 자세히 묘사하지는 않겠다) 통증을 느껴 의사의 진료를 받는 상황을 생각해 보자. 이 경우에 의사는 환자에 대하여 도덕적 책임이 있다. 왜냐하면 의사는 우리에게 삶과 생존의 문제에 관한 조언을 하기 때문이다. 그 문제는 명백히 가장 절실한 도덕적 주제에 속한다. 왜냐하면 무릇 도덕적 명령 가운데 가장 명백한 것은 〈죽이지 말라〉이기 때문이다. 의사는 우리를 죽이지 말아야 하며, 우리의 삶을 보존하고 우리의 건강 회복을 최대한 촉진하기 위하여 자신이 할 수 있는 모든 것을 해야 한다. 하지만 의사는 우리에게 통증을 가할 권리가 있다. 환자가 어떤 병에 걸렸는지 알아내기 위해서 의사는 통증을 가해도 된다. 예컨대 그가 고의로 일으킨 통증을 환자가 호소하는지 확인하기 위해서, 〈지금 제가 이 도구로 여기를 건드리면, 느낌이 어떠세요?〉 등의 말을 환자에게 건네는 식으로 말이다. 우리는 의사 앞에서 옷을 벗고 평소에 내보이지 않는, 어쩌면 친밀한 파트너에게도 감추는 신체 부위를 보여 줄 것이다. 진료실의 구체적인 행위 상황에서 의사와 환자는 어떤 손놀림과 반문이 수용 가능한지, 바람직한지, 심지어 진단과 치유라는 공통의 목표에 필수적인지 깨달을 것이다.

이런 전체 상황 안에서 우리는 도덕적 숙고를 하는데, 그 상황은 한편으로 최대로 객관적인 사실들로 이루어졌다. 의사는 자연 과학에 중심을 둔 교육을 통해 그 사실들을 익히 안다. 우리 몸의 몇몇 부분과 거기에서 일어나는 과정들은 우리가 그것들에 대하여 어떤 정신적 태도를 취하는가와 아무런 상관이 없다. 우리 몸에서 일어나는 모든 과정이 심신 상관적psychosomatisch이지는 않다. 일부 과정(예컨대 손톱의 성장, 피부 세포의 생화학)은 단순히 신체적이다. 다른 한편으로, 모든 진료 상황, 특히 은밀한 부위에 대한 진료 상황은 최대로 주관적인 사실들을 포함한다. 심리 상태, 걱정과 희망 등의 감정, 싸늘함, 통증, 부끄러움 등의 느낌을 말이다. 의사와 환자는 어떤 진료 행위가 도덕적으로 허용되는 범위에 속하는지 함께 알아내야 한다.

이와 관련하여 우리는 오늘날 환자의 심리 상태가 중시되는 쪽으로의 도덕적 진보를 목격할 수 있다. 우리는 의사와 환자 관계에서 우리의 심리 상태도 중요한 역할을 함을 잘 느끼게 되었다. 또한 자연 과학적-기술적 진보 덕분에 우리는 어떤 과정들이 최대로 객관적이고 어떤 과정들이 최대로 주관적인지에 대하여 (다 아는 것은 전혀 아니더라도) 더 많이 알게 되었다. 독일 제국(1871~1918)에서 산부인과나 비뇨기과 진료를 받는 것은 오늘날 독일에서의 통상적인 경우보다 훨씬 더 고역이었을 것이 틀림없다.

또한 이 예에서 우리는 예컨대 중국에서 진료실에 들어가면 갑자기 중국적 가치들과 맞닥뜨리고 자동으로 이른바 서양적 인권의 침해를 예상할 수밖에 없도록 만드는 근본적인 문화적 차이는 존재하지 않음을 확인할 수 있다. 내가 이 문장을 쓰는 지금, 중국의 의사들과 공무원들은 코로나바이러스의 확산을 막기 위해 (공산주의 독재 정권이 허용하는 한도 내에서) 전 세계의 공무원들과 협력하고 있다. 기본적인 의학적 질문들 앞에서 중국 의사의 생각은 바이에른 의사의 생각과 본질적으로 다르지 않다. 만약에 중국 의사의 생각이 본질적으로 다르다면, 우리는 이를 문화적 차이로 사소하게 여기지 않고 그를 비난해도 될 것이다.

물론 행위 상황들에서의 문화적 차이라고 할 만한 것이 존재한다. 남녀의 역할, 생식, 삶 전반에 관한 종교적 견해, 정치적 상황, 기타 많은 것이 행위 상황들에 대한 설명에서 중요한 역할을 한다. 이를 명확히 하기 위해서도 내가 직접 겪은 사례를 들 만하다. 인도 여행 중에 나는 항구 도시 고아에서, 호텔에서 해변까지의 택시 요금이 동일한 교통 상황에서 들쭉날쭉한 것을 발견했다. 이런 상황에서 독일인 승객은 곧바로 여기에서는 일관된 요금 산정 기준이 없는 것 같다고 의심하게 된다.

인도 택시 운전사들에 대한 어떤 선입견을 불러내는 대신에, 나는 사정이 어떻게 된 것인지 알고 싶었다. 그래서 나는 왜 요금이 들쭉날쭉하냐고 여러 운전사에게 물었다. 토요일에 들은 특히 재미있는 대답 하나는, 토요일에는 특정 길모퉁이에서 순찰하는 경찰관에게 돈을 주어야 해서 요금이 조금 더 비싸다는 것이었다. 나는 그건 부패가 아니냐는 견해를 조심스럽게 내비쳤다. 그러자 택시 운전사는, 정확히 이 경찰관에게 이 금액을 지불하는 것은 하나의 규칙이며 오직 토요일에만 그 규칙이 통한다고 반발했다. 추가로 인도인 친구들에게 조심스럽게 물은 끝에 알게 되었는데, 이 사례에서 내가 부패라고 여긴 것은 오히려 항상 특별히 많은 도움을 주는 그 경찰관에 대한 고마움에서 우러나는 후원이었다. 이것이 고아에서 어느 정도까지 합법인지는 확인하지 못했지만, 그 도덕적 전체 맥락은 나의 완고한 부패 의심이 틀렸을 수 있음을 일깨웠다. 이처럼 어떤 사회 경제적 상황에서는 법적으로 부패로 규정될 수 있는 행위가 도덕적으로 명령된다.

우리는 경찰관에 대한 그런 호의적인 금전 후원도 부패로 간주되어야 하며 조금만 더 나아가면 우리 사회의 제도적으로 유효한 가치 기반으로서의 민주주의 법치 국가를 침식할 것이라는, 우리 사회에 알맞으며 잘 정당화된 견해를 가지고 있다. 이 대목에서 일단 중요한 점은 나라가 다르면 풍습Sitten도 다르다는 것이다. 하지만 그렇다고 해서 두 풍습 가운데 하나가 더 낫다고(선하다고) 평가할 수 없는 것은 아니다. 우리는 도덕적인 전체 맥락을 고려해야 한다.

다른 풍습은 근본적으로 다른 가치들을 함축하는 것이

아니라 우리가 고려해야 하는, 도덕과 무관한 다른 사실들을 함축한다. 왜냐하면 다른 곳에서는 다른 사회적 조건과 사회 경제적 조건이 작동하니까 말이다.

인도에서 경찰관의 급료는 일부 경우에 너무 낮아서 경찰관은 다른 집단 구성원들의 비국가적 후원에 의존한다. 반면에 독일에서는 국가가 공적인 삶의 조직화를 위한 과제를 되도록 많이 떠맡아야 하며 공무원에 대한 적절한 급료 지급 등을 통하여 어떤 형태의 부패도 들어설 수 없게 해야 한다는 견해가 지배적이다. 게다가 인도에서는 — 중국이나 일본 등에서처럼 — 전혀 다른 선물 문화가 대세다. 그 문화 속에서 초대받은 손님은 많은 경우에 선물을 가지고 방문한다. 독일에서는 그런 선물이 부적절할 뿐더러, 설령 맥락을 따져 볼 때 전혀 다른 의미를 가졌다 하더라도, 중립의 의무가 있는 사람에게 영향을 끼치기 위한 수단으로 보일 것이다.

독일인은 국가를 도덕적 진보를 위한 탈것으로서 신뢰한다. 이 생각은 지난 두 세기에 걸친 독일 민족 국가 형성의 맥락 안에서 발생했으며 칸트와 게오르크 빌헬름 프리드리히 헤겔의 사상에 중요한 뿌리를 둔다. 바로 그런 독일 민족 국가의 역사가 상상도 못 할 재앙을 가져왔기 때문에, 계몽의 초창기 몸짓을 기억하고 거기에 담긴 도덕적 추진력을 제도적으로 유효화하는 것은 필수 과제다.

독일 계몽의 진행 방식은 우리가 도덕적 교육이라는 과제를 국가에 넘겨주는 것을 포함한다. 그렇기 때문에 우리는 국가에 대하여 도덕적 요구들을 제기한다. 미국에서는 예컨대 이 부분이 다르다. 미국에서는 대개 사립 학교와 대학교가 이 과제를 넘겨받아 주립 교육 기관보다 훨씬 더 낫게 수행한다. 주립 교육 기관은 기본적으로 불신당한다. 왜냐하면 미국의 주는 독일의 주와 기능이 다르기 때문이다. 반면에 독일 기본법에 녹아든 주 개념은 계몽에서 기원했으며, 세금으로 운영되고 도덕적 요구들을 기준으로 평가받는 기관들이 존재한다는 것을 주춧돌로 삼는다. 따라서 그 기관들은 시장 경제의 논리에 최대의 재량 공간을 제공하기 위하여 경계선과 통로를 보호하는 기능만 수행하는 것에 머물지 않는다.

보편적 가치들과 그것들을 복잡한 행위 분야들과 개별 상황들에 적용하기 위한 조건들 사이에는 원리적으로 결코 완전히 메울 수 없는 간극이 존재하기 때문에, 다음과 같은 **관용의 원칙**이 성립한다.

당면 상황을 도덕적 관점에서 우리와 다르게 평가하는 타인들을 비난하기 전에, 우리는 그들이 우리의 판단과 어긋나는 판단을 내리기 위하여 제시하는 근거들을 검토해야 한다. 우리 자신에 대해서도 마찬가지다. 때때로 우리는 우리 자신의 견해를 변경한다. 왜냐하면 우리는 오류를 범할 수 있기 때문이다. 그러므로 우리는 누구나, 불필요하게 가혹한 비난을 당하거나 심지어 도덕적 과오 때문에 법적으로 처벌받기에 앞서, 교정을 받을 권리가 있다.

하지만 부당한 정권에서 경찰관이 명백히 무고한 사람을 체포하고 그 공로로 성과금까지 받는다는 것을 우리가 확인하면, 다른 가치관에 대한 조심스러운 도덕적 관용은 끝난다. 인도인이건 독일인이건, 어느 누구라도 그 상황을 면밀히 검토하면 그것이 도덕적으로 정당하다고 여기지 않을 것이다. 도덕적으로 자명한 것은 변함없이 유효하다. 관용의 원칙은 가치 상대주의 허가증이 아니다. 확실히 명토 박아 두는데, 예컨대 나치 강제 수용소나 기타 전체주의 정권의 만행을 정당화하기 위해 인간 집단들 사이의 문화적 차이를 들이대는 것은 절대로 불가능하다. 나치의 학살은 다른 문화가 아니라 나치에게 핍박당한 사람들의 문화에 속해 있었다.

동독 사회주의 통일당 독재를 비롯한 독재들을 기억하고 역사학적 연구와 기록의 대상으로 삼는 것은 독일인에게 도덕적 진보의 본질적 부분이다. 인류의 도덕 교육에서 가장 끔찍한 에피소드 하나가 독일에서 펼쳐졌다. 그때 발생한 극단적인 참혹함은, 사람들이 모든 가치를 뒤엎는 일에 몰두할 때 어떤 귀결이 발생할 수 있는지 보여 주는 끔찍한 사례다. 그렇기 때문에 독일인은 근본 가치들의 침해에 대해서 경계심이 특히 높다. 나치 공포 정권을 때려 부순 것은 도덕적 진보의 한 형태다. 나치에 맞서 싸우면서 많은 이가 목숨까지 바쳤다. 더 나은 세계 질서를 이루어 내기 위해서 말이다.

종교적 동기에서 비롯된 인간 제물, 성인 여성과 소녀의 할례, 노예제, 강제 매춘뿐 아니라 덜 끔찍하지만 받아들일 수 없는 형태의 성차별에 대해서도 비슷한 이야기를 할 수 있다. 독일에서 성차별의 형태로는, 명백한 임금 격차, 성공하여 권력을 쥔 여성들(이를테면 메르켈과 퀴나스트)이 미디어와의 직접 소통에서 거론되는 방식이 예나 지금이나 마찬가지라는 점 등이 꼽힌다. 완전한 성평등은, 직업적 과제를 수행하는 특정한 역할 담당자의 성별이 무엇인지가 더는 사람들의 주목을 끌지 못할 때 비로소 이루어질 것이다(성적 특징이 결정적인 역할을 하는 직업은 논외로 하자). 우리가 이 목표에 더 접근하기에 앞서, 밝혀내야 할 것이 아직 많이 남아 있다. 왜냐하면 어떤 직업들이 어떤 성적 특징들과 어울리는지조차 아직 불분명하기 때문이다. 여러모로 볼 때 우리는 젠더Gender라는 주제를 이제야 탐구하기 시작했다.

제한 없는 가치 다원주의에 대한 배척은 낯선 문화들을 격하하는 행위가 아니라 보편적으로 공유된 인간성에 대한 인정이다. 문화는 경계선을 사이에 두고 분리되어 있지 않다. 게다가 애당초 문화는 정치적 경계를 통해 정의되지 않는다. 독일 문화나 주류 문화가 존재하고 그런 문화가 그것에 속하거나 그것을 믿는 사람을 모두 연결한다는 생각은 단적으로 틀렸다. 우리 사회는 다문화 사회이며 과거에도 늘 그러했다. 무슨 말이냐 하면, 8천만 명이 넘는 독일인의 태도, 바람, 견해, 재능, 행위를 적절히 조율하여 단일한 문화를 산출하는 것은 불가능하다. 나치독재 같은 전체주의 독재 체제도 내적으로 차이와 균열을 품고 있었다. 구체적으로 해야 할 일이 무엇인지에 대하여 모두가 합의했던 시절이 과거 언젠가 있었다는 상상이 제기되곤 하지만, 그 상상은 실상과 전혀 다르다. 나치들은 서로를 핍박하고 죽이기도 했다(이것은 전체주의 체제의 본질적 특징이다. 그 체제에서는 아무도 핍박으로부터 자유롭지 못하다. 독재자 본인도 마찬가지다).

그러나 이로부터 다문화주의 프로젝트가 실패로 돌아갔다는 결론이 나오는 것은 아니다. 그 프로젝트는 실패할 수 없다. 근대적 대중 민주주의의 틀 안에서 단일 문화는 싹조차 틔울 수 없다. 거꾸로 정치는 모든 각각의 견해와 삶꼴을 동등하게 옳은 것으로 취급해야 한다는 결론이 나오는 것도 아니다. 다문화주의는 오히려 공동 탐험을 전제한다. 우리는 모두 한배를 탔으며, 어떻게 하면 우리가 도덕적 진보를 추가로 이루어 낼지 함께 알아내야 한다. 수백만 명이 동일한 사회에 속할 때, (겉보기에 그들의 〈인종적〉 통일성이 아무리 높다 하더라도) 자동으로 발생하는 다문화성을 우회할 길은 단적으로 없다.

사회적 접합제로서의 정언 명령

칸트가 윤리의 가장 일반적인 원칙을 표현하기 위하여 제시한 정언 명령은 문제의 핵심을 찌른다. 그러나 다른 곳과 마찬가지로 여기에서도 칸트의 표현은 단박에 이해되지 않는다. 왜냐하면 칸트는 자신의 표현을 복잡한 철학 시스템에 편입시키기 때문이다.

그런 방식은 나름대로 옳고, 나는 그런 방식을 철학적으로 흔들고 싶지 않다. 여기에서 나에게 중요한 일은 당신에게 정언 명령의 한 해석을 제시하는 것이다. 바라건대 그 해석은 누구나 이해할 수 있을 만하다. 이를 위해 우리는 칸트의 표현 두 가지를 살펴보아야 한다. 통상 그 표현들을 보편화 공식Universalisierungsformel과 자기 목적 공식Selbstzweckformel이라고 부른다.

보편화 공식: 〈네 의지의 준칙들이 언제나 또한 일반적 입법의 원칙으로 유효할 수 있도록, 그렇게 행위하라.〉[16]
자기 목적 공식: 〈너의 역할Person뿐 아니라 모든 타인

각각의 역할 안에 깃든 인간성을 네가 항상 또한 목적으로 사용하도록, 절대로 한낱 수단으로 사용하지 않도록, 그렇게 행위하라.〉[17]

여기에서 칸트가 말하는 바는 사회 형성의 성공을 위한 기반이라고 할 수 있다. 칸트가 자신의 정언 명령을 통해 대답하려는 질문 중 하나를 다음과 같이 표현할 수 있다. 어떻게 하면 우리가 우리의 행위들을 적절히 조율하여 우리가 이루고자 하는 것을 이루면서도 다른 것을 이루고자 하는 타인들에게 해를 끼치지 않을 수 있을까(우리는 타인들에게 해를 끼치는 것을 용납하지 말아야 할 터이니)?

구체적이며 안타깝게도 매우 일상적인 예를 들어 보자. 내가 가지고 다니는 스마트폰은 복잡하게 연결된 부품들로 이루어졌으며, 그것들 전체를 정말로 잘 아는 사람은 극소수 전문가밖에 없다. 바로 그렇기 때문에 스마트폰 제조사들이 시장에서 우위를 점하는 것이 가능하다. 그 회사들은 다른 회사들이 공급할 수 없는 제품을 생산한다. 그러나 내 스마트폰의 부품들은 하늘에서 뚝 떨어진 것들이 아니다. 그것들은 오로지 지구적 생산망이 존재하기 때문에 가용하다. 수많은 사람이 참여하는 그 생산망은, 처참한 노동 조건 아래에서 견딜 수 있는 최저 수준의 자유보다 훨씬 낮은 자유만 허용받은 임금 노예로서 노동하는 사람들이 드문 희토류를 채굴하는 것을 포함한다. 그들이 고된 노동의 대가로 독일에서 유효한 최저 임금을 받는가 하면, 전혀 그렇지 않다.

따라서 내가 감당할 수 있을 만큼 자주 새 스마트폰을 장만할 자유는 결국 도덕적으로 수용할 수 없는 방식으로 타인들에게 해를 끼친다. 물론 스마트폰에 대한 수요가 이제껏 산업 설비가 빈약했던 지역에서 일자리를 창출하는 것도 사실이다. 하지만 그 일자리는 역사적으로 뒤처진 지역의 주민들에게 재량 공간을 열어 주기 위해서 정말로 창출해야 할 일자리보다 훨씬 더 열악하다. 돌이켜 보면 정작 우리는 우리 자신이 그런 재량 공간을 갖는 것을 당연한 인권으로서 요구한다.

우리의 일상적 소비 소망 중 다수는 보편적 입법의 원칙으로 격상될 수 없다. 왜냐하면 그 소망들은 한 인간 집단이 자기네 소비 목표를 달성하기 위하여 다른 여러 인간 집단을 착취하는 것을 전제하기 때문이다. 우리 시대에 활발히 논의되는 생태 문제는 굳이 말할 필요가 없을 정도다. 우리는 우리의 소비 방식을 통해 그 문제를 심화하고 있다. 마트의 비닐봉지를 없앰으로써만 플라스틱을 줄일 수 있는 것이 아니다. 예컨대 아동용 장난감에도 엄청나게 많은 플라스틱이 들어 있다. 따라서 이런 질문이 제기된다. 레고를 비롯한 플라스틱 블록의 존재는 과연 도덕적으로 정당화될 수 있을까? 그에 대한 대답은 상당히 명확하다.

요컨대 오늘날 우리의 과소비를 위한 생산망은 자세히 보면 정언 명령과 양립할 수 없다. 왜냐하면 우리는 오직 타인들에게 막대한 피해를 입혀야만 얻을 수 있는 많은 것을 소망하기(칸트의 표현에 따르면, 우리 의지의 준칙으로 삼기) 때문이다. 물론 그 피해는 다소 능숙하게 은폐되거나 설명을 통해 부정된다. 이런 식으로 도덕적 진보가 저지된다. 왜냐하면 우리가 실은 오래전부터 아는 바가 공적인 여론 형성의 장에서 축출되기 때문이다.

산업화를 통하여, 또한 솔직히 처음에는 부당한 노동 조건을 통하여, 이른바 개발 도상국을 발전시킬 수 있다는 논증을 나는 여러 번 들었다. 하지만 대체 왜 개발 도상국들이 근대 유럽 근대화의 그 모든 도덕적으로 배척해야 할 단계들을 두루 거친 다음에야 비로소 도덕적으로 받아들일 수 있는 생활 조건에 도달한다는 것일까? 이것은 속내가 빤히 들여다보이는 논증이다. 이 논증은 현재의 도덕적 해악을 외견상으로만 미래의 개선을 통해 상쇄한다. 산업화의 병증들(아동 노동, 잔인한 착취, 무제한의 환경 파괴, 공장식 축산업)을 피한다면, 이른바 서양의 근대화보다 더 나은 근대화의 길을 갈 수 있다. 나이지리아, 멕시코, 혹은 인도가 지난 2백 년 동안 유럽인이 먼저 해놓은 것보다 더 낫게 근대를 실현할 수 없다는 근거는 전혀 없다.

그러므로 유럽인은 좋은 선례로서 앞서가면서 세계 시민주의적 기준에 부합하는 지구적 경제 정책을 실행할 의무가 있다. 설령 독일이나 유럽 연합이 기후 중립에 도달하더라도, 그 대가로 남반구에서 도덕적으로 배척해야 할 폐해가 발생한다면, 결국 아무것도 이루어 내지 못한 셈일 것이다. 21세기의 지구적 위기들은 민족 국가 수준에서 해결할 수 없고, 오로지 우리가 보편적 가치를 추진력으로 삼아 지속 가능한 세계 경제를 건설할 때만 해결할 수 없다.

벌써 2백여 년 전에 이 논점을 예견한 칸트로 돌아가자. **보편화 공식**의 기본 아이디어는, 우리가 개인적으로 또 집단적으로 채택한 생활 방식은 모든 사람이 좋음을 공유한다는 것과 그 생활 방식이 양립 가능할 때만, 도덕적 가치의 스펙트럼에서 좋은(선한) 쪽에 속한다는 것이다. 어떤 좋음이 그 자체로 이런저런 인간 집단을 자신의 실현에서 배제한다면, 그 좋음은 단지 가상(假像)의 좋음일 뿐이다. 그러므로 중국적 가치, 러시아적 가치, 기독교-유대교적 가치, 이슬람교적 가치는 존재할 수 없다. 왜냐하면 그런 국지적이며 특수한 가치들은 애초부터 이런저런 인간 집단(이를테면, 유럽인, 비기독교도, 다신교도, 무슬림, 미국인)을 자기네의 실현에서 배제하도록 설계되어 있기 때문이다.

자기 목적 공식의 기본 아이디어는 동일한 생각을 약간 다르게 표현한다. 독일어 〈Person〉은 사람이 한 사회 안에서 하는 가시적 역할을 뜻한다. 라틴어 〈persona〉는 원래 로마 연극에서 사용된 가면을 뜻한다. 로마 배우의 목소리는 그 가면을 통과하여 관객에게 도달했다.[18] 따라서 〈Person〉이란 우리의 공적이며 가시적인 역할, 타인들이 보고 느낄 수 있는 우리의 모습이다.* 칸트에 따르면, 모든 각각의 역할 담당자Person 안에 인간성이 깃들어 있다. 즉, 우리 모두가 공유한 보편적 속성인 인간임이 깃들어 있다.

우리는 우리의 인간성을 다양한 방식으로 실현한다. 인간임의 특수한 방식 하나를 칸트는 준칙Maxime이라고 부른다. **준칙**이란 행위를 이끄는 가치관이며, 한 사람의 인생에서나 그에게 주어진 상황에서, 그가 무엇이기를 의지하는가, 혹은 그가 스스로 보기에 무엇이어야 하는가에 대한 대답으로서 준칙이 그에게 떠오른다. 오직 타인들도 그 준칙을 채택한다는 것과 양립 가능한 준칙만이 도덕적으로 허용된다. 이로써 칸트는 최소한 도덕적으로 허용할 수 없는 행위들을 배제하기 위한 기준을 개발했다. 그리

* 이하에서 〈Person〉을 때때로 〈역할 담당자〉로 번역할 것이다.

고 그 기준은 칸트의 야심 찬 사회 구상의 기반이었다.

〈H?〉: 자기모순을 범하지 마라!

정언 명령의(또한 당신이 지금 읽는 책의) 배후에는 상당히 복잡한 논리적 논증이 숨어 있다. 칸트는 그 논증을 수십 년 동안 공들여 구성했다. 이 논증의 결과는 쉽게 이해할 수 있게 제시할 수 있다. 그 논증을 따라가다 보면 만나게 되는 섬세한 가지들까지 살펴볼 필요는 없다. 여기에서 나는 독자들을 그 섬세한 가지들로 이끌고 싶지 않다.

첫째 전제는, 우리가 도덕적 주제들에 관하여 아무튼 유의미하고 합리적인 방식으로 숙고하고 논쟁할 수 있다는 것이다. 그렇다면 도덕적 질문의 답은 이것이나 저것을 하겠다는 자의적인 결정이나 변덕의 표현에 불과하지 않다. 간단히 말해서, 우리가 해야 하는 것과 하지 말아야 하는 것이 존재한다. 이것이나 저것을 해야 하는 구체적 선택 상황에서 우리가 정말로 이것을 해야 하는지 묻는다면, 이 전제에 따르면 우리는 이 질문에 원리적으로 얼마든지 대답할 수 있다. 개별적인 수준에서 그 대답을 찾아내기가 아무리 어렵다고 하더라도 말이다.

당신이 도덕적으로 중요한 결정을 앞두었다고 상상해 보라. 어떻게 결정하든, 항상 똑같이 비극이 발생할 수밖에 없는 것은 아니다. 예컨대 당신이 이렇게 자문한다고 해보자. 내가 가진 것은 일반 열차 티켓뿐인데 고속 열차에 타야 할까? 어떻게 보면 고속 열차 탑승은 사기 행위지만, 독일 열차는 툭하면 도착 및 출발 시간을 어기기 때문에, 고속 열차에 타지 않으면 당신은 갈아탈 열차를 놓치게 될 것이다. 이 경우에 당신은 독일 철도 주식회사를 상대로 사기를 쳐서 몇 유로의 이득을 취해도 될까? 아래 내용을 철도 질문이라고 부르자.

나는 독일 철도 주식회사를 속여 2유로쯤의 이득을 취해야 할까?

어떤 경우에도 독일 철도 주식회사를 속이면 안 된다는 것(그렇다고 독일 철도 주식회사가 우리 고객을 속이고 우리에게 쓸 비용을 체계적으로 줄여 더 높은 수익을 올려도 된다는 뜻은 아니다)을 옹호하는 칸트의 논증을 쉽게 이해하기 위해서는 추가로 추상화가 불가피하다. 우리가 도덕적 가치 검사의 대상으로 삼는 행위를 〈H〉로 표기하자. 그러면 우리의 질문을 〈H?〉로 표기할 수 있다. 질문 〈H?〉가 답을 가진다면, 그 답은 〈H〉이거나 아니면 〈H 아님〉이다.

이것은 최상위 논리적 명령에 부합한다. 그 명령은 모

든 생각의 전개에서 어느 대목에선가 유효하다. 그 명령은 모순율이며, 문장으로 표현하면 이러하다. **〈자기모순을 범하지 마라!〉** 조금 더 형식화하면 다음 공식이 성립한다. 〈(H 그리고 H 아님) 아님.〉 말로 풀면 이러하다. 〈내가 H를 해야 하고 또한 하지 말아야 한다는 것은 있을 수 없다.〉 내가 H를 하면서 또한 하지 않을 수는 없으니까 말이다.

방금 거론한 철도 사례에서 〈H?〉가 아래 내용이라고 해보자.

나는 독일 철도 주식회사를 속여 2유로쯤의 이득을 취해야 할까?

그 대답은 더없이 명백하게 〈아니요〉다. 하지만 늦어도 이제는 일부 독자들도 눈치챘을 텐데, 도덕적 질문에 대한 대답은 이렇게 명백하지 않을 수도 있다. 따지고 보면, 열차는 터무니없이 많은 요금을 받는데도 시간을 엄수하면서 승객을 운송하겠다는 약속을 지키지 않는다. 따라서 일반 열차 티켓을 가지고 고속 열차에 타는 것은 전적으로 정당하다. 그렇게 해서 근사적으로나마 시간에 맞게 목적지에 도달할 수 있다면 말이다. 다들 알다시피 〈아니요〉의 반대는 〈예〉다. 요컨대 특정한 상황에서는 독일 철도 주식회사를 속여 2유로쯤의 이익을 취해도 된다고 여기는 사람은 아래 질문에는 어떻게 대답할까?

나는 독일 철도 주식회사를 속여 2유로쯤의 이득을 취해야 할까?

아마 〈예〉로 대답할 것이다.

이 반론 앞에서 당연히 또 신중할 필요가 있다. 독일 철도 주식회사에 원한이 있는 많은 독자는, 무턱대고 그 회사를 속여 2유로쯤의 이득을 취하는 것은 당연히 금지되지만 특정한 상황에서는 허용된다고 생각할 것이다. 그렇다면 중간에서 타협하여 외견상 덜 예민한 아래 질문을 제기하자.

특정 상황에서 독일 철도 주식회사를 속여 2유로쯤의 이득을 취하는 것은 도덕적으로 허용될까?

사기를 고려하게 만드는 〈특정 상황〉이 무엇인지 모르면, 이 질문에 대답할 수 없다. 그러니 그 구멍을 메워서 외견상 대답 가능한 질문을 아래와 같이 던져 보자.

열차는 늘 연착하고 나는 달리 행동하면 갈아탈 열차를

놓칠 판이라면, 독일 철도 주식회사를 속여 2유로쯤의 이득을 취하는 것은 도덕적으로 허용될까?

이 경우에 대답은 다시금 명백히 〈아니요〉다. 상황은 무엇이 도덕적으로 허용되거나 허용되지 않는지를 전혀 변화시킬 수 없고 단지 가치 평가의 대상인 행위만 변화시킬 수 있다. 방금 제시한 대답은 우리가 독일 철도 주식회사를 속이지 말아야 한다는 것에서 도출된다. 바로 이것이 첫째 질문의 핵심이었다. 우리가 독일 철도 주식회사를 속이지 말아야 한다면, 열차가 연착한다는 것 때문에 속이지도 말아야 한다.

이를 납득하기 위해 유사한 사례를 들어 보자. 내가 아이들을 때리지 말아야 한다면, 아이들이 너무 늦게 귀가하기 때문에 때리지도 말아야 한다. 열차가 우리의 기대에 자주 어긋난다는 사정은 도덕적으로 배척해야 할 행위를 정당화하지 못한다. 상황은 우리가 독일 철도 주식회사를 속이지 말아야 한다는 것을 털끝만큼도 변화시키지 못한다. 속이기는 여전히 속이다.

그런데 문제는, 일반 열차 티켓을 가지고 고속 열차에 타는 것이 과연 사기(속이기)인가 하는 것이다. 이 문제 때문에 아래와 같은 전혀 다른 철도 질문을 제기해야 할 성싶다.

열차가 늘 연착하고 나는 달리 행동하면 갈아탈 열차를 놓칠 판이라면, 독일 철도 주식회사의 규칙상 완전히 유효한 티켓을 소유하지 않은 채로 고속 열차에 올라 좌석에 앉는 것은 도덕적으로 허용될까?

이 질문의 답은 〈예〉일 수도 있다. 왜냐하면 이 경우에 당신이 고속 열차에 타는 것은 전혀 사기가 아니며 오히려 계약 상대(독일 철도 주식회사)로부터 당신이 지불한 금액의 대가로 제품(어느 정도 시간을 엄수한 열차 도착)을 얻어 내는 유일한 길이니까 말이다.

이 숙고의 요점은 이러하다. 우리는 어떤 경우에도 독일 철도 주식회사를 속이지 말아야 한다. 그러나 첫눈에 사기처럼 보이는 모든 것이 실제로 사기인 것은 아니다. 독일 철도 주식회사도 고객들에게 채무가 있다. 만일 독일 철도 주식회사가 바라는 규칙 자체가 너무 비효율적이어서 그 회사와 고객 간 계약 관계가 도덕적으로 적절하게 형성될 수 없다면, 그 규칙을 지키기 위하여 모든 것을 걸어야 할 일방적인 의무는 성립하지 않는다.

이 숙고를 통해, 칸트의 유명한 거짓말 엄금에 대한 반발로 흔히 날아드는 돌팔매도 피할 수 있다. 「인간 사랑에 기초하여 거짓말할 권리가 있다는 견해에 관하여Über ein vermeintes Recht aus Menschenliebe zu lügen」라는 짧은 글에서 칸트는, 어떤 경우에도 심지어 친구를 긴급하게 도와야 하는 경우라 하더라도, 거짓말하면 안 된다는 것을 옹호하는 논증을 편다. 요컨대 〈거짓말하지 말라!〉라는 명령은 무조건적으로, 모든 상황에서 유효하다.[19]

이에 반발하여 사람들은 직관적으로 명쾌한 다음과 같은 시나리오를 즐겨 들이댄다. 당신은 전체주의 독재 체제에서 핍박당하는 어느 가족을 지하실에 숨겨 준 후, 부당한 국가의 경찰이 문을 두드리고 당신에게 묻기를 그 가족을 보았느냐고 하자 거짓말을 한다. 이 경우에 그 가족을 보호하기 위한 거짓말하기는 도덕적으로 명령된다고 우리는 한결같이 말할 것이다. 이 시나리오는 칸트의 너무 엄격한 도덕적 가르침을 반박하는 대표적인 사례로 흔히 제시된다.

하지만 이 반론은 틀렸다. 아래와 같은 질문이 있다.

나는 경찰관을 속여야 할까?

이 질문의 대답은 명백히 〈아니요〉다. 〈그 누구도 속이지 말라!〉라는 명령이 일반적으로 유효하다면, 그 명령은 경찰관에 대해서도 유효하다.

하지만 당신이 부당한 국가의 경찰이 던지는 질문에 그 경찰이 바라는 대로 대답하지 않는 것이 과연 거짓말하기

인지는불분명하다. 왜냐하면 아래 질문을 보라.

나는 지하실에 있는 가족을 부당한 국가로부터 구원해
야 할까?

이 질문의 대답은 명백히 〈예!〉다.

이로써 이른바 **윤리적 딜레마**가 발생한 듯하다. 윤리적
딜레마란, 당신이 양립할 수 없는(곧 모순되는) 두 행위
요구를 동시에 따라야 하는 상황을 말한다. 그런 요구들
을 동시에 따르는 것은 불가능하다. 당신은 경찰관을 속
여 그 가족을 보호하는 것을 피할 수 없다. 여기에서 〈나
는 경찰관을 속여도 될까?〉라는 질문을 누그러뜨려 예컨
대 특정 상황에서 특정 경찰관을 속이는 것은 허용된다고
간주하는 것은 아무 도움이 되지 않는다. 왜냐하면 그런
식으로 〈거짓말하지 말라!〉라는 원칙을 포기하면, 도덕
시스템 전체가 엉망으로 되기 때문이다. 모든 도덕적 원
칙 각각에 대해서 ─ 따라서 〈살인하지 말라!〉, 〈아동을
괴롭히지 말라!〉 등에 대해서도 ─ 외견상의 도덕적 딜레
마를 쉽게 고안할 수 있다. 그리고 그런 딜레마에 기초하
여 결국 어떤 행위라도 허용된다는 결론을 내릴 수 있다.
왜냐하면 모든 각각의 비도덕적 행위에 대해서 그 행위로
선한 목적이 달성되기 위한 조건을 구성할 수 있기 때문

이다. 이렇게 되면, 목적이 수단을 정당화한다는 규칙에 따라서, 도덕 시스템 전체가 파괴된다. 바로 이런 이유 때문에, 목적이 수단을 정당화한다는 주장은 옳지 않다.

거짓말이란 과연 무엇일까? **거짓말**이란, 당신이 무언가가 거짓임을 알면서도 고의로 그 무언가를 참인 것으로 (혹은 거꾸로) 주장하여 속임을 당하는 사람보다 당신이 더 유리해지게 만드는 것이다. 거짓말의 목표는 상대를 오도(誤導)하여 이익을 챙기는 것이다. 당신이 지하실에 숨은 가족을 잔혹하고 부당한 국가로부터 보호하기 위해 비(非)진실을 말한다면, 이것은 거짓말하기가 아니다. 왜냐하면 여기에서 관건은 이익을 챙기는 것이 아니라 한 가족의 안전을 보장하는 것이기 때문이다.

아무튼 당신은 그 가족을 보호하기 위하여 경찰관에 맞서 전략적 이익을 챙기면서 경찰관에게 해를 끼친다고 반론할 수도 있을 것이다. 그 경찰관은 자신의 목표를 달성할 수 없게 되니까 말이다. 그러나 그 목표는 실현되지 말아야 할 목표다(왜냐하면 악한 목표이기 때문이다). 악을 막는 행위는 그 자체로 선한 행위다. 따라서 당신이 진실을 말하지 않음(또는 비진실을 말함)으로써 얻는 전략적 이익은 이 경우에 도덕적 이익이다.

요컨대 정언 명령이라는 엄격한 조건 아래에서도 당신은 특정한 상황에서 악을 막고 선을 이루어 내기 위하여 비진실을 말해도 된다. 그 특정한 상황에서 비진실을 말하기는 거짓말하기가 전혀 아니다. 왜냐하면 예컨대 방금 논한 사례에서 당신은 보호할 가치가 있는 요구를 제기하는 타인을 희생시켜 이익을 얻지 않기 때문이다.

윤리적 딜레마는 궁극적으로 존재할 수 없음을 간단한 사고 실험으로 증명할 수 있다. 당신이 타임머신을 타고 과거로 가서 (현재까지는) 독일의 마지막 황제였던 빌헬름 2세가 갓 태어났을 때 그를 죽일 수 있다고 상상해 보자. 더 나아가 당신은 갓 태어난 빌헬름 2세를 이를테면 평화주의적인 로봇 〈하베크Habeck〉로 대체하면 20세기의 대참사를 막을 수 있음을 안다. 하베크는 독일 제국을 생기 넘치는 녹색 진보의 오아시스로 바꿔 놓을 것이며, 세계 공동체의 만민과 연대할 것이다. 그 결과로 전 세계적인 평화 운동과 국경 없는 민주주의가 발생하는 등의 일이 벌어질 것이다. 시나리오를 이렇게 짜면, 많은 이는 갓 태어난 빌헬름 2세를 살려 두기 어려울 것이다(만일 당신이 제국 시민이거나 다른 이유로 빌헬름 2세를 추종한다면, 시나리오를 거꾸로 뒤집어 갓난 빌헬름 2세를 20세기의 대참사에도 불구하고 살려 둘 수밖에 없는 상황을 만들어라. 그래도 똑같이 난감한 딜레마가 결과로 나올 것이다).

이로부터 다음이 귀결된다. 너무 많은(무한히 많은) 윤리적 딜레마가 존재한다. 단 하나의 논리적 딜레마만 발견되더라도 그와 유사한 딜레마들을 얼마든지 만들어 낼 수 있으니까 말이다. 따라서 모든 각각의 도덕적 원칙에 대하여 얼마든지 많은 예외가 존재한다. 그런데 어떤 행위 지침(이를테면 최상위 명령)에 대하여 얼마든지 많은 예외가 존재한다면, 그 행위 지침은 가치가 없다. 따라서 도덕적 질문들에 대한 숙고의 시스템 전체가 무너진다.

이런 연유로 우리는 도덕적 질서, 곧 목적들의 나라 Reich der Zwecke를 정합적으로 생각할 수 있다고 간주해야 한다. 어떤 행위를 하면서 또한 하지 말라고 우리에게 요구할 수는 없다. 무언가가 도덕적으로 명령된다면, 다른 무언가가 똑같이 강하게 명령될 수는 없다.

도덕적으로 자명한 것과 윤리학의 서술 문제

방금 그 개요를 제시한, 정언 명령의 배후에 숨어 있는 논리적 논증은 다들 인정하다시피 많은 반문을 유발한다. 이 맥락에서 특히 다음과 같은 질문이 제기되는데, 우리는 이 질문을 우리 자신에게 던져야 한다. 우리가 주어진 구체적 상황을 정확히 어떻게 서술하느냐에 거의 모든 것이 달려 있다면, 그 구체적 상황에서 우리가 무엇을 해야 하는지를 우리는 어떻게 알 수 있을까? 〈비진실을 말하기〉는 모두 다 〈거짓말하기〉일까? 일반 열차 티켓을 가지고 고속 열차에 타는 것은 사기일까? 직장에서 연애를 거는 것은 성적 괴롭힘일까? (예컨대 슬로베니아 철학자 슬라보이 지제크가 코로나 대유행이 시작될 즈음에 독일 신문 『디 벨트*Die Welt*』에서 넘겨짚은 대로) 코로나바이러스에 대한 공포는 중국인에 대한 은밀한 인종 차별일까?[20]

우리가 긴급하다고 느끼는 도덕적 질문의 대다수는 구체적 상황에서 발생하며 따라서 제도판 위에서 한낱 숙고를 통해 해결할 수는 없다. 이런저런 도덕적 생각이 참인지 아니면 거짓인지 판단하려면, 우선 행위 선택지가 어떤 가치 범주에 속하는지를 명확히 해야 한다. 우리는 난해한 결정 상황에서 언쟁을 벌이고 명확성에 이르기 위해 몸부림친다. 왜냐하면 간단히 판단을 내리기에는 사정이 너무 복잡하기 때문이다.

이런 연유로 도덕적 실재론과 보편주의에 대한 유보의 태도가 널리 퍼져 있다. 많은 이가 도덕적 실재론과 보편주의의 옹호자는 도덕적으로 주제넘게 군다고 생각한다. 모든 복잡한 행위 상황 각각에서 무엇을 해야 할지 대체 어떻게 안단 말인가? 누가 옳은지를 대체 누가 판정한단 말인가?

과거에 우리는 도덕적 질문 앞에서 자주 착각했고 심지어 근본적인 악의 시스템을 창조하여 인명을 대량으로 살상했으므로, 복잡한 도덕적 질문들에 대해서도 명확한 대답과 진실이 있다는 주장은 오늘날 그야말로 무례하고 도덕적으로 수상쩍게 여겨진다. 일부 사람들은 그런 주장을 일종의 근본주의나 도덕적 테러로 간주하면서, 우리가 함께 사는 데 도움이 되도록 윤리를 차라리 모호하게 유지하고, 도덕적 근삿값(이를테면 그 정체가 무엇이든 간에, 유럽의 가치들)이 있다고 암묵적으로 믿으면서 기꺼이 그 믿음을 해명하거나 명료화하지 않은 채로 놔두어야 한다고 생각한다.

그 자체로 모호하지만 널리 퍼진 이 생각이 유지될 수 없다는 점을 알려면, 도덕적으로 명확한 상황들을 서술해 보면 된다. 도덕적 진실과 거짓은 존재하지 않으므로, 도덕적 질문들 앞에서는 명확한 판단을 내리지 말아야 한다고 여기는 사람은 아래 문장이 참인지에 대해서도 기꺼이 의심을 제기할 것이다.

아동을 괴롭히는 행위는 악하다.

이런 문장들을 도덕적으로 자명한 것들이라고 부르자. **도덕적으로 자명한 것**이란 도덕적 사실을 서술하며 그 진릿값을 (거의) 누구나 별다른 숙고 없이 깨닫는 문장이다.

도덕적으로 자명한 것이 많이 있다. 다음 문장들은 떠오르는 대로 나열한 예다.

- 휠체어에 탄 사람을 지하철 계단에서 아래로 밀어 버리는 것은 악한 행위다.
- 통밀빵에 채식주의자용 버터를 바르는 것은 도덕적으로 중립이다.
- 채식주의자에게 의도적으로 거위 기름을 바른 통밀빵을 대접하는 것은 악한 행위다.
- 전쟁 난민 가족이 흩어지지 않도록 돕는 자원봉사는 선한 행위다.
- 기후 보호를 촉진하기 위해 자금을 투자하는 것은 선한 행위다.
- 오늘 지구를 파괴하여 미래 세대들이 고생할 수밖에 없게 만드는 것은 악한 행위다.
- 다리를 꼬고 앉아 사진 책을 대충 훑어보는 것은 도덕적으로 중립이다.
- 합의된 동성 섹스는 도덕적으로 중립이다.

이 밖에도 많은 예가 있다. 어쩌면 일부 독자들은 내가 제시한 목록의 몇몇 항목을 의문시하면서 다른 평가를 내릴 것이다. 남아프리카 공화국의 철학자 타데우스 메츠는 아프리카 철학 전통에서 — 특히 〈우분투Ubuntu〉로 불리는 윤리적 사상 시스템의 추종자들 사이에서 — 확인할 수 있는, 도덕적으로 자명한 것들의 목록을 작성했다. 이 흥

미로운 목록에 따르면 아래 내용은 도덕적으로 허용되지
않는다.

A) 무고한 사람을 돈을 위해 죽이기.

B) 상대의 동의 없이 섹스하기.

C) 자기나 다른 사람을 방어하기 위해서가 아닌 한에
서, 타인들을 속이기.

D) 생존에 필수적이지 않은 재화를 훔치기(즉, 합법적
소유자에게서 가로채기).

E) 타인들의 신뢰를 악용하기. 예컨대 사소한 개인적
이익을 챙기기 위해 약속을 어기기.

F) 기회 분배와 관련해서 사람들을 인종에 따라 차별
하기.

G) 공공연한 의견 불일치 상황에서 합의를 통한 해결
을 추구하지 않고 정치적 결정을 내리기.

H) 화해를 촉진하지 않고 보복을 형법의 근본적이며
핵심적인 목표로 격상하기.

I) 협력이 아니라 경쟁에 기초하여 부를 축적하기.

J) 필요에 따라서가 아니라 주로 개인적 권리에 기초하
여 부를 분배하기.[21]

누군가(이를테면 나)가 어떤 문장을 도덕적으로 자명

하다고 간주하고 빤히 통찰한다고 여긴다고 하더라도, 그것만으로 벌써 그 문장이 참인 것은 아니다. 우리는 도덕적 질문 앞에서 착각할 수 있다. 그렇기 때문에 설문 조사나 문화학적 문헌 조사를 통해 널리 받아들여지는 도덕적 판단들의 목록을 만든다 하더라도, 그 목록이 자동으로 그 판단들이 옳음을 보증하지는 못한다. 도덕적으로 자명한 것들은 도덕과 무관한 사실들에 관한 착각이나 선전, 거짓말, 조작, 자기기만, 바람 섞인 생각 등을 통해 개인과 온 사회의 정신 안에서 안타깝게도 은폐될 수 있다.

도덕적 질문 앞에서 우리를 현혹하는 복잡한 기만 시스템이 있다. 간단한 예를 들자면, 이를테면 1950년대 미국 사회처럼 노골적으로 인종주의적으로 조직된 사회, 또는 민족주의적 힌두교 정권이 정치적으로 비호하는 카스트 시스템을 지닌 현재의 인도가 그러하다. 그런 사회에서는, 외적인 신체 특징에 따라 식별되는 한 인간 집단이 체계적으로 더 열악한 처지에 놓이고 억압자 집단을 위해 그들의 행위 여지가 제한당하는 것을 많은 이가(그러나 명백히 모두는 아니다!) 도덕적으로 자명하다고 여긴다. 앞서 이미 언급했듯이 독일에서는 때때로 아동이 그런 식으로 취급되곤 한다. 나를 비롯한 독일인은 많은 활동에서 아동을 배제하고, 그 활동들을 부당하게 성인의 몫으로 간주한다. 물론 아동과 성인 사이에 도덕적으로 유의미한 차이가 전혀 없다고 주장하려는 것은 아니다. 다만, 아동과 성인을 구별하는 시스템이 때로는 도덕적으로 부정적인 차별의 효과를 내고 아동의 권리를 침해한다는 뜻이다.

우리가 도덕적으로 복잡한 행위 상황에 처했을 때, 예컨대 중간 규모 기업의 경영자로서 우리가 자명하다고 느끼는 도덕적 기준을 받아들이지 않는 국가의 기업들과 거래할 때, 우리는 흔히 나무만 보고 숲을 보지 못한다. 당장 중국 독재 정권이 정확히 어떻게 일상에 개입하는지를 외부에서 파악하기란 쉽지 않다. 따라서 유럽 기업인들은 자기네가 중국의 인권 침해에 얼마나 깊이 연루되어 있는지를 즉각 파악하지 못한다. 행위 상황의 복잡성 때문에, 도덕적 질문은 객관적이지 않으며 따라서 진실의 잣대에 따라 대답할 수 없다는 인상이 발생한다. 하지만 이것은 단지 질문이 충분히 정확하게 표현되지 않아서 생기는 문제일 뿐이다. 정확히 표현된 도덕적 질문은 도덕적으로 해결 가능한 문제로 우리를 이끈다.

도덕적 논란을 일으키는 까다로운 문제인 낙태를 생각해 보자. 낙태는 임신 기간의 어느 시점까지 도덕적으로 허용될까? 우리 다수는 낙태에 관한 결정의 갈림길에 서 본 적 있는 친지를 두었다(혹은 몸소 그 갈림길에 서본 적 있다). 당사자, 특히 임신부 본인은 흔히 감정의 기복을 겪는다(반드시는 아니다). (당사자가 상상하고 아마도 이미 감정을 실어 상대하는) 아기를 낳기를 자신이 원하는지를 놓고 당사자는 이리저리 흔들린다. 임신 상황은 임신부가 자신의 영혼과 몸을 보호하는 것과 아직 태어나지 않은 생명을 보호하는 것 사이에서 도덕적으로 분열되었다고 느낄 정도로 끔찍할 수 있다.

맹렬한 낙태 반대자들은 수정란은 이미 인간적 생명의 한 형태이며 어떤 인간적 생명의 형태도 죽이면 안 된다고 주장하곤 한다. 그러므로 낙태는 살인과 동급이며 따라서 명백히 도덕적으로 배척해야 한다고, 곧 악하다고 그들은 말한다.

확실히 일정한 시점 이후의 낙태는 실제로 살인이다. 물론 임신부의 생명을 구하는 것이 관건이거나, 어머니와 아기가 둘 다 죽을 것이 확실한 상황이라면 사정이 다르겠지만 말이다. 나는 여기에서 임신 몇 주 차부터 낙태가 살인인지 감히 판단하고 싶지 않다. 우리의 논의를 위해서는, 태아가 명백히 인간으로 간주될 만큼 발달하여 태아의 생명을 끊으면 안 되는 시점이 존재함을 명확히 해두는 것으로 충분하다.

그러나 현대 분자 생물학 덕분에 수정란과 수정란의 착상 직후에 형성되는 조직화된 세포 덩어리는 아직 인간이 아니라 잠재적 인간임을 우리가 안다는 것은 명백한 사실이라고 나는 느낀다. 모든 세포 덩어리가 벌써 인간인 것은 아니다. 세포 덩어리가 세포 시스템으로 발달하지 못하게 막는 것 그 자체는 비도덕적이지 않다. 만약에 이것이 비도덕적이라면, 피부의 갈색 반점을 제거하는 것도 비도덕적일 터이다. 요컨대 중요한 질문은 이것이다. 우리는 인간으로 발달할 수 있으며 현재 이미 그 발달 과정에 있는 세포 덩어리를, 마찬가지로 고려해야 할 임신부의 도덕적 이익보다 중하게 도덕적으로 존중해야 할까?

대답은, 아무튼 일정한 기간(이를테면 임신 초기 몇 주차까지라고 하자)이 존재하며, 그 기간에는 착상된 세포 덩어리가 아직 인간이 아니어서 낙태가 살인이 아니고 따라서 도덕적으로 악의 범주에 들지 않는다는 것이다. 때로는 성인인 임신부의 이익이, 세포 덩어리에서 (발달하도록 허용하면) 발달할 잠재적 인간의 아직 현존하지 않는 이익보다 도덕적으로 더 중요하므로, 임신 중절이 도덕적으로 주저할 행위가 아닌 상황의 범위가 존재한다.

2백 년 남짓 되어 아직 어린 근대에 입법자들은 사회적으로 수용 가능하고 민주주의적으로 정당화된, 낙태가 살인이 아닌 경우의 범위를 몇십 년에 걸쳐 정의했다. 이것은 자연 과학적-기술적 진보(이 경우에는 특히 의학적 진보)와 발을 맞춘 도덕적 진보의 한 사례다. 여기에서 내가 의도하는 바는 그런 결정들을 의문시하는 것이 아니라,

오늘날의 의학적 지식에 비추어 볼 때 임신 중절이 살인이 아닌 기간이 존재하고, 따라서 우리는 임신부가 임신 중절을 실행할 때 모든 도덕적, 심리적, 의학적 지원을 제공해야 한다는 점을 지적하는 것이다. 이것은 독일에서 대체로 이루어지고 있는 일이다.

그러나 고대에 희랍인은 다르게 판단했다. 그들은 종과 개별 생물의 발생에 관한 생물학적 이론들을 나름대로 개발했다. 하지만 그들은 인간이 세포 분열을 통해 발생하며, 세포 분열은 수백만 년의 진화를 통해 현재의 형태로 존재하게 된 유전 암호에 의해 본질적으로 통제됨을 알 수 없었다. 그래서 사람들은 난자가 수정되는 순간부터 자궁 속에 작은 인간이 들어앉아 성장한다고 수천 년 동안 생각했다. 이 생각이 옳다면, 임신 중절을 둘러싼 도덕적 상황은 훨씬 더 복잡할 터이다. 왜냐하면 경우와 시점을 막론하고 임신 중절을 하면 (아주 작은) 인간을 죽이게 될 테니까 말이다. 그러나 이것은 사실이 아니다. 따라서 우리는 자연 과학적으로 발견된 생물학적 사실들을 기반으로 삼아도 된다.

그리하여 임신 중절에 대한 도덕적 부담이 줄어들었다. 물론 그렇다고 해서 임신 중절이 아무 갈등 없이 대수롭지 않게 이루어지는 것은 대다수의 경우에 전혀 아니다. 아무리 부담이 줄었다 해도, 모든 잠재적 인간 생명을 이미 인간 생명으로 간주하는 수천 년 묵은 전통이 존재하고, 당사자의 복잡한 심리적 감정 상태와 상황도 존재하니까 말이다.

행위를 평가하고 행위 선택지 중 하나를 고를 수 있기 위하여 도덕적 판단을 내리는 사람은 우선 주어진 행위가 과연 어떤 것인지 알아야 한다. 이 조건은 쉽게 해결할 수 없는 한 문제와 맞물려 있다. 그 문제는 **윤리학의 어려운 서술 문제**인데, 이 문제의 핵심은, 우리가 상황에 대한 옳은 서술을 발견하여 도덕적 통찰에 도달할 가능성을 확보해야만 구체적인 상황에서 무엇을 해야 할지 알아낼 수 있다는 것이다.

이로써 우리는 철학적 행위 이론과 도덕 심리학의 심연에 도달하게 된다. 여기에서 우리는 특히 영국 철학자 엘리자베스 앤스콤이 제시한 문제를 붙들고 씨름해야 한다.[22] 그 문제는 모든 각각의 행위를 다양한 관점에서 서술할 수 있다는 것에서 유래한다. 무슨 말이냐 하면, 당신이 무언가를 할 때, 당신은 항상 많은 것을 한다. 쿠키를 굽는 사람은 달걀노른자와 흰자를 분리하고, 첨가물들을 대접에 담아 뒤섞고, 오븐을 켜고, 그러다가 전화를 하고, 요리책을 참조하는 등의 행위를 한다. 그렇다면 당신이 쿠키를 구울 때 하는 일은 과연 정확히 무엇일까? 당신이 정확히 무엇을 하는지 모르면, 우리는 당신의 행위를 도덕적으로 평가할 수 없다.

당신이 하는 무언가가 어떤 도덕적 범주에 속하는지는, 우리가 행위를 어떻게 서술하느냐에 달려 있는 것이 틀림 없다. 무슨 일이 일어나는지를 우리가 충분히 명확히 서술하고 나면, 평가는 서술의 뒤를 따른다. 윤리적 딜레마들이 존재한다는 인상은, 또한 도덕적 사안에 관해서는 실은 명확함이 존재하지 않는다는 통념은, 누군가가 정말로 한 것이 무엇이며 그것을 할 때 어떤 의도를 품었는지 밝혀내기가 어렵고 때로는 불가능하기까지 하다는 점에서 유래한다.

이런 이유에서 예컨대 아랍 문학자 토마스 바우어와 역사학자 안드레아스 뢰더가 강조하는 바, 곧 명확화(명확히 하기)는 때때로 성급한 비난을 유도하여 폭력을 초래할 수 있다는 지적은 옳다.[23] 복잡한 도덕적 판단을 내리기 전에 상황을 천천히 조심스럽게 평가하는 것이 중요할 때가 많다. 이것은 당사자들에게 대단히 중요한 재판 과정이 흔히 견디기 어려울 만큼 느리게 진행되는 이유 중 하나이기도 하다.

주지하다시피, 때로는 결정을 하룻밤이나 며칠 밤 뒤로, 심지어 장기적으로 미루는 것이 지혜롭다. 왜냐하면 손쉬운 해결 시도는 곧 위험한 명확화로 이어질 수 있기 때문이다. 그러나 다음은 엄연히 옳다. 조심성과 감속(減

速)의 원리로부터, 도덕적 명확함은 존재하지 않는다는
결론을 도출하는 것은 절대로 안 된다.

독일 총리 메르켈이 지도자가 아닌 이유

행위는 아무도 전체를 굽어볼 수 없는 귀결들을 가진
다. 어떤 선한 행위라도 예상 밖의 파국적 귀결들을 초래
할 수 있다.

우리 시대의 예를 하나 들어 보자. 메르켈이라는 이름
과 결합된 난민 정책, 특히 2015년의 난민 정책은 외견상
극우 폭력의 증가와 외국인 혐오의 확산뿐 아니라 온갖
구조적 문제를 유발했다. 그 문제들은 수많은 난민이 독
일에 통합되어야 하는데 많은 이가 다양한 이유에서 그
통합을 못마땅하게 여긴다는 점과 맞물려 있다. 만일 메
르켈의 의도가 다음과 같았다면, 곧 자신과 가족을 보호
하기 위하여 고향을 떠나 난민이 되어야 했던 사람들의
비참한 처지를 완화하는 것과 이를 위해 독일의 부와 구
조적 강인함을 투입하는 것이 메르켈의 의도였다면, 그녀
의 결정들과 행위들은 명확히 선했다.

하지만 그녀의 결정들과 행위들은 폭력성과 잔혹성의
증가를 간접적으로 초래했고, 소셜 미디어와 시위에서는
그 폭력성과 잔혹성이 그녀 개인을 향하기도 했다. 그러
나 ─ 예컨대 독일을 위한 대안당 정치인 게오르크 파츠

데르스키가 하나우 테러의 여파 속에서 그랬던 것처럼 ─ 이로부터 메르켈의 행위들이 우리 시대의 극우 테러를 산출했다는 결론을 도출하고, 수백만 명을 받아들이고 통합하여 돕기로 한 그녀의 결정을 도덕적으로 배척해야 했다고 주장한다면, 이것은 터무니없다. 도덕적으로 배척해야 할 것, 즉 악은 극우 테러지, 도움이 필요한 사람들에게 독일의 망명법을 적용한 것이 아니다.

그런데 우리는 이른바 〈난민 위기〉와 메르켈 총리의 행정 행위를 여러 관점에서 서술할 수 있다. 이를테면 발칸 루트Balkanroute*에 대한 지정학적 전략을 중시하는 관점에서 서술할 수도 있고, 유럽 연합의 다른 국가들과의 협상 과정을, 또는 정당 정치적 고려를, 또는 당연히 메르켈 개인의 특징과 신념을 중시하는 관점에서 서술할 수도 있다. 〈난민 위기〉로 명명된 과정에 대한 종합적 분석은 불가능하다. 왜냐하면 많은 요인이 은폐되어야 하고 그래도 되기 때문이다. 무엇보다도 프라이버시와 국가 기밀을 보호할 권리가 있다. 메르켈 총리는 인민재판에 나와 자신의 성격을 해명하지 않아도 된다. 흔히 더없이 객관적이고 신중한 그녀의 결정들은 인정해야 마땅한 장점이다. 그 장점은 바이러스가 창궐하는 요즈음 그녀를 성공적인

* 유럽으로 들어오는 난민이 거치는 주요 경로 중 하나로 발칸반도를 통과한다.

위기 관리자로 보이게 만든다. 그렇다고 그녀가 성녀나 영웅인 것은 아니다. 그녀는 단지 좋은 총리다(그녀의 도덕적이거나 정치적인 상황 판단에 관한 개별 질문들 앞에서 사람들의 의견이 제아무리 엇갈리더라도 말이다). 메르켈은 우리의 지도자Führerin가 아니다. 그녀는 복잡한 선거를 통해 (그리고 그녀가 직업 정치인으로서 합법적으로 운용한 권력 전술을 통해) 독일 연방 총리직에 오른 개인이다. 그리고 기쁘게도 그 개인은 권력 의식을 통해서뿐 아니라 흔히 영리함과 객관성을 통해서 사람들의 주목을 받는다.

국가적 행위와 결정의 모든 전제 조건을 명시적으로 내보이는 것은 민주주의 법치 국가에서도 목표가 아닐 수 있다. 더구나 그것은 원리적으로 불가능하다. 왜냐하면 메르켈의 최측근들도, 심지어 메르켈 본인도, 그녀가 크고 작은 결정들을 무슨 뜻으로 내렸는지 우리가 제대로 알 수 있을 만큼 정확하게 그녀의 의도를 잘 알고 설명할 수는 없기 때문이다. 누구도 자신을 완전히 알지 못한다. 총리도 마찬가지다. 또한 당연히 총리는 독일에서 일어나는 모든 일을 아는 수준에 턱없이 못 미친다. 왜냐하면 이것 역시 아무도 알 수 없기 때문이다. 우리는 모두 불확실성이라는 조건 아래에서 행위한다. 이것은 우리를 비난할 이유가 될 수 없다. 우리는 항상 부분적인 불확실성 속에서 행위를 실행하기 마련이다.

한마디 보태자면, 칸트는 이를 전혀 외면하지 않았다. 오히려 그는, 우리 자신에 대해서조차도, 우리가 행위할 때 동기를 둘러싼 상황이, 우리 스스로 — 혹은 타인들이 — 선의 모범이라고까지 느낄 만한 순수한 의도들을 품도록 우리를 이끌었는지 여부를 확실히 알 수 없다고 논증했다.

아래 인용문을 보라.

따라서 행위(공로와 과실)의 본래 도덕성은 심지어 우리 자신의 행동에서조차도 우리에게 완전히 은폐된 채로 머무른다. 우리의 귀책(歸責) 판단은 오직 경험적 특성만 다룰 수 있다. 그러나 그 특성의 얼마나 많은 부분을 자유의 작용으로 돌리고, 또 얼마나 많은 부분을 한낱 자연으로 돌리고, 무고한 기질의 오류 혹은 운 좋은 특징(행운의 장점merito fortunae)으로 돌려야 할지는 아무도 밝혀낼 수 없고 따라서 전적으로 옳게 판결할 수 없다.[24]

그런데 칸트는 이와 관련하여 불필요하게 급진적인 논제를 옹호한다. 즉, 우리 행위의 도덕성은 우리에게 〈완전히 은폐된〉 채로 머문다고 그는 여긴다. 이 급진적 논제가 나오는 원인은, 칸트가 오로지 모든 비도덕적 동기로부터 독립적인 우리의 자기 규정만을, 곧 우리의 순수한 의지만을 도덕성의 보유자로 고려하는 것에 있다. 칸트에게 모든 것이 걸린 관건은 사람이 어떤 동기에서 무언가를 했는가 하는 것이며, 우리가 해야 마땅한 바에 정말로 부합하는 동기 상황은 단 하나뿐이다. 즉, 사람이 어떤 다른 의도도 없이 오로지 무언가를 해야 마땅하기 때문에 그 무언가를 하는 것이 그 유일한 상황이다.

하지만 주어진 상황에서 사람이 특정한 결정을 내리는 이유를 어떻게 확실히 안단 말인가? 또한 그 이유를 사후(事後)에 어떻게 알아낼 것인가? 이 대목에서 칸트는 우리에게 도움을 주지 못한다. 구체적이고 복잡한 행위 상황에서 사람은 늘 불확실성이라는 조건 아래에서 행위한다. 이것은 예컨대 국가 원수나 정부 수반이 짊어진 커다란 책임의 한 부분이기도 하다. 독일 총리와 자칭 〈지도자 Führer〉 사이의 결정적인 차이는, 후자와 달리 전자는 어떤 유형의 도덕적 전지(全知)도 주장하지 않고, 특정한 민주주의적 게임 규칙에 근거하여 자신이 대표하는 정부가 다스리는 국가의 시민으로서 행위한다는 점이다. 그리고 이런 총리의 행동은 잘하는 것이다. 왜냐하면 그 행동이 사실들에 더 잘 들어맞기 때문이다.

최후의 심판:

우리는 도덕적 사실들을 어떻게 알아챌 수 있을까?

우리는 많은 도덕적 사실을 잘 알아챌 수 있다. 심지어 도덕적으로 자명한 것도 있다. 문화권을 막론하고 사람들은 그것들을 쉽게 분류하여 옳은 가치 범주에 집어넣을 수 있다. 우리에게 도덕적으로 요구되는 바가 무엇인지를 우리는 대개 더없이 잘 안다.

하지만 그렇다고 우리가 그냥 일상의 상식을 가지고 윤리학에 착수할 수 있다는 뜻은 안타깝게도 아니다. 왜냐하면 누군가가 실제로 하는 바나 해놓은 바가 무엇인지 정확히 진술하고 확인하는 일부터 어려울 때가 많기 때문이다. 누군가가 대체 무엇을 하는지 알지 못한다면, 그가 하는 바를 도덕적으로 평가하는 것은 영 불가능하다.

이런 식으로, 책임감 있게 도덕적 옳음을 추구하는 것이 관건인 상황에서, 결국 우리가 무엇을 해야 마땅한지를 절대로 확실히 알 수 없다는 인상이 발생한다. 하지만 그 인상이 옳다면, 그야말로 치명적일 것이다. 우리의 도덕적 숙고가 필요할 때, 그 숙고가 우리를 저버린다는 뜻일 테니까 말이다.

논의를 더 명확히 하고 이 막다른 골목에서 벗어나기 위하여, 우선 가치 존재론과 가치 인식론을 구별할 수 있다. **가치 존재론**은, 도덕적 사실이 어떠어떠한가를 다룬다. 이를테면, 〈도덕적 사실이 존재한다는 말은 무슨 뜻인가〉라는 질문은 가치 존재론의 몫이다. 이 분야의 주제는 가치들의 존재 방식Seinsweise이다. 반면에 **가치 인식론**은, 어떻게 우리가 복잡한 행위 상황에서 보편적 가치를 참조하여 도덕적 사실을 알아챌 수 있는가 하는 것을 탐구한다.

1장에서 나는 가치들이 보편적이며 실재한다고 주장했다. 가치들은 어디에서나 (적어도 인간에게는) 유효하며, 우리의 가치관으로부터 부분적으로 독립하여 실존한다. 그렇기 때문에 참인 도덕적(구체적 상황에서 누군가가 무엇을 해야 마땅한가에 관한) 견해와 거짓인 도덕적 견해가 존재한다.

설령 당신이 나의 주장을 아직 납득하지 못했다 하더라도, 도덕적 숙고에 입각하여 해야 마땅한 것이 있고 하지 말아야 마땅한 것이 있다는 점에는 동의하지 않을까 싶다. 보편주의와 실재론에 따르면, 우리가 해야 마땅하거나 하지 말아야 마땅한 것은 단지 누군가의 견해에 따른 결과가 아니다. 그 누군가가 민주주의 체제 안의 압도적 다수라 할지라도 말이다. 다수도 소수와 마찬가지로 도덕적 오류를 범할 수 있다. 민주주의적 다수도, 민주주의적 소수도 도덕적 특권을 보유하지 않았다.

하지만 이 주장들의 조합 ─ 가치의 존재에 관한 보편

주의와 실재론 — 만으로는, 우리가 어떻게 도덕적 사실들을 알아챌 수 있는가 하는 문제가 해결되지 않은 듯하다. 따라서 추가 요소를 도입해야 한다. 이 대목에서 중요해지는 것은 철학적 전문 용어인 〈실재론〉의 또 다른 뜻이다. 실재론은 적어도 두 가지 의미를 지녔다. 영국 철학자 크리스핀 라이트는 중요한 저서 『진실과 객관성Truth and Objectivity』 첫머리부터 그 의미들을 지적한다.[25]

첫째, 특정 영역의 대상들에 관한 견해가 단지 당신이 그 견해를 가짐을 통하여 참인 것은 아니라고 당신이 믿는다면, 당신은 그 영역에 관하여 실재론자다. 대상들은 부분적으로 우리의 견해로부터 독립적이다. 우리의 견해가 옳은지 여부는 결정적으로 대상들에 달려 있다. 이를 **존재적 실재론**ontischer Realismus이라고 부르자. 도덕적 사실들은 존재적으로 객관적이다. 즉, 도덕적 사실들의 존립은 우리 인간이 이를테면 가치관을 만들어 내거나 애써 이성을 발휘하여 모든 관련자가 받아들일 수 있는 합의를 도출하는 식으로 무언가를 함을 통하여 비로소 유효해지는 것이 아니다. 도덕적 사실들은 실재한다. 그 사실들은 자유로운 정신적 생물의 삶에서 효력을 발휘하는 요소들이다.

둘째, 흔히 실재론은, 우리의 견해로부터 부분적으로 독립하여 존립하는 사실들을 우리가 인식할 수 있다는 입장을, 따라서 우리가 우리로부터 부분적으로 독립적인 일부 사실들을 그것들이 실재하는 대로 파악했다고 믿을 근거가 충분히 있다는 입장을 포함한다. 이를 **인식적 실재론** epistemischer Realismus이라고 부르자.

이제 나는 인식적 가치 실재론을 옹호하는 논증을 당신에게 제안하려 한다. 즉, 우리가 보편적이며 부분적으로 우리로부터 독립적으로 존립하는 도덕적 사실들을 그것들이 실재하는 대로(또한 흔히 정확하게) 파악할 수 있음을 논증하려 한다. 시대가 아무리 어둡더라도, 함께 살기 위하여 자신들의 행위를 조율해야 하는 인간들이 존재하는 한, 완벽한 도덕적 암흑이 지배하는 일은 절대로 있을 수 없다.

나의 논증의 주춧돌은 내가 **최후의 심판**이라고 부르는 사고 실험이다. 당신이 어느 날 잠에서 깨어나 보니, (철학적 배경지식을 충실히 담은 NBC 드라마 시리즈 「굿 플레이스The Good Place」에서처럼) 놀랍게도 당신은 이미 죽어서 어느 문 앞에 앉아 있다고 상상해 보자. 문이 열리고 (여기부터는 「굿 플레이스」와 다르게) 맞은편에 앉아 있는 신이 보인다. 평생 무신론자로 살아왔기에 약간 당황한 당신은 신이 불타는 두꺼운 책을 펼쳐 책장을 넘기는 모습을 지켜본다. 그러다가 당신의 이름을 발견하자, 신은 무시무시한 유죄 판결을 내린다. 그런데 그 유죄 판결이 경악스러운 이유는 따로 있다. 신은 지상에서 당신과 알고 지낸 대다수 사람이 도덕적으로 특히 존중할 만하고 고귀하다고 여겼던 행위들만을 지적하며 유죄를 판결한다. 예컨대 당신이 장애아와 비장애아를 함께 보육하는 통합 유치원을 운영한 것, 자녀들에게 좋은 아버지였던 것, 기후 변화에 맞서 싸운 것, 오스트레일리아에 산불이 났을 때 코알라들을 구조한 것 등이 비난받는다. 반면에 당신이 신성 모독적인 글을 써서 신문에 실은 것, 청소년 시절에 했던 주먹질, 크고 작은 거짓말 등은 신으로부터 칭찬받는다. 한마디로 신의 유죄 판결을 도무지 납득할 수 없다. 왜냐하면 지상에서는 악마 아니면 위험한 미친놈이나 내릴 법한 판결을 신이 내리고 있으니까 말이다.

이 상황에서 신에게, 왜 지상에서 성경과 양심의 검증과 일반적인 견해에 따라 명백히 도덕적으로 선하다고 간주되었던 모든 것에 어긋나는 기준에 따라 판결하느냐고 묻는 것은 정당한 행위일 터이다. 〈우리가 전혀 알아챌 수 없는 도덕적 잣대에 따라 우리의 행위들을 평가하다니, 어떻게 이럴 수 있습니까?〉라고 물을 만하다. 또한 신의 도덕적 판단이 가련하고 유한한 우리가 내릴 수 있는 판단과 완전히 어긋난다면, 그 경우에도 마찬가지다. 신의 판단이 우리로서는 전혀 이해할 수 없는 것일 수 있다면, 신은 최후의 심판에서 우리가 보기에 도덕적으로 무의미

한 행위(예컨대 커피를 왼쪽으로 휘젓는 것)를 중범죄로,
우리가 도덕적으로 중대하다고 여기는 것을 무의미한 것
으로 판단할 수도 있을 터이다.

이 사고 실험이 보여 주려는 바는, 도덕적 사실은 본질
적으로 명백하다는 것이다. 즉, 우리가 무엇을 해야 마땅
한지는, 비록 상당히 어렵게 알아내야 할 때가 많기는 하
지만, 원리적으로 인식 가능하다. 하지만 우리가 착각할
수 없다는 뜻은 아니다.

자신의 고유한 잣대에 따라, 우리는 전혀 모를뿐더러
알 수도 없는 도덕적 잣대에 따라, 우리를 조사하고 판단
하고 죽은 후에 처벌하는 전능한 신은 끔찍한 악령과 다
름없다. 그렇기 때문에 모든 세계 종교는 신(또는 신들)
이 우리에게 메시지나 예언자를 — 몹시 난해하고 혼란스
러운 형태로라도 — 보내 우리가 무엇을 해야 마땅한지
알려 주는 것을 출발점으로 삼는 계시 종교다. 도덕적 질
문들 앞에서 신은 우리를 완전히 우롱할 수 없다. 왜냐하
면 그렇게 한다면 신은 신이 아니라 악령일 터이기 때문
이다. 이것은 신이 선하다는 생각을 지지하는 논변 중 하
나다.

물론 이로부터 신이 존재하며 모두에게 자비롭다는 결
론이 나오는 것은 당연히 아니다. 최후의 심판 사고 실험
이 보여 주려는 바는 단지 이것뿐이다. 〈우리가 전혀 알아

챌 수 없는 도덕적 사실들이 있다는 믿음은 터무니없다.〉더 나아가 그 사고 실험은, 도덕적 판단의 유효성이 신적인 원천에서 나온다는 믿음이 터무니없다는 것도 보여준다.

　이로써 신이 존재하는지 여부가 판가름 난 것은 아니다. 또한 신, 신들, 신적인 것과 보편적 가치 질서 사이의 관계에 대해서도 판단이 내려지지 않았다. 그러나 신, 신들, 신적인 것이 진실을 왜곡하고 가치에 대한 인간의 앎을 뒤틀어 버릴 가능성은 배제되었다. 요컨대 윤리와 종교 사이에 일반적 갈등은 존재하지 않는다. 만약에 존재한다면, 종교가 져야 할 터이다. 왜냐하면 우리가 도덕적 이유에서 종교를 오류로 판정하여 배척해야 할 터이기 때문이다. 우리가 지휘하는 우리의 숙고, 우리의 도덕적 통찰은 종교적 전승보다 우월하다. 왜냐하면 우리는 도덕적 잣대에 의거하여 종교적 전승을 평가하기 때문이다. 이 우열은 우리의 민주주의 법치 국가에서 모든 종교에 대하여 성립한다. 이 때문에 오늘날에는 기독교도 몇 세기 전과 똑같은 재량 공간을 보장받지 못한다. 마녀 화형과 악령 내쫓기는 오늘날 다행히 더는 일상사가 아니다. 이 행위들은 도덕적으로 배척해야 하는데도 오랫동안 종교적 전승에 속했다.

　우리가 해야 마땅한 것과 하지 말아야 마땅한 것으로

이루어진 도덕적 우주는 우리에게 부분적으로 투명해야 한다. 따라서 우리가 도덕적 이유에서 무엇을 해야 할지 아예 모르는 상황에 처하는 경우는 결코 없다. 다만, 우리가 모든 것을 아는 경우도 절대로 없다. 오류 가능성은 상황에 대한 완전한 무지를 의미하지 않는다. 만약에 그런 무지를 의미한다면, 윤리학은 치명적인 타격을 입을 것이다. 오류 가능성이란, 우리가 복잡한 도덕적 사안에 관한 질문 앞에서 착각할 수 있음을 의미한다. 오류 가능성의 윤리적 귀결은, 우리가 우리 자신과 타인들을 너그럽게 대해야 한다는 것, 이를테면 우리가 타인들의 결정을 성급하게 비난하지 말아야 한다는 것이다. 하지만 윤리적으로 명령되는 이 너그러움은 객관적인 도덕적 사실들이 존재하지 않음을 의미하는 것이 아니라, 오히려 정반대를 입증한다. 복잡한 행위 상황에서 더없이 중요한 도덕적 사실이 존재하기 때문에, 우리는 타인들의 판단과 삶의 방식을 너그럽고 조심스럽게 대해야 마땅하다.

목적들의 나라에서

늦어도 지금쯤은 아마 많은 독자가 이런 질문을 떠올릴 것이다. 신이 아니라면 누가 보편적 가치를 〈정의할까?〉 하지만 이 질문은 그릇된 전제들에서 나온다. 누가 보편적 가치를 〈정의할까〉 또는 〈확정할까〉라는 질문은, 지구가 달을 하나 가졌다는 사실을 누가 〈정의할까〉 또는 〈확정할까〉라는 질문과 닮았다.

자유로운 정신적 생물이 존재하지 않는다면, 윤리는 존재하지 않을 것이다. 우주 안에 생명이 아예 존재하지 않는다면, 가치들을 어떤 역할도 하지 못할 것이다. 그러나 이는 가치들이 존재하지 않음을 의미하지 않는다. 왜냐하면 바로 지금 우리는 자유로운 정신적 생물이 없는 우주 안에 있지 않기 때문이다. 가치관과 가치에서 관건은 인간으로서의 우리와 기타 생물들이기 때문에, 가치들은 항상 우리와도 관련 맺으며 그런 점에서 자연 상수와 구별된다. 하지만 이로부터 가치들은 사실이 아니라는 결론은 결코 나오지 않는다. 다만, 가치들은 자연 과학적으로 밝혀지는 한낱 자연 사실이 아니라는 결론이 나올 따름이다.

사실이 일반적으로 〈정의〉되거나 〈확정〉되는 것은 아니다. 오히려 사실은 우리 입장이 옳은지 그른지 판정하는 잣대다. 우리는 사실을 논박할(즉 착각할) 수 있지만, 그렇다고 사실이 사라지는 것은 아니다. 도덕적 사실이 아무튼 존재한다면, 바꿔 말해 우리가 무조건 해야 마땅한 것이 무엇이고 무조건 하지 말아야 마땅한 것이 무엇인지가 확실할 때가 언제라도 있다면, 우리가 그 무엇을 해야 마땅하다는 사실은 누구에 의해서(심지어 신에 의해서도) 〈정의된〉 것이 아니다.

하지만 인류의 역사가 흐름에 따라, 우리가 이제껏 도덕적으로 충분히 숙고하지 않은 새로운 행위 유형들이 늘 거듭해서 출현한다. 우리 시대의 중요한 사례로 소셜 네트워크들의 발생과 디지털화의 틀 안에서 인공 지능이 사용되는 것을 들 수 있다. 완성된 인공 지능의 윤리는 아직 존재하지 않는다. 이것은 우리가 지금 새로운 가치 목록을 고안해야 한다는 뜻이 아니다. 오히려 우리는 새로운 행위 유형들이 어떤 도덕적 범주들에 속하는지 알아내야 한다.[26]

이번에도 칸트의 어휘를 계승하여 도덕적 우주, 곧 도덕적 사실들의 장을 **목적들의 나라**라고 부르자.[27] 목적들의 나라는 우리에게 결코 원리적으로 은폐되어 있을 수 없다. 우리는 목적 설정을 통해 실재의 변형을 도모하므로, 우리의 행위들은 의도적으로 일어난다. 이것이 목적들의 나라의 근본 특징이다. 내가 딸기를 사러 갈 때, 나는 복잡한 계획을 따른다. 자전거 열쇠를 챙기고, 페달을 밟으며, 교통 규칙을 주의하고, 자전거를 주차하고, 딸기를 찾아내고, 딸기를 계산대로 들고 가서 값을 치른다. 실제로 복잡한 이 계획을 우리가 복잡하지 않다고 느끼는 것은 오로지 그런 절차에 익숙해져 있기 때문이다. 우리의 행위들을 이끌고 그럼으로써 실재를 구조화하는 목적 설정이 없으면, 이 계획은 실행되지 못한다.

신이 목적들의 나라의 최고 기관으로서 존재하는지 여부는 도덕적 사실의 구조에 어떤 영향도 미치지 못한다. 왜냐하면 우리가 무언가를 하거나 하지 말아야 마땅하다면, 이것은 궁극적으로 신이 제재를 가하기 때문일 수 없다. 아동을 괴롭히지 말라는 것은 신의 형벌에 대한 두려움 때문에, 곧 전술적으로 영리하게 굴기 위하여 지켜야 할 신의 결정에 불과하지 않다. 오히려 그것은 신이 있거나 없거나 존립하는 도덕적 사실이다. 한 종교에 등을 돌리고 무신론자가 되는 사람은 자신의 도덕적 신념들을 모두 바꾸지 않는다. 오히려 그는 그 전향에도 불구하고 자신의 도덕적 판단들을 거의 모두 고수할 수 있다.

신이 없다면, 인간이 목적들의 나라를 알아채지 못한다는 생각은 어떤 의미에서 더 그럴싸하지 않게 된다. 우리의 인식으로부터 완전히 차단된 도덕적 요구들이 신 없는 우주에 대체 어떻게 존재한단 말인가? 이는 마치 이제껏 발견되지 않은 도덕적 기본 입자들이 존재한다는 것과 마찬가지일 터이다. 우리가 무언가를 해야 마땅한 이유와 다른 무언가를 하지 말아야 마땅한 이유를 설명해 주지만 우리가 절대로 볼 수 없는 그런 입자들이 존재한다면, 당신은 믿겠는가?

영향력이 큰 미국 법철학자 로널드 드워킨은 ⟨모론 moron⟩이 존재할 가망은 희박하다고 지적함으로써 이 시나리오를 웃음거리로 만들었다. 모론이란, 미래의 물리학이 발견할지도 모르는 도덕적 기본 입자다.[28] 만약에 자연 과학적으로도 정신과학적으로도 탐구할 수 없는 목적들의 나라가 존재한다면, 이것 역시 마찬가지로 터무니없을 터이다. 그런 목적들의 나라에서는 우리와 관련 있는 도덕적 사실이 존립하는데도 우리는 그것들을 절대로 알 수 없을 터이다.

이 모든 이유를 고려할 때, 도덕적 사실은 단지 부분적으로만 우리로부터 독립적일 수 있다. 도덕적 사실은 원리적으로 또 대체로 인식 가능해야 한다. 도덕이 추가로 신을 통해 정초가 되건 말건 상관없이, 도덕은 죽음을 면할 수 없는 인간이 접근할 수 있는 것이어야 한다. 무신론자와 다신론자는 본질적으로 유신론자와 마찬가지로 동일한 도덕적 사실을 알아챈다.

이 견해를 많이 논의된 한 숙고를 통해 철학적으로 밑받침할 수 있다. 그 숙고는 자그마치 플라톤에게서 유래했다. 플라톤은 체계적인 철학적 윤리학의 창시자다. 짧지만 멋진 초기 대화편 『에우튀프론』에서 플라톤은 주인공 소크라테스가 신앙심 깊은 아테네 시민 에우튀프론과 만나게 한다. 장소는 아테네의 법원 건물 앞이다. 둘은 대화하는데, 이 당시에 소크라테스는 이미 재판을 받는 중이다. 멜레토스라는 자가 그를 고소했기 때문이다. 잘 알

다시피 소크라테스는 훗날 신학적 과오를 범했다는(새로운 신들을 들여오고 젊은이들을 타락시켰다는) 이유로 사형 판결을 받게 된다.

역시나 산파술의 원조답게 소크라테스는 철학적 대화를 통해 에우튀프론을 신속하게 분석하여 펼쳐 놓는다. 대화의 목표는 신앙심 깊음과 옳음의 관계를 명확히 하는 것이다. 그리하여 두 사람은 오늘날까지도 명확히 대답되지 않은 질문, 곧 종교적 믿음과 도덕적 가치는 서로 어떤 관계인지에 대하여 고대 다신교 조건 아래에서 토론한다. 이 맥락에서 오늘날의 메타 윤리학에서 늘 다시 언급되는, 이른바 **에우튀프론 대비**가 등장한다. 에우튀프론 대비는 외견상 정반대인 두 견해를 맞세운다. 그 견해들은 신과 도덕적 가치의 관계에 관한 것이다. 플라톤의 어법에서 긍정적인 도덕적 가치를 포괄해서 부르는 명칭은 〈옳음〉(디카이오쉬네), 혹은 더 일반적으로는 〈좋음(선함)〉(토 아가톤 to agathon)이다.

에우튀프론 대비에서 서로 경쟁하는 두 견해는 아래와 같다.

신은 선함을 통찰하기 때문에 특정 행위들을 선하다고 간주한다.(실재론)
신이 선하다고 확정하기 때문에, 특정 행위들은 선하

다.(반실재론)

어느 견해를 선택하느냐에 따라 옳음과 신앙심 깊음에
대한 입장이 달라진다. 실재론자는 신에 대한 믿음(신앙
심 깊음)이 기껏해야 간접적으로 도덕적 통찰에 기여한
다고 여긴다. 그런데 신은 우리보다 우월한 인식 능력을
갖추었으므로 도덕적 오류를 범하지 않을 것이 확실하다.
따라서 우리가 알아채는 모든 도덕적 사실은 자동으로 신
이 알아채는 도덕적 사실이다. 이런 연유로 도덕적 판단
을 실천할 때 우리는 부분적으로 신에게 다가간다. 이것
이 플라톤 자신의 견해였다. 그는 우리가 가능한 한 신에
게 다가가 신과 유사해지는 것에 삶의 의미가 있다고 보
았다.

반면에 반실재론자는 거꾸로 된 견해를 옹호한다. 그는
오로지 신앙심 깊음을 통해서만 도덕을 정당화할 수 있다
고 본다. 오로지 신이 도덕적 선함의 기준을 확정함을 통
해서만 특정 행위가 선하다는 것이다. 따라서 관건은 신
이 무엇을 확정했는지 알아내는 것이다. 이 시나리오에서
신의 의지는 행위의 세부 사항보다 훨씬 더 중요하다. 무
엇이 선하다고 간주되고 무엇이 악하다고 간주되는지를
신이 명령을 통해(또는 어떤 식으로든) 규정하니까 말이
다. 오늘날의 윤리학에서는 단지 인간 이성 혹은 우리의

주관적 가치 평가가 신의 자리에 들어섰을 뿐, 논증은 반실재론과 대충 같다. 철학자 에른스트 투겐트하르트는 저서 『윤리학 강의*Vorlesungen über Ethik*』에서 이를 설득력 있고 이해하기 쉽게 보여 주었다.[29] 우리가 도덕적으로 숙고하여 이유들을 따져 본 뒤에 명확히 통찰한 바는 이런저런 상위의 권위(이를테면 진화, 신, 심지어 이성)를 통해 정당화될 수 없다는 투겐트하르트의 지적은 전적으로 옳다.

왜 명백한 것을 여전히 어딘가 다른 곳에서 도출해야할까? 그냥 이 명백함을 지탱하는 받침대들을 명확히 아는 것으로 충분하지 않을까? 우리는 원래 전통주의적 도덕[전통에 호소하면서 도덕을 정당화하는 입장]을 물려받았고 어린 시절에 최소한 부분적으로 권위주의적인 도덕관 안에서 처음 성장했기 때문에, 권위를 통한 뒷받침과 유사하게 어딘가 다른 곳(이성 등)으로부터 간단명료한 정당화가 이루어지기를 기대하는 경향이 있다.[30]

일찍이 플라톤은 반실재론에 반발하면서, 자신은 신을 암묵적으로 혹은 심지어 명시적으로 일종의 악당*Bösewicht*으로 간주한다고 밝힌다. 무슨 말이냐 하면, 만일 신이 무엇이 옳고 무엇이 그른지를 단지 자신의 의지를 통해 확정하고 우리는 선악에 대하여 신의 결정으로부터 독립적인 통찰에 이를 수 없다면, 결국 우리는 아무 이유 없이 신의 의지에 종속되는 것을 형벌로 선고받은 셈이라는 것이다. 이렇게 보면 반실재론은 초권능을 지닌 놈에 대한 맹목적 숭배로 귀착한다. 인간은 그놈이 무엇을 명령하건 간에 그 명령을 따라야 한다. 이런 식으로 신은 말하자면 거역할 수 없는 천상의 독재자로, 형이상학적 폭군으로 간주된다.

그렇기 때문에 신은 — 만일 존재한다면 — 전능하고 따라서 위험한 존재일 뿐 아니라 또한 완벽하게 선하다는 견해와 더 잘 어울리는 쪽은 도덕적 실재론이다. 신은 도덕적 오류를 범할 수 없다. 신이 무엇을 하건, 그 무엇은 선에 대한 신 자신의 통찰에 들어맞아야 한다. 그렇지 않다면 우리는 정당하게 신을 비난할 수 있을 테니까 말이다. 반대로 신이 도덕적 선의 기준을 이유 없이 확정한다면, 우리는 신을 비난할 수 있을 것이다. 왜냐하면 이런 질문이 제기되기 때문이다. 〈왜 쓸데없이 신은 이를테면 인류 역사의 특정 시점에 황야의 어느 산 위에서 불타는 가시덤불의 형태로 나타나 십계명을 전달하는 것과 같은 매우 번거로운 방식으로 자신의 기준을 전달할까?〉

지금 십계명을 끌어들인 것은, 십계명은 합리적인 도덕적 방향 설정의 목록이라는 견해가 토론에서 자주 제시되기 때문이다. 십계명은 — 독일 개신교 홈페이지에 게시된 정보에 따르면 — 구체적 표현과 순서가 아래와 같으며, 〈기독교 윤리의 기반〉이다.

제1계명 나는 주(主), 너의 신이다. 나 외에 다른 신들을 두지 말라.

제2계명 주, 너의 신의 이름을 악용하지 말라.

제3계명 휴일을 신성하게 하라.

제4계명 네 아버지와 어머니를 존경하라.

제5계명 죽이지 말라.

제6계명 간통하지 말라.

제7계명 도둑질하지 말라.

제8계명 네 이웃에 맞서 거짓으로 증언하지 말라.

제9계명 네 이웃집을 탐내지 말라.

제10계명 네 이웃의 아내, 종, 여종, 가축, 그 밖에 네 이웃이 소유한 어떤 것도 탐내지 말라.[31]

이렇게 표현된 십계명은 윤리의 기반으로서 확실히 부적합하다(기독교 윤리의 기반으로서도 마찬가지다. 물론 기독교 윤리는 존재할 수 없다. 왜냐하면 윤리가 기독교적이라면 보편적 유효성을 잃을 터이기 때문이다). 예컨대 누군가의 〈아내, 종, 여종〉을 그의 소유물로 열거하는 것에 우리는 정당한 도덕적 반감을 느낀다. 앞서 표현된 제10계명은 우리의 근대적 남녀평등관을 침해한다. 우리가 그 계명을 따른다면, 그것은 도덕적 퇴보일 터이다. 더 나아가 종살이(노예제의 한 형태)가 그 자체로 도덕적으로 배척해야 할 관행이라는 점을 주목한 사람은 거의 없는 듯하다. 도리어 계명에 언급된 우리 이웃이 자신의 종과 여종에게 강요한 예속으로부터 그들을 해방하는 것이 도덕적으로 권장된다. 다들 알다시피 성경의 텍스트는 노예제에 반대하지 않는다. 이것은 다양하고 몹시 이질적인 텍스트들로 구성된 성경이 때로는 암묵적으로, 때로는 명시적으로 들이대는 도덕적 잣대가 지닌 많은 문제 중 하나다.

게다가 신약 성경에서 예수는 계명들의 위계를 선포하고 두 계명을 최고의 계명으로 꼽았는데, 그중 둘째는 원래 목록인 십계명에 아예 등장하지 않는다.

첫째는 이러하다. 들어라, 이스라엘아, 주, 우리의 신은 유일한 주다. 그러므로 너는 주, 너의 신을 온 마음으로 온 영혼으로, 너의 모든 생각과 모든 힘으로 사랑하라.(「신명기」 6장 4~5절) 추가로 둘째 계명은 이러하다. 너는 네 이웃을 너 자신처럼 사랑하라.(「레위기」 19장 18절) 이 두 계명보다 더 큰 다른 계명은 없

다. (「마가복음」 12장 29~31절)

나의 관심사는 성경과 성경의 해석에 관한, 유대교와 기독교의(또한 당연히 이슬람교의) 관계에 관한, 구약 성경과 신약 성경에 관한 신학적 세부 질문들을 논하는 것이 아니다. 내가 일신교적 세계 종교들의 경전을 언급하는 이유는 그 문헌에서 신은 때때로 상당히 근거 없고 심지어 정당화되지 않은 율법들을, 더구나 오늘날 우리의 가치관뿐 아니라 독일 개신교의 공식 가치관과도 (바라건대) 양립할 수 없는 율법들을 선포하는 것처럼 묘사된다는 점을 지적하기 위해서다.

신에 대한 사랑과 이웃에 대한 사랑은 본래 형태의 십계명을 따르는 것보다 더 수긍할 만한 태도다. 물론 예수 그리스도가 신약 성경에서 실제로 요구하는 바들은 보편적 수용 가능성이 더 낮은 몇몇 요구 때문에 압도적 다수의 독실한 기독교도들로부터 신중히 외면당하는 것이 틀림없지만 말이다. 「누가복음」에서 예수는 신의 나라에 온전히 헌신하기 위하여 자신의 가족을 버리라고 조언한다.

예수는 그들에게 대답했다. 아멘, 내가 너희에게 말한다. 신의 나라를 위해 집이나 아내, 형제, 부모, 자식을 버린 사람은 그 대가로 이미 이 시대에 여러 갑절로

받고 도래할 세계에서 영원한 삶을 얻을 것이다.(「누가복음」 18장 29~30절)

전반적으로 신약 성경은 말세 종교의 선포처럼 읽힌다. 예수가 십자가에서 죽은 후 재림하고 최후의 심판이 열릴 날이 임박했으니, 세속적 책무(자신의 가족에 대한 도덕적 의무뿐 아니라 법 시스템을 도덕적으로 개선하는 프로젝트도 그 책무에 포함될 수 있을 것이다)에 공을 들이는 것은 부질없다. 실제로 사람들이 임박한 메시아의 재림을 정말로 기대하면, 또는 신이 연출한 마지막 단계에서 인류 역사 전체가 정점에 이르는데 우리가 지금 그 단계를 겪는 중이라고 정말로 믿으면, 도덕적 요구들이 엄청나게 달라진다. 신이 도덕적 가치를 임의로 확정하고 어쩌면 변경할 수도 있다는 식으로 신의 전능함을 이해하는 사람은, 현재 우리의 정치적 공동체가 보유한 도덕관과 전혀 다른 도덕관을 받아들이는 것이다. 전자는 기본법(헌법)과 인간 존엄 사상을 주춧돌로 삼는다.

물론 모든 제도적, 실존적 유형의 유대교나 기독교, 이슬람교가 (헌법에 적대적이라는 것은 말할 것도 없고) 헌법에 비우호적이라는 뜻은 결코 아니다. 세계 종교들은 국가 형성과 세속 권력의 조직화라는 현실 역사의 조건들에 수천 년에 걸쳐 대체로 적응했다. 이 대목에서 우리가 간과하지 말아야 할 것은 로마 가톨릭교회가 바티칸 국가의 지휘를 받는다는 점이다. 바티칸 국가는 근대 민주주의 법치 국가가 전혀 아니다. 오히려 절대적 군주 국가다. 예컨대 바티칸 국가의 헌법 제1조에 따르면, 권력 분립은 없다. 〈교황은 바티칸 국가의 우두머리로서 입법, 행정, 사법 권력을 완전히 소유한다.〉[32]

세계 종교들의 모든 고전적 특징은, 도덕적 진보가 심지어 국가의 제도적 구조에서도 이루어질 수 있고, 이루어져야 마땅하고, 반드시 이루어져야 한다는 근대적 생각보다 훨씬 더 오래되었다. 계몽 사상을 올곧게 유지하고자 한다면, 이 근대적 생각을 포기할 수 없다. 계몽 사상이 없다면, 근대 민주주의 법치 국가도 없을 것이다. 그 국가는 하위 시스템들을 복잡하게 세분함으로써(무엇보다도 권력 분립을 통하여) 중심이 존재하지 않게 만든다. 중심에서 누군가가 다른 모든 사람을 제약하고 조종하는 일이 벌어질 수 없도록 말이다. 독일에서는 그 무엇도, 그 누구도 법에서 벗어나 있지 않다. 물론 연방 총리, 연방 대통령, 장관, 의원이 제한된 면책권을 누리긴 하지만, 법원, 입법자, 법학자, 시민 사회, 미디어 등이 상호 감시하는 결과로 현재 독일에서는 누구도 절대적 권력을 장악할 수 없다. 그러려면 독일 공화국 전체를 뒤엎어야 할 텐데, 이것은 원리적으로 불가능하지는 않더라도 현재로서는 상상할 수 없을 정도로 엄청난 전략적 비용과 공모(共謀)를 전제한다.

결정적으로 중요한 점은 이것인데, 실재론, 곧 — 만일 신이 존재한다면 — 신은 선이 선하기 때문에 선을 우대하고 보상한다는 생각은 합리적으로 납득할 만한 모든 형태의 일신교와 양립 가능하다는 것이다. 하지만 실재론이 유신론에 의지하는 것은 아니다. 도덕적 사실은 목적들의 나라에 최고 지도자(곧 신)가 있는지 여부와 상관없이 그 나라에서 존립한다. 보편적 가치의 존재는 신을 함축하지도 않고 신과 양립 불가능하지도 않다.

그러므로 신은 도덕의 정당화에서 유의미한 역할을 하지 못한다. 만약에 신이 도덕의 정당화에서 — 이를테면 반실재론자가 상상하는 대로 — 유의미한 역할을 한다면, 그것은 신이 선하다는 견해와 모순될 것이다. 우리가 도덕적 폭군인 신 앞에서 굴복해야 한다면, 그런 신은 확실히 두려운 존재일 터이다. 그리고 그런 전능한 천상의 지도자가 우리에게 요구하는 바를 정확히 실행하는 것을 전술적으로 긴급히 권장할 만할 것이다. 하지만 그런 천상의 군주의 존재는, 우리가 민주주의 법치 국가와 그것의 모태인 계몽의 존속에 감격하면서 품는 모든 믿음을 미심쩍게 만들 것이다.

간단히 말하면 이러하다. 우리가 아무튼 합리적으로,

원리적으로 모든 인간이 이해할 수 있게 표현할 수 있는 보편적으로 타당한 이유에 근거하여, 도덕적 신념들을 옹호하려 한다면, 우리가 가진 신의 관념을 도덕의 관념에 맞추어야지, 거꾸로 맞추면 안 된다. 신은 선 그 자체이며 따라서 가장 잘 정당화된 가치관과 일치하는 한에서, 이 방침은 신학적으로 문제가 없다(그러나 신은 도덕적 질문 앞에서 오류를 범하지 않으며, 다른 면모들은 제쳐 두더라도 이 면모에서 우리 유한한 인간과 구별된다). 이 방침은 유대교, 기독교, 이슬람교에 대한 해석과 양립할 수 있다. 또한 그렇기 때문에 그 해석들은 민주주의 법치 국가와 양립할 수 있다.

그러나 무신론에 대해서도 당연히 똑같은 이야기를 할 수 있다. 무신론이 도덕적 사실을 인정하는 것에 — 곧 목적들의 나라에 — 자동으로 반대하도록 되어 있지 않은 한에서, 무신론은 세계 종교들과 동등하게 도덕적으로 수용할 만하다. 일부 무신론자들은, 목적들의 나라는 존재하지 않으며, 기껏해야 진화를 통해 천성으로 정착한 이타적 행동이 존재할 뿐이라고 믿는다. 그러나 이 믿음에서 나올 수 있는 것은 보편적 가치의 기반이 아니라 단지 대체로 〈이기적〉이라는 〈유전자들〉의 소망을 따르라는 구속력 없는 권고뿐이다.[33] 만약에 진화론이 도덕을 정당화하는 역할을 떠맡아야 한다면, 진화론은 보편적 가치와 양립할 수 없을 것이다. 하지만 다행히 진화론은 그 역할을 떠맡을 필요가 없다. 왜냐하면 보편적 가치는 다른 무언가를 통한 뒷받침을 필요로 하지 않기 때문이다.

아동 구타는 선한 행위였던 적이 없으며
1880년에도 마찬가지다

도덕적 사실은 우리 인간과 직접적으로 관련이 있고 다른 생물들 및 살아 있지 않은 자연과 간접적으로 관련이 있다. 윤리학의 주제는 〈우리는 무엇을 해야 마땅한가〉라는 질문이다. 우리와 우리의 상호 관계가 관건이다. 그런데 인간은 정신적인 생물이다. **정신**이란, 우리가 많은 행위를 〈우리는 누구이며 누구이고자 하는가〉에 관한 견해에 비추어 실행한다는 사정을 의미한다.[34] 우리는 누구나 다소 상세한 인간상을 품고 있으며, 인간과 다른 생물들 사이의 관계는 어떠하고 우리를 포함한 우주 전체의 의미는 과연 무엇인지에 관한 견해도 품고 있다.

도덕적 사실들은 정신 의존적 객관성을 지녔다. 도덕적 사실들은 본질적으로 인식 가능하기 때문에 곧장 우리 인간을, 자유로운 정신적 생물을 향한다. 우리의 정신 덕분에 우리는 도덕적으로 유효한 사실들을 인식할 수 있으며, 그 사실들은 무엇에 관한 것이든지 항상 또한 우리에 관한 것이기도 하다.

공장식 축산은 도덕적으로 배척해야 한다는 것, 동물들의 고통을 고려할 때 채식주의는 도덕적 명령일 수 있다는 것, 우리가 다른 생물들에 대하여 책임이 있다는 것, 그 밖에 많은 것을 우리 인간은 통찰할 수 있다. 우리가 아는 어떤 다른 동물도 복잡한 도덕적 상황들에 관한 식견을 털끝만큼도 지니지 않았다. 물론 그렇다고 해서 우리가 계몽된 성인보다 도덕적 인식 능력이 낮은 동물들을 나쁘게 다루어도 된다는 뜻은 아니다. 오히려 정반대다. 동물 윤리와 환경 윤리가 존재한다는 것은 도덕적 통찰의 한 부분이다. 다른 동물종들이 우리의 보호를 받을 자격을 갖추려면 스스로 도덕적 통찰력을 지녀야 한다는 견해는 옳지 않다.

이 대목에서, 우리 인간은 시간과 함께 나아가면서 계속 발전하고, 그 발전을 통해 행위의 재량 공간들이 새롭게 생겨난다는 점을 상기할 필요가 있다. 지구화, 디지털화, 기후 변화 등을 통해 발생한 21세기의 문제들은 몇천 년 전에 최초의 철학적, 윤리학 시스템들이 설계될 때는 아직 없었다.

그러나 도덕적 사실은 오늘날 일부 사람들의 견해와 달리 역사적으로 심하게 가변적이지는 않다. 왜냐하면 도덕적 사실은 정신적 생물인 우리와 관련이 있고 따라서 정신에 의존하기는 하지만 그럼에도 객관적으로 존립하기 때문이다. 이에 따른 중대한 귀결 하나는 도덕적 실재론과 보편주의를 지탱하는 역할을 한다. 그 귀결은 **양상적 견고성**modale Robustheit이라고 칭할 수 있으며 내용은 이러하다.[35] 〈상황 S에서 H가 도덕적으로 명령된다면(또는 허용된다면, 금지된다면 등등), 과거에 상황 S가 벌어졌더라도 H가 도덕적으로 명령되었을(또는 허용되었을, 금지되었을 등등) 것이다.〉

즉, 초기 인류가 동굴에서 거주하던 까마득한 선사 시대에도, 타인을 성적으로 괴롭히는 것은 하지 말아야 마땅한 행위였다. 마찬가지로 1880년에도 아동을 교육 목적으로 구타하는 것은 도덕적으로 허용되지 않는 행위였다. 물론 1880년에는 아동이 어른인 자신과 똑같은 의미에서 인간임을 통찰하는 것을 많은 이가 훨씬 더 어렵게 느꼈을 수 있고, 따라서 아동을 고분고분한 어른으로 만들기 위해 구타하는 것은 무의미한 폭력일 뿐이라는 점을 통찰하는 것 역시 훨씬 더 어려웠을 수 있다. 하지만 이로부터 1880년에 자기 자식들을 신체적으로 훈육한 사람은 도덕적 오류를 범한 것이 아니라는 결론은 나오지 않는다. 과거의 오류는 무엇보다도, 신체적 훈육에 관한 (도덕과 무관한) 심리 사회적 사실들이 부분적으로 밝혀져 있지 않았던 것에서 비롯되었다. 그리하여 행위자들의 도덕적 판단력이 제한되었다. 왜냐하면 그들은 부분적으로 종교적 전승에서 유래한 틀린 신념들을 출발점으로 삼았기 때문이다. 하지만 자식들을 신체적으로 훈육한 많은 부모는 틀림없이 양심의 가책을 받았으며 그것을 당연시되는 전승에 기대어 부분적으로만 떨쳐 낼 수 있었을 것이다.

일부 도덕적 오류들은 행위자가 도덕과 무관한 사실들을 알지 못하기 때문에 범해진다. 인류가 존재한 기간의 대부분 동안 사람들은 번식이 분자 생물학적 수준에서 어떻게 이루어지는지 전혀 몰랐고 따라서 어떻게 사람이 사람을 낳는지에 대해서 온갖, 때로는 터무니없는 상상을 했다. 그 틀린 상상들은 도덕적 귀결들을 가졌다. 예컨대 사람들은 유산(流産)이 도덕적 원인에서 비롯된다는 견해를 품을 수 있었고, 그러면 유산한 임신부는 도덕적 꾸짖음을 당할 수 있었다.

오늘날에도 질병에 대해서 이와 유사한 견해를 품은 사람들이 있다. 짐작하건대 과반수는 결코 아닐 듯하지만, 많은 이는 순수한 신체적 질병을 객관적으로 입증 가능한 인과적 요인들이 빚어낸 결과로 간주한다. 그 요인들은 환자의 정신적 세계와 거의 상관이 없다. 뇌종양은 예컨대 환경 오염 때문에 발생하지, 환자가 이웃집 여자에 관한 성적인 꿈을 너무 많이 꾸기 때문에 발생하지 않는다. 그러나 안타깝게도 부유한 근대 산업 국가들에서조차 순전히 신체적인 질병을 도덕적 결함으로 평가하고 때로는 가혹하게 취급하는 관행이 여전히 존재한다. 오늘날 힌두교는 (과거 힌두교의 몇몇 종파와 달리) 영국 등의 식민지화에 따른 결과로 몸과 쾌락에 상당히 적대적인 종교가 되었다. 그래서 일부 엄격한 힌두교도는 첫 월경을 한 딸을 (어차피 딸은 형이상학적으로 열등하다고 간주되는데) 훈육할 때 부분적으로 신체적인 방식을 사용한다. 전근대에 발생하여 여전히 존속하는 많은 문화에서 월경은 더럽다고 여겨지며 도덕적 흠결의 징표로 간주된다.

오늘날의 의학 지식에 따르면 이 견해는 당연히 터무니없다. 그럼에도 이 견해는 글로불리 요법*을 비롯한 동종 요법에서 채택된다. 계몽된 서양 사회인 독일에서도 일부 사람들은 동종 요법에 의지한다. 왜냐하면 그들은 동종 요법을 통해 촉진되는 자연의 자가 치유력을 믿기 때문이다. 그러면서 그들은, 제약 산업과 그 바탕의 주류 의학이 좋은 면에서나 나쁜 면(당연히 제약 산업과 주류 의학도 위험하고 도덕적으로 배척해야 할 방식으로 악용될 수 있다)에서나 (유전자가 조작되었을 수도 있는) 사과를 맛있게 먹는 것이나 (이른바) 자연 온천에서 목욕하는 것과 똑같이 자연적이라는 점을 외면한다.

도덕적 사실은 자연적 사실이 아니다. 또한 도덕적 사실은 반자연적이거나 비자연적이지 않다. 도덕적 사실은

---

* 주로 설탕으로 만든 작은 구슬을 약으로 사용하는 민간요법.

행위 선택지를 선, 중립, 악을 기준으로 분류하는 문장으로 표현된다. 이 분류는 관찰자의 개인적 관점에 좌우되지 않는다. 이 분류는 취향의 문제가 아니며, 모든 각각의 유의미한 관점에서 볼 때 객관적이다.

3장
사회적 정체성: 인종주의,
외국인 혐오, 여성 혐오가 악한 이유

　인간은 항상 다양한 집단의 구성원이다. 우리는 예컨대 가족의 일원, 직장의 노동자, 국민, 난민, 로비스트, 포도주 애호가, 이웃, 또는 산책하는 사람이다. 우리의 소속 집단 목록은 상당히 길며, 우리 중 누구도 자신의 사회적 연결망 전체를 굽어보지 못한다. 사람들을 집단들로 분류하는 사회 경제적 개별 과정들, 또한 거꾸로 사람들의 의식적 기여로 형성되는 사회적 개별 과정들의 조직 전체로서의 사회는 누군가가 그 전체를 굽어볼 수 있기에는 너무 복잡하다. 물론 일부 하위 시스템들이 다른 하위 시스템들을(예컨대 정치가 경제를, 거꾸로 경제가 정치를) 조종하긴 하지만, 누구도 전체를 조종하지 못한다. 왜냐하면 어떻게 하면 전체를 조종할 수 있는지를 그 누구도 알 수 없기 때문이다.

개인들로서 우리는 한꺼번에 파악할 수 없는 이 복잡성에 대응한다. 이 장에서 다룰 한 대응은 우리 자신이 처한 사회적 사정을 단순화하여 그림들을 그리는 것이다. 이 그림들은 본질적으로 거짓이지만 그럼에도 몇몇 구석에서 사실들에 부합한다. 이런 식으로 사회적 정체성들이 생겨난다. 그 정체성들은 소셜 미디어를 통해 강화되며 오늘날 만연한 정체성 정치에서 힘을 발휘한다.

이제 나는 많은 이에게 아주 중요한 사회적, 문화적 정체성들이 실은 존재하지 않음을 논증할 것이다. 그 정체성들은 우리 자신의 행위들에 대한 왜곡된 표상이요 기만 시스템들과 연결되어 있는 자기기만의 한 형태다. 그 기만 시스템들은 우리의 근대적 삶이 광고, 선전, 이데올로기로 물들어 있기 때문에 발생한다.

그릇되고 왜곡된 자화상들은 도덕적 사실들을 호도하므로, 베일처럼 드리운 정체성들에 관한 생각을 걷어 내야 한다. 따라서 새로운 계몽의 보편주의는 정체성 정치의 극복을 옹호한다. 물론 우리가 정체성 정치의 간접적 공헌으로 확실한 도덕적 진보를 이루어 냈음을 부정하려는 것은 아니다. 예나 지금이나 사람들은 흔히 폭력 및 체계적 억압과 짝을 이루는 부정적 차별에 맞서 저항한다. 하지만 우리는 이 싸움과 권리 주장에서 궁극적인 관건은 정체성들의 보존이 아니라 오히려 정체성들이 인간을 비인간화하는dehumanisieren 한에서 그것들을 극복하는 일이라는 점을 이해해야 한다.

사람들을 정체성 집단들로 나누는 분류는 진정한 설명적 가치가 없으며 오히려 국소적 정체성을 옹호하는 이들로 하여금 자신들이 보편적 가치를 따를 책무가 있음을 간과하게 만든다. 실제로 억압당하거나 스스로 판단하기에 억압당하는 소수를 위하여 허구적이거나 실재적인 다수에 맞선 투쟁을 추구하는 사람은 소수에 대한 억압을 낳은 오류와 똑같은 유형의 오류를 자신이 반복하고 있음을 간과한다. 부당한 억압에 맞서 싸우는 사람은 억압자들을 부당하게 억압하는 것을 목표로 삼으면 안 된다.

기품과 전형: 모든 자원은 빠듯하다

코로나바이러스 대유행 같은 위기 상황들은 모든 자원이 한정되어 있음을 우리에게 극적으로 보여 준다. 마스크, 간호 인력, 중환자 병상, 인공호흡기는 무한하지 않다. 고갈되지 않는 에너지원은 (이미 오래전에 알려졌듯이) 존재하지 않으며, 스마트폰도, 고속 열차 좌석도, 식당의 좌석도 무한하지 않다. 요컨대 자원들은 빠듯하다. 거기에 역동적인 인구 변화까지 겹쳐, 위기들이 산더미처럼 쌓인다. 자원의 가치가 높을수록, 자원을 둘러싼 싸움도 거세진다. 물질적 자원들의 정확한 경제적 가치를 누구나 아는 것은 당연히 아니다. 자원들 각각을 획득하는 방법을 누구나 아는 것은 아니라는 사실은 자원들이 빠듯하다는 사실과 조화를 이룬다. 만약에 자원 획득 방법을 누구나 안다면, 귀중한 자원들을 향한 쇄도가 너무 거세져서 분배 시스템이 붕괴할 것이다.

모든 자원이 금, 스마트폰, 에너지원처럼 물질적으로 혹은 금전적으로 측정 가능한 것은 아니다. 프랑스 사회학자 피에르 부르디외가 보여 주었듯이, 우리는 그런 물질적 혹은 금전적 자원들을 **상징적 자원**들과 구별할 수 있다. 후자의 예로는 좋은 평판, 학문적 명망, 신체적 아름다움, 지능에서 타고난 부분, 좋은 교육, 옷 입는 스타일 등이 있다. 심지어 우수한 예술적 취향도 상징적 자원이다.

상징적 자원은 물질적 자원과 상관성이 있다. 몇몇 상징적 가치는 이미 일정한 경제적 수준에 도달한 사람만 획득할 수 있다(이를테면 포도주에 대한 전문성이 그러한데, 탁월한 포도주들은 비싸다). 또 어떤 상징적 자원은 물질적 자원을 획득하기 위한 기반이다. 예컨대 (특정한 직업들을 갖기 위한 암묵적 혹은 명시적 전제 조건인) 우수한 교육이나 신체적 아름다움이 그러하다.

우리는 누구나 일상적 행동 방식들을 통해, 다소 우연히 혹은 의도적으로 획득한 상징적 가치들의 복잡한 연결망을 구현한다. 부르디외의 표현을 받아들여 나는 그 연결망을 **기품**Habitus이라고 부르려 한다.

물질적 자원들과 비물질적 자원들은 서로 복잡하게 얽혀 있다. 확연히 눈에 띄듯이, 특정한 기품을 지닌 사람들은 흔히 특정한 직업들을 지녔다. 그 이유는 한편으로 고용자들이 특정 유형의 직원을 선발하는 것에 있고, 다른 한편으로 사람이 한 직업에서 수행하는 역할이 그의 기품에 영향을 끼치는 것에 있다. 이처럼 우리의 기품은 살아가는 동안 끊임없이 변화한다.

우리는 말하자면 기품 창고Habitus-Depot를 지녔다. 그 창고에 우리의 상징적 가치들이 들어 있으며, 그것들은 복잡한 고유의 논리에 따라 발전한다. 그 고유의 논리를 탐구하기 위하여 정신과학자와 사회 과학자는 방법들을 개발하는데, 당연히 그 방법들도 기품에 영향을 미치고 장점을 낳을 수 있다. 경제학자는, 동네 은행에서 직원에게 설득당하여 미심쩍은 주식을 사는 일반인 아무개보다는 주식에 대해서 확실히 더 많이 안다. 또한 경제학자는 이 앎을 사회에 적용하는 방법도 안다. 문학자는 교육 덕분에 문학을 더 잘 이해하며, 그 이해는 경우에 따라 더 우수한, 혹은 최소한 더 우수한 지식에 기초한 취향 판단Geschmacksurteil으로 이어질 수 있다.

일반적으로 **정치**란, 불가피하게 결함이 있고 항상 부당한 자원 분배를 조종하는 시스템이라고 할 수 있다. 사회의 경제 시스템이 어떠하고 하위 시스템들 및 권한들의 위계가 어떠한가에 따라서, 이 조종은 개별 사안마다 다르게 이루어질 것이다. 그렇기 때문에 정치인은 데이터를 보유한 자원 전문가 팀에 의존한다. 그 데이터를 근거로 우리는 현재의 자원 분배를 측정하고 미래 분배의 고유 논리를 어느 정도 정확히 예견하면서 정치적 노선에 맞게 조종할 수 있다.

이른바 **정체성 정치**란, 특정한 사회적 패턴들(소위 〈정체성들〉)을 물질적, 상징적 자원들의 분배와 관련짓고 그 관련성에서 정치적 노선을 도출하는 것이다. 당연한 말이지만, 현재의 정체성 정치가 맞은 위기는 사람들이 내세우는 소위 정체성이 기품과 달리 실은 존재하지 않는다는 점에서 비롯된다. 기품은 사회학적으로 연구할 수 있지만, 정체성은 그렇지 않다. 모호한 정체성 개념의 배후에는 전형(典型)들의 확산이 있다. 기본적으로 전형은 측정 가능하게 일어나는 분배 투쟁 및 행위의 실제 주역이 아니다. 전형은 실재를 왜곡하는 행위 서술이며, 그 서술을 수단으로 삼아 사람들은 개인의 행위 방식을 그의 집단 소속과 관련지어 설명하려 한다. 전형들은 개인에 대한 우리의 태도에, 따라서 행위에도 영향을 끼친다. 개인들은 전형이라는 필터를 거쳐 지각된다. 그러나 전형적인 독일인, 전형적인 바이에른 사람, 전형적인 베를린 시민, 전형적인 아랍인, 가톨릭교도, 트랜스젠더, 남자, 여자, 서독인과 동독인, 백인과 흑인은 존재하지 않는다. 이런 전형들의 장단점을 비교하는 행위는 무의미하다. 이 결론은 철학과 기타 정신과학 및 사회 과학의 발전에서 나온 주요 성과 중 하나다. 정신과학 및 사회 과학 분과들은 근대에 비로소, 바꿔 말해 대략 18세기 중반부터 학문 분야로서 발생했다.[1]

정상성과 전형성에 관한 우리의 견해들이 사회적 실재에 대한 허용 불가능한 단순화라는 깨달음은 점진적으로 성취되었다. 우리가 처음 마주친 사람들을(이런 마주침이 거리에서 매일 발생한다) 즉각 분류한다는 것은 우리 모두가 익히 아는 현상이다. 그런 분류는 일상적 장면들의 개연적 전개를 지극히 뻔한 수준에서 예측하는 데 도움이 된다. 슈퍼마켓에서 바나나 두 개만 샀기 때문에 계산대 앞에 줄 선 사람들로부터 먼저 계산하라고 배려받는 늙은 여자, 보아하니 교통 법규를 지키지 않고 난폭하게 자전거를 타는 남자, 독일인의 입맛에 맞는 전형적인 메뉴를 파는 이탈리아 피자 가게까지, 우리의 일상은 전형화된 기대로 가득 차 있다. 그런 기대는 우리의 삶을 단순화하며 다음 순간에 일어날 일을 다소 잘 예측할 수 있게 해준다. 그 예측이 유효한 것은 오로지 우리 모두가 전형

시스템에 연루되어 있고 어느 정도는 그 시스템의 공동 주역으로 활동하기 때문이다. 그래서 우리는 예컨대 택시 운전사나 버스 운전사를 신뢰한다. 왜냐하면 그들이 우리를 최대한 신속하고 안전하게 목적지로 데려가는 본연의 임무를 우리가 기대하는 만큼 책임 있게 수행하리라고 여기기 때문이다.

우리 일상생활의 구조는 전형적인 장면들로 이루어진 비단실을 기준점으로 삼는다. 우리는 적응과 교육을 통해 그 장면들로 인도되었다. 우리 성인들은 일부 장면들의 전개가 다를 수도 있음을 언젠가부터 거의 상상조차 하지 못한다. 그리하여 우리는 우리의 일상적 생활 세계를 변경 불가능한 법칙들에 따라 운행하는 자연의 일부처럼 느낀다. 그 운행이 교란되거나 심지어 코로나 위기에서처럼 완전히 뒤엎어지면 불안이 발생한다. 이 불안은 우리의 일상적 생활 세계의 구조에 관한 모종의 교훈을 우리 모두에게 실감 나게 제공한다. 그 구조를 분석한 인물은 현상학이라는 철학의 갈래를 창시한 철학자 겸 수학자 에드문트 후설이다. 그 구조는 우연적이다. 즉, 역사적으로 발생한, 부분적으로 전혀 비합리적인 기대들의 표현이다. 그럼에도 우리는 — 우리 각자의 특징에 따라 — 그런 기대들을 당연시한다.[2]

사회적 정체성은 우리 일상의 비합리적 기대 중 하나

다. 사람들은 자신을 바이에른 남자로, 또는 북이탈리아 여자로, 여자 가톨릭교도로, 힌두교도로, 대도시에 거주하는 동성애자로, 좌파 자유 이념과 사회적 정의를 위해 싸우는 여성 투사로, (예컨대 인종주의가 끼어든 맥락에서) 백인이나 흑인으로 느낀다. 이 모든 사회적 정체성은, 지구라는 행성의 생물로서 우리가 처한 복잡한 사회적, 자연적 상황을 실사Sache(實事)에 기초를 두지 않고 학문적으로 허용 불가능하게 단순화한 결과들이다.

〈흑인〉으로 인종화된 사람은 미국에서 경찰에 의해 죽임을 당할 확률이 다른 사람들보다 더 높다. 이것은 배척해야 할 수많은 인종주의적 편향 중 하나다. 인종주의는 존재하지만, 인종주의자가 상상하는 인종은 존재하지 않는다. 이 차이는 인종주의 피해자의 삶을 자동으로 더 편하게 해주지는 못하지만, 사실들에 기초하여 인종주의에 반발할 수 있게 해준다. 인종들은 실은 존재하지 않는다. 이것을 비판과 저항의 출발점으로 삼아야 한다.

우리는 자원 분배의 사회 경제적 조건과 우리의 생태 보금자리를 미래 예측에 필요한 만큼 충분히 통찰하지 못한다. 예컨대 금융 위기와 세계적 유행병의 위험은 상존하지만, 2008년 금융 위기나 코로나 대유행의 발발을 구체적으로 예측할 수 있었던 사람은 아무도 없다. 심지어 지극히 일상적인 조건에서도 우리는 미래를 정확히 예측할 능력이 없다. 이를 모든 독일인은 독일 철도를 이용해 본 덕분에 익히 안다. 독일 철도의 운행 시간표는 열차 도착에 관한 예언이라기보다 대략적인 지침에 가깝다.

우리 일상의 전형적인 기대들은 자연 과학적, 정신과학적, 사회 과학적 이론 구성을 통해서가 아니라 근거가 부실한, 역사적으로 전승된 모형들을 통해 발생한다. 우리는 우리 자신과 동료 인간들을 이해하기 위하여 그 모형들을 체득한다. 그 모형들과 기대들은 교란 요인이 등장하기 전까지는 다소 잘 작동한다. 하지만 그 교란 요인은 이 시스템이 구멍투성이임을 보여 준다.

이방인과 타인에 대한 모든 공포는 궁극적으로, 우리의 기대 시스템이 무너질 수도 있을뿐더러 끊임없이 변화하고 있다는 것에서 유래하는 불안의 표현이다. 모든 것이 마땅히 작동해야 하는 대로 작동하는 정상 사회는 존재하지 않는다. 왜냐하면 사회적 정상성의 경험은 항상 다양한 기만 및 억압 메커니즘의 표현이기 때문이다.

디지털 시대인 오늘날 가짜 뉴스를 포함한 뉴스의 확산 논리에 기초하여 소셜 미디어들에서 통상적으로 이루어지는 (사회적) 정체성 부여는 정신과학적, 사회 과학적으로 근거가 없다. 이 문제는 특히 우리의 주요 주제인 도덕적 행위와 관련이 있다. 남자, 또는 여자, 동독인, 무슬림 여자, 기독교도 남자, 여성 사회 민주주의자이기 때문에 선하거나 악하게 행위하는 사람은 아무도 없다. 타인과 자신에 의해 부여된 그런 정체성들은 우리의 행동을 기껏해야 간접적으로 규정한다. 무슨 말이냐 하면, 우리 자신의 행동은 우리의 사회적 정체성의 표현이라는 그릇된 견해가 우리의 결정들에 영향을 미치는 것을 우리가 허용할 때, 그 정체성은 우리의 행동을 간접적으로 규정한다. 예컨대 전형적인 브라질 사람으로 자처하는 브라질 남자와 전형적인 독일인으로 자처하는 독일 남자가 서로 마주친다면, 두 사람은 사회적 접촉에서 일단 처음에는 각자의 가면을 쓸 테고 상대에게서 자신의 선입견들이 옳음을 확인할 것이다. 브라질 남자는 열정적인 남국(南國) 사람으로, 독일 남자는 냉정한 이성적 인간으로 행세할 것이다. 브라질 남자는 춤추고, 독일 남자는 주변의 모든 것을 꼼꼼히 정돈할 것이다. 이런 전형들이 실재와 어긋난다는 사실을 쉽게 증명할 수 있다. 이를테면 열정적인 기질의 삼바 댄서인 독일 남자와 내성적인 브라질 남자를 비교하면 된다. 전형을 입증하는 브라질 남자 각각에 전형을 반박하는 브라질 남자 한 명을 맞세울 수 있다. 또 어떤 브라질 남자도 모든 전형에 들어맞을 수 없다. 왜냐하면 전형들이 가지각색이기 때문이다. 미국에서 상상되는 전형적인 브라질 남자는 일본에서 상상되는 전형적인 브라질 남자와 다르다.

전형은 위험하다. 왜냐하면 전형은 타인의 행위뿐 아니라 자기 자신의 행위도 도덕적으로 잘못 평가하고 따라서 그릇되게 반응하도록 사람들을 유혹하기 십상이기 때문이다. 예컨대 베를린과 뉴욕에서 거주했으며 녹색당을 지지하는 30세 여성이 뮌헨으로 이주하여, 대대로 미스바흐*에서 살아왔으며 기독 사회 연합**을 지지하는 80세 남성과 만날 경우, 만일 그 여성이 전형들로부터 기대를 도출한다면, 아마도 그녀는 그릇된 판단을 내릴 것이다. 물론 그 기독 사회 연합 지지자는 선거에서 그 당에 투표하겠지만, 이로부터 많은 것이 도출되지는 않는다. 어쩌면 그는 2015년 난민 위기 때 특별히 환영 운동에 참여하며 난민을 위해 기부했을지도 모른다. 어쩌면 그는 기후 변화를 막기 위해 자택을 생태학적 기준에 따라 개축했을 것이다. 거꾸로 어쩌면 그 30세의 녹색당 지지 여성은 자신의 국제적 경험을 자랑스러워하면서 어떤 사람도 인종주의적 기준을 비롯한 외적 기준에 따라 평가하지 않는다고 자부할 터이며, 바로 그렇기 때문에 그 기독 사회 연합 지지자를 도덕적으로 비난하면서 처음 만날 때부터 내심 배척할 것이다. 선입견들을 제거하려는 그녀의 노력은 그녀 자신이 이방인으로 인정하는 이방인에 대한 선입견들

* 뮌헨 근처의 도시.
** 바이에른 지역 보수 정당.

만 표적으로 삼는다는 점에서 너무나 편파적이다. 그녀는 자신이 마주한 그 기독 사회 연합 지지자 역시 도덕적으로 존중받을 자격이 있는 이방인이라는 점을 간과한다. 아주 멀리 떨어진 이방인과 용케 독일에 들어오는 이주자에 대한 선의에 입각하여 기독 사회 연합 지지자에 대한 선입견들을 품는 사람은 자신이 본래 피하고자 하는 바로 그 오류를 범하는 것이다. 왜냐하면 그는 낯선 사람을 무턱대고 도덕적으로 비난하는 셈이기 때문이다.

흔히 간과되지만, 미국에는 유럽인에 관한 부정적 전형들이 만연해 있다. 나는 학업과 연구를 위해 미국에 머무는 동안 그 전형들을 몸소 절실히 체험했다. 뉴욕시에서 나는 〈사회 연구 뉴 스쿨〉 소속의 젊은 교수로서 브루클린에 있는 〈그린포인트〉라는 폴란드인 구역에서 2년 동안 살았다. 그곳의 집세는 생활비가 너무 많이 드는 다른 많은 구역보다 저렴했다. 게다가 거기엔 친절한 주민들, 훌륭하고 가격이 적당한 식당들, 그 밖에 많은 장점까지 있어서, 실제로 온갖 국가에서 온 많은 유럽인이 그린포인트에 거주했고, 그 구역의 부동산 시장은 폴란드계 이주자들이 확실히 장악하고 있었다.

그런데 미국에는 폴란드인(그리고 그리스인)에 관한 전형과 유머가 유난히 많다. 어느 정도냐 하면, 일부 미국인 친구들이 나를 삐딱한 시선으로 바라보며 왜 자발적으

로 〈폴란드인들 곁에서〉 사느냐고 묻는 일이 자주 있을
정도였다. 그때 나는 전형의 힘을 확실히 알았으며, 폭넓
은 학문적 교양을 쌓은 내 친구들도 전형적인 사고에서
자동으로 자유롭지는 않다는 사실도 명확히 깨달았다. 독
일에서 예컨대 뒤스부르크-마르크슬로* 같은 〈문제 구
역〉에서 나고 자란 사람들은 틀림없이 내가 미국에서 겪
은 것과 비슷한 ─ 다만, 훨씬 더 고약한 ─ 경험을 할 것
이다. 왜냐하면 이른바 전형적인 문제들은 특정 구역들에
집중되어 있으며 그곳의 거주자들에게 말하자면 들러붙
어 있다는 통념이 존재하기 때문이다. 경제적 능력이 충
분해서 잠시만 그런 구역에 살다가 떠나는 사람은 문제가
없다. 반면에 〈문제 구역〉으로 여겨지는 곳에서 성장한
사람은 조만간 계급주의Klassismus 곧 부정적 차별의 피해
자가 된다.

그러나 대개 실상은 계급주의자들의 견해와 정반대다.
전형을 통해 식별된 특정한 인간 집단에 대한 선입견들이
만연해 있기 때문에, 그 집단으로 분류된 사람들이 물질
적 자원과 상징적 자원을 빼앗긴다. 이것이 실상이다. 튀
르키예어처럼 느껴지는 성을 가진 사람이 자신은 마르크
슬로 출신이라고 밝히면, 직업 생활의 많은 방면에서 측

* 뒤스부르크시의 한 구역으로 무슬림 주민이 특히 많고 실업률, 빈곤율,
범죄율이 높다.

정 가능한 불이익을 당한다. 그 사람이 사회적 정체성 규정과 상관없이 어떤 능력을 보이느냐는 전혀 중요치 않다.

도덕적 진보의 최상위 목표 하나는 전형 시스템을 폭파하여 우리가 무릇 인간을 인간으로 인식하고 인정할 수 있게 만드는 것이다. 이 사실은 지구적 유행병을 통해 뚜렷이 드러나고 있다. 독일에 사는 대다수 사람은 코로나 위기와 같은 상황과 터무니없게 느껴지는 공적 생활의 정지를 자기 인생에서 경험한 적이 없다. 심지어 기후 위기도, 순전히 경제적 의미로 이해되어 온 지구화 시대의 생산망을 멈추는 수준에 (아직까지는) 도달하지 못했다. 그런데 신속하게 확산하는 바이러스 감염은 우리가 모두 인간들로서 연결되어 있다는 사실을 갑자기 뚜렷이 부각했다. 성별, 〈인종〉, 외모, 나이, 정치적 견해, 소득, 종교 등은 전혀 중요치 않다. 코비드19 덕분에 인류는 갑자기 비자발적으로, 보이지 않는 위험의 압력에 눌려 통일되었다. 코로나 위기와 함께 어두운 시대에 도덕이 진보할 가능성이 열린 것이다. 〈위기〉를 뜻하는 독일어 〈Krise〉는 〈Kritik(비판)〉과 마찬가지로 희랍어 〈krinein(구별하다, 선별하다)〉에서 유래했다. 이런 거대한 위기는 우리의 주요 가치들이 무엇인지 드러내고 기존에 명확히 보이지 않던 시스템 맥락Systemzusammenhänge을 들추어낸다. 그리고 모든 위기는 위험뿐 아니라 기회도 포함한다. 〈위기〉를 뜻하는 중국어 〈危機(웨이지)〉는 이 사실을 멋지게 표현한다. 이 단어는 두 글자로 이루어졌는데, 첫째 글자는 〈위험〉을, 둘째 글자는 〈기회〉를 의미한다.

극단적인 상황에서는 결정이 내려져야 하고, 그 결정은 우리 각자의 가치관을 표현한다. 트럼프, 보리스 존슨,* 보우소나루, 오르반, 시진핑은 이미 위기 이전에 도덕적으로 미심쩍다는 것이 잘 알려져 있었는데, 아니나 다를까 예외적 상황인 코로나 위기에서 그들의 정치적 결정들은 비도덕적이며 반사회적인 방식으로 내려졌다. 반면에 독일에서 적어도 코로나 위기 초기에는 사회 전체의 연대가 발생하는 것이 느껴졌다. 이는 연방 정부의 구성원들이 정치적 맥락에서 위기 관리자로서 능력을 인정받으려할(이 인정 추구는 그들의 선한 권리다) 뿐 아니라 자신의 결정에 대하여 도덕적 책임을 진 것에서 유래한 일이었다. 이로 인해 적어도 일시적으로 연방 정부에 대한 신뢰가 향상되었다. 공적인 수준에서 다음과 같은 질문들이 불거졌다. 우리는 공동체로서 행위하고 비용을 거의 따지지 않고 노약자를 보호하기를 원하는가, 아니면 수십만 명의 사망을 감수하더라도 신속하게 집단 면역에 도달하기를 원하는가? 우리는 바이러스 감염의 피해가 특히 큰 동료 인간들의 몸과 생명의 안전을 위한 조치를 원하는

* 영국의 전 총리.

가, 아니면 경제계의 이익 추구에 부응하여 최대한 신속하게 외출 금지를 해제하기를 원하는가? 그리고 이 모든 일이 언젠가 끝나면, 우리는 미래에 어떻게 함께 살기를 원하는가? 감염률을 가능한 한 최저 수준으로 유지하는 것과 감염 위험을 감수하더라도 모든 아동과 청소년이 동일한 기회를 얻어 학교에 다닐 수 있도록 배려하는 것 중에 어느 쪽이 우리에게 더 중요하게 될까? 노인들은 특히 취약하므로 보호받아야 하는 반면 젊은 가족들은 아이들을 집 안에 고립시키고 부모가 일을 아예 또는 조금밖에 못하는 것 때문에 고통받는 상황을 어떻게 다루어야 할까?

올바름에 대한 우리의 도덕적 요구들을 균형 있게 견지할 수 있게 해주는, 윤리적으로 숙고된 구상들이 어떤 식으로든 제시되어야 한다. 〈균형 있게〉라는 단서는, 우리 사회 전체를 오로지 코로나 통계에 기초하여 구성할 수는 없기 때문에 붙인 것이다. 한마디로 코로나 위기는 윤리적으로 모든 것이 걸린 다음과 같은 질문을 우리에게 던진다. 〈우리는 누구이며 누구이고자 하는가?〉 이 질문 앞에서 우파 포퓰리스트들은 도움이 되지 않을 것이다. 새빨간 거짓말과 인종주의를 주요 수단으로 삼아 많은 국가에서 권력을 잡은 그들은 인류 전체를 위협하는 자신들의 잠재력을 코로나 시대에 확실히 보여 주었다. 특히 미국에서 그러한데, 이제 트럼프는 자신의 참된 얼굴을 드러내는 중이다. 감염병 대유행, 기후 변화, 사회적 불공정, 세계 여러 곳에서의 착취, 과거와 다름없이 매우 명백한 핵무기의 위협 등은 국가주의적인 방식으로는 말할 것도 없고 국가 수준의 단독 행동으로는 극복할 수 없다. 하지만 1차 코로나 물결을 통제하기 위해, 민족 국가들을 중시하는 방향으로의 후퇴가 유럽에서도 당분간 필요했다. 왜냐하면 감염의 확산을 차단하기 위하여 개별 국가들은 상품들의 유통과 사람들의 자유를 통제할 권리가 필요했는데, 이 권리에 관한 현행법들은 대체로 민족 국가들의 헌법과 연결되어 있기 때문이다.

우리는 이미 과거에도 페스트를 유럽에 들여온 바 있는 국제적 통상을 없앨 수 없다. 국제적 상품 거래를 없앤다는 것은 비현실적인 바람일 것이다. 오로지 국제적으로 협력할 때만 우리는 백신과 효과적인 치료제뿐 아니라 대유행 억제와 감시를 위한 합리적 프로젝트를 개발할 수 있다. 이 국제적 협력의 게임 규칙은 미래에 보편적인 도덕적 기준에 따라야 할 것이다. 왜냐하면 우리는 인류로서 상호 경쟁과 나머지 자연에 맞선 경쟁에 빠져들지 말아야 하기 때문이다.

민족 국가는 국경에 근거를 두는데, 바이러스도 기후도 국경을 준수하지 않는다. 바이러스와 기타 비인간 생물의 관점에서 보면, 민족 국가들은 존재하지 않는다. 바이러스는 다양한 인간 유형을 구분하지 않으며 오히려 우리가 분자 생물학적 수준에서 단 하나의 종 곧 인간임을 일깨운다. 현재의 감염병 대유행은 우리 종의 공동 운명이다.

민족 국가는 자원 분배를 조직화하는 형식이다. 민족 국가는 국경 내에서 관료주의적 과정들이 유지될 수 있게 해준다. 그러나 우리의 생각이 민족 국가의 국경 안에 갇힌 채로 이루어진다면, 그것은 도덕적으로 배척해야 한다. 내가 특히 염두에 두는 것은 독일적임, 바이에른적임, 또는 라인란트*적임 같은 이런저런 문화적 정체성들이 존재한다는 생각, 바꿔 말해 우리를 오도하는 전형들을 동원한 생각이다. 이런 전형들은 사람들을 전형에 어울리게 행동하도록 만든다. 전형들은 환상이며, 이런저런 인간 집단들이 배제되고 부정적으로 차별받는 결과를 항상 초래한다.

비인간화의 베일을 걷어 내기: 정체성 정치에서 차이 정치로

타인들을 상대로 도덕적으로 옳게 행동할 수 있으려면 우리는 먼저 전형이라는 베일을 걷어 내야 한다. 우리는 타인들의 얼굴을 그 베일로 가리고 타인들을 우리의 선입견에 내맡긴다. 그 베일을 걷어 내라는 요구는 모든 인간

* 〈라인란트〉는 쾰른을 비롯한 라인강 중류 지역.

에게 유효하다. 선입견과 차별의 피해를 직접 당한 사람들도 예외가 아니다. 전형 때문에 피해를 당한 인간 집단이라고 해서 꼭 성자들로 이루어진 것은 아니다. 오히려 일반적으로 그런 집단들도 전형들을 퍼뜨린다. 독일에서 다른 인간 집단들을 〈감자들〉이라고 표현하면서 자기 자신만 통합될 수 없는 피해자로 여기는 사람은 사람들을 갈라놓는 정신적 장벽을 쌓는 일에 효과적으로 기여하는 것이다. 그러나 독일에서 차별과 전형의 피해자는 주로 튀르키예계 및 아랍계 시민이며, 안타깝게도 〈카나케 Kanake〉*는 여전히 쓰이는 모욕적인 호칭이다. 그들을 〈튀르키예계와 아랍계〉로 칭하는 것부터가 부정적이며 전형적인 차별이다. 왜냐하면 그 호칭은 첫째, 아무 역할도 하지 말아야 할 무언가를 부각하고 둘째, 결국엔 별로 설명해 주는 것이 없기 때문이다. 이른바 〈생물학적 독일인 Biodeutsche〉, 곧 조상들이 여러 세대 전부터 독일 국적(혹은 그것의 전신)을 가졌던 독일인 중 일부는 유감스럽게도 독일에서 어느 정도 특권을 누리는 것이 사실이다(당연히 이것은 도덕적, 사회 경제적 결함이다). 하지만 유복한 가정에서 태어난 〈튀르키예계〉 변호사들도 당연히 있다. 누군가가 〈튀르키예계〉이거나 〈생물학적 독일인〉이

---

* 〈카나케〉는 원래 남태평양 원주민을 뜻하지만 무릇 외국인에 대한 비칭으로 사용된다.

기 때문에 현재 행동하는 방식대로 행동하는 경우는 없다. 기껏해야 누군가의 출신이 사회적 의미를 갖기라도 한 것처럼 그를 대우하는 경우가 있을 따름이다. 출신의 사회적 의미는 관찰자들의 눈 속에만 있다. 그 의미는 우리의 선입견들로부터 독립적으로 존립하는 어떤 실재에도 들어맞지 않는다.

이런 연유로 부정적 차별은 특히 위험하다. 그 차별의 토대는 이방인에 대한 그릇된 상상들이며, 그 상상들은 이방인의 행동을 통해 입증되는 것처럼 보인다. 이 가상은 그 그릇된 상상들이 사회적으로 힘을 발휘하고 저항 반응을 유발하는 것을 통해 발생한다. 오랜 상호 왜곡의 역사 때문에 (이 왜곡과 결부된 폭력은 차치하더라도) 그 상상들이 틀렸음을 통찰하기는 쉽지 않다.

정체성 정치의 해독제는 **차이 정치**Differenzpolitik다. 후자는 누구나 타자의 타자임을 인정한다. 누구나 언제 어딘가에서는 이방인이다. 절대적 고향은 없다. 다른 모든 정체성보다 우월하기 때문에 절대적 차이의 근거가 될 수 있는, 그런 정체성은 없다.

다름은 대칭적 관계다. 인물 B가 인물 A와 다르다면, 인물 A도 인물 B와 다르다. 우리에게 이방인으로 느껴지는 사람들과 마찬가지로 우리도 이방인이다.

하지만 우리는 차이 정치에 머물러서는 안 된다. 차이

정치는 우리를 정체성 정치의 위험한 편파성으로부터 보호하는 역할을 하기는 하지만 정체성들이라는 틀을 깨부수지는 못한다. 차이 정치는 대화로 이끄는 필수적 초대일 따름이며, 관용과 너그러움의 원리와 짝을 이룬다. 하지만 관용과 너그러움은 궁극적으로 불충분하다. 왜냐하면 관용과 너그러움은 여전히 정체성들을 그대로 놔두기 때문이다. 정체성들은 실은 그릇된 상상들로서 사람들의 머릿속에만 존재하는데도 말이다. 이는 마녀, 마법사, 악령이 사람들의 머릿속에만 존재하는 것과 마찬가지다. 과거 언젠가 장작더미 위에서 화형당한 어떤 인물도 실제로 마녀나 마법사나 악령에 쒼 사람이 아니었다. 마녀 소동 전체가 사실들에 대한 무지에 기초한 거대한 상상이었다.

현재 정체성들을 둘러싼 사회 정치적 싸움이 때로는 격렬하게 벌어지고 있다. 특히 출신, 인종, 성적 지향, 종교가 정체성들로 꼽힌다. 독일에서는 그 밖에 정치적 견해, 동서남북으로 갈라진 지역 감정이 중요한 역할을 한다. 그 감정은 한자 동맹 지역 출신자와 바이에른 출신자를, 라인란트 출신자와 튀링겐 출신자를 갈라놓는다. 얼마나 세밀히 들여다보느냐에 따라서, 이 범주들 각각의 내부에서도 충돌의 개연성을 지닌 하위 집단들을 당연히 발견할 수 있다. 뒤셀도르프 주민과 쾰른 주민의 대립, 고기를 먹는 사람과 채식주의자의 대립, 힙스터(유행을 좇는 사람)

와 여피(젊은 전문직 종사자)의 대립, 바이에른 뮌헨 축구팀 팬과 도르트문트 축구팀 팬의 대립 등을 생각해 보라. 우리가 중시하고 우리의 개인적 삶에 발판과 의미와 제공하는 많은 것은 정체성 체험과 얽혀 있다는 점을 반박하기는 어렵다. 독일의 개별 주들의 문화, 혹은 심지어 개별 지역들(뷔르템베르크와 다른 바덴의, 베스트팔렌과 다른 노르트라인의)의 문화는, 더 나아가 한 도시의 구역들(쾰른 프리드리히스하인과 쾰른 그루네발트) 간 차이는 부분적으로 매우 근본적이어서, 우리 모두는 그 체험된 정체성 안으로 움츠러들고 어쩌면 그 정체성이 경계를 맞댄 다른 정체성들보다 우월하다고 주장하고 싶은 욕구를 때때로 느낀다.

그러나 이 부인할 수 없는 심리 사회적 실재는, 완곡하게 말해서 윤리적으로 수상쩍다. 정확히 말하면, 그 실재는 사회적 오류와 자기기만으로 가득 차 있다. 우리는 그 오류와 자기기만을 시급히 통찰하고 극복해야 한다. 인간적인 소속의 욕구가 존재한다는 것은 확실하다. 그러나 자신을 베를린 쇠네베르크 구역에 사는 여성 채식주의자로 일관되게 정의하면서 암묵적이거나 명시적으로 빌머스도르프 구역에 살면서 고기를 먹는 남성의 삶꼴을 비난하지 않을 길은 없다. 여성 채식주의자의 삶꼴이 마음에 든다는 이유만으로 여성 채식주의자로 사는 사람은 고기

소비에 얽힌 진짜 문제를 진지하게 취급하지 않는 것이다.

오류를 유도하는 정체성 생각을 극복하기 위하여, 우리는 **정체성에 관한 핵심 질문**을 출발점으로 삼아야 한다. 〈**정체성이란 과연 무엇일까?**〉 이 질문은 우리를 철학적 심연으로 이끈다. 이 질문은 다양하게 변형된 모습으로 2천 5백 년 넘는 철학사 전체를 규정해 왔으니까 말이다.

일반적으로 **정체성 곧 동일성**은 무언가 혹은 누군가가 오직 자기 자신과만 맺는 관계다. 내가 다른 누군가와 동일하기는 불가능하다. 나는 나고, 당신은 당신이다. 물론 정체성 정치가 제기하는 질문들의 핵심이 〈누군가가 그 자신인가?〉에 국한되는 것은 당연히 아니다. 이 질문의 대답은 (적어도 언뜻 보기에는) 쉽다. 오히려 정체성 정치는 외견상 아주 절박하고 도덕적으로 중요한 다음과 같은 질문들을 다룬다. 동독 출신자를 위한 할당률을 도입하여 기업들의 최고위층을 더 많은 동독 출신 경영자가 차지하게 해야 할까? 성적 자기 규정의 폭넓은 스펙트럼을 고려하여 모든 젠더를 위한 공중화장실을 개설해야 할까, 아니면 기존 관행대로 남성용과 여성용을 구분하는 것으로 충분할까? 많은 아동은 유대교도나 무슬림인데, 어린이집과 학교에서 돼지고기를 식탁에 올려도 될까? 이 뒤엉킨 문제들을 명확히 정리하기 위하여, 우선 정체성 곧 동일성의 네 가지 형태를 아래와 같이 구분할 수 있다.

1. 존재론적 정체성

우리 각자가 누군가라는 것은 정확히 무슨 뜻일까? 어찌하여 나는 나고 다른 누군가가 아닐까? 내 인생이 다르게 흘러갔다면, 나는 다른 누군가일 수 있을까? 예컨대 내가 다른 도시의 일자리 제안을 거절하지 않고 수용했다면?

2. 형이상학적 정체성

나는 인간으로서, 실재의 일부로서 진짜로 실존하는 어떤 대상과 정말로 동일할까? 나는 영리하고 말하는 능력이 있는 동물일까? 인간의 몸 안에 들어간 불멸의 영혼일까? 뉴런 활동 패턴일까? 몸속에 중앙 통제소로서 들어 있는 뇌일까? 꿈일까? 신의 정신 속의 한 생각일까? 혹시 전혀 다른 무언가일까?

이 문제를 〈정의(定義)의 문제〉로, 바꿔 말해 다소 임의적인 문제로 간주함으로써 비켜 갈 수는 없다. 어쨌거나 우리는 실제로 무언가와 동일할 테니까 말이다. 만약에 우리가 불멸의 영혼들이고 이 삶에서 신으로부터 덕Tugendhaftigkeit을 시험받고 있다면, 이것은 필시 가장 중요한 정보일 터이다! 반대로 우리가 뉴런 활동의 짧은 요동에 불과하다면, 이것 역시 성공한 삶에 관한 결정적 귀결들을 가질 터이다. 왜냐하면 이 경우에 우리는 우리가 딱 한 번만 — 바로 이 삶만 — 살 수 있음을 확신할 수 있을 테니까 말이다. 사실을 따지면, 이 형이상학적 질문들은 명확히 대답되지 않았다. 그렇다고 이 질문들이 중요하지 않게 되는 것은 아니다. 아무튼 삶의 의미가 이 질문들에 달려 있으니까 말이다.

3. 개인적 정체성

나는 평생 동일한 놈일까? 나는 30년 전의 나와 동일할까? 내가 죽을 때, 나는 동일한 놈일까? 혹시 나는 다른 누군가로 되고, 내 껍질을 뒤집어쓴 그 누군가가 죽는 것일까? 어쩌면 나는 매 순간 죽고, 따라서 나의 정체성은 어차피 한순간의 섬광에 불과할까?

4. 사회적 정체성

내가 아버지, 이 글의 저자, 대학교수, 독일인, 라인란트 출신자, 포도주 애호가, 이웃 남자, 남편, 철학자, 연구소장 등이라는 것은 나에게 무슨 의미일까? 이 모든 역할은 권리 및 의무와 결부되어 있으며, 그 권리와 의무 중 일부는 과거와 현재에 사회 과학적으로 연구되고 민주주의 법치 국가의 제도와 연결됨으로써 확정된다. 민주주의 법치 국가는 놀이 공간들을 규정하고, 그것들 안에서 사람은 아버지, 저자, 독일인, 이웃 남자, 포도주 애호가 등일 수 있다.

이 네 가지 정체성 유형(그리고 거론하지 않아도 되는 기타 유형들)은 정체성 정치에 관한 공적 논쟁의 열기 속에서 융합된다. 그래서 사회적 정체성이 형이상학적 색채를 띠게 된다. 즉, 많은 이에게 사회적 정체성이 종교의 대용품으로 구실하게 된다.

정체성 정치를 둘러싼 격한 흥분의 한 이유는 정체성 정치의 유래와 관련이 있다. 인종적, 종교적, 성(性)적 배경이 정체성 정치의 핵심에 놓여 있다는 주장의 정당화는 그런 분류에 기초하여 특정 인간 집단들에 저질러진 과거의 (때로는 격렬했던) 부정의에 의지한다. 피부색이 어두운 사람, 유대인, 기독교도, 무슬림, 여성, 트랜스젠더, 독일인, 프랑스인, 러시아인, 중국인 등에 대한 만행과 잔혹한 짓이 전혀 멀지 않은 과거에 자행되었고 지금도 여전히 자행된다.

인류에 대한 (때로는) 심각한 범죄의 동기와 정당화를 위하여 예로부터 전형들이 동원되어 왔다는 점을 상기하면, 우리는 문제의 핵심에 도달한다. 우리의 생각이 전형들에 얼마나 심하게 휘둘리는지 쉽게 알아보는 방법이 있다. 당신이 보기에 전형적인 스페인 사람의 특징은 무엇인지 스스로 자문해 보라. 어쩌면 당신은 이런 것들을 떠올릴 것이다. 스페인 사람은 아주 정열적이고, 목소리가 크고, 파에야를 먹고, 도수 높은 적포도주를 마시고, 피부 색이 갈색으로 그을렸다 등등을 말이다. 그러나 당신이 스페인에서 꽤 오래 살았거나 스페인 사람들을 잘 안다면, 〈전형적인〉 스페인 사람을 찾으려 하는 것은 스페인 사람들을 아주 부족하게만 이해하는 사람이나 할 행동임을 금세 알아챌 것이다. 말할 필요도 없겠지만, 전형적인 바이에른 사람에 대해서도 똑같은 이야기를 할 수 있다. 우리는 전형적인 바이에른 사람이 특정한 옷을 입고, 밀 맥주를 마시고, 흰 소시지를 먹고, 중저음의 억센 사투리로 욕을 하고 가톨릭교도인 경향이 있다고 억측하지만, 실제 바이에른 사람들은 이 억측 안에 갇히지 않는다.

전형은 자연스럽게 역할과 연결된다. 많은 이는 전형적인 주부의 활동과 생각을 상상하는 일이나, 유난히 반항적인 동독인으로 여겨지곤 하는 작센 사람들이 원하는 바를 설명하는 일을 어렵지 않게 해낸다. 더 나아가 어느 나라나 고유한 외국인들의 전형을 가지고 있다. 포르투갈 사람이 가진 스페인 사람의 전형은 우리가 가진 그 전형과 다르고, 중국 사람이 가진 독일 사람의 전형은 예컨대 미국 사람이 가진 그 전형과 다르다. 이탈리아 사람이 가진 리비아 사람의 전형은 프랑스 사람이 품은 그 전형과 다르다.

그런데 지금 나는 당신을 약간 오도했다. 왜냐하면 내가 국가들과 고유한 전형들에 관하여 방금 한 말은, 그 자체로 이미 전형들로 이루어졌기 때문이다. 그 내부에서 특정한 전형이 우세한 국가가 존재한다는 견해는 이미 자동으로 새로운 전형을 낳는다. 그리고 이것은 애당초 제기된 문제의 한 부분이다.

전형에 관한 상투적 견해와 여론의 관련성을 다룬 최초의 이론은 미국 언론인 겸 미디어 비평가 월터 리프먼에 의해 개발되었다. 지금도 시대에 뒤처지지 않은, 1922년에 출간된 저서 『여론 *Public Opinion*』에서 그는 〈문화, 전통, 집단정신〉[3]에의 호소는 기껏해야 전형 패턴의 표현임을 보여 준다. 이때 리프먼이 말하는 전형 패턴이란, 우리의 기대에 영향을 미치고 따라서 지각에 영향을 미치는 선입견들과 〈미리 품은 견해들〉[4]을 뜻한다. 그가 말한 국민에 관한 전형의 예들은 오늘날의 관점에서 의아하게 느껴진다.

신뢰할 수 없는 아일랜드 사람, 논리적인 프랑스 사람, 규율 잡힌 독일 사람, 무식한 슬라브 사람, 성실한 중국 사람, 신뢰할 수 없는 일본 사람 등등. 이 모든 판단은 개별 사례들에 기초한 일반화이며, 이때 개별 사례들은 통계학적으로 전혀 신뢰할 수 없는 방법으로 선정된다. …… 피상적인 정신은 자신의 선입견을 뒷받침하거나 반박하는 한 사례를 임의로 뽑아내거나 순전히 우연히 마주치고서 그것을 한 집단 전체를 대표하는 사례로 간주하는 경향이 있다.[5]

그러나 이런 유형의 선입견을 간단히 떨쳐 낼 수는 없다. 왜냐하면 선입견은 항상 부분적으로 진실에 기반을 두니까 말이다. 그 진실이 왜곡되고 선별되는 방식으로 재해석되어 선입견을 이룬다. 짐작하건대 실제로 독일보다 스페인에는 비율적으로 더 많은 적포도주 애호가와 포옹을 좋아하는 사람이 있을 것이다. 독일에서는 맥주가 더 많이 소비되고 사람들의 신체 접촉이 그렇게 일상적이지는 않으니까 말이다(이 때문에 꽤 큰 집단의 〈사회적 거리 두기social distancing〉는 독일 사람들보다 스페인 사람들에게 더 어렵다. 그리하여 스페인에서는 문화적 관습을 중단시키기 위해 외출 금지령을 내려야 했다).

하지만 그런 부분적 진실에 기초하여 일반화된 선입견은 실재를 통해 금세 반박된다. 코비드19 감염병은 이미 2020년 3월에 독일에서도 명백히 만연해 있었지만, 뮌헨 사람들은 처음 맞은 따뜻한 날들에 맥줏집과 풀밭에서 거의 살에 살을 맞대고 둘러앉았다. 그것은 바이에른에서 발생한 대규모 감염을 설명해 주는 결정적인 요인 중 하나였다. 그 지역이 이탈리아 사람이나 오스트리아 사람이 오기에 가까운 곳이라는 점은 그 자체로 전혀 중요하지 않다. 왜냐하면 이탈리아와 오스트리아에서 이탈리아 사람과 오스트리아 사람뿐 아니라 독일 사람도 감염되었으니까 말이다. 감염의 연쇄는 민족과 무관하고, 바이러스는 국적을 따지지 않는다. 같은 시기에 노르트라인베스트팔렌주에서는 카니발이 열려 바이러스의 확산을 가속했다. 요컨대 독일 사람들은 통념보다 훨씬 더 많이 신체 접촉을 한다. 이 때문에 바이에른에서는 불가피한 조치로 접촉 금지령과 외출 제한령이 내려졌다. 맥주를 마시고 서로 거리를 두며 신체 접촉을 꺼리는 독일인이라는 전형은 확실히 옥토버페스트에서 벌어지는 상황과는 영 거리가 멀다.

설령 많은 이탈리아 사람, 스페인 사람, 프랑스 사람이 신체 접촉에 특별히 우호적이기 때문에 코로나바이러스가 이탈리아, 스페인, 프랑스에서 특히 많은 사망자를 발생시켰다는 것이 부분적으로 옳더라도, 신체 접촉을 배척해야 한다는 결론은 전혀 나오지 않는다. 보편적인 〈사회적 거리 두기〉 역시 문제가 있으며 오직 예외적인 행동이어야 마땅하다. 안 그러면 인종주의, 계급주의, 여성 혐오에 더해서 배척해야 할 사고방식 하나가 추가로 등장할 위험이 있다. 나는 그 사고방식을 **위생주의**Hygienismus로

명명한 바 있다.[6]

〈위생〉을 뜻하는 독일어 〈Hygiene(휘기에네)〉는 〈건강〉을 뜻하는 희랍어 〈hygieia(휘기에이아)〉에서 유래했다. 인간적 삶의 목표와 의미는 우리가 우리의 건강을 증진하고 점검하는 것에만 중점을 두면서 우리 사회를 운영하는 것에 존립할 수 없다. 그렇지 않다면, 우리는 알코올, 무방비 섹스, 혀를 접촉하는 키스, 그 밖에 많은 애정 표현을 금지해야 할 뿐 아니라 초콜릿, 감자칩, 피자도 금지해야 할 것이다. 우리가 타인들을 위생적 잣대로 평가한다면, 우리는 곤란해질 것이다. 왜냐하면 의미 있는 삶을 꾸려 가는 사람 중에 오로지 혹은 주로 최대한의 건강과 장수를 추구하는 사람은 단 한 명도 없기 때문이다. 순수한 생존, 최대로 긴 생존은 삶의 의미가 아니며 성공적인 사회 질서의 도덕적 목표는 더더욱 아니다. 오로지 건강을 중심으로 돌아가는 사회는 암울하고 전체주의적이다. 리키 저베이스가 주연을 맡은 「애프터라이프After Life」는 이를 더없이 정확하게 표현한다. 알코올을 너무 많이 섭취한다는 지적을 받자, 주인공은 이렇게 대꾸한다. 〈건강한 삶이란 단지 더 천천히 죽는 삶이지.〉

실제로 코로나 확산을 막기 위한 조치들이 사망을 불러왔다. 자살, 예방할 수 있었지만 예방 조치가 유예된 탓에 발생한 사망, 병원들의 진료 시간 단축으로 인한 사망이 발생했다. 또한 코로나 대유행을 억제하기 위한 조치들이 경제에 미친 부정적 영향은 여전히 결코 무시할 수 없는 수준이다. 요컨대 우리는 전 사회적이며 통제되지 않았고 계획되지 않은 피해를 대가로 치르고 있다. 이 사실이 눈에 띄지 않는 것은 오로지 신종 코로나바이러스에 노출된 사람들의 생명을 보호해야 한다는 도덕적 명령 때문이다.

2020년 봄에 코비드19 대유행이 정점에 이르렀을 때 유럽의 몇몇 병원은 이른바 〈트리아제Triage〉(《선별》을 뜻하는 프랑스어)를 실행하는 지경에 이르렀다. **트리아제**란 야전 병원에서 어떤 환자들을 먼저 치료해야 할지 결정하기 위해 개발한 방법이다. 그 결정을 위해 사람들은 다양한 범주로 분류되며, 각 범주에 빨간색, 노란색, 녹색, 파란색, 검정색이 부여된다. 오직 빨간색을 받은 사람만 즉시 치료받는다. 생존 가망이 없는 사람은 파란색으로 표시되고 임종 간호를 받는다. 다른 색깔로 분류된 사람들은 빨간색으로 표시된 환자들 다음에 치료받는다. 트리아제 상황이 요구하는 어려운 의학적 결정들 앞에서, 책임감 있는 의사라면 누구나 금세 압도되고 만다. 왜냐하면 인간들의 생명을 서로 저울질하는 것은 도덕적으로 배척해야 할 행동이기 때문이다. 그럼에도 모든 사람이 죽지 않고 최대한 많은 인원이 생존하도록 인명 구조 행위들을 어떤 식으로든 조직하는 것이 중요한 비상 상황에서 그 행동은 불가피하다. 그렇기 때문에 트리아제는 전 세계에서 응급 상황에서뿐 아니라 지진이나 대형 사고가 났을 때도 실행된다.

코로나바이러스 억제 조치들은 전 사회적 트리아제의 일부였으며, 그 트리아제는 납득할 만한 이유로 시민들의 건강과 안전을 당분간 자원 분배에서 고려할 최상의 가치로 선정했다. 하지만 이것은 지속적인 상태일 수 없다. 왜냐하면 그렇지 않을 경우 우리는 새롭고 매우 위험한 전형들의 패턴인 위생주의를 퍼뜨리게 될 것이기 때문이다.

리프먼은 전형들에 대한 자신의 숙고를 여론의 발생과 조작에 대한 설명에도 적용한다. 이 때문에 그의 사상은 오늘날 다시 강한 시의성을 띤다. 우리 시대에 여론의 역동은 디지털 공간에서의 〈좋아요〉와 클릭을 통해서, 또 부분적으로 무의식적 수준에서 이루어지는 행동 조작을 통해서 측정되는데, 그 역동을 떠받치는 것은 전형의 제작과 보급이다. 그런 전형들의 작용으로, 우리는 일상에서 서로 인사하고, 스쳐 지나가고, (이를테면 돈과 빵을 맞바꿈으로써) 거래하는 등의 미시적 상호 작용을 할 때 온라인에서 미리 주조되고 디지털로 유포된 지각 패턴을 사용한다. 인터넷은 전형들의 확산을 측정하고 조종하려 할 때 도구로 삼을 수 있는 기계이기도 하며 무엇보다도 먼저 그런 기계다. 바로 이것이 검색 엔진, 소셜 미디어, 모든 대형 플랫폼에서 사용되는, 알고리즘이 조종하는 추천 시스템의 핵심 기능이다. 이것들은 전형들에 아주 쉽게 휘둘리는 우리의 경향을 현대의 가장 성공적인 사업 모형 중 하나로 만들었다.

코로나: 실재의 반격

특히 민족 정체성은 예컨대 마녀와 동일한 존재론적 지위를 지녔으며 마녀와 동일한 방식으로 존재한다. 마녀 자체는 실재하지 않지만, 사람들은 마녀를 잘 상상한다. 상상된(그리고 이런 의미에서 실존하는) 마녀들은 마녀 짓을 한 혐의로 기소되는 인물들과 당연히 동일하지 않다. 하지만 그렇다고 해서 상상이 작용력이 없다는 뜻은 아니다. 오히려 상상은 너무나 실재적이다.[7]

남성, 여성 등의 젠더 정체성도 겉보기에만 마녀와 다르다. 물론 도덕과 무관한 ─ 유전학적 관점에서 특정할 수 있는 ─ 사실들이 존재하고, 그 사실들과 기타 요인들에 따라서, 한 인간이 어떤 생물학적 성별을 나타내고 그 성별이 생물학적 번식과 어떻게 연결되는지가 결정된다는 것은 옳다. 이로부터 귀결되는 사회적 사실들도 있다. 예컨대 (현재까지는) 오직 생물학적 여성만 아기를 낳을 수 있다는 사실이 그러하다. 하지만 이로부터 어머니가 특정한 사회적 역할을 수행하고 그 역할에서 아버지의 정체성과 대비되는 어머니의 정체성이 도출된다는 것은 전혀 도출되지 않는다. 어머니와 아버지의 사회적 역할은 그들이 생물학적 번식에서 담당한 생물학적, 유전학적 몫에서 도출되지 않는다.

정체성을 따지는 생각은 다양한 오류에 기초를 두며, 그렇기 때문에 벌써 배척해야 한다. 그 생각은 우리 자신과 타인들에 대한 우리의 숙고를 어지럽힌다. 왜냐하면 간단히 말해서 그 생각은 사실들에 충분히 들어맞지 않기 때문이다.

도덕과 무관한 사실들에 관한 심각한 오류들에 기초한 사회적 실행은 도덕적으로 옹호될 수 없다. 왜냐하면 그 실행에 연루된 사람들의 도덕적 판단력이 정체성 담론의 연막탄에 방향을 잃고 그릇된 길로 들어서기 때문이다.

정체성들과 달리 코로나바이러스는 (유감스럽게도) 한낱 상상이 아니다. 그놈은 실재하며 아직 의학적으로 완전히 밝혀지지 않은 원리에 따라 확산한다. 가능한 확산 경로 및 실제 확산 경로의 복잡성, 백신 개발과 보급의 여부 및 시기의 불확실성, 아직 불명확한 데이터를 감안할 때, 또한 인체 시험은 제한적으로만 가능하기 때문에, 우리는 모형들을 가지고 계산할 수밖에 없다.

바이러스의 속성, 확산, 치명성, 감염 위험 등을 알려주는 모형들은 오류를 범할 수 있다. 성공적인 모형은 모형이 아닌 실재의 아주 좋고 유용한 근사다. 그러나 우리 모형의 변수들과 우리의 컴퓨터 시뮬레이션이 옳은지 여부는 모형이 아니라 실재에 달려 있다. 우리가 채택한 모형이 실재와 너무 심하게 다르다면, 그 모형은 틀린 결과를 산출할 것이며 그릇된 행위를 권고할 것이다.

모형이 아닌 실재를 나는 전에 다른 글에서 **기반 실재** Basiswirklichkeit로 명명한 바 있다.[8] 모형도 실재한다. 모형은 그 자체로 실재의 일부다. 하지만 기반 실재는 실재의 일부일뿐더러, 모형이 있다는 것에 의존하지 않는 일부, 특히 그 자신은 무언가의 모형이 아닌 그런 일부다. 코로나바이러스는 기반 실재에서 확산한다. 그놈은 모형이 아니다.

바이러스들은 섬뜩하다. 놈들의 확산 논리는 모든 경계를 허문다. 바이러스의 확산은 비가시적인 수준에서 일어나며 오직 병의 증상들과 많은 사망자 때문에 우리 눈에 띈다. 우리는 바이러스의 확산 논리를 오직 복잡한 모형과 통계를 통해서만 탐구할 수 있다. 그렇기 때문에 우리가 지금 대유행을 겪고 있는 것이다. 대유행이 일어나고 있지만, 우리는 대유행을 직접 관찰할 수 없다. 우리는 모든 증상을 알아채지도 못한다. 많은 감염자는 너무 적은 증상을 보이거나 자신이 코로나바이러스에 감염되었음을 아예 자각하지 못한다.

코로나바이러스는, 실재란 사회적으로 구성된 것이며 우리가 어떤 태도로 실재를 대하느냐에 대체로 의존한다는 포스트모던한 헛소리를 반박한다. 코로나바이러스의 고유한 역동은 태도의 문제가 아니다. 우리는 그 바이러스를 억제하고 백신을 개발하기 위해 노력할 수 있다(또한 당연히 노력해야 한다). 그러나 우리는 그 기반 실재 전체에 대한 통제력을 영영 획득하지 못할 것이다. 항상 다시 새로운 바이러스들이 출현할 것이며, 항상 다시 인류는 우리의 손아귀 안에 있지 않은 자연적 과정에 내맡겨질 것이다.

그런 상황에서 전형들은 예상치 못한 작용력을 발휘함으로써 바이러스뿐 아니라 바이러스에 관한 우리의 그릇된 견해도 위험함을 증명한다. 그 견해 중 하나는 코로나바이러스가 중국 실험실들에서 제작되었다거나 심지어 게이츠에 의해 유포되었다는 터무니없는 생각이다. 유포의 목적은 게이츠가 언젠가 그 바이러스에 대한 백신을 판매할 수 있기 위해서라고 한다.

또한 코로나 위기는 어떤 전형들이 존재하고 그것들이 어떤 결과들을 유발하는지 특히 명확하게 보여 준다. 그 결과들은 부분적으로 위험하며 세계 경제적으로 측정 가능하다. 우선 중국 사람들이 바이러스에 감염되었다. 그들은 민족주의적 전형들을 수단으로 삼아 〈서양〉(단일한 서양은 존재하지 않는데도)보다 우월하다고 스스로 믿는 자기네 시스템을 방어했으며 유행병의 시작을 일단 비밀에 부쳤다. 왜냐하면 자기네 약점을 노출하고 싶지 않았기 때문이다. 그후 일부 사람들은 이탈리아 사람들이 짜임새와 질서가 없어서 특히 많이 감염된 것이 확실하다고 생각했다. 곧이어 유럽 사람들이야말로 중국 사람들보다 더 잘 감염된다는 말이 미국에서 나왔다. 당시 미국은 이미 감염자 수가 급증하는 중이었는데도 말이다. 코로나바이러스는 보건 시스템의 모든 약점을 가차 없이 들추어낸다. 보편 건강 보험과 유급 병가가 없는 국가에서 감염자들은 계속 일하거나 경제 활동에서 배제되지 않기 위하여 애당초 검사를 받지 않는다. 미국에서는 노숙자로 전락하기가 특히 쉽다는 점을 절대로 잊지 말아야 한다. 이 사실을 대도시의 거리 풍경에서 흔히 확인할 수 있다.

현재 미국 정부와 미국 기업들의 지도부 인사들에게, 돈이 인류를 누르고 최종적으로 승리하면 안 된다는 원칙에 입각한 독일의 사회적 시장 경제는 세계관의 수준에서 충돌하는 적이다. 여기에서 벌써 드러나듯이, 이른바 서양도 전형적 상상이다. 왜냐하면 서양이라는 구조의 내부에 정체성 정치적 도랑들이 존재하기 때문이다. 예컨대 미국을 유럽 대륙으로부터, 더 나아가 오스트레일리아나 뉴질랜드로부터 갈라놓는 도랑이 존재한다.

바이러스 대유행이 가속하던 때, 중국 정권은 통상적으로 사용해 온 선전 전략들을 동원했고, 그 반향으로 민주주의에 대한 의심이 강화되었다. 21세기에 민주주의는 실행력을 충분히 보유하지 못했다는 의심이었다. 어쩔 수 없이 나머지 세계는 국경 봉쇄, 외출 금지, 비상사태 선포 같은 최대한 극적인 조치들로 대응했다. 그 조치들은 사실적으로 존재하는 바이러스 대유행만으로는 정당화되지 않는다. 어떤 정치적 조치도 오로지 바이러스 대유행만 고려하지는 않으니까 말이다. 우리는 그냥 전원 감염과 집단 면역에 도박을 걸고 노인들을 죽임으로써 보건 시스템을 보호할 수도 있을 것이다. 하지만 우리는 그런 조치를 도덕적으로 배척해야 할 것으로 정당하게 간주한다. 하지만 이 판단을 바이러스 연구에서 도출할 수는 없다. 바이러스학자, 유행병학자, 기타 의학자는 그 자체로 윤리학자도 아니고 정치인도 아니다. 그들은 바이러스의 속성과 확산을 연구할 따름이며, 그 연구는 일단 윤리와 무관하다.

또한 코로나바이러스는 국경 및 정부 시스템과 아무런 관계가 없다. 물론 우리는 제도적 조치를 통해 그 바이러스를 억제하고 의학 연구와 보건 시스템의 강화를 통해 통제할 수 있다. 이를 위해서는 국가 시스템이 실행력을 보유해야 한다. 하지만 이것은 여기 독일에서뿐 아니라 중국, 일본, 이탈리아에서도, 당연히 미국에서도 마찬가지다. 코로나바이러스가 민주주의의 약점을 보여 준다거나, 독일의 경우에는 연방주의의 약점을 보여 준다는 믿음은 명백하며 위험한 헛소리다.

독일 연방 공화국의 연방주의는 제도와 표결 절차를 확정하고 실행하는 특정한 방식이다. 독일의 정치적 과정은 통제권을 쥔 중심부가 형성될 개연성이 희박하도록 설계되어 있다. 그런 중심부는 독일 연방 공화국을 독재 국가로 변모시킬 것이다. 다른 민주주의 시스템들에 대해서도 유사한 이야기를 할 수 있다. 예컨대 미국을 간단히 독재 국가로 만들 수는 없다.

바이러스로 인한 매우 실재적인 위험과 동시에 유감스럽게도 그에 못지않게 실재적인 또 다른 위험이 코로나 위기 중에 관찰된다. 그 위험은 비상사태 선포와 관련이 있다. 일반적으로 **비상사태 선포**란 위험 상황에 대한 통제를 목표로 가치 시스템의 작동을 중단시키는 것을 말한다. 비상사태 선포는 역사적으로 획득된 특정 권리들이 최대한 짧은 기간 동안 제한되는 것을 정당화한다. 그러나 비상사태가, 작동이 중지된 가치 시스템에 맞서 이미 그 전에도 표면 아래에서 싸웠던 세력들을 해방할 수도 있다. 이 세력들이 비상사태 중에 더 많이 확장할수록, 합법적으로 억제된 가치 시스템이 손상될 개연성이 더 높다.

따라서 첫 감염 물결과 그로 인한 조치들 이래로 전형들과 그릇된 견해들이 확산된 것은 우연이 아니다. 그것들은 민주주의와 그것의 가치 기반을 허무는 데 동원된다. 한 예로 트럼프의 선거전(戰) 웅변술을 들 수 있다. 그는 유럽 대륙과 유럽 연합에 상징적, 물질적 손해를 끼칠 기회를 놓치지 않았다.

다른 한편으로 기쁘게도 코로나 위기라는 어두운 시대에도 도덕은 진보한다. 다들 알다시피, 심지어 젊고 기저질환이 없기 때문에 개인적으로는 바이러스의 피해를 딱히 입지 않을 법한 사람들도 사회적 거리를 유지하고 스스로 감염되지 않으려고 노력한다. 이는 늙고 면역력이 약한 동료 인간들을 생명의 위험에 빠뜨리지 않기 위해서다. 불과 며칠 전만 해도 온 지구를 오염시키던, 지구적 자본주의 생산망은 갑자기 도덕적 이유에서 전면적으로 멈추었다. 따라서 비상사태는 숙고의 기회이기도 하며 어쩌면 시대 전환의 방아쇠일 수도 있다. 우리가 그 방아쇠의 폭발음을 듣고 마침내 숙고하게 될지, 아니면 과거의 패턴으로 회귀하려 애쓰게 될지는 아직 결정되지 않았다. 그러나 이른바 〈정상〉으로의 회귀는 확실히 우리를 훨씬 더 큰 위기들로 몰아넣으리라는 점만큼은 확고하다. 그런 위기의 예로 기후 위기와 꾸준히 심화하는 사회적 불평등을 들 수 있다. 또한 미국, 유럽 연합, 중국 사이의 시스템 경쟁도 간과하지 말아야 한다. 그 경쟁은 부분적으로 전쟁과 유사한 특징들을 띠며, 인류가 보편적 가치에 기초한 지구적 협력을 추구해야 한다는 점을 다시 한번 절실히 보여 준다. 우리가 21세기에 맞닥뜨린 문제들을 해결하는 다른 길은 없다.

과거엔 달랐던 튀링겐: 인종주의를 반박하는 예나

무릇 인종주의는 도덕적으로 배척해야 할뿐더러 많은 심각한 학문적 오류에 기반을 둔다. 그 오류들을 들추어내는 작업은 인종주의에 맞선 싸움에서 도덕의 진보에 보탬이 될 수 있다. 이와 관련하여 예컨대 독일 튀링겐에서 수준 높고 유익한 연구가 진행되고 있다. 오늘날 사람들이 〈튀링겐〉이라는 단어와 〈인종주의〉라는 단어를 들으면, 유감스럽게도 다수는 부당하게도, 튀링겐에서는 연방 헌법 수호청으로부터 극우파라는 혐의를 받은, 독일을 위한 대안당의 한 〈정파〉가 보편적으로 우세하다고 생각한다(그 정파가 공식적으로 해체를 선언할 때까지, 그 정파의 유명한 대표자는 튀링겐 출신이 아니라 베스트팔렌 출신인 회케였다). 이 통념 때문에 튀링겐은 애석하게도 평판이 나쁜데, 공교롭게도 예나가 바로 튀링겐에 속해 있다. 예나는 철저히 보편주의적인 인간관을 개발한 독일 관념론의 탄생지다.[9] 그 인간관은 프리드리히 실러의 철저보편주의적radikal-universalistisch 윤리도 당연히 아우른다. 실러는 사람들을 미적으로 교육함으로써 그 윤리를 실현할 수 있다고 보았다.

그런데 튀링겐에서의 도덕적 진보는 과거의 일로 국한되지 않는다. 2019년에 예나에서 열린 독일 동물학회 112차 연례 모임을 계기로, 동물학자들과 진화 생물학자들은 막스 플랑크 협회의 지원을 받아 예나 선언을 공표했다.[10] 그 선언의 주요 메시지는 다음과 같은 그 선언의 제목에 이미 담겨 있다. 〈인종 개념은 인종주의의 전제가 아니라 결과다.〉

이 결론은 인간들 사이에서 유전적 차이에 관한 다음과 같은 획기적인 분자 생물학적 발견 이래로 비로소 이토록 명확하게 증명된 바로 간주할 수 있게 되었다.

인간들 사이에서 유전적 차이의 월등한 최대 부분은 지리적 인구 집단들[예컨대 피부색이 어두운 아프리카인의 집단과 독일 북부 출신의 백인 집단] 사이에서 나타나는 것이 아니라 그런 집단들의 내부에서 나타난다. …… 인간 집단들 사이에는 확정 가능한 경계 대신에 유전적 기울기Gradient가 존재한다. 인간 게놈을 이루는 32억 개의 염기쌍 가운데, 예컨대 아프리카인과 비아프리카인을 구별해 주는 확정적 차이는 단 하나도 없다. 명확히 말하자면, 〈인종적〉 차이의 토대가 되는 유전자는 단 하나도 없으며, 더 나아가 그런 염기쌍도 전혀 없다. 유형 분류를 위해서, 또는 일상적인 인종주의에서 활용되는 피부색을 비롯한 외적 특징들은 극도로 피상적이며 쉽게 변화할 수 있는, 주어진 지역적 환경에 적합한 생물학적 적응 사례다. 피부색은 인간의 이주 과정에서 거듭 변화했으며, 국지적 일조량이나 식량 조달 방식에 따라 더 어두워지거나 더 밝아졌다.[11]

인용문의 저자들은 다른 생물학적 사실들과 인류학적 사실들을 추가로 제시하고, 이 같은 인간 과학적 기반에 입각하여, 알맹이가 전혀 없는 인종 개념과 더불어 특히 미국에서 널리 퍼진 〈인종 다원주의〉도 몰락하는 중이라는 결론을 내린다. 〈인종 개념을 사용하지 않는 것은 현재와 미래에 학문적 정직성의 문제여야 마땅하다.〉 그렇다면 제각각 고유한 권리를 가진 여러 민족이나 인종을 인정하고 그에 걸맞게 정치적 분배의 정의를 이루어 낼 공간을 확보하는 것 역시 무의미하다. 민족이나 인종 사이에 충분히 명확한 차이가 단적으로 없으니까 말이다.

이 대목에서 일부 이론가들은, 영어 〈race(인종)〉가 가리키는 무언가는 실제로 있으며 해당 단어를 독일어 〈Rasse(인종)〉로 번역하는 것은 부정확하다고 반발한다.

왜냐하면 〈race〉는 생물학적 개념이 전혀 아니라면서 말이다. 하지만 터무니없는 반발이다. 인종주의는 항상 생물학주의적이며(정확히 말하면, 사이비 생물학에 기초를 두며), 인종주의를 좀 더 정신적인 방향으로 수정할 수 있으리라는 생각은 착각이다. 예컨대 이른바 〈아프리카계 미국인〉의 일상적, 경험적 실재성은 당연히 존재한다. 그 실재성은 이른바 〈아프리카계 미국인〉이 역사적 이유 때문에 타인들과 자기 자신에 의해 어떻게 간주되고 취급되느냐 하는 것과 관련이 있다. 그리고 바로 그것이 인종주의 실행이다.

이 실행은 과거에 비해 오늘날 생물학적 근거에 덜 의지한다. 왜냐하면 누구도 과거에 아프리카계 미국인의 비인간화를 정당화하는 데 쓰인 생물학적 논증을 근거로 아프리카계 미국인을 노예화하거나 중성화하면 안 되기 때문이다. 아프리카계 미국인에 대한 차별은 도덕적으로 배척해야 할 기원을 지녔으며, 우리는 그 기원을 잊지 말아야 한다. 하지만 목표는 인종주의적 폭거 대신에 이제 문화적 전형들을 제작하여 사실상 실존하지 않는 문화들의 깃발 아래 고수하는 것이 아니어야 마땅하다.

당신이 당신과 유사한 사람들 중 한 명이며 이방인들과 구별된다는 인상은, 당신의 자기기만을 이론적으로 지적하는 것이 아닌 전혀 다른 방식으로 설명될 수 있다. 나는 종종 나 자신을 〈라인란트 사람〉으로도 느끼며, 친구들과의 일상적인 잡담에서는 그 느낌이 재미있고 때로는 편안하다. 왜냐하면 그 느낌은 내가 고향에 있다는 느낌으로 이어지기 때문이다. 하지만 이것은 자서전적 생활 경험의 표현일 따름이지, 라인란트 사람의 어떤 정의 가능한 본질이 아니다. 자세히 살펴보면, 라인란트 사람들은 라인란트 사람이라는 전형이 암시하는 정도보다 훨씬 더 다양하다.

간단히 요약하자. 사회 철학적 관점에서 보면, 자신의 삶의 방식과 성격 특징에 관한 자기기만이 물론 존재하며, 경우에 따라 그 자기기만은 고향에 있다는 느낌으로 체험될 수 있다. 하지만 그런 고향 느낌은 ── 사람들이 그 느낌에 아무리 탐닉하더라도 ── 항상 어떤 측면에선가 도덕적으로 배척해야 할 과거와 현재의 관행들에 정박되어 있다. 예컨대 내가 나를 전형적인 라인란트 사람으로 여긴다면, 외국에서 라인란트로 이주한 부모를 둔 사람들은 어떨까? 아무리 재미있고 정감이 흠뻑 배어 있더라도 전형들은 항상 배제와 도덕적으로 배척해야 할 사고방식으로 이어진다. 전형은 도덕적 진보와 양립할 수 없다. 자신의 전형들을 자각하고 그것들이 행위에 영향을 미치지 못하게 하는 것은 도덕적 숙고 훈련의 한 요소다.

따라서 특히 미국에서 널리 퍼진 이른바 우호적 게토화

freundliche Ghettoisierung 모형은 쓸모없게 된다. 뉴욕시 같은 도시들에는 주로 중국 사람, 또는 인도 사람, 한국 사람, 폴란드 사람, 러시아 사람, 근본주의 유대인, 부유한 백인 개신교도가 거주하는 구역들이 예나 지금이나 있다. 해당 구역의 식당들에서는 민족 음식과 문화 공연이 제공되므로, 사람들은 어느 요일에나 말하자면 다양한 문화의 〈냄새를 맡을〉 수 있다.

이것은, 개별 민족, 인종, 또는 종교는 공간적으로 뭉쳐 있으면서 제각각 다른 민족들에 맞서 자신의 다름을 뽐내며 사람은 자기와 유사하다고 여기는 사람들 사이에서 더 많은 편안과 안전을 느낌을 전제하는 한에서, 문제의 소지가 있는 문명 모형이다. 물론 공동 소속을 향한 인간의 욕구를 깎아내리려는 것은 아니다. 하지만 민족, 인종, 또는 이것들 못지않게 모호하게 상정된 문화를 통해 공동 소속을 정의함으로써 그 욕구를 채우고자 하는 것은 도덕적으로 배척해야 한다. 왜냐하면 그런 민족, 인종, 문화는 실은 없기 때문이다. 기만과 자기기만을 통해 결속되는 공동체는, 헛된 정체성들을 꾸며 내 다른 정체성들과 경쟁하는 경향이 있는 한에서 도덕적으로 미심쩍다. 왜냐하면 그런 사회 구조는 예외 없이 도덕적 결함으로 이어지기 때문이다.

독일 문화 따위는 없다. 이를 금세 알려면, 무엇이 독일 문화에 속하는지 제시해 보면 된다. 만약에 마르틴 루터, 요한 제바스티안 바흐, 베토벤, 괴테를 제시한다면, 프란츠 카프카, 마리오 아도르프,* 아렌트, 젬 외즈데미어,** 하드넷 테스파이***를 간과한 것이다. 설령 독일 문화가 존재하더라도, 독일 문화는 베를린의 테크노 애호가들뿐 아니라 루르 지방의 펑크와 힙합, 뒤러의 회화, 그리고 사이먼 래틀(2002년부터 2018년까지 베를린 필하모닉 상임 지휘자를 지낸 영국 지휘자)을 아우른다. 독일 문화를 대표하는 사례들을 모은, 잘 정의된 집합은 전혀 존재하지 않는다. 만약에 존재한다면 그 집합으로부터 모호하지 않은 소속감을 도출할 수도 있겠지만 말이다. 중국 문화, 아랍 문화, 그 밖에 사람들이 상상하는 어떤 문화도 마찬가지다. 존재하는 것은 집단 형성뿐이다. 집단 형성은 한편으로 공통의 미적 취향과 공유된 선호에 기인하지만, 다른 한편으로 그 밖에 요인들에 기인한다. 미국의 민족 집단들의 형성에서 중요한 요인은 무엇보다도 대규모 이민이다.

부분적으로 스스로 선택한 민족적 게토화 모형는 민족 집단들을 장벽이나 철조망을 통해 공간적으로 상호 격리

* 스위스 출신의 독일 배우.
** 튀르키예계 독일 연방 의원.
*** 에티오피아 출신 독일 방송인.

하려는 시도보다 도덕적으로(또 전략적으로) 더 낫다. 그러나 그 모형은 실재적인 인간의 삶에서 사실상 그 무엇에도 부합하지 않는 기준들에 따라 사람들을 분류한다는 약점이 있다. 낯선 곳에서 뜻이 맞는 사람들끼리 단결하기 위해 이민자들이 품고 오는 〈고향〉의 느낌은 기만이며, 그 기만은 우리를 도덕적으로 양분하기 때문에 문제적이다. 헛된 고향을 통해 서로 결합한 개인들은 타인들의 낯선 고향을 단지 상상하기만 하며 그 상상에 부합하게 행위한다.

앞서 보았듯이, 인종들은 실은 없다. 하지만 인종주의는 얼마든지 있다. 인종들이 존재한다는 그릇된 견해를 누군가가 품을 때, 곧바로 인종주의가 시작된다. 인종주의는 사람들을 집단들로 분류하고 개인들에게 실은 존재하지 않는 행위 패턴을 덮어씌우기 때문에 그 자체로 도덕적으로 배척해야 한다(즉, 악하다). 인종주의자는 사람들의 행동을, 간접적으로만 행위에 영향을 끼치는 속성들에 의거하여 설명한다. 인종주의적 공격의 표적이 된 사람은 방어에 나서야 하고, 이 때문에 인종주의자가 보기에 인종주의적 전형을 입증하는 행위들을 할 동기를 얻게 된다. 인종주의로 인해 부정적 차별을 겪는 집단이 공격으로부터 자신을 보호하려고 하는 모든 행위를 인종주의자는 그 집단의 나쁜 속성들을 입증하는 증거로 간주한다.

예컨대 코로나 위기 초기에 어디에서나 느낄 수 있던 연대의 결과로, 독일에 있는 사람들 절대다수는 자신들이 한배를 탔음을 깨달았다. 바꿔 말해, 모두가 인간으로서 공통의 위험에 노출되었음을 각자 자신의 몸에서 느낄 수 있었고, 그 느낌이 우리를 결속했다. 그러나 안타깝게도 이 연대는 국경을 넘지 못했다. 왜냐하면 우리는 전형들과 오도된 고향 느낌 때문에 우리의 좁은 지평 너머를 도덕적으로 사유하는 일에 숙련되지 않았기 때문이다. 정확히 말하면, 그 새로운 연대는 독일 국경 안에서조차도 보편적이지 않았다. 개별 주들, 지역들, 도시들, 인구 집단들이 자원을 둘러싸고 경쟁했으며(또한 지금도 경쟁하고 있으며), 독일에 사는 많은 사람이 사회 경제적 곤경에 빠졌으니까(또한 앞으로 빠지게 될 테니까) 말이다. 노숙자, 빈곤층, 국가의 감시 아래 또래와의 공개된 접촉을 금지당한 채 집 안에 갇혔던 아이, 홀로 아이를 키우는 사람, 외톨이 노인, 미래가 막막한 고등학교 졸업반 학생, 그 밖에 우리의 위기관리 조치 아래에서 고통을 겪어야 했고 여전히 오랫동안 겪을 많은 사람, 누가 이들을 위해 박수를 칠까? 또 박수를 치더라도 무슨 소용이 있을까?

같은 지역에 체류하는 모든 사람을 포괄하도록 우리의 도덕적 숙고를 확장하는 것만 해도 벌써 커다란 진보일 테지만, 그럼에도 우리는 목표를 시야에서 놓치지 말아야 한다. 목표는 우리가 인간으로서 궁극적으로 다 함께 한 배를 탔다는 결정적인 도덕적 사정을 인정하는 것이다. 그런데 코로나 위기 중에 대다수 독일 사람의 처지는 인도에 사는 뜨내기 노동자들의 처지보다 확실히 더 안락했다. 그 노동자들이 없었다면, 독일 사람들은 그렇게 안락하지 못했을 터인데 말이다. 생활 방식이 서로 얽힌 세계 인구가 70억 명을 넘어섰다는 점과 21세기가 맞닥뜨린 난관들을 감안할 때, 우리가 고향 느낌으로 복귀하여 그 느낌을 가치의 원천으로 삼을 수 있으리라는 믿음은 터무니없다. 도리어 그런 고향 느낌은 장기적으로 전쟁 상황의 발발과 인류의 자멸을 가져올 것이다. 왜냐하면 고향 느낌들은 사람들에게 아주 위험한 기만과 자기기만에 빠져들 동기를 제공하기 때문이다.

인간임이라는 보편적 정체성은 극복 불가능한 차이로 표현된다. 그런 차이가 없다면, 우리는 그 누구도 될 수 없을 것이다. 사람은 늘 다른 사람들과 자신 사이에 경계선을 그으면서 자신의 행위, 바람, 선호 등을 특정한다. 사람들을 다양한 사회적 정체성으로 분류해 주는, 참되며 객관적으로 실존하는 경계선이 있으며 사람들은 그 경계선을 합리적 기준으로 삼을 수 있다는 믿음은 오류다. 사회적 정체성은 상호적인 덮어씌우기의, 느낄 수 있고 경제적으로 측정할 수 있는 표현이다. 무슨 말이냐 하면, 사람들은 서로를 처음 볼 때 벌써 자신의 선입견에 기반을 두고 서로를 평가한다. 이때 선입견이란 정확히 살펴보지 않고 품은 타인들에 대한 견해다. 이 견해는 긴 전력(前歷)을 지녔으며, 그 전력은 많은 오류를 포함한다. 더 나아가 선입견들이 널리 퍼지는 것에서 이익을 챙기는 사람이 많다. 만약에 선입견들과 도덕적으로 배척해야 할 구석이 있는 전형들이 없다면, 예컨대 우리의 광고 산업은 곤경에 처할 것이다. 익히 알다시피, 광고 산업은 진짜가 아닌 삶꼴들과 행복의 약속들을 믿게 만든다.

좋은 예로 데이팅 포털을 홍보하는 배너 광고 속 독신자들의 모습을 들 수 있다. 데이팅 포털에 그렇게 눈부신 외모와 경제력을 갖추고 느긋하게 사는 사람들이 모여 있지 않다는 것은 불을 보듯 뻔하다. 대신에 연애를 동경하는 지극히 평범한 사람들이 모여 있을 것이다.

소비 욕망에 불을 댕기려는 의도로 생산되고 유포되는, 성공한 삶에 대한 그런 이상적 상상들은 유감스럽게도 대개 이런 유형의 거짓말, 기만, 자기기만을 포함한다. 나에게 철학을 가르친 선생 중 하나인 정치 철학자 뤼디거 부브너는 하이델베르크 대학교에서 지도한 세미나에서 그런 상상의 예로 한적한 해변이 등장하는 꿈을 들었다. 그런 해변에서 누군가가 로또에 당첨된 후 완벽하게 차려입은 파트너와 산책하는 것이 꿈의 내용이다. 하지만 실제로 그 해변에 가 보면, 위험한 모기들이 있고, 바람이 너무 세고, 해변 식당에서 먹은 굴 때문에 식중독에 걸리고, 완벽하게 차려입은 파트너는 본질적인 질문들에 관하여 우리로서는 도저히 용인할 수 없는 견해를 가졌음을 확인하게 된다.

그리하여 로또 당첨 후 속세를 떠난 사람의 삶에 관한 상상은 환상임을 알게 된다. 왜냐하면 로또 당첨이 약속하는 행복은 환상 속의 행복일 따름이기 때문이다. 우리는 자유를 동경하지만, 자유를 특정한 장소나 우리가 늘 갖고자 했던 무언가를 소유한 상태와 즐겨 혼동한다.

우리는 성공한 삶에 관한 꿈과 실패한 삶에 관한 악몽을 항상 다른 사람들과 다른 장소들에 투사한다. 이를 통하여 우리의 일상생활을 구조화하고 우리를 늘 분주하게 하는 환상 메커니즘들이 발생한다. 이것이 명실상부한 햄스터 쳇바퀴의 기원이다. 우리는 그 쳇바퀴 안에서 부질없이 발버둥 친다.

문제는 우리가 꿈꾸고 환상에 빠져드는 것이 아니다. 환상, 꿈, 예술 작품, 또 이것들과 비슷하게 아름다운 사물들이 없다면, 삶은 즐겁지 않을 것이다. (우리의 꿈과 관련해서) 문제는 미지의 이방인들의 역할에 관한 도덕적으로 배척해야 할 상상들이다. 독일 사람인 나에게는 바이에른 출신이며 〈생물학적으로 독일 사람인〉 여성 투숙객이 같은 호텔에서 우리를 접대하는 스페인 출신의 웨이터보다 자동으로 더 가깝다는 믿음은 도덕적으로 문제의 소지가 있는 환상이다. 예컨대 유로본드*나 기타 경제 위기 지원책들에 대한 우리의 견해가 중요할 때, 그 믿음은 문제를 일으킬 만하다.

간단히 요약하자. 궁극적으로 우리는 자기 자신과 타인들을 일상적으로 서로에게 보이는 모습대로 상상한다. 그러나 이 상상은 매우 부분적으로만 실재에 부합한다. 이 사실은 우리가 우리의 환상들을 지침으로 삼기 때문에 그것들이 영향력을 발휘한다는 것을 통해 설명될 수 있다. 곤란한 상황은, 다른 환상들을 품고 있으며 성공한 삶에 관하여 전혀 다른 이야기를 주고받는 사람들과 우리가 만날 때 발생한다. 이런 접촉점에서 우리의 도덕적 사고 능력이 드러난다. 그리고 관건은 우리가 외견상 전혀 다른 것에서 다르게 꿈꿀 권리를 알아채는 데 성공하느냐 하는 것이다. 도덕적으로 성공적인 인간 사회의 목표는, 우리 인간들이 민족, 문화, 집단으로 분열하여 마치 몸과 몸속 이물질이 맞서듯이 서로 맞서는 결과를 자아내지 않는, 도덕적으로 정당화될 수 있는 환상들을 산출하는 것이다.

21세기의 도덕적 진보를 위한 관건은, 사회적 정체성

* 경제 위기에 대처하기 위해 유럽 연합 회원국들이 공동으로 발행하자고 제안된 채권.

을 덮어씌우는 관행은 위험한(왜냐하면 늘 암묵적으로 또는 명시적으로 폭력적이기 때문에) 전형들에 기초를 두며 그것들은 소셜 미디어를 통해 강화된다는 점을 깨닫는 것이다. 디지털 시대는 고유의 미디어 주목(注目) 경제 mediale Aufmerksamkeitsökonomie 때문에 사람들을 각자의 본성과 상관없는 집단들로 분류하는 정체성 정치를 생산한다. 본성에 따르면 우리는 실제로 모두 같다. 우리는 동일한 종의 존속 및 환경 적응 과정들에 종속되어 있으니까 말이다. 그 과정들은 우리를 인간 동물Menschentier로, 곧 특정한 생물학적 종인 동물로 만든다.

인종주의는 피부색이 어두운 사람들이 과거와 현재에 차별당하고, 박해당하고, 모욕당하고, 죽임당하는 것에 국한되지 않는다. 충분히 정당한 형태의 차별은 없다. 단지 과거의 부정의에 대한 일시적 보상 조치가 있을 뿐이며, 사람들은 그 조치를 통해 특정인들이 과거에 체계적 차별로 불이익을 당한 것을 보상하려 애쓴다. 우리가 인종주의를 극복하기 위해 적절한 조치를 취할 때 이 사실을 시야에서 놓치면 안 된다. 정체성 정치는 그런 조치로서 부적합하다. 왜냐하면 정체성 정치는 전형들을 정체성들로 굳히고 실은 극복되어야 마땅한 것을 주목하게 만들기 때문이다.

진실의 가치

왼쪽과 오른쪽을 막론하고 정치적 스펙트럼의 양극단에서 우리는 진실의 가치가 파괴되는 것을 본다. 조급한 좌파 행동주의를 떠받치는 기반은, 수백 년에 걸친 억압 끝에 마침내 옹호해도 되는 존재가 된 소수자들이 있는데 그들은 보호받을 가치가 있음에도 이미 너무 오랫동안 자신들의 도덕적 법적 권리의 회복을 기다려야 했다는 것이다. 반대로 극우 행동주의는 예컨대 미국에서 여성, 흑인 등을 권좌에 앉히려는 좌파 세력으로부터 백인 남성을 보호해야 한다고 주장한다. 이때 내세워지는 민주주의적 가치는 억압받는 소수자들에 대한 보호다. 하지만 극우 행동주의는 너무나 부당하게도 하필이면 백인 남성을 보호할 가치가 있는 소수자로 주장한다. 이 그릇된 인상은 지난 몇십 년 동안 정말로 보호할 가치가 있는 소수자들을 인정하는 문제에서, 따라서 자원의 새로운 분배에서도, 도덕적 진보가 일어난 것에서 유래한다.

억압받는 소수자들에 대한 보호는 심지어 담론적, 물리적 폭력의 핑계로까지 사용된다. 최근에 나는 더 정의로운 미래 사회 질서의 전망을 논하는 한 학회에서 그런 경우를 몸소 체험할 수 있었다. 자칭 급진 페미니스트이며 많은 주목을 받은 책 『일차원적 여성One Dimensional Woman』의 저자인 영국 철학자 니나 파워는 학회에 함께 참석한 반파시스트 활동가 겸 저널리스트 나타샤 레너드에게 공격당했다.[12] 레너드는 파워를 〈터프TERF〉라고, 곧 〈트랜스 배제 급진 페미니스트trans-exclusionary radical feminist〉라고 비난했다. 많은 이가 〈남성〉으로 분류할 만한 성적 특징들을 외적으로 지녔지만 자기를 여성으로 느끼는 성전환자의 여권(女權)에 반대하는 페미니스트라는 비난이었다.

지금 나의 취지는 성전환이라는 주제에 관하여, 그리고 기쁘게도(이것은 도덕적 진보다) 우리가 독일에서도 법적으로 〈디베르스〉*라는 표현으로 지칭하는 사람들을 대하는 올바른 태도에 관하여 근거 있는 견해를 내놓는 것이 아니다(물론 이 새로운 표현의 도입은, 남성과 여성을 어떻게 정의하든 간에, 모든 사람이 명확히 여성이거나 남성인 것은 아니라는 사실에 대한 최종적이며 인간 과학적으로 보증된 인정을 향한 환영할 만한 커다란 첫걸음이다).

파워와 레너드의 난타전에서 두드러지면서 또한 불안한 점은 이것이다. 레너드는 강연에서 진실은 없으며 〈파시즘〉은 정의할 수 없다고 명시적으로 주장했다. 오히려 무엇을 〈파시즘〉으로 간주할 것인지는 그녀가 대표하는 반파시스트 운동에 의해 확정된다. 레너드가 보기에 파워는 이미 파시즘 스펙트럼 안에 속한다. 그런데 그렇게 판

* divers. 〈다양함〉을 뜻하는 영어 〈diverse〉에 해당함.

단하는 유일한 근거로 레너드가 추가 증거 없이 들이대는 것은 파워에 반대하는 온라인 캠페인 한 건이다. 레너드는 이 사실을 모르는 듯했는데, 그 캠페인은 주로 가짜 뉴스로 이루어졌고 심지어 파워를 악마 숭배자Satanistin로 낙인찍었다(이에 맞서 파워는 영국에서 소송을 진행 중이다).

레너드는 학회의 전초전으로 파워가 학회에 초대받지 못하게 만들려고 온라인상에서 노력했다(다른 참석자들뿐 아니라 학회 주최자들도 이 사실을 전혀 몰랐다). 그래놓고도 학회 현장에서 레너드는 그 노력의 이유를 댈 용의가 없었다. 결국 그녀는, 객관적으로 더 합당한 이유와 진실은 없으며, 단지 그녀가 〈파시즘〉이라고 부르는 것에 맞선 활동만 있다는 주장까지 내놓았다. 하지만 〈파시즘〉이란 무엇이며 왜 그녀는 파워를 파시스트로 간주하는지 레너드는 말할 수 없었다. 요컨대 그 학회에서, 동등한 권리를 위해 헌신하는 파워는(파워의 이론적 성취에 대한 평가와 상관없이 그녀가 헌신적이라는 점은 명백하다) 자신을 담론에서 배제하고자 하면서도 그 이유는 대지 않으려 하는 활동가(레너드)와 맞닥뜨렸던 것이다.

좌파와 우파를 막론하고 정체성 정치는 흔히 사실들에 부합하지 않는 도덕적 주장들을 내놓는 것에서 파탄에 이른다. 하지만 이것은 곧잘 은폐되는데, 왜냐하면 좌파에서나 우파에서나 명백히 입증된 진실이 때로는 반박되고 때로는 비진실이 진실로 제시되지만, 보편적으로 타당한 판결에 도달하기 위한 진실 찾기 과정은 시작되지 않기 때문이다. 이런 사정의 배후에는 진실, 사실, 실재론, 보편주의에 대한 공격이 있다. 그 공격은 정합성 없는 이론들의 이름을 걸고 이루어지며, 그 이론들의 원천은 흔히 포스트모던 스펙트럼이다. 결과는 도덕적 진보의 정반대다. 비록 그런 이론들과 공격은 흔히 사회적, 정치적, 또는 학문적 진보를 내세우지만 말이다.

나름의 진보 정치적 이유로 진실과 결별하는 포스트모던한 행보의 대표적인 사례로 미국 철학자 리처드 로티의 이론적 연구를 들 수 있다. 로티는 당대에 아주 유명했던 몇 권의 저서에서, 상징으로 코드화된 우리의 (언어적, 문학적, 서사적, 문화적) 믿음 시스템들이 그 시스템들로부터 독립적인 실재를 모종의 의미에서 재현한다는 생각을 포기하는 쪽을 지지했다. 로티에 따르면, 우리의 생각하기와 행위하기는 〈세계의 거울Spiegel der Welt〉*이 아니며, 따라서 진실은 존재하지 않는다.[13] 여전히 진실을 거론하는 대신에 (로티의 표현에 따르면) 〈반어가들Ironikerinnen〉로 이루어진 연대의 공동체를 생산해야 한다고 로티는 권한다. 반어가들은 진실을 믿지 않으며 다만 다음과 같다는

* 로티의 저서의 독일어판 제목이며 영어 원서의 제목은 〈자연의 거울 mirror of nature〉이다.

믿음을 자기들과 다른 반어가들이 공유한다는 것만 믿는다. 즉, 진실은 없으며 따라서 사회적, 정치적 협의 과정은 옳은 길이나 옳은 가치 시스템을 발견한다는 목표와 결부되어 있지 않다. 오히려 그 과정은 우연적인kontingent, 즉 때로는 이렇게 또 때로는 다르게 흘러가는 결정 과정이며, 그 과정에서 관건은 단지 사회의 결속뿐이다. 이것이 반어가들이 공유한 믿음이라고 로티는 말한다.

안타깝게도 많은 이는 이것을 아직 충분히 알지 못하는데, 로티가 자신의 주장들을 뒷받침하기 위해 제시한 〈논증들〉은 다양한 철학자가 쏟아 낸 비판의 물결 속에서 반박되었다. 대표적인 예로 많이 논의된 보고시언의 저서 『진실에 대한 공포Angst vor der Wahrheit』만 들겠다. 이 책은 로티의 상대주의와 구성주의가 심각하게 비정합적이며 따라서 옹호될 수 없음을 신중하고 상세하게 보여 준다.

하지만 이 대목에서 우리가 철학적 진실 이론을 꼭 다루어야 하는 것은 아니다. 그렇게 하지 않더라도 우리는 로티 버전의 포스트모던이 향하는 종착점을 볼 수 있다. 왜냐하면 소셜 미디어와 세계 정치의 무대가 날마다 그 종착점을 보여 주기 때문이다. 로티는 우리의 결속감으로부터 독립적인 모종의 기준으로 공동체 형성의 성공 여부를 평가할 수 있다는 것을 인정하지 않으므로, 그렇게 이해된(따라서 궁극적으로 오해된) 포스트모던을 뉴라이트

(새로운 우파)*와 관련짓는 것은 충분히 정당하다. 〈대안
적 사실〉, 〈탈사실적 시대〉 또는 〈탈진실〉은 정치적 우파
성향의 구호다. 이 구호들을 통해 비합리적이며 비정합적
인 느낌 세계들Gefühlswelten이 합리적이고 제도적이며 공
적으로 협의 가능한 진실 찾기를 밀어내고 그 자리를 차
지한다. 포스트모던은 오늘날 프랑스나 미국의 진보적 지
식인들에 의해 옹호된다기보다, 트럼프, 나이절 패라지,**
오르반, 푸틴 같은 사람들과 독일을 위한 대안당의 많은
정치인에 의해 도구화된다. 이들은 자기네 깃발에 〈진실
을 향할 용기Mut zur Wahrheit〉라는 구호를 적어 놓았는데,
이것은 메타 반어Metaironie 행동이라고 할 만하다. 목적은
그 깃발 아래에서 명백한 사실을 반박하고 음모론을 퍼뜨
리는 것이다. 이 이데올로그들은 〈진실은 집단 소속에 기
반을 둔다〉라는 포스트모던한 생각의 축약된 이미지를
육성한다. 그 결과로 결국 강자의 권리만 옹호된다.

   그러나 우리는 근거 없는 견해와 믿음이 판치는 거울
방 안에 있는 것이 아니라 실재 안에 있다. 우리의 생각과
행위는 실재와 뗄 수 없게 얽혀 있다. 왜냐하면 당장 우리
의 생각과 행위가 작용력이 있고 실재 안에서 일어나기
때문이다. 실재에서 벗어날 수는 없다. 우리의 생각과 행

---

   * 우리 사회에서 말하는 뉴라이트와는 다르다.
   ** 브렉시트를 옹호하는 영국 정치인.

위는 무슨 정신적 화면처럼 실재의 맞은편에 있지 않다. 어떤 이들은 정신적 화면에 정신적 이미지들과 이야기들이 나타나고, 그것들은 〈저 바깥의〉 세계와 거의 또는 전혀 상관이 없다고 여기는데, 이것은 대표적 포스트모던 이론가의 궁극적으로 그릇된 견해다.

오늘날 포스트모던은 미국 문학 이론의 진보적 진영에 국한되었던 단계를 벗어난 지 오래다. 특히 미국에서는 포스트모던이 그 진영을 출발점으로 삼아 사회적으로 확산되었지만 말이다. 오히려 지금은 진화 생물학자들, 물리학자들, 신경 과학자들, 그리고 누구보다도 경제학자들이 포스트모던한 〈논증들〉을 자주 내놓는다. 이것은 경악스러운 변화다. 우리는 실재를 늘 왜곡하고 절대로 있는 그대로 파악하지 못하는 모형과 이론에 속박되어 있기 때문에 실재를 인식할 수 없다고 여기는 자연 과학자들이 일부 있다 하더라도, 이런 견해는 전혀 무의미하다. 만일 그들의 견해가 옳다면, 미국의 경제적 성취를 최우선시하는 트럼프의 프로젝트에 반대할 근거는(또한 찬성할 근거도) 사라진다. 심지어 민주주의적 법치 복지 국가를 고수해야 할 이유도 실은 전혀 알 수 없게 된다.

민주주의적 법치 복지 국가는 지난 2백 년에 걸쳐 때로는 유혈이 낭자하게 일어난 혁명과 정치적 투쟁의 산물임을 잊지 말아야 한다. 급격한 산업화 아래 고통받던 사람들은 그 혁명과 투쟁에서 더 정의로운 사회가 존재해야 한다는 대의를 위해 헌신했다. 세계사적으로 아주 어린 프로젝트이며 독일에서는 제2차 세계 대전 이후 비로소 안정적인 정부 형태를 산출한 근대 민주주의의 기반은 계몽이다. 계몽은 진실, 도덕적 실재론, 보편주의 없이는 불가능하다. 독일 기본법에 담긴 계몽의 가치 규범에 헌신하지 않으면서도 민주주의 법치 국가 프로젝트를 이어 갈 수 있다고 믿는 것은 심각한 오류다.

포스트모던은 새로운 유형의 〈자기에게 책임이 있는 미성숙〉[14]을 조장한다. 〈타인의 지도 없이〉 자신의 〈지성〉을 사용하는 대신에, 집단적 성향(로티는 이것을 〈연대〉라고 불러 오류를 유도한다)이 기반에 놓인다. 왜냐하면 진실을 집단적 사고로 대체할 수 있다고 믿기 때문이다.

이 대목에서 루트비히 비트겐슈타인의 유명한 비유를 상기하는 것이 유익하다. 비트겐슈타인에 따르면, 철학의 임무는 〈파리에게 파리 병에서 나가는 길을 보여 주는 것〉이다.[15] 그는 우리의 생각하기는 모종의 내적 과정이며 우리는 그 과정을 〈저 바깥〉의 외부 세계와 비교할 수 없다는 견해가 널리 퍼져 있음을 알아챘다. 이 그릇된 견해는 근대 철학에서 거듭 반박되었으며, 최근에는 예컨대 로티의 수제자 로버트 보이스 브랜덤에 의해 상세히 반박되었다.[16] 그러나 많은 이는 이 그릇된 견해로부터, 우리가 우리의 상징적 생각 시스템과 실재 사이의 일치를 확인할 수 없기 때문에 진실은 존재할 수 없다는 결론을 끌어낸다. 그들에 맞서 비트겐슈타인은 특유의 간결한 표현으로 아래와 같이 단언한다.

이러이러하다고 여긴다meinen라고 우리가 말할 때, 우리는 우리의 견해를 품은 채로 사실에 아직 도달하지 않은 어딘가에서 멈추지 않는다. 오히려 우리는 이것이고 저것이라고 — 이러이러하다고 — 여긴다. (누가 보아도 자명한 문장의 형태를 띤) 이 역설을 이렇게 표현할 수도 있다. 우리는 사례Fall가 아닌 것을 생각할 수 있다.[17]

우리의 생각하기는 어떤 실재도 침입할 수 없는 우리의 머릿속에 있지 않다. 우리의 머리 자체가 더없이 실재적인 무언가이며 이른바 외부 세계의 일부라는 점에서 벌써 이를 알 수 있다. 실제로 진실(참)은 내적인 무언가가 외적인 무언가와, 정신적 이미지가 〈저 바깥의〉 사건과 연결되어 있으며 〈저 바깥의〉 세계를 반영한다는 것에 존립하는 것이 아니라 오히려 우리가 〈이러이러하다고 여긴다고 말한다〉는 것, 그리고 우리가 말하는 대로 그러하다는 것에 존립한다. 문장과 생각은 문장과 생각으로부터 독립적인 실재의 기만적 그림이 아니라, 실제로 무엇이 경우인지 확인하고 소통하는 데 적합한 수단이다.

우리가 착각할 수 있다는 것은, 진실은 없다는 것을 의미하지 않는다. 오히려 정반대다. 착각할 때 우리는 진실을 놓치는 것이며, 따라서 진실은 존재한다. 진실이 없으면, 오류도 없고, 거짓말, 이데올로기, 선전, 조작도 없다.

사실은 진실이다. 따라서 도덕적 사실들은 도덕적 진실들이며, 이 진실들에 관하여 우리는 착각할 수 있다. 우리의 함께 살기에 더없이 중요한 이 사정을 환히 꿰뚫어 보기 위하여, 우리는 거울 방을 파괴하거나 그냥 밖으로 나오는 쪽을 선택해야 한다. 이는 단지 우리 자신만 거울에 비추어 보지 않고, 최선의 앎과 양심에 따라 옳은 것을 하고 옳지 않은 것을 피하려 애쓰는 것이 우리 모두의 공통 과제임을 깨닫기 위해서다. 물론 우리가 무엇을 해야 하는지를 어떤 상황에서건 간단히 알아낼 수 있다는 이야기는 전혀 아니다. 그러므로 용납, 용서, 화해, 관용, 신중한 대화의 관행은 도덕적 진보의 구체적 항목들에 포함된다. 도덕적 사실이 존재한다는 것으로부터, 우리가 우리의 도덕적 견해를 그것의 근거를 숙고하지 않고 타인들에게 강요하는 것이 정당하다는 결론은 도출되지 않는다.

이 대목에서 하이델베르크 출신의 철학자 한스게오르

크 가다머의 이해에 관한 이론, 곧 철학적 해석학에서 말하는 원칙 하나를 언급할 만하다. 그것은 〈타인이 옳을 수도 있다〉[18]라는 원칙이다. 물론 상대가 아무리 기괴한 행위를 권하는 발언을 하더라도 그 발언을 진지하게 숙고해야 한다는 뜻은 당연히 아니다. 이 원칙의 취지는, 겉보기에 서로 극단적으로 다른 견해나 도덕과 유관한 결의를 품은 다수의 개인이 사실에 중점을 두고 대화할 경우, 그 대화는 여러 성공 조건에 종속된다는 것이다. 대화는 성공하거나 실패할 수 있다. 왜냐하면 대화 자체가 윤리적으로 규제되기 때문이다. 대화는 대화 참여자들이 기존에 보지 못했던 새로운 관점들을 끄집어낸다.

합리적 대화는 윤리학적 신념 형성을 탐구하는 실험실이다. 그렇기 때문에 여기에서 가다머가 의지하는 플라톤은 자신의 철학적 사상을 오로지 대화의 형태로만 공개했다. 플라톤의 대화편들에서 합리적 대화의 명인 소크라테스의 상대들은 그의 지도에 따라 서로의 견해가 과연 진실 능력을 갖추었는지, 바꿔 말해 보편적으로 인식 가능하고 따라서 소통 가능한 사실들의 발견을 향해 있는지 검사한다. 진실 능력을 갖추지 못한 견해들은 윤리학적 지침의 후보로서 탈락한다. 왜냐하면 도덕적 사실을 탐구하는 학문으로서 윤리학은 특정 조건에 처한 모든 인간에게 선, 중립, 또는 악인 것을 목표로 삼으니까 말이다.

집단 소속을 앎의 추구보다 위에 두기 위하여 진실이라는 규범을 통째로 제쳐 놓고 다른 무언가로 대체하고자 하는 사람은 논리의 원칙들(예컨대 모든 합리적 사고가 지켜야 하는 모순율)을 어기는 것일 뿐 아니라 도덕적 가치 질서를 직접 또는 간접으로 잠식하는 것이다. 사실들에 관한 객관적 앎의 가능성을 부정하고 따라서 진실을 부정하는 것은 명백한 오류이며(왜냐하면 이 부정은 자기 자신을 잠식하는 그릇된 앎 주장이기 때문이다) 그것으로 머물지 않는다. 객관적인 앎과 진실의 가능성에 대한 공격은 도덕적 오류이기도 하다.

도덕적 가치 질서의 기반에 관한, 입증 가능하게 거짓인 믿음들은 일부 경우에 그 자체로 도덕적 오류다.

1장에서 논하고 반박한 가치 상대주의는 가치 질서에 관한 일련의 오류를 포함하며 도덕적으로 배척해야 할 사고 및 행위 시스템으로 이어진다.

전형, 브렉시트, 독일 민족주의

지난 몇 년 동안 우리는 전형의 생산과 재생산이 거의 끊임없이 이루어지는 것을 지켜볼 수 있었다. 그 생산 및 재생산은 브렉시트 투표와 외견상 혼란스러운 실행의 여파 속에서 모든 미디어에서 이루어졌다. 영국에서는 유럽 대륙에서 온 외국인 노동자의 전형들이 만들어지고 확산되었다. 그 전형들은 영국 노동 계급의 전형들과 비교되었다. 반면에 독일 미디어 지형에서는 영국인의 전형들이 떠돌았다. 그 전형들은 유럽 연합 탈퇴의 치명적 귀결들에 대한 공포와 경악을 확산시켰다.

확실히 말하는데, 나는 국가의 유럽 연합 탈퇴를 옹호하고 싶지 않다. 브렉시트 옹호자들과 영국 상류층의 부분적으로 대중 선동적인 전략을 깎아내리고 싶은 마음은 더더욱 없다. 하지만 브렉시트가 모든 관련자에게 정확히 어떤 경제적 귀결과 일반 정치적 귀결을 가져올지 짐작이라도 하는 사람이 사실상 거의 없다는 점을 눈여겨볼 필요가 있다. 더구나 코로나 시대에 브렉시트의 귀결은 거의 아무도 가늠할 수 없다. 일부 사람들은 확실히 브렉시트 덕분에 이익을 챙기리라고 추측해도 된다. 하지만 브렉시트를 통해 더 부유해질 사람들의 추가 이득이 브렉시트 때문에 손해를 볼 사람들에게 어떤 영향을 미치게 될지는 두고 보아야 알 수 있다(이익을 보는 사람과 손해를 보는 사람은 영국에도 있고 나머지 유럽 연합에도 있을 것이다).

이런 경제적 질문들과 상관없이 다음이 타당하다. 브렉시트 과정에서 — 일부 인간 집단들에게는 위험한 — 전형들의 확산을 통해 영국뿐 아니라 (독일을 포함한) 나머지 유럽 연합 내 국가에서도 새로운 형태의 민족주의가

등장했다. 어쩌면 당신은 이 대목에서, 약간의 민족주의
는 전혀 해가 되지 않는다고, 사람들은 저마다 자신의 국
가를 자랑스러워해도 된다고, 또는 비슷한 말로 반발할
것이다. 〈민족주의〉나 〈애국주의〉 같은 개념들을 휩싼 어
둠을 환히 밝히기 위해 나는 나의 입장을 개념적으로 더
상세히 밝히려 한다.

　민족주의의 극단적 형태는, 자신의 조국이 현재 모든
유의미한 측면에서 다른 모든 국가를 능가하기 때문에 자
신은 적절한 국가에서(적절한 민족 국가의 국경 안에서)
태어났다는 틀린 견해다. 더 약한 형태의 민족주의는 자
신이 국민으로 속한 국가의 어떤 강점 하나만큼은 특별히
두드러진다는 견해로 표출된다. 이를테면 독일인은 독일
중산층과 (2014년의, 혹은 1954년이나 1990년의) 독일
축구 대표팀을 자랑스러워하면서, 독일 경제나 축구의 힘
은 유일무이하며 자신은 적절한 장소에서 태어난 행운아
라고 느낄 수도 있을 것이다. 비슷하게 편향된 미국인은
미국의 군사력이나 농구에서의 세계적 우위를 내세우고
싶을 것이다. 여담이지만, 미국인이 이루어 내는 성취라
면 아무리 사소한 것이라도 거의 모두 자랑스러워하면서
그 성취를 미국이 초강대국이라는 증거로 보는 경향은 미
국인의 전형에 속한다.

　더욱더 완화된 형태의 독일 민족주의는, 오늘날 동유럽

과 미국의 자유 민주주의가 위태로운 것에 반해 독일인은 가장 안정적으로 존속하는 민주주의 법치 국가에서 산다는 상상으로 나타난다. 외국 여행 중에, 특히 미국에서 나는 이제 자유세계의 중심은 우리 독일인이라는 말을 자주 듣는다. 독일에서는 의회 민주주의와 인간 존엄의 개념에 기반을 둔 강력한 가치관의 결합이 여전히 유효하기 때문이라는 것이다. 이것은 긍정적 전형이지만 그럼에도 배척되어야 한다. 왜냐하면 독일이 모든 독일인에게 지상 천국이거나 자유세계의 선봉인가 하면, 전혀 그렇지 않기 때문이다.

엄밀히 말하면, 현존하는 어떤 국가도 자유세계의 선봉이 아니다. 어느 국가나 자국의 역사에서 유래한 특유의 도덕적 결함과 법적 결함을 지녔다. 이 결함들은 민족주의를 통해 가려진다. 예컨대 독일의 결함으로 보건 시스템을 들 수 있다. 많은 독일인은 독일 보건 시스템이 미국의 그것보다 우월하다고 여긴다. 독일인은 「브레이킹 배드Breaking Bad」를 비롯한 드라마 시리즈들을 보아서 미국 보건 시스템의 부당함을 익히 아는 듯하다. 미국에서 예컨대 난치성 암 같은 중병에 걸린 사람은 상상을 초월하는 의료비를 지불해야 한다고 많은 독일인은 생각한다. 아무튼 미국 보건 시스템은 소수만 이용할 수 있고 너무 비싸며 비효율적이고 그 밖의 문제들도 있어서, 미국에서 가련한 처지에 놓인 사람들을 보면 우리가 독일인이라는 것을 기뻐하게 된다고들 한다. 코로나 환자들로 넘쳐 나는 미국 병원의 모습이 담긴 영상은 이런 생각에 힘을 실어 주었다.

그러나 이 인상은 몇 가지 측면에서 기만적이다. 특히 이 인상은 독일 보건 시스템 내부의 때로는 충격적인 폐해를 기만적으로 은폐한다. 독일에서 인구가 밀집한 도시 바깥에 살면서 민간 건강 보험에 가입하지 않은 사람은 중간 규모의 도시 거주자보다 훨씬 더 열악한 의료 서비스를 받고 있다. 대도시에서도 특유의 문제들이 나타난다. 중요한 진료를 예약하고 오래 기다려야 하는 것, 심지어 응급 상황에서도 전문의에게 진료받기 위해 여러 번 전화를 해야 하는 것 등을 사람들은 익히 안다. 물론 미국 보건 시스템에는 온갖 결함이 있으며, 나는 이를 감출 의도가 없다. 그러나 그 결함들은 대체로 사람들이 독일 시스템을 미국과 비교하면서 미화할 때 직관적으로 품는 견해만큼 광범위하고 심각하지 않다.

미국이 실제로 얼마나 인종주의적이건 간에, 독일의 사정이 전반적으로 더 나아 보이지는 않는다. 이 책의 〈머리말〉에서 언급한 인물 안톄 클라인하우스를 상기하자. 안타깝게도 일상적인 인종주의는 독일에 널리 퍼져 있지만, 대다수는 이를 그냥 간과한다. 한 예로 당신이 튀르키예 사람이거나 그렇지 않더라도 외국어로 들리는 성을 지녔다면, 독일의 많은 지역에서 성이 슈미트, 밀러, 제호퍼인 사람보다 집을 세내기가 더 어려울 것이다.

말은 길었지만 취지는 아주 간단하다. 독일에서는 인종주의가 그리 만연하지 않다는 인상은 착각일 뿐이다. 독일에서 체계적으로 또 때로는 폭력적으로 배제되는 사람들에게 물어보면 이것을 쉽게 확인할 수 있을 것이다. 그런 배제는 〈외국인〉이나 20대 전부터 독일에서 살아오지 않은 사람에게만 국한되지 않는다. 〈X계 독일인〉(이를테면 튀르키예계 독일인)이라는 개념이 벌써 부정적 차별의 효과를 내면서 해당 개인에게 불이익을 주는 것을 정당화하는 데 자주 쓰인다. 체계적이며 인종주의적인 불이익 주기가 독일의 다양한 분야에(비록 전반적이지는 않더라도) 존재한다는 것을 확인하려면 대답이 뻔한 질문 몇 개를 스스로에게 던져 보면 된다. 기업 대표 가운데 흑인이나 무슬림이 얼마나 많을까? 연방 의회나 주 의회에 피부색이 어두운 의원이 얼마나 많을까? 불이익 주기의 피해자는 아프리카 출신의 조상을 두었으며 피부색이 어두운 사람에 국한되지 않는다. 언젠가 독일로 이주한, 아랍 국가나 아시아 출신의 조상을 둔 사람도 불이익을 당한다.

사람들이 믿는 공동체의 작용력

독일의 현재에 관하여 풍부한 교훈을 얻기 위해 사회학의 기본 작업 하나에 의지할 필요가 있다. 그 기본 작업은 국민, 민족, 민족 다원주의, 인종, 정체성 등에 관한 현재의 논쟁들에서 아쉽게도 거의 언급되지 않는다. 그 기본 작업은 사회학뿐 아니라 오늘날의 경제 분야 학문들을 창시한 막스 베버에게서 유래했다. 베버는 사후에 아내 마리아네 베버의 편집으로 출간된 걸작 『경제와 사회 *Wirtschaft und Gesellschaft*』에서 그 기본 작업을 도입했다.[19] 여담이지만, 마리아네는 뛰어난 철학자이자 경제학자(당시 독일에서 경제학은 〈Nationalökonomie〉라고 불렸다)였으며 여성 해방에 이론적, 정치적으로 두드러지게 기여했다.

베버는 주저에서 〈민족적 공동체〉를 인상적으로 분석한다. 그 분석은 제1차 및 제2차 세계 대전 이전인 당시에 이미 〈인종〉, 〈종족〉, 〈민중Volk〉, 〈민족〉이 알고 보면 〈정말로 엄밀한 연구에서는 전혀 사용할 수 없는 통칭〉[20]인데도 사회적으로 작용력을 발휘한다는 것을 보여 준다 (한마디 보태자면, 오늘날 엄밀한 수학적 방법을 사용하는 경제학이 독일어에서 〈Volkswirtschaftslehre〉라고 불리는 것은 문제가 있음을 여기에서 알 수 있다. 이 명칭을 개정할 필요가 있다). 베버는 이 통칭들이 〈그 자체로는 단지 〈사람들이 믿는〉 공동체〉[21]를 가리킨다고 지적한다. 베버의 진단에 따르면, 민족적 〈공동체 믿음〉[22]은 〈일차적으로〉 〈정치적 공동체를 통해, 또 정치적 공동체의 매우 인위적인 세부 구분에서 발생한다.〉[23] 이 진단을 통해 베버는 우리에게 민족주의적, 인종주의적, 또는 일반적으로 종족주의적 사고 패턴이 두드러지게 귀환하는 현재의 경향을 설명할 도구를 제공한다. 실제로 민족, 인종, 종족은 단지 〈주관적 믿음〉으로서만 존재하며 〈혈연 공동체가 객관적으로 존재하는지 여부는 전혀 중요하지 않다.〉[24]

베버에 따르면, 그릇된 공동체 믿음은 **합리화**의 결핍에서 기원한다. 이때 합리화란, 사회 경제적 과정들을 원칙상 객관적으로 들여다볼 수 있음, 그리고 관료주의적 서류에 근거한 절차를 통해 계획함이라고 할 수 있다. 합리화는 특히 전승된 행동 방식과 삶꼴을 한 세대에서 다음 세대로 그저 물려주는 것과 대비된다. 그런 대물림 대신에 합리화는 어떤 이유로 한 관습이 존속해야 하는지를 우리가 타인들도 납득할 수 있게 설명하려 애쓸 것을 기대한다. 혹은 우리가 말하는 이유가 너무 약하다고 판명될 경우, 그 관습을 버리려 애쓸 것을 기대한다. 이 원칙이 근대적 산업 복지 사회의 기반이다.

지속적인 합리화가 없으면 근대에 도덕적 진보는 이루

어지지 않는다. 도덕적으로 배척해야 할 관습, 예컨대 특정 인구 집단에 강제로 불이익을 주는 관습이 정당화 압력을 받고 그 관습에서 이익을 취하는 자들이 자신들을 정당화해야 할 때, 그들은 금세 난처해지고 모순에 빠진다. 그렇기 때문에 심각한 부정의에서 이익을 얻는 사람들은 대개 자신들이 실제로 옳다고 주장하지 않는다. 오히려 그들은 신화와 전설을 구성함으로써, 이를테면 〈아메리칸 드림〉이나 옛날부터 내려온 인종주의적 사고 패턴에 호소함으로써 불평등을 은폐하려 한다. 과학적 분석을 통해 이 사고 패턴이 의문시되면, 일반적으로 토론은 종결된다. 실제로 확보된 지식을 들이댐으로써 극우 인종주의자, 기후 위기 회의론자, 음모론자를 설득할 수 있는 경우는 거의 없다. 오히려 그렇게 하면 그들은 흔히 무시하거나 심지어 갑자기 폭력적으로 나온다.

베버의 진단은 더 깊숙한 곳까지 파헤친다. 그의 통찰에 따르면, 민중, 민족, 혈연 공동체 등에 관한 신화와 전설에 의지하는 사람들의 조직도 나름대로 합리적 원리들을 기초로 삼지만 그것들을 다르게 해석한다. 그들은 자신들의 집단 소속에 대하여 불충분한 설명들을 내놓는데, 그 설명들은 명백히 입증 가능하게 거짓인 전제들에 기반을 둔다는 간단한 이유로 열등하다. 전반적으로 배척해야 할 정체성 정치의 합리적 성분은 집단 소속을 가치로서 정당화하려는 시도가 이루어진다는 점에 있다. 여기에서 오류는 그 가치를 존재하지 않는 정체성으로 떠받치는 것이다. 베버는 이를 특유의 정확한 문장으로 아래와 같이 표현한다.

> 종족 공동체 믿음의 이 같은 〈인위적〉 발생 방식은 합리적 사회 형성을 개인적 공동체 관계로 재해석하는, 우리가 잘 아는 도식에 전적으로 들어맞는다. 합리적으로 객관화된 사회 행동의 확산이 미미한 조건 아래에서는, 순수하게 합리적으로 이루어진 사회 형성을 포함한 거의 모든 사회 형성이 포괄적 공동체 의식을, 〈종족적〉 공동체 믿음에 기초한 개인적 친교의 형태로 끌어들인다.[25]

베버의 말을 다음과 같이 해석할 수 있다. 예컨대 고된 여행 중에 서로 알게 되었으며 동일한 언어를 사용하는 이주자들이 그곳의 법을 전혀 모르는 채로 낯선 국가에 도착하여 서로 돕기 위해 집단을 형성한다면, 그것은 합리적이다. 이 행동에는 객관적 이유가 존재한다. 그들을 받아들이는 국가의 관청들과 주민들은 이런저런 방식으로 그들을 침입자로 여길 터이므로, 유사한 방식으로 위협을 당하는 사람들과 힘을 합치는 것이 합리적이다. 이로부터 〈종족적 공동체 믿음〉이 발생한다. 왜냐하면 사람들은 자기 행위의 합리적 토대를 자동으로 통찰하지는 못하기 때문이다. 사회학의 기능 하나는, 최소한 부분적으로 환상적이며 아무튼 비합리적인 종족적 공동체 의식과 합리적 사회 형성을 구별하는 것이다.

베버의 이 같은 가설이 옳다면, 민족주의, 인종주의, 그리고 민중 공동체나 종족 공동체, 또는 심지어 혈연 공동체에 관한 음모론은 특정한 사회적 질서관을 정당화하기 위해 오늘날 근대 프로젝트에 대한 반발로서 확산하고 있는 것이다. 근대 프로젝트는 합리적으로 납득할 수 있는 재화 분배를 성취하고자 한다. 즉, 모든 인간에게 악영향을 미치는 지구적 문제들의 해결에 접근하는 것을 목표로 재화 분배 과정을 최적화하고자 한다. 따라서 민족주의자들이 특히 기후 활동가 그레타 툰베리나 공개적으로 활동하는 녹색당 정치인들 같은 인물들을 표적으로 선택하는 것은 놀라운 일이 아니다. 이 경우에 민족주의자들의 행보가 악한 것은, 우리가 그릇된 사고 패턴을 극복하고 온 인류의 결정적 위험 상황을 인정하도록 만들고자 헌신하는 인물들을 그들이 대개 말로, 하지만 충분히 자주 물리적 폭력으로도 공격하기 때문만이 아니라, 그들이 진짜 문제들에 대하여 가짜 해답들을 제시하기(예컨대 〈독일산〉 디젤 엔진이 기후 친화적이라고 주장하거나 〈독일〉 숲을 풍력 발전기로부터 보호하고자 하기) 때문이기도 하다.

당연한 말이지만, 기후 변화는 오늘날 합리적 설명이 긴급히 필요한 현상에 불과하지 않다. 관건은 자원과 재화의 정의로운 분배이기도 하다. 우리 모두가 연루된 우리 시대의 중대한 도덕적 문제들은 간단히 현지에서 해결될 수 없고 오직 국경을 초월한 활동을 통해서만 해결될 수 있다. (역설적이게도 각 지역에서 민족 국가의 통제를 받는) 지구적 경제 질서의 조건들 아래에서 우리의 소비재 생산망은 도덕적으로 배척해야 할 노선 설정으로 가득 차 있다. 다만 그런 설정들이 우리 소비자의 눈에 띄는 일이 아직 드물 따름이다. 예컨대 공장식 축산, 순수 자연과학 연구를 위한 동물 실험, 값싼 의류의 생산, 지속 불가능한 건축 방식 등이 그런 노선 설정이다. 우리의 일상적 행위 중 많은 것은 사람들과 기타 생물들이 불가피하게 큰 고통을 겪는 것과 시스템적으로 연결되어 있다.

민족이나 인종, 지역 문화와 연결되는 신화와 전설에 의지하는 전략은 일반적으로 우리 자신의 책임을 면제하는 데 쓰인다. 이 면제가 문제를 심화한다. 왜냐하면 이 면제는 우리가 합리적인 형태의 사회 형성을 거부하는 것을 의미하기 때문이다. 그런 사회 형성은 우리가 관여되어 있으며 도덕적으로 비난해야 할 대규모 거래들뿐 아니라 특히 소규모 거래들을 더 정밀하게 조사하는 활동을 포함할 것이다. 대규모 문제들은 수많은 개별 행위의 결과다. 개별 행위들이 모여서 우리 인류 전체를 위협하는 시스템을 산출한다.

포퓰리즘 사회

인간 공동체의 구성원으로서 우리는 날이면 날마다 다른 구성원들의 행위를 이해하고 어느 정도 예측하는 일에 몰두한다. 우리는 누구나, 지금 다른 인물이 무엇을 기대할지 끊임없이 자문하고, 그가 곧 무엇을 말하거나 행하게 될지 생각한다. 우리는 타인들에게 열중하기를 가장 좋아한다. 이것은 유용한 행동인데, 그 이유 중 하나는, 이 행동이 우리를, 우리 자신은 과연 무엇을 기대하고 생각하고 말하고 행할까 하는 질문으로부터 멀어지게 만든다는 것이다. 그러나 타인들 역시 우리를 이해하고 예측하는 일에 몰두하므로, 모든 인간적 소통에서 우리는 어떤 식으로든 우리 자신에게로 다시 던져진다. 마치 우리를 향한 타인들의 시선이 일종의 거울이기라도 한 것처럼 말이다.

우리가 다음과 같은 일상적이고 평범한 상황에 처해 있다고 상상해 보자. 당신이 곧 부치려는 편지에 사용할 우표를 사려고 우체국에 들어선다. 대기열에 선 당신은, 방금 차례가 된 인물과 직원이 소포를 부치는 다양한 방법에 관해 대화를 하는데, 그것이 더디게 진척되는 것을 본다. 모두가 그 대화를 귀 기울여 들으면서도 듣지 않는 척한다. 〈모름지기 타인의 비밀은 지켜야 마땅하다!〉 이 상황에서 당신은 기분과 이해 관심에 따라 행동할 것이다. 당신이 특별히 서둘러야 한다면, 어쩌면 짜증을 내면서 무언가 행동에 나서고 싶은 충동이 당신 내면에서 치밀 것이다. 그렇다면 헛기침을 하거나 조급하게 발을 구르거나 심지어 앞사람에게 명시적으로 말을 걸어 대기열 내에서 전진하려 할 수 있을 것이다. 하지만 반대로 당신은 당신 자신이 자신의 충동을 다스리는 주인이며 동료 시민의 욕구에 대한 이해심을 발휘하고 있음을 증명하기 위하여 일단 아주 침착한 태도를 유지할 수도 있을 것이다.

어떻게 행동하건 간에 당신은 마치 연극의 한 장면을 보듯이 대기열을 바라본다. 당신의 정신적 무대에 오른 개별 배우들은 역할들을 부여받는다. 전형적인 할머니는 우왕좌왕 분주하고, 자기를 중요한 인물로 여기는 사업가는 항상 타인들을 밀치며 나아가고, 껌 씹는 10대 청소년은 라이터를 사고 싶고, 어린아이 둘을 데리고 있는 어머니는 자신의 형편을 고려할 때 자신을 앞에 세우는 것이 정당하다는 신호를 조심스럽게 보내고, 지나치게 성실한 우체국 직원은 소포 발송 방법들에 관한 세부 사항을 너무 많이 늘어놓아 상황의 전개를 지체시킨다.

우리는 한 장면 안에서 역할들과 행위들의 전개를 정교하게 상상하는 능력을 보유하고 있다. 우리는 이제껏 살아오면서 타인들(부모, 교육자, 친구, 동료, 작가, 연인, 학자, 언론인, 소프트웨어 기술자 등)의 협조를 통해 그 능력을 획득하고 일상에서 훈련해 왔다. 타인들도 마찬가지다. 그리하여 우리는 실제로 전개되는 행위 상황에 우리의 연극 프로그램을 끼워 넣고, 그 프로그램은 타인들의 연극 프로그램과 마주친다. 이때 우리는 우리가 같은 작품에 도달했다고 전제한다. 그리고 이 전제를 부르는 이름이 바로 〈사회Gesellschaft〉다. **사회**란 사람들 사이의 주고받기로 이루어진 거대한 전체이며, 관여된 행위자들이 보기에는 그 전체 덕분에, 결국 단 하나의 작품이 존재하며 관여된 행위자들은 그때그때의 행위들을 통해 그 작품의 실현에 기여한다.

사회학에서 사람들은 **복잡성**Komplexität을 거론한다. 사회의 복잡성에 초점을 맞추어 말하면, 사회는 내가 〈역할 담당자들Personen〉이라고 부르는 개별 행위자들이 사회란 무엇인가에 관한 견해를 보유한 것을 통해서만 발생하고 유지된다. 그런데 이는, 사회란 무엇이며 어떻기 기능하는가에 관한 우리의 견해로부터 독립적인 사회는 존재하지 않음을 뜻한다. 이렇게 보면 사회는 단지 공동 참여자들의 머릿속에만 실존한다.[26]

사회는 복잡하다. 아주 빤한 행위 상황에서도 예외 없이 항상 다시 새롭게 짜이는, 한눈에 굽어볼 수 없는 견해들의 얽힘이 없다면 사회는 존재하지 않는다.

사회는 끊임없이, 때로는 더 빠르게, 때로는 더 느리게 변화한다. 사회가 어떻게 변화하는지는 역할 담당자들이 무엇을 하고 그러면서 자신들을 어떻게 관철하는지, 이를테면 자신들을 어떻게 드러내는지에 본질적으로 의존한다.

이 복잡성을 마침내 떨쳐 내고 명확한 관계들을 형성함으로써 사회를 멈추게 하는 것은 결코 불가능하다. 이것 역시 우체국에서 벌어지는 일상적인 상황을 예로 들어 설명할 수 있다. 우체국 안에 있는 다양한 역할 담당자는 제각각 자신이 누구이고 누구이고자 하는지에 대한 고유한 견해를 가지고 있으며, 이 견해는 타인들의 견해와 마주친다. 이런 사정과 상관없이 사회적 상황을 명확히 할 길은 없다. 따라서 지금 우체국 안에서 어떤 작품이 공연될지 예견할 길은 없다.

사회적 유대는 매 순간 새롭고 전혀 다르게 맺어질 수 있으며, 사람들은 이를 **우연**Kontingenz이라고 칭한다. 예컨대 우체국에서 은행 강도가 발생하여 현장의 모든 사람을 경악시킬 수도 있을 것이다. 그러나 은행 강도는 모든 사회에서 발생하며 그런 의미에서 정상적인 일이다. 물론 피해자들에게는 나쁜 일이지만 말이다. 게다가 사회는 자연의 외부에서 작동하지 않는다. 무슨 말이냐 하면, 예컨대 누군가가 우체국 안에서 심장 마비에 걸릴 수 있다. 이경우에도 우체국 안의 놀이 규칙들은 마구 흔들릴 것이다. 여기에서 알 수 있듯이, 우체국 방문의 〈정상적〉 진행이란 존재하지 않는다. 모든 각각의 **사회적 거래** ― 사람들이 공유된 상황 안에서 타인들이 관찰할 수 있게 행하는 모든 것 ― 는 매우 대략적인 윤곽으로만 예측할 수 있고 조종할 수 있다.

결정적으로 중요한 대목은 이것인데, 위 논의는 사회전체의 정상성이란 존재하지 않음을 보여 준다. 사회 전체의 현재 상태란 존재하지 않는다. 우리가 유지해야 마땅한 현재 상태도 없고, 우리가 바꾸어야 마땅한 현재 상태도 없다. 대신에 아무도 굽어볼 수 없을 만큼 복잡한, 사회적 거래들의 얽힘이 존재한다. 독일 총리도, 연방 의회도, 정보기관도, 구글도, 경제학자, 사회학자, 프리메이슨도, 심지어 지구적 신자유주의 경제 엘리트도, 교황도 사회를 굽어보고 예견하고 이에 기초하여 통제할 능력이 없다.

우리 시대의 뚜렷한 문제 하나는, 정당과 사회 연결망, 단체, 기타 사회 정치적 활동 집단이 자기네 행동 방침을 정당화하기 위해 전(全) 사회적 정상 상태라는 터무니없이 그릇된 관념을 거론한다는 것이다. 이 문제를 어느새 널리 쓰이는 포퓰리즘이라는 명칭으로 부르자. 특히 현존하지 않는, 상상된 전 사회적 정상 상태가 민중(라틴어로 〈포풀루스populus〉)과 결합된다면, 그것은 확실한 **포퓰리즘**이다. 포퓰리즘의 견해에 따르면, 한편에는 정상 민중이 있고, 맞은편에는 방해 요소가 있다. 여기에서 언급할 만한 것으로, 독일에 널리 퍼져 있는 근원 독일적urdeutsch 사회라는 관념이 있다. 이 관념은 특히 제2차 세계 대전 이래로 가치관과 연결되었으며, 그 가치관은 (때로는 유대교로까지 확장된) 기독교와 결합되어 있다.

그 관념에 입각하면, 독일적인 것이란 일요일에 종소리가 울리는 것, 슈니첼과 돼지족발, 카레 소시지를 먹어도 되는 것, 도심의 모습이 하이델베르크나 뮌헨을 닮은 것, 맥주를 마시는 것, 사격 동호회나 카니발 동호회에 가입하는 것, 때때로 민속 의상을 입는 것 등이다. 이 환상의 〈고급 문화적〉 변형도 있는데, 그 변형은 괴테, 프리드리히 횔덜린, 바그너를 내세우며, 베토벤은 즐겨 내세우지 않지만, 니체, 하이데거, 최근에는 (안타깝게도 독일을 위한 대안당을 지지하는 일부 〈사상가들〉이 자기네 편으로 여기며 인용하는) 슬로터다이크도 들 먹인다. 때로는 (전형적으로 칸트, 요한 고틀리프 피히테, 프리드리히 빌헬름 요제프 셸링, 헤겔이라는 이름을 통해 대표되는) 독일 관념론까지 추가로 호명된다. 사람들이 이들을 내세우는 이유는, 자신이 시인들과 사상가들의 민족에 속한 일원이라고 느낄 수 있기 위해서다. 이런 의미에서 포퓰리즘에 물든 어느 늙은 동료가 최근에 나에게 말하기를, 자신은 위대한 독일 물리학자들을 존경한다고 했다. 그러면서 그는 베르너 하이젠베르크와 막스 플랑크는 거명했지만, 울름 출신의 근원 독일인 알베르트 아인슈타인은 거명하지 않으려 했다. 내가 그 이유를 묻자, 그가 밝히기를 아인슈타인은 유대인인 데다가 스위스 국적자였다고 했다.

나의 취지를 오해하지 말기 바란다. 위에 열거한 모든 인물 각각은 (니체와 하이데거도 포함해서) 부분적으로 세계사적으로 탁월한 예술적, 과학적, 철학적 업적을 이루어 냈다. 니체보다 더 유혹적인 독일어 문장을 구사한 인물은 거의 없고, 횔덜린은 중요한 시들을 지었으며, 바그너는 천재적인 작곡가였다. 슬로터다이크는 몇몇 저술에서 탁월한 문체를 보여 준다. 독일 관념론 사상가들이 이루어 낸 철학적 성취는 말할 것도 없이 역사를 통틀어 최고 수준이다.[27] 옹골찬 국가 사회주의자(나치) 하이데거도 간단히 제쳐 둘 수 없다. 왜냐하면 그는 — 알프레트 로젠베르크,* 히틀러, 요제프 괴벨스와 달리 — 중요한

* 나치 이론가.

철학적 저술을 남겼기 때문이다. 그의 저술은 내가 보기에 20세기의 가장 중요한 여성 정치 이론가인 아렌트를 비롯하여 많은 진보적 사상가에게 영향을 미쳤다. 예컨대 위르겐 하버마스, 한스 요나스, 자크 데리다 같은 매우 다양한 사상가가 하이데거의 영향을 받았다.

포퓰리즘의 문제는 상상 속의 왜곡된 정상상(正常像)을 만들어 낸다는 것에 있다. 포퓰리즘은 중간 단계들을 건너뛰고 세부 사항을 간과한다. 세부 사항의 예로 이런 질문을 들 수 있다. 이슬람은 독일에 속할까? 유대교도, 기독교도, 무신론자와 마찬가지로 무슬림도 현재의 독일 국토 안에 존재한다. 또한 여러 세기 전부터 그러했다. 더 나아가 이것은 꽤 재미있는 사실인데, 개신교가 아예 없던 시절에, 그러니까 종교 개혁 이전에 이미 무슬림들이 (주로 노예로서) 북아메리카에 있었다. 또한 당연히 영국계 미국인들보다 먼저 스페인계 이주자들이 있었다. 스페인 사람들이 〈신세계〉의 대부분을 개척했으니까 말이다. 스페인 가톨릭교도들보다 먼저 그들의 무슬림 노예들이 아메리카 대륙에 있었다는 점은 더 말할 필요도 없다.

포퓰리즘이 원하는 정상 독일은 존재한 적이 없다. 내 친김에 한마디 보태자면, 민중과 구별되는 엘리트도 존재하지 않는다. 물론 아주 부유하고 영향력이 큰 사람들은 당연히 존재한다. 그들은 자신의 권능과 통제력을 미디어

지형에 적용하여 덜 부유하고 더 열악한 교육을 받았으며 영향력이 덜한 사람들을 조작한다. 참된 정상 독일인은 존재하지 않는다. 더 정확히 말하면, 정상 독일인이라는 불명확한 관념은 존재하지만, 그 관념을 추종하는 자들은 그 관념을 절대로 명확히 설명하지 않는다. 왜냐하면 그렇게 한다면 그들은 그들 자신조차도 균일한 집단을 이루지 못함을 확인할 수밖에 없을 터이기 때문이다. 심지어 독일을 위한 대안당의 전형적인 포퓰리스트들도 균일하지 않다. 회케와 알리스 바이델은 일부 지지자들이 바라는 정도보다 훨씬 덜 연합한다. 만약에 독일을 위한 대안당이 총리 후보를 세우거나 정부에 참여하게 된다면, 이 사실이 뚜렷이 드러날 것이다. 기독 사회 연합당, 좌파당, 녹색당, 사회 민주당, 기타 모든 정당도 마찬가지다. 정당의 특징을 이루는 기본 패턴이 어느 정도 존재하긴 하지만, 그렇다고 균일한 당론이 늘 존재하는 것은 아니다. 자라친은 게르하르트 슈뢰더, 케빈 퀴네르트와 마찬가지로 (여전히) 사회 민주당 소속이다.* 보리스 팔머는 아날레나 베어보크와 마찬가지로 (여전히) 녹색당 소속이다.** 심지어 국가 사회주의 독일 노동자당(나치당)도 균일하

* 2020년 7월 31일에 사회 민주당에서 출당되었다.
** 팔머는 포퓰리즘적 발언으로 논란을 일으키는 정치인이며, 녹색당은 2021년에 그를 출당하는 절차에 착수했다.

지 않고 내적으로 갈라져 여러 정파로 분열되어 있었다. 그 정파들은 서로 맞서 음모를 꾸몄다. 왜냐하면 나치 독재는 독일인의 대다수가 기뻐할 만한 정상 상태가 전혀 아니었기 때문이다. 그런데 정당들은 사회 일반의 실상을 반영할 따름이다. 정상성의 잣대로서의 민중은 전혀 존재하지 않으며 존재했던 적도 없다. 이른바 보통 민중das einfache Volk, 노동자 계급, 기타 유사한 구성물도 마찬가지다.

〈포퓰리즘〉이라는 개념은 당연히 여러 의미를 지녔으며, 이 정치적 상투어가 그때그때 정확히 무슨 의미로 쓰이는지는 전혀 불명확하다. 명확한 것은 일부는 포퓰리즘을 옹호하고 일부는 반대한다는 점이다. 그러나 자신이 무엇을 옹호하거나 반대하는지를 모두가 제대로 아는 것은 아니다. 그러므로 〈포퓰리즘〉이라는 단어를 설명할 필요가 막대하며, 그 필요에 부응하는 정치학, 사회학, 철학 문헌이 어느새 방대하게 쌓여 있다. 여기에서 우리는 그 문헌들을 개별적으로 논하지 않아도 된다.[28]

전 사회적 정상 상태는 대개 가깝거나 먼 과거에 실현되었다고 여겨진다. 또한 그 상태에서는 모든 역할 담당자가 윤곽이 명확히 그어진 역할을 할 수 있다고 여겨진다. 그러나 그런 전 사회적 정상 상태가 존재한다는 생각은 오류임을 입증할 수 있다.

이것이 내가 보는 포퓰리즘의 핵심 면모이자 결함이다. 포퓰리즘은 사회를 이해하지 못한다. 포퓰리즘은 사회를 객관적으로 실존하는 무언가로, 개별 행위자들이 어떻게 행동하고 역할들을 끊임없이 바꾸고 — 포퓰리즘은 개별 행위자의 역할을 확정하고 싶겠지만 — 새롭게 해석하는 지로부터 독립적인 무언가로 간주한다. 포퓰리즘은 (대개 어색하고 불분명한) 역할 모형들을 간략하게 제시하고 퍼뜨린다. 그 역할 모형들은 우리 자신의 역할을 우리 스스로 해석해야 하는 부담을 덜어 준다. 그리고 바로 이 특징에서 포퓰리즘을 알아볼 수 있다.

한 가지 예로 가족을 보자. 포퓰리즘의 한 변형에 따르면, 정상 가족이라고 할 만한 것(어머니, 아버지, 2~4명의 자식, 정원과 간이 차고가 딸린 자택)이 존재한다. 그리고 우리는 그런 정상 가족을 보호하고 장려해야 한다. 왜냐하면 정상 가족은 사회의 핵심 구역, 유성 생식의 장소, 기타 등등이기 때문이다. 이런 주장은 많은 것을 간과한다. 첫째, 그런 가족이 기능 장애에 빠질 수 있는 방식이 무수히 존재한다. 모든 핵가족이 이런저런 문제들을 지녔다. 또 당연히 독신자, 동성애자, 올곧은 비혼남, 대가족, 조각보 가족patchwork family, 고아, 난민 가족, 그 밖에 사람들이 함께 사는 다양한 방식이 존재한다.

고유한 위험들과 단계들을 지닌 인생을, 어떤 우연적인

가족 구조를 잣대로 들이댐으로써 똑바르게 교정할 수는 없다. 왜냐하면 이런 교정 시도는 우리가 예컨대 심리학과 사회학에서 인간과 인간의 공동생활에 관하여 알게 된 모든 것을 간과하기 때문이다. 전 사회적 정상 상태는 아예 없다. 물론 특정한 가족 형태들이 보호와 의도적인 장려를 필요로 하기 때문에 그 형태들을 정치적으로 특별 지원해서는 안 된다는 뜻은 아니다. 하지만 이것은 별개의 문제다.

좌파 정체성 정치의 모순들

현재 곳곳에서 일어나고 있는 다양한 도덕적 진보 과정들, 즉 〈#미투〉, (독일에서 시리아 난민의 통합에 매우 성공적으로 기여하고 있는) 미래를 위한 금요일* 등을 감안할 때, 세력을 확장하는 인종주의의 표현인 새로운 극우주의가 사실상 무력 시위를 펼치는 것은 두드러지게 눈에 띄는 현상이다.

그래서 사람들은 부당하게도 〈포퓰리즘〉이라는 단어를 들으면 극우적이며 퇴행적인 정당 프로그램들을 연상한다. 하지만 그런 극우에 맞선 대책으로서의 좌파 다원주의 정체성 정치도 마찬가지로 비정합적이다. 이 정체성

* 금요일에 학교에 결석하며 기후 변화 방지를 위한 시위에 나서는 국제적 학생 운동.

정치는 소수자를 소수자라는 이유만으로도 경청해야 한다고 말한다. 물론 이미 말했듯이 모든 소수자 각각은 우리의 도덕적 존중을 받을 자격이 있다.

그런데 정체성들의 문화 투쟁에서 좌파 스펙트럼은 유감스럽게도 잘 알려진 우파 포퓰리즘의 실재 반박과 똑같은 유형의 상대주의적 행마를 구사한다. 즉, 양 진영 모두 충분한, 바꿔 말해 보편적으로 타당한 근거 없이 정체성 보호에 나선다. 한 진영은 예컨대 주로 부유한 백인 영국계 미국인과 그들의 산업적, 재정적 기반을 보호하는 반면, 다른 진영은 자기네가 중요하다고 간주하는 정체성의 무지개 전체를 보호하면서 유독 백인 영국계 미국인은 보호하지 않는다. 후자는 백인 영국계 미국인을 적으로, 위험한 가부장제의 대변인으로 본다.

양 진영 모두에서 관건은 특정 정체성을 다른 정체성에 맞서 옹호하는 것이지, 이런저런 인간 집단들이 경청을 받아야 함에도 불구하고 배제되고 있다는 점을 모두가 납득할 수 있게 논증으로 보여 주는 것이 아니다. 오늘날 미국 정체성 정치의 상태는 우파뿐 아니라 좌파에서도 포스트모던 이론들의 후예인 문화 상대주의에 기초를 둔다. 정치 토론은 문화 투쟁으로 연출되고, 그 투쟁에서 서로 드잡이하는 것은 (트럼프의 선거 캠프에서처럼) 인종들이거나 아니면 (예컨대 버니 샌더스의 선거 캠프에서처럼) 경제적 계급들이다. 상대주의적 모순들도 양 진영 모두에서 발견된다. 예컨대 뉴햄프셔주에서 열린 샌더스 지지자들의 집회에서 코넬 웨스트는 이렇게 주장했다.

나는 여러분의 피부색이 어떠한지에 개의치 않습니다. 여러분의 민족적 정체성에도 개의치 않아요. 여러분이 어느 지역 출신인지도 상관없어요. 여러분은 인간입니다. 우리는 심오한 유대인 형제를 두었습니다. 버니 샌더스라는 그 형제가 우리를 결속합니다.*

대관절 왜 샌더스가 유대인이라는 말을 굳이 하는지 절로 의문이 든다. 이것은 신(新)파시즘과(웨스트는 트럼프를 신파시스트라고 비난했다) 보편주의가 대결하는 맥락 안에서 나온 것이라기에는 강한 의문을 자아내는 정체성 표현이다.

웨스트는 설교자의 어투로 다음과 같이 외침으로써 치명적인 자기모순을 향해 한 걸음 더 나아간다.

우리는 거대한 군사력과 거대한 돈의 지배가 사람들을 피부색과 계급과 성적 지향과 종교 및 비종교에 따

* 저자 마르쿠스 가브리엘이 독일어로 번역해 놓은 연설문을 다시 우리말로 옮겼다.

라 갈라놓아 우리가 꼭대기의 엘리트와 맞서는 대신에 서로를 습격하게 만든다고 믿습니다.

이 논증은 방금 통고한 보편주의를 철회하고 이른바 대중이 경제 엘리트에 맞서 싸우는 것을 옹호한다. 결과적으로 웨스트는 스스로 신파시스트라고 비난한 적수 트럼프와 마찬가지로 사람들을 서로 다투는 집단들로 갈라놓는다. 이 같은 심각한 비정합적 사고방식에서 우파와 좌파의 차이는, 인간 집단들을 어떤 방식으로 대립시키느냐에만 있다시피 하다. 그리하여 무조건적 정치 투쟁의 양 진영은 모두의 구조적 관여라는 의미에서의 더 차원 높은 분쟁 해소를 추구하는 대신에 강자인 우파의 게임 규칙을 받아들인다.

이 사례에서 명백히 드러나는 것은 그야말로 섬뜩한 〈대립자들의 일치coincidentia oppositorum〉, 곧 〈극단적으로 맞선 놈들이 모든 것을 결정하는 공통점에서 일치함〉이다. 우파 정체성 정치와 좌파 정체성 정치는 서로 맞선 집단들을 동원하고 그럼으로써 보편주의의 기반을 갉아먹는다. 그리하여 좌우 정체성 정치는 자기네가 밀쳐 내고 때로는 폭력적으로 배제하는 자들의 이해 관심에 아랑곳없이 정치판에서 자기네 이익을 추구할 수 있다. 경제적으로 열악한 지위에 놓인 대중의 이름으로 부자나 〈꼭대기의 엘리트)를 공격하는 것은 ── 트럼프처럼 ── 세금 감면 등의 조치로 세계 정치에서 미국의 이익과 부유한 기업가들의 이익을 보살피는 것보다 겉보기에만 더 진보적이다. 빈자와 마찬가지로 부자도 민주주의 법치 국가 안에서 도덕적 존중과 배려를 받을 자격이 있다. 자유, 평등, 연대가 보편적 기반이라는 것은 경제적으로 소수자보다 불리한 다수자가 부유한 소수자에게 불이익을 주는 시스템을 수립하는 것이 자동으로 정당함을 의미하지 않는다. 억만장자들이 내는 세금이 이제껏 부당하게 적었을뿐더러 그들은 자신의 자금 흐름을 더 쉽게 은폐할 수 있다는 사실은 별개의 문제다. 이 문제와 관련해서 관건은 부자에 맞선 투쟁이 아니라 보편적으로 정당하고 지속 가능한 자원 분배를 위한 투쟁이다.

나의 취지를 오해하지 말기 바란다. 특히 미국, 브라질, 아르헨티나, 칠레, 중국, 인도 같은 국가들에서 만연한, 그야말로 상상을 초월하는 부를 극소수가 거머쥐어 국가적 차원에서 적절한 조치를 통해 사람들을 빈곤, 곤경, 좌절에서 해방하는 일에 자금을 투입하지 못하게 되는, 극단적인 경제적 불평등은 도덕적으로 배척해야 한다. 그렇기 때문에 사회적 시장 경제는 흔히 〈신자유주의〉로 불리는 미국풍의 고삐 풀린 자본주의보다 도덕적으로 우월하다. 국가적인 수준에서 수백만 명을 체계적으로 빈곤에 빠뜨리고 거기에서 자발적으로 헤어날 수 없게 만드는 결과를 가져오는 경제 시스템은 도덕적 폐해를 드러내며, 그 폐해는 극복할 필요가 있다.

그런데 만일 정치적 투쟁이 자신의 도덕적 카드를 보편주의적 논증으로 제시하고 정당화하지 못한다면, 그 폐해는 정치적 투쟁으로 극복되지 않는다. 예컨대 억만장자에 대한 정당한 과세는 확실히 도덕적으로 명령된다. 하지만 그렇다고 해서 백만장자들을 투쟁으로 무찔러야 한다는 뜻은 아니다.

특히 인상적인 사례로 브라질을 들 수 있다. 브라질은 2003년부터 2010년까지 대통령을 역임한 루이스 이나시우 룰라 다시우바 덕분에, 특히 그가 펼친 가족 지원금 bolsa família 정책 덕분에 10년 남짓 번영했다. 그러나 룰라의 후임자 지우마 호세프의 부적절하고 어느 정도 부패와 얽힌 몇몇 경제 정책 때문에 2013년부터 브라질에서는 거대한 정치적 음모가 실행되었고, 결국 생각과 행동이 심각하게 반(反)민주주의적인 보우소나루가 권좌에 올랐다. 그는 법무장관 세르지우 모루의 도움으로 주요 경쟁자인 룰라를 감옥에 가두었다.

룰라 시대의 좋은 경험들을 계승하는 복지 국가적 정책들을 펼치는 대신에 보우소나루는 공격적인 경제 정책을 추진한다. 그 정책은 브라질 열대 우림의 자연 자원을 파럼치하게 또 아마존 유역의 토착민에 대한 배려 없이 착취하면서 환경에 해롭고 성과가 빨리 나오는 사업들을 육성하는 것이다. 그 사업들은 이미 부유한 소수 주민만 더 부유하게 만들 것이다. 그러는 사이에 거지처럼 가난한 빈민가 주민은 잔혹한 군사적 방법들로 억압당하고, 애당초 적었던 중산층은 소멸한다.

도덕적 통찰이 뒷받침되지 않은 무분별한 자본주의의 이 같은 사례들은 명백히 배척해야 한다. 그러나 이로부터 자본주의 자체가 도덕적으로 배척되어야 한다는 결론은 전혀 나오지 않는다. 적어도 〈자본주의〉 개념과 〈신자유주의〉 개념의 의미를 정확히 정의하고 왜 시장 경제적 조건 아래에서의 잉여 가치 산출, 자본, 소유가 그 자체로 도덕적으로 배척되어야 하는지를(또는 마르크스와 프리드리히 엥겔스가 주장한 대로, 자동으로 경제 시스템의 자기 파괴와 파국적 귀결들로 이어지는지를) 정확히 설명하지 않는다면 말이다.

엘리트를 공격하는 동시에 보편주의를 옹호하는 사람은 자기모순을 범하는 것이다. 왜냐하면 그런 사람은 실은 보편주의를 옹호하는 것이 아니라 웨스트 같은 좌파 정치인들이 선호하는 군중의 통계적 유사 보편주의를 옹호하는 것이기 때문이다. 이 측면에서 좌파와 우파의 정체성 정치는 동등하게 부정직하고 틀렸다. 역사적으로 볼 때 그 정체성 정치들은, 다름 아니라 진실, 사실, 인식과 결별하는 포스트모던 논증 패턴 덕분에 발생했다. 물론 샌더스와 웨스트 같은 정치인들이 내 책을 읽는 많은 독자(그리고 나 자신)의 공감을 트럼프보다 훨씬 더 많이 받을 자격이 있지만, 그래도 위 사실은 변함이 없다. 또한 샌더스와 웨스트에 대한 공감은 나의 논증에서 어떤 역할도 하지 못해야 마땅하다. 왜냐하면 나의 논쟁에서 관건은 아프리카계 미국인 웨스트와 유대인 샌더스를 옹호하고 늙은 백인 개신교도 남성들을 배척하는 감정을 불러일으키는 것이 아니니까 말이다. 트럼프나 — 더 긍정적인 사례인 — 독일 개신교 협의회장 하인리히 베드포르트슈트롬 같은 늙은 백인 개신교도 남성들은 일단 다른 인구 집단들과 똑같이 도덕적 존중을 받을 자격이 있다.

누구나 타인이다:
정체성 정치에서 차이 정치로(그리고 그 너머로)

우리의 도덕적 통찰력은 우리의 인간임에 기반을 둔다. 그런데 인간임은, 서로 얽혀 있지만 동일하지 않은 측면들을 적어도 두 개 지녔다. 한편으로 인간은 동물이다. 우리 몸은 특정한 구조를 지녔으며, 그 구조는 진화 생물학과 의학의 방법들로 연구될 수 있다. 우리 몸은 세포들로 이루어졌고, 그 세포들은 집단들로 조직되어 있으며, 그 집단들에서 일어나는 과정들은 총체적인 몸 안에서 협응된다. 우리 몸을 이루는 수많은 시스템(심혈관계, 중추 신경계, 소화계 등)이 정확히 어떻게 연결되어 전체를 이루는지를 우리는 기초적인 수준에서만 이해한다. 생물학도, 의학도 인체에 대한 완전한 앎에서 한참 멀리 떨어져 있다. 하지만 지난 세기 중반 이래의 거대한 분자 생물학 혁명 덕분에 우리가 확실히 아는 바는, 실제로 우리는 유기체로서 다른 동물종들과 똑같이 유기체를 지배하는 원리에 종속되어 있다는 것이다. 이 같은 우리의 동물성의 측면을 우리의 **생존꼴**Überlebensform이라고 부르자.[29]

인간의 생존꼴은 보편적이며 모든 인간 동물을 통합한다. 그러므로 최소한 생물학적 보편주의가 성립한다. **생물학적 보편주의**에 따르면, 우리는 자연 앞에서 모두 평등하다. 이 생물학적 평등은 문화적, 정신적 수준에서 얕잡아 볼 수 없는 영향력을 발휘한다. 예컨대 우리의 생물학적 본성 때문에, 이른바 〈전형적 신경형의neurotypical〉 모든 사람은 — 즉, 거의 모든 신생아는 — 어떤 언어라도 모어로 배울 수 있다. 방금 중국에서 태어난 아기는 아무 어려움 없이 탁월한 아랍어 시인이나 독일어 시인이 될 수 있다. 머리카락 색깔, 피부 유형, 눈동자 색깔, 키 같은 피상적인 표현형들은 중추 신경계의 — 통상적인 어법에서는, 〈뇌〉의 — 역동적 배선에 아무런 영향도 미치지 못한다. 뇌는 대단히 유연하다. 바꿔 말해, 뇌는 **가소성** Plastizität이 뛰어나다. 그리고 뇌의 가소성은 인간 동물이 기본적으로 어떤 문화적, 정신적 환경에라도 깃들 수 있기 위한 기반이다.

생물학적 보편주의는 곧바로 도덕적 효과를 낸다. 그 보편주의는 처음부터 인종적 전형들을 오류로 낙인찍으니까 말이다. 음악성, 심오함, 정확함을 향한 독일인의 유전적 소질은 존재하지 않는다. 마찬가지로 이슬람을 향한 아랍인의 유전적 소질이나 청결함을 향한 슈바벤 사람의 유전적 성향도 없다. 슈바벤 아이들은 자동으로 근검한 기독교도가 되지 않으며, 바이에른 아이들은 날 때부터 흰 소시지와 흰 맥주를 소비할 성향을 띠지 않는다.

하지만 이로부터 인간은 특정한 동물종이라는 의미에서 동물일 뿐이며, 따라서 인간종의 생산 및 재생산 조건은 분자 생물학적으로 완벽하게 연구할 수 있다고 결론짓는 것은 부적절하다. 인간은 박테리아, 척추동물, 인간이 아닌 포유동물과 아주 많은 방식으로 달라서, 우리와 다른 동물 사이에 정도의 차이만 있는 것이 아니라 원리적인 차이가 있음을 보여 주기 위한 기준을 얼마든지 제시할 수 있다. 오직 인간만 영화, 항공사, 인터넷 접속, 금융 경제, 소셜 미디어, 자동차, 공장식 축산을 지녔으며, 특히 자신은 특정 종의 동물이라는 사실에 대한 통찰을 지넜다.

당연한 말이지만, 우리의 인간임의 또 다른 측면을 이루는 인간의 특징이 존재한다. 나는 그 특징을 전통적인 철학의 용어를 써서 정신Geist이라고 부르겠다.[30] 일반적으로 **정신**이란, 우리가 누구이며 누구이고자 하는가에 관한 견해를 길잡이로 삼아 삶을 꾸려 가는 능력이다. 우리 인간은 우주 안에서, 역사 안에서, 동물계, 문화, 사회 질서 등의 안에서 우리 자신의 위치를 이러저러하게 설정하고, 항상 그 위치 설정을 고려하면서 행동한다. 추측하건대 사자는 차라리 채식주의자가 되어야 하지 않을까, 혹은 특히 맛있는 가젤들이 있는 다른 지역으로 이주해 볼까 하고 고민하지 않는다. 또한 사자는 천체 물리학을 연구하지 않으며, 자신이 거대한 우주 안에 있음을 추측하건대 털끝만큼도 모른다. 양자 이론이나 희랍 비극은 사자에게 금시초문이다. 간단히 정리하자. 사자는 사자학Leonologie을 가지고 있지 않지만, 인간은 인간학Anthropologie을 가지고 있다.

우리의 앎과 거기에 결부된 성취들을 통해 우리 인간이 이제껏 알려진 우리 행성의 다른 모든 생물과 범주적으로 구별된다는 점을 진지하게 반박하는 사람은 명백한 사실들을 반박하는 것이다. 인간은 단순히 다른 동물들과 나란히 놓인 동물에 불과하지 않다. 오히려 인간은 인식 능력을 통해 동물계 전체를 뛰어넘는다. 어떤 다른 동물도 학문을 하지 않으며, 언어로 코드화되고 역사적으로 누적되는 〈앎 주장들Wissensansprüche〉을 제기하지 않는다. 또한 어떤 다른 동물도 수준 높은 도덕성에 도달할 능력이 없고 따라서 도덕적 인식에 비추어 행동을 체계적으로 바꿀 능력이 없다. 사자는 채식주의가 기후를 위해 더 좋고 따라서 생물 전체를 위해 더 좋음을 통찰하여 채식주의자가 되지 않는다.

이로부터 우리가 다른 동물들을 잔혹하게 또는 깔보면서 대우해도 된다는 결론은 당연히 나오지 않는다. 물론 몇몇 생물(예컨대 재앙으로 들이닥치는 박테리아나 메뚜기)은 그런 대우를 불가피하게 만들지만 말이다.[31] 여기에서 관건은 동물 윤리의 적용 범위가 아니라, 우리 인간들이 다른 동물들과 달리 모두 정신적 생물이라는 점이다. 인간은 실재 안에서 자기의 위치를 정하는 능력을 제각각 다르게 발휘한다. 우리는 저마다 고유한 방식으로 자신을 규정하며, 이 규정은 우리가 속한 사회 경제적 맥락과도 관련이 있다. 바이러스학자는 피아니스트나 북한의 독재자와는 다르게 실재를 지각한다.

요컨대 수많은 사회적 자기 파악이 존재한다. 이 자기 파악들은 모두 우리의 **실존적 정체성**과, 바꿔 말해 삶의 의미에 관한 우리 각자의 개인적 견해와 밀접하게 관련되어 있다. 예컨대 참으로 종교적인 사람은(어떤 세계 종교를 신봉하든 간에) 이 현세의 삶 이후의 실존을 위해 더 높은 형태의 구원에 이르는 것이 이 삶에서의 관건이라고 믿는다. 진정한 종교의 본질은 종교적 관례를 따르는 것이 아니다. 즉, 예배에 참석하고 신들이나 도움이 필요한 자들을 위해 헌금을 바치는 것이 아니다. 오히려 진정한 종교는 우리에게 훨씬 더 많은 것을 요구한다. 즉, 구원이라는 목표에 도달하기 위해 인간으로서 할 수 있는 모든 것을 하라고 요구한다.

실존적 정체성은 우리를 신성한 것과 연결한다. 그런데 유감스럽게도 일부 사람들에게는 순수한 경제적, 기술적 진보가 신성하고, 다른 일부 사람들에게는 사치품 소비가 신성하다. 아무것도 신성하게 여기지 않으며 자신의 구원에 관하여 암묵적이거나 명시적인 견해를 품지 않은 사람은 존재하지 않는다. 트럼프에게는 그의 재산, 그의 호텔들과 골프장들, 그의 가족이 신성하다. 그와 진정한 사적 대화를 할 수 있다면, 틀림없이 그는 자신의 삶의 의미가 어디에 있다고 스스로 보는지 말할 수 있을 것이다.

자신의 삶을 자기에 관한 견해에 비추어, 곧 우리가 인간으로서 또 개인으로서 누구이고 누구이고자 하는가에 관한 견해에 비추어, 꾸려 나가는 일반적인 능력은 **인간학적 상수**다. 그 능력은 정신적 생물로서 인간의 특별함이며 우리를 다른 모든 인간과 연결하여 도덕적 공동체를 구성한다. 이 상수로부터, 곧 인간임 자체로부터 도덕적 권리와 의무가 나온다. 바꿔 말해, 목적들의 나라Reich der Zwecke가 나온다. 영국의 저명한 철학자 버나드 윌리엄스는 멋진 에세이 『도덕의 개념』*에서 이를 아래와 같이 표현했다.

이런저런 기준들과 필연적으로 연결되어 있으며 모든 인간 각각에 필연적으로 붙는 칭호Titel 또는 역할이 있고, 아무도 그 칭호 또는 역할로부터 거리를 둘 수 없다면, 자기 삶의 결정자로서 모든 인간 각각이, 자신은 무엇인가에 관한 모든 의식을 포기하기로 작정하지 않은 한에서, 반드시 인정해야 하는 기준들이 있다. 모든 인간 각각에게는 양도할 수 없는 칭호가 있다(〈역할〉은 여기에서 실은 더는 거론할 수 없다). 그것은 바로 〈인간〉이라는 칭호다.[32]

생물학적으로뿐 아니라 정신의 수준에서도 근거가 있는 보편적 인간임은 우리의 도덕적 판단력의 기반이기 때문에, 오늘날 피상적이고 사회학적으로 입증 가능하게 그릇된 전형들이 사회적 정체성들의 발명과 확산을 유발하

* 영어 원서의 제목은 〈Morality: An Introduction to Ethics〉이다.

는 것은 매우 위험한 현상이다. 사회적 정체성들은 인간적 보편성들Universalien이 있음을 간과하게 만든다. 그런 보편성의 예로 우리의 생물학적 본성뿐 아니라 삶의 의미를 향한 떨쳐 낼 수 없는 실존적 욕구도 들 수 있다. 삶의 의미는 단지 벌거벗은 생존이 아니지 않은가. 오히려 삶의 의미는, 우리가 단지 생존하는 것보다 더 많은 것을 할 수 있는 상황을 만들어 낼 때 비로소 우리에게 드러난다.

이것은 사람들이 오직 벌거벗은 생존만이 관건인 상황들을 피하는 많은 이유 중 하나다. 차라리 사람들은 위험을 무릅쓰고 자기 가족과 수천 킬로미터를 이동한 다음에 고무보트를 타고 그리스섬들이나 이탈리아로 옮겨 가는 것을 시도한다. 성공하더라도 일단 유럽 국경 관청들의 체계적 폭력과 맞닥뜨리게 될 것을 알면서도 말이다.

우리의 다채로운 사회적, 실존적 정체성들은 보편적 정체성인 인간임의 왜곡된 표현이다. 이 사실은 다음과 같은 철학적 숙고에서 드러난다.

우리는 제각각 다른 지식수준, 관점, 경험, 느낌, 관계를 가지고 사회의 역동적 구조 안에서 제각각 다른 위치를 차지하면서 삶의 의미를 조금씩 다르게 규정한다. 그렇기 때문에 모든 각자는 다른 모든 각자와 다르다. 그러나 바로 이 사정이 우리 모두를 결합하는 인간학적 상수다. 왜냐하면 우리 모두가 자기를 제각각 다르게 규정할 때, 우리는 정확히 동일한 능력을, 곧 자기 규정 능력 ―
즉, 정신 ― 을 발휘하는 것이기 때문이다.

우리가 타인들과 아주 많은 공통점을 가지지 않았다면,
우리는 타인들과 다를 수 없을 것이다. 우리의 보편적 인
간성의 핵심, 곧 인간임은 생물학적 보편성을 훨씬 넘어
선다. 사람들은 유사한 상황 앞에서 기뻐하고 슬퍼하며,
타인에게 공감하고, 서로 사랑에 빠지고, 음악을 즐겨 듣
고(어떤 음악이든지 간에), 한낱 생존에 기꺼이 등을 돌
리고, 스포츠를 하고, 이런저런 수단을 써서 취(醉)하고,
우주 안에서 인간의 위치에 대하여 다소 근거 있는 확신
을 품는다. 만약에 우리 인간에게 예술, 종교, 학문이 없
다면, 인간의 위치도 없을 것이다. 사람들은 오류를 유도
하는 정체성 정치의 안경을 쓰고 볼 때보다 서로 훨씬 더
유사하다.

그렇기 때문에 정체성 정치에서 벗어나는 도덕적 진보
의 첫걸음은 **차이 정치**다. 차이 정치의 핵심은, 노동 분업
때문에도 벌써 불가피한 실존적 정체성의 다채로움을 단
지 관용하는 것에 머물지 않고 모든 각자가 다르다는 점을
근본적으로 이해하는 것이다. 차이 정치는 우리 모두를 보
편적 인간임과 관련짓고, 우리가 우리 자신을 타인들과 떼
어 놓을 때 수단으로 삼는 자기 정체성 설정Selbstidentifikation
의 틀을 깨부순다.

절대적으로 정상적인 삶, 절대적으로 모범적인 삶은 없다. 객관화할 수 있는, 좋은 삶의 기준도 없다. 말 그대로 부처, 예수, 스티브 잡스, 테레사 수녀, 마오쩌둥, 간디(또는 누구든, 위인으로 꼽히는 인물)처럼 살아야 하는 사람은 아무도 없다. 만약에 정말로 모두가 예수처럼 행동한다면, 우리는 오래전에 멸종했을 것이다. 왜냐하면 예수는 말세가 도래했으며 우리는 천국을 준비해야 한다고 믿었기에 어떤 유형의 가족생활도 거부했으니까 말이다. 다른 성(聖)인들과 종교 창시자들에 대해서도 마찬가지다. 이때 종교 창시자는 세속적 〈종교들〉의 창시자들도 포함한다. 그들은 삶의 의미가 물질적 가치 창출에 있다고 본다(이 견해에서 잡스와 마오쩌둥은 완전히 일치한다).

차이 정치는 과거에 부당하게 고통받은 소수자들이 그 이유로 지금 모종의 도덕적 특권을 지녔다고 믿지 않으며, 오히려 모든 각각의 도덕적 주장을 맥락 안에서 고찰한다. 차이 정치는 차별을 없애고 세계 시민주의 정치의 보편적 평준화 메커니즘을 촉진하려 애쓴다. 예나 지금이나 독일에 강고한 남녀 임금 차이가 있다는 것은 사회적 불평등의 확실한 징표다. 여성이 동일한 일을 하고도 남성보다 평균적으로 임금을 덜 받는다는 것은 명백히 독일 분배 시스템의 도덕적 오점이다. 하지만 지금 간단히 여성에게 남성보다 더 나은 직장과 더 높은 임금을 한동안 할당한다고 문제가 해결되는 것은 아니다. 물론 여성 할당 비율로 중요한 평준화를 이룰 수 있는 것은 사실이다. 여성 할당 비율은 첫걸음이며 옳은 걸음이다. 이 걸음은 정체성 정치의 방법을 사용한다. 다음 걸음인 차이 정치의 요점은, 여성의 인생 행로에 관한 잘 알려진 사실들을 고려하여 전체적으로 공정한 분배 시스템을 이루어 내는 것이다.

추상적으로 들리는 이 생각을 구체화해 보자. 많은(당연히 모두는 아닌) 여성은 인생에서 어머니가 된다. 우리가 인류의 존속을 바란다면, 많은 여성이 어머니가 되기를 기피하지 말아야 한다. 초현대적인 병원의 시험관 속에서 아이를 키움으로써 인류의 후손을 생산하는 것은 남녀 임금 격차에 대한 해결 전략으로서 당연히 도덕적으로 옹호할 만하지 않다. 따라서 많은 여성이 어머니가 된다는 것은 기정사실이다. 그러므로 우리는 어머니임의 심리학적, 생물학적 면모들을 사회 경제적으로 적절히 고려해야 한다. 더 구체적으로 말하면, 여성이 — 이미 어머니이건 아니건 상관없이 — 취업할 경우, 우리는 그녀가 경력의 선택지나 정기적인 수입의 감소 없이 스스로 자신과 가족을 위해 합당하다고 여기는 방식으로 어머니 역할을 하는 것이 허용되도록, 그녀의 삶에서 최소 몇 년 동안 그녀에게 경제적 지원을 해주어야 한다. 만약에 국가가 보증하는, 완벽하고 염려 없는 아동 돌봄이 경제적으로 감당할 수 있는 비용으로 모두에게 제공되지 않는다면, 우리는 남성보다 여성에게 심지어 더 높은 임금을 지불해야 할 것이다. 왜냐하면 여성은 임신과 아동 돌봄 때문에 정기적인 수입에서 단적으로 불이익을 당하기 때문이다.

아버지가 육아 휴직을 하거나 노동 시간을 줄이거나 혼자서 양육할 경우, 당연히 아버지를 위해서도 유사한 이야기를 할 수 있다. 그러나 아버지에게는 부분적으로 다른 규칙이 적용된다. 왜냐하면 아버지는 임신하지 않으며 자식들과 다른(절대로 가치가 덜하지는 않지만 그래도 다른) 형태로 유대를 맺기 때문이다. 이 차이는 부분적으로 생물학을 통해, 또 부분적으로 사회 경제적 관점에서 설명 가능하다. 우리는 이 차이를 고려하여 어머니를 더 많이 배려할 수 있다. 즉, 어머니를 위해서는 약간 수정된 법률이 필요하다. 왜냐하면 임신은 단적으로 생물학적인 측면을 가지고 있기 때문이다.

간단히 정리하자. 어머니임과 결부된 여러 사실과 독일에서 여전히 불완전한 국가적 아동 돌봄을 고려할 때, 우리는 여성에게 남성보다 더 높은 임금을 지불해야 한다. 그리고 이 임금 정책은 구직자 선발에 어떤 영향도 미치지 말아야 할 것이다. 따라서 구직자들은 완전히 익명화

됨으로써 성별을 알 수 없게 되어야 한다. 고용자들이 새로운 임금 정책을 감안하여 뻔뻔스러운 인건비 계산을 할 수 없도록 말이다.

차이 정치의 또 다른 사례는 코로나 위기에 새삼 도드라졌다. 시스템을 떠받치는 직업들(의료직, 공공 행정직, 식료품상, 디지털 및 아날로그 기반 설비 종사자 등)은 아무에게도 필요치 않을뿐더러 때로는 우리를 위협하기까지 하는 직업들보다 보수가 낮은 경우가 많다. 불필요하거나 위험한 직업인의 예로 포뮬러 원 선수나 생물 무기 제작자를 들 수 있다.

나의 취지는 모든 사람이 똑같이 벌어야 한다거나 무조건적인 기본 소득이 지급되어야 한다는 것이 아니다(나는 개인적으로 기본 소득을 좋은 아이디어로 여기지만, 이것은 별개의 논제다). 평등이란 모두가 동일하거나 유사한 성과에 대하여 똑같은 보상을 받는 것이 아니라, 우리가 서로의 다름을 염두에 두고 그 기반 위에서 모든 인간을 고려하는 보편적 숙고에 비추어 분배와 재분배를 수행한다는 것이다.

하지만 차이 정치의 첫째이자 가장 긴급한 목표는 인종주의, 외국인 혐오, 여성 혐오 등을 극복하는 것이다. 왜냐하면 내가 이제껏 언급한 도덕적으로 받아들일 수 없는 차별의 다수는 위험하며 오도된 생각들의 표현이기 때문이다. 생물학적 바이러스만 있는 것이 아니라 도덕적 바이러스도 있다. 도덕적 바이러스 감염이란 그릇된 생각 패턴이 우리의 생각 과정에 잠입하는 것이다.

그릇된 생각 패턴을 꿰뚫어 보고 적절히 물리치기 위해서는 자연 과학자, 경제학자, 기술자, 직업 정치인이 아니라 다른 전문가들이 필요하다. 바꿔 말해, 긴급히 필요한 새로운 계몽의 과정에서 우리는, 복잡하고 역사적으로 가변적인 인간의 다름의 형태들을 연구하는 것을 목적으로 삼아 정신과학의 지위와 방향을 새롭게 설정할 필요가 있다. 이 다름은 공적인 공간에서 표현되어야 한다. 이는 어떤 허구적 민중 단위가 — 그 단위를 구성하는 개인들은 어쩌면 인종, 유전자, 성별이 일치할 수도 있을 텐데 — 정치적 지배권을 쥐는 것이 사회적 정상성일 수는 결코 없음을 우리 모두에게 끊임없이 상기시키기 위해서다. 따라서 이 어두운 시대의 도덕적 진보는 모든 사람이 윤리적 교육의 권리를 갖고 철학적으로 또 정신과학적으로 시대를 선도하는 공적 논쟁에 참여할 권리는 갖는 것을 뜻하기도 한다.

차이 없음 정치: 색맹을 향하여

윤리적 목표의 실현을 위하여, 곧 도덕적 진보를 위하여 사회가 어떤 조처를 할 수 있을까? 이 질문을 제기하려면, 내면에 품은 목표를 최대한 명확하게 표현하는 것이 필수적이다. 그렇게 하지 않으면, 윤리에서 오류 가능한 앎 주장을 내놓는 것은 불가능하다.

인종주의 극복이라는 목표는 흔히 〈색맹〉으로 표현된다. 사람들이 타인의 피부 유형을 인간을 여러 집단으로 분류할 때 사용하는 특별한 특징으로 간주하지 않는다면, 〈색맹〉이 실현된 것일 터이다. 이것이 가능하다는 점을 허구적인 〈오라니어Ohranier〉의 사례에서 알 수 있다. 오라니어들은 인간을 귓바퀴의 길이에 따라 분류하고 정체성 정치의 방법들을 적용한다. 그 정체성 정치는 오라니어들 사이의 자원 분배에 사용된다. 오라니어가 아닌 우리가 보기에 이것은 상당히 터무니없게 느껴진다. 인종주의 영역에서 도덕적 진보의 목적은 이와 유사하게, 인종을 기준으로 측정할 수 있는 도덕적으로 유의미한 차이가 인간들 사이에 존재한다는 인상을 완전히 극복하는 것이다. 그리고 이 극복의 노력은 실은 인종이란 존재하지 않는다는 사실을 늘 고려해야 한다. 인종주의만 존재할 뿐, 인종은 존재하지 않는다. 마녀사냥은 존재하지만, 마녀는 존재하지 않는 것과 마찬가지다.[33] 안타깝게도 인종은 미국의 공문서에서도 등장한다. 예컨대 미국의 많은 신청서 작성 지침을 보면, 작성자는 자신의 인종을 기입해도 된다. 덕분에 나도 나 자신이 〈코카서스 인종〉으로 분류된다는 것을 평생 처음으로 경험했다. 코카서스 인종은 미국의 공식 분류법에서 〈히스패닉 인종〉과 다르다. 따라서 그 분류법을 적용하면, 백인 스페인 사람은 똑같이 백인인 노르웨이 사람과 인종이 다르다. 이 모든 것은 과학적으로 전혀 근거가 없으며 터무니없다. 오늘날의 영어 〈race〉*의 의미가 독일어 〈Rasse〉**의 의미와 똑같지 않다고 변명해도 소용없다. 왜냐하면 〈race〉도 〈Rasse〉도 존재하지 않는다는 것은 변함없는 사실이니까 말이다.

미국의 인종 분류 시스템은 이미 인종주의에 중대하게 기여한다. 왜냐하면 그 시스템은 인종 개념을 — 긍정적 차별이건, 긍정적 차별이건 — 차별에 이용하기 때문이다. 독일인들에게 잘 와닿게 비유하자면, 공문서를 작성하다가, 〈당신은 마녀입니까?〉라는 질문에 답해야 하는 것과 같다. 설령 그 질문이 과거의 잔혹한 마녀 학대를 어떤 식으로든 긍정적 차별을 통해 보상해 주려는 의도로 제기되었다 하더라도, 그 질문이 터무니없기는 마찬가지다. 도덕과 무관한 사실들은 인종이 존재하지 않음을 입증한다. 무엇을 하거나 하지 말아야 하는가에 관한 도덕적 사실들은 비도덕적 사실에 모순될 수 없다. 그러므로 인종에 대한 공정한 처우에 관한 도덕적 사실들은 존재할

* 〈인종〉을 뜻한다.
** 역시 〈인종〉을 뜻한다.

수 없다. 왜냐하면 도덕적 존중을 받을 자격이 있는 인종이 존재하지 않으니까 말이다. 백인종도, 흑인종도, 어떠한 피부색을 가진 인종도 존재하지 않는다.

이 대목에서 흔히 등장하는 질문은 이것이다. 어떻게 우리가 색맹에 도달할 수 있을까? 잘 둘러보면 예나 지금이나 특정 피부 유형의 사람들은 부분적으로 확실한 부정적 차별과 불이익을 당한다. 나는 미국의 다양한 대학교에서 수많은 세미나를 열었는데 아프리카계 미국인 참석자는 1퍼센트 미만이었다. 그것도 진보적인 버클리 대학교와 뉴욕 대학교, 사회적 숙고의 분위기가 유난히 잘 발달한 뉴욕시 사회 연구 뉴 스쿨에서 그러했다. 따라서 이런 질문이 제기된다. 긍정적 차별과 지원을 통해 다른 피부 유형의 사람들이 상징적, 물질적 자원의 분배에서 공정한 몫을 챙기게 해주는 특별한 프로그램을 부과하지 않으면서 어떻게 이 불평등을 개선할 수 있을까?

이와 관련하여 때때로 제기되는 주장은 다음과 같다. 과거에 인종 분류를 통해 서로 결합되어 있었으며 나름의 고유성을 인정받을 자격이 있는 사람들이 이룩한 온갖 기억 문화, 요리, 음악, 기타 많은 업적이 존재한다. 나는 미국에서 아프리카계 미국인으로 분류되는 동료들과 몇 번 대화했는데, 그들은 긍정적 차별이 옳은 길이라는 입장을 옹호했다. 왜냐하면 긍정적 차별이 없으면 과거에 억압당한 그들의 저항이(그 저항이 없었다면 이 분야에서의 도덕적 진보는 어쩌면 전혀 없었을 텐데) 완전히 잊힐 위험이 있다고 그들은 보기 때문이었다.

이 중요한 반론에 이렇게 대꾸할 수 있다. 과거에 억압당했던 그들의 문화 생산물들과 그들의 저항을 적절히 돌아보고 진가를 인정하는 것은 정치로부터 저만치 떨어져 있는 역사 서술의 과제다. 그리고 역사 서술을 통한 기억 문화는 도덕적 진보의 공고화를 위해 결정적으로 중요하다.

이를 독일의 홀로코스트 사례가 보여 준다. 우리는 그 사례를 잊지 말아야 한다. 왜냐하면 그 사례는 필시 근본적 악의 가장 끔찍한 예이기 때문이다. 억압당한 이들과 죽임당한 이들이 인류의 긍정적 문명 업적에 기여한 바를 강조하는 일은 도덕적 진보를 위해 결정적으로 중요하다. 유대인의 정신문화가 없었다면, 계몽이 아예 없었을 것이다. 당장 모제스 멘델스존 같은 사상가나 천재적인 철학자 살로몬 마이몬을 생각해 보라. 마이몬은 독일 관념론을 결정적으로 촉진했다. 역사를 통틀어 가장 중요한 철학자 중 한 명인 바뤼흐 스피노자는 따로 말할 필요도 없다. 그의 글이 없었다면, 근대적 계몽은 생각할 수조차 없었을 것이다. 주지하다시피 무슬림도 (계몽을 비롯한) 유럽 고급문화에 크게 기여했다. 이 모든 것은 고트홀트 에

프라임 레싱의 희곡들, 예컨대 『유대인*Die Juden*』과 『현자 나탄*Nathan der Weise*』에 문학적으로 기록되어 있다. 가장 잘 알려진 인물만 꼽자면, 이븐루시드나 이븐시나 같은 위대한 무슬림 사상가들은 아리스토텔레스와 똑같은 정도로 철학과 과학을 진보시켰다. 고맙게도 그들은 아리스토텔레스의 글을 전승했다. 그럼으로써 그들은 이성, 논리, 윤리를 북돋고 고유한 생각과 논증으로 풍부하게 만들었다. 더구나 이것은 복잡한 이슬람 철학과 과학의 역사를 살짝 언급한 정도에 불과하다. 이슬람이 어떤 식으로든 계몽에 적대적이고 심지어 학문에 적대적인 종교라는 생각은 전혀 근거가 없다. 또 식민지화 이전 아프리카의 사상 전통을 온전히 인정하는 것도 중요하다. 야만적인 유럽 식민주의는 그 전통을 공격적으로 절멸시켰다. 왜냐하면 그 전통을 〈원시적〉이라고 평가했기 때문이다.

당연한 말이지만, 기억 문화와 역사 서술은 쉽사리 그릇된 방식으로 동원되어 교묘한 선택을 통해 복잡한 전형들을 생산할 수 있다. 거듭 말하지만, 북아메리카에는 개신교가 발명되기 이전에 벌써 무슬림들이 있었다. 따라서 미국이 어떤 대수로운 의미에서 개신교적 프로젝트라는 인상이 널리 퍼진다면, 그것은 터무니없는 일이다. 그 인상은 실제로 있었던 역사의 한 부분만을 뻔뻔스럽게 강조한다. 그 인상은 수정되어야 한다. 이는 문화적인 다름이 항상 이미 거기 현장에 있었음을 명확히 하기 위해서, 그리하여 순수한 근원 상태라는, 오류를 유발하는 허구를 역사적 증거들과 새로운 기억 문화를 통해 뒤엎기 위해서다.

그러나 이 같은 중요하고 정당한 주장에 경도되어 우리가 색맹이라는 목표를 시야에서 놓치는 일이 벌어져서는 안 된다. 과거에 확실히 체계적인 부정적 차별을 당했으며 하나의 (실은 존재하지 않는) 인종으로 간주되었던 사람들은 그렇게 차별당했다는 이유로, 긍정적 차별을 통해 과거의 손해를 보상받고 (과거에서 유래한 못된 생각 관습과 행위 관습, 특히 신나치주의적인 생각들이 유발하는) 현재의 손해를 드러내기 위해 인종주의가 보존되어야 한다고 주장할 도덕적 권리가 없다. 더 나은 길은, 인종주의의 얄팍한 해석과 생각 패턴 전체를 연구와 그 연구의 정치적 적용을 통해 불신의 대상으로 만들고 결국 제거하는 것이다. 예컨대 흑인 정체성 정치도 백인 정체성 정치도 존재하지 말아야 한다. 왜냐하면 양자는 똑같이 그릇되었으며 다양한 맥락에서 폐해를 일으켜 왔기 때문이다. 다르게 구체화한 인종주의, 예컨대 힌두교에 내재한 인종주의도 마찬가지다. 그 인종주의는 완전한 흑인도 적대시하고 완전한 백인도 적대시한다. 왜냐하면 이들은 인종주의적 카스트 시스템에서 낮은 지위에 놓이거나 아예 어떤 지위에도 놓이지 못하기 때문이다.[34] 인종주의는 자동으로 피부색이 어두운 사람들을 적대시한다는 생각 자체가 벌써 실제 사정의 핵심을 놓치고, 인종주의를 정말로 극복하기에 적합한 조처를 하지 못하도록 유도한다. 인종주의와 외국인 혐오뿐 아니라 예컨대 여성 혐오도 도덕적으로 배척해야 할 행위, 즉 악한 행위를 낳는 생각 패턴이다. 다시 한번 흑백 인종주의를 살펴보면, 현재 독일의 사정은 미국보다 더 낫지 않고 다만 다를 뿐임을 우리는 깨달아야 한다. 독일 사회의 자기 연출로 채워진 공적 공간은 단호히 흰색이며 상투성이 두드러진다. 그 상투성이 저녁 텔레비전 프로그램에서 대중에게 역사적 정상성으로서 방영된다. 여론 형성에서 중요한 역할을 하는 뉴스 진행자, 절대다수의 독일 유명인과 토크 쇼 출연자는 사실상 항상 백인이다. 이런 식으로 역할 이미지와 규범이 전승되고 굳어진다. 설령 어떤 악한 의도가 작용하지 않더라도 말이다.

관건은, 사회적 사정의 상징적 재현이 효력을 인정받는다는 점을 우리가 알아채는 것이다. 우리가 의식적으로 또 무의식적으로 품는 사회에 관한 이미지, 곧 수많은 개별 행위와 그것들의 사회적 연결망 형성에 관한 이미지는 사회를 조형하는 힘들 중 하나다. 상징적 질서에서 생각 패턴들이 드러난다. 우리는 그 패턴들을 분석하고 비판적으로 철저히 규명해야 한다. 사회 비판적 분석, 특히 우리 근처의 사회에 대한 비판적 분석은 도덕적 진보를 위해 필수적이다.

4장
21세기의 도덕적 진보

일반적으로 **도덕적 진보**는 어느 정도 은폐되어 있던 도덕적 사실들을 우리가 알아채고 들추어내는 것에 있다. 완전히 은폐된, 원리적으로 알아챌 수 없는 도덕적 사실은 존재하지 않는다. 윤리학이 다루는 것은 인간으로서의 우리 자신, 곧 우리가 무엇을 하거나 하지 말아야 하는가이므로, 선과 악을 밝혀내는 것은 항상 가능하다.

도덕적 사실들을 발견하기 위한 기반은 도덕적으로 자명한 것들이다. 이것들은 한편으로 우리의 인간적, 사회적 삶꼴에서 나오고 다른 한편으로 과거의 역사적 경험에서 나온다. 우리의 행위 시스템이 복잡하기 때문에, 우리는 가치에 관한 우리의 지식을 새로운 상황에 적용할 때 언제든지 오류를 범할 수 있다. 즉, 우리는 그릇된 도덕적 판단을 내릴 수 있다. 따라서 우리가 항상 도덕적 진보의 길을 걸으며 더 나은 미래로 나아간다는 보장은 없다.

실재는 우리가 실재에 관하여 아는 모든 것을 항상 뛰어넘는다. 실재가 완전히 인식 가능한 경우는 절대로 없다. 따라서 우리에게는 도덕과 무관한 몇몇 사실이 항상 은폐되어 있다. 이것은 도덕적 숙고에서 오류가 발생하는 중요한 원인이다. 만약에 우리가 도덕과 무관한 모든 사실을 알고 도덕적으로 자명한 것들을 우리에게 익숙한 도덕적 나침반으로 사용할 수 있다면, 도덕적으로 배척해야 할 행위는 오로지 악한 의도를 가져야만 가능할 터이다.

도덕적 진보의 가능성은 도덕적 실재론의 가능성과 밀접하게 연관되어 있다. 도덕적 진보는 새로운 도덕적 생각을 만들어 내는 것까지 포함한, 일종의 발견으로 간주될 수 있다. 그런데 이 견해는 **역사적 상대주의**를 부추긴다는 점에서 문제가 있다. 역사적 상대주의에 따르면, 오늘 우리가 도덕적 명령으로 여기는 것은 과거 언젠가는 도덕적 명령이 아니었을 수 있다. 따라서 우리는 과거에 다르게 행위하고 생각했던 사람들을 도덕적으로 비난할 수 없다. 예컨대 고대 그리스인들이 여성과 아동을 체계적이고 빈번하게 성적으로 괴롭혔지만 그들 다수는 그것을 못된 짓으로 여기지 않았다면, 역사적 상대주의자는 이 사정에서 일종의 문화적 다름을 볼 뿐, 오류를 보지는 않을 것이다.

실제로 이 견해는, 성적인 괴롭힘은 — 적어도 모든 사정을 더 자세히 살펴본 다음에는 다음과 같은 판단이 명확히 설 텐데 — 인간에 대한 폭력과 억압의 한 형태로서 어떤 경우에도 도덕적으로 배척해야 한다는 것이 성적인 괴롭힘의 본질에 들어 있다고 여기는 가치 존재론과 양립할 수 없다. 성적인 괴롭힘은 도덕적으로 배척해야 할 행위라는 것은 과거에도 다르지 않았다. 그러나 과거에는 그것이 권력 구조들을 통해 체계적으로 은폐되었다. 그 권력 구조들은 하위의 사람들이 저항을 통해 상황을 근본적으로 바꾸는 것뿐 아니라 학대를 다만 지탄하는 것도 불가능하게 만들었다.

도덕적 사실을 발견하는 과정에서는 자유로운 정신적 생물로서의 우리 자신도 항상 다루어지므로, 도덕적 진보는 자연 과학적 혹은 사회 과학적 정량적 모형화를 통해서가 아니라 우리의 자기 인식의 차원에서 일어난다.

알고리즘이나 컴퓨터 시뮬레이션, 또는 이런저런 실험을 통해 도덕적 진보를 이루어 낼 수는 없다. 왜냐하면 이 방법들은 인간 정신을 부분적으로 왜곡하기 때문이다.[1]

우리가 자연 과학적 혹은 사회 과학적 모형화를 통해 우리 자신을 완전히 파악할 수 있다는 믿음은 우리 시대의 오류, 20세기 및 21세기 이데올로기 시스템의 약점이다. 이 오류가 초래하는 결과는, 우리가 우리의 도덕적 나침반을 상실하여 우리 자신이 무엇을 해야 하고 무엇을 하지 말아야 하는지 더는 알지 못하게 되는 것이다. 왜냐하면 우리는 이 질문에 관한 앎의 원천 — 〈정신사〉라는 매체 안에서 전개되어 온 우리의 도덕적 통찰과 자기 인식 — 을 시야에서 놓치기 때문이다.

과학을 신앙하는 우리 시대의 이데올로기는 모든 앎이 결국 양적 관계로 표현되는 자연 과학적 모형 지식의 형태를 띤다고 여긴다. 이 이데올로기는 우리의 지평이 어두워지는 데 혁혁하게 공헌한다. 왜냐하면 이 이데올로기를 채택하면, 객관적이면서도 정신에 의존하며 자연 과학적 모형화와 경험적 연구로 인식할 수 없는 도덕적 사실들이 대관절 어떻게 존재할 수 있는지 이해할 수 없기 때문이다.

이를 비롯한 여러 이유 때문에, 우리는 계몽과 민주주의 법치 국가라는 프로젝트가 위험에 처한 어두운 시대에 살고 있다. 소셜 미디어, 인공 지능, 기타 인간 정신의 디지털 왜곡 형태들이 만연하여 진실, 사실, 앎, 윤리를 때로는 적극적이며 고의적으로 잠식한다.

우리의 최신 21세기 지식 사회는 자연 과학적-기술적 진보에 기초하여 우리의 도덕적 진보를 봉쇄하는 시스템들을 생산했다. 그 시스템들은 가짜 뉴스, 디지털 감시,

선전, 사이버 전쟁을 통해 진실, 앎, 실재, 우리의 양심에 대한 신뢰가 무너지는 결과를 가져온다. 이것이 우리 시대의 역설이다. 그러므로 우리 자신을 자유로운 정신적 생물로 보는 적절한 인간상을 도덕적 숙고의 중심에 놓는 일이 절실히 필요하다. 그렇게 해야 우리가 이 잘못된 상황을 수정할 수 있다.

많은 도덕적 사실은 항상 이미 전적으로 명백했다. 도덕적으로 자명한 것들은 예로부터 중요했다. 그것들은 사실상 결코 의문시되지 않았으며 대개 의식되지도 않았다. 그러나 이를 거짓으로 매도하거나 그냥 무시함으로써 이익을 챙기는 개인과 집단이 항상 이미 존재했다. 도덕적으로 자명한 것들 — 이를테면 노예화를 배척해야 한다는 것, 인종주의는 비열하다는 것 — 은 인간을 비인간화하고 폭력과 잔인성을 정당한 것으로 내세움으로써 체계적으로 은폐될 수 있다. 바로 이것이 정치적 선전, 조작, 이데올로기, 기타 이데올로기 이론에서 말하는 여러 형태의 〈허위의식falsches Bewusstsein〉이 지닌 핵심 기능이다.[2]

현재 우리가 처한 상황에서 이 기능을 넘겨받은 것은 특히 사회적 연결망과 검색 엔진이다. 그것들의 알고리즘은 우리의 시선이 화면에 붙박이는 것을 목표로 삼는다. 그것들의 알고리즘은 체계적으로 우리를 온갖 유형의 정보와 뉴스에 의존하도록, 거의 중독되도록 만든다. 이때 그 정보와 뉴스가 진실에 부합하는지는 부차적인 역할만 한다. 오로지 중요한 것은 우리가 데이터를 소비하면서 동시에 생산하는 것, 그리고 그 결과로 기술 독점 기업들의 알고리즘이 개량되는 것이다. 우리가 사회적 연결망을 사용함으로써 그 연결망에 데이터를 더 많이 제공할수록, 그것들은 우리를 중독시켜 사회적 연결망을 더 많이 사용하게 만드는 일을 더 잘해 낸다. 클릭 하나하나, 좋아요 하나하나를 통해 우리는 보이지 않는 디지털 마약을 생산한다.

인터넷은 지난 30년 동안 엄청나게 확산하면서 이데올로기 투석기로 발전했다. 인터넷은 이데올로기적 왜곡과 절반의 진실을 무수히 퍼뜨리고, 그것들은 소비자인 우리를 늘 분주하게 만든다. 이 과정은 위험하다. 왜냐하면 우리가 (아직) 전혀 모르는 사람들에 대한 존중의 가치를 비롯한 도덕적으로 자명한 것들이 온라인에서는 무력해지기 때문이다. 이를 모든 소셜 미디어의 댓글난이 증명한다. 전통적인 언론 포털이 개설한 댓글난도 마찬가지다. 낯선 사람들을 이해하려는 노력은 전혀 없이 그들을 기꺼이 욕하는 태도가 전통적인 독자 투고에서보다 훨씬 더 두드러진다. 이유는 간단하다. 온라인에서는 자신의 의견을 발설하려는 충동과 그 의견을 즉각 공표할 가능성 사이에 어떤 시간적 거리도, 어떤 필터도 없기 때문이다.

인터넷은 경제적 지구화에 기여했을 뿐아니라(경제적 지구화는 인터넷의 확산과 동시에 가속되었다) 우리의 정신이 어두워지는 것에도 충실히 기여했다. 도덕적으로 안정된 우리의 자화상, 곧 윤리적 인간상을 기준으로 방향을 잡는 우리의 능력은 점차 어느 정도까지 상실되었다. 냉전이 끝나고 나면 상품 거래를 통하여 인간적인 진보가 전 세계로 확산되리라는 희망이 물거품으로 돌아간 것은 우연이 아니다. 왜냐하면 부유한 국가들을 위해 진부한 소비재를 생산하려고 구성한 착취망을 가지고 인간적인(〈인간적임〉은 항상 〈도덕적임〉을 포함한다) 진보를 확산시킬 수는 없으니까 말이다.

　게다가 1990년대 이래로 부당한 전쟁이 소위 민주화를 핑계로 많이 터졌다. 특히 중요한 예로 두 차례의 걸프전, 그리고 중동과 북아프리카를 혼란에 빠뜨린, 세계적 패권국 미국의 다른 고의적 군사 개입들을 들 수 있다. 실상을 따지면 정당화할 수 없으며 지난 30년 동안 집권한 모든 미국 대통령(버락 오바마를 포함한)에게 책임이 있는 그런 군사 행동들은 거짓말, 절반의 진실, 비진실을 동반했다. 그것들은 도덕적으로 배척해야 할 타국의 주권에 대한 그 침해들(특히 드론을 이용한 살해와 디지털 공격)을 정당한 행위로 가장하려 했다.

　그러므로 인류의 도덕적 지평이 어두워진 것은 오로지

러시아 해커나 중국의 선전 때문만이 전혀 아니다. 물론 확실히 그 양자도 점점 더 중요한 역할을 하고 있긴 하지만 말이다. 몇십 년 전부터 우리의 도덕적 지평이 어두워진 것은 무엇보다도 먼저 미국 디지털 독점 기업들과 연구소들이 의도적으로 일으켜 온 변화다. 그들의 사업 모형은 뇌 과학, 행동 경제학, 정보학(영어 표현으로는 컴퓨터 과학)과 밀접하게 맞물려 있다. 목적은 최대한 많은 사용자를 중독시켜 이익을 뽑아내는 것이다.[3]

당연한 말이지만, 어느새 중국 플랫폼들도 그 사업을 전혀 뒤지지 않는 솜씨로 해내고 있다, 게다가 그 플랫폼들은 독재 정권의 지원까지 받는다. 아무튼 우리는 이를 잊지 말아야 하는데, 러시아인과 중국인은 해커일 뿐 아니라 흔히 국가 주도 캠페인과 때로는 잔혹하기도 한 침해의 희생자이기도 하다. 요컨대 이 경우에도 폐쇄된 채로 서로 맞선 인간 집단들이나 문화는 존재하지 않는다. 만약에 그런 집단들이 있다면, 우리는 곧바로 다시 가치 시스템들 간에 일종의 문화 전쟁이 존재한다는 생각으로 퇴보하게 될 것이다.

유감스럽게도 매우 현실적인 신형 사이버 전쟁과 디지털 감시 독재의 위협은 21세기에 도덕적 진보가 존재할 수 없으리라는 것을 의미하지 않는다. 지난 30년 동안 환경 윤리와 인공 지능 윤리는 인간 및 기타 종들의 생존 조건에 대한 자연 과학적-의학적 연구와 마찬가지로 발전했다. 우리는 우리의 작용 범위를 점점 더 잘 알아 가고 있으며, 이를 통해 우리가 우리 자신과 타인들과 다른 생물들에 대하여, 더 나아가 살아 있지 않은 자연에 대하여 짊어진 책임에 대하여 계몽되고 있다. 요컨대 역사는 자동으로 보편적 진보의 방향으로 전개되지도 않고 반대 방향으로 전개되지도 않는다. 우리 각자가 행위자이므로, 미래가 어떤 모습일지는 우리 모두에게 달려 있다.

하지만 우리가 역사를 책임감 있게 만들어 갈 수 있으려면, 우리는 우리의 (국가와 국가의 교육 기관들을 포함한) 제도들에 최상위 목표가 있도록, 우리가 함께 도덕적 진보를 이루어 내도록 체계적으로 노력해야 한다.

그러므로 새로운 계몽은 도덕적 진보라는 이념을 우리의 전 사회적 목표 구조의 최정점에 놓고, 하위 시스템인 학문, 경제, 정치, 시민 사회를 그 이념에 비추어 빚어 나갈 것을 촉구한다.

수천 년 전부터 그릇된 사고방식의 극복과 더 나은 사회의 구상에서 결정적 인자였던 예술, 문화, 종교도 당연히 마찬가지다.[4]

노예제와 자라친

세계사에서 도덕적 진보가 실현된 두드러진 사례는 광

범위한 노예제 폐지다. 노예제는 과거에도 이미 도덕적으로 배척해야 했다. 인간을 본인의 의지에 거슬러 고향에서 납치하고 팔아넘기고 소수의 노예주 집단의 이익에 종속시키는 것은 언제나 악이었다. 노예주들은 필요할 경우 노예들을 신체적으로 훈육하거나 심지어 노예가 노예주의 의지를 따르지 않을 경우 죽도록 놔두어도 되었다. 도덕적으로 자명한 것과 도덕적 진보가 존재한다는 것은 우리가 자동으로 더 나아진다는 것을 뜻하지 않는다. 오히려 우리가 더 나아질 수 있다는 것만 뜻한다. 우리가 누구이며 누구이기를 의지하는가는 부분적으로 우리 손에 달려 있다. 요나스는 이를 다음과 같은 문장으로 첨예하게 요약한다.

인간은 한 인간의 삶으로서의 자기 삶의 창조자다. 인간은 자신의 의지와 필요를 환경에 맞추며, 죽음 앞에서를 제외하면 어찌할 바를 모르는 경우가 절대로 없다.[5]

진보도 퇴보도 자동으로 이루어지지 않는다. 오히려 진보와 퇴보는 우리가 협력, 공존, 평화로운 안정을 추구하는 사회 형태를 보유했는가에 달려 있다. 모든 사회 형태는 개별자들의 무수한 행위가 낳는 결과이지, 위로부터

(이를테면 경제적, 정치적 엘리트들로부터) 끼얹어지는 것이 아니다. 디지털화 같은 사회적 과정들도 자동으로 진행되지 않는다. 오히려 그 과정들은 무수한 개별 행위와 결정의 결과이자 표현이다. 우리 각자의 모든 일상적 행위도 그 무수한 개별 행위와 결정에 포함된다.

근대에 특히 유럽인이 선도한 유럽 바깥 지역의 식민지화를 통해 발생한 잔혹한 노예제의 오랜 전성기 끝에, 어느 순간엔가 도덕적 진보가 일어나 노예제가 공식적으로 폐기되었다. 이 도덕적 진보의 핵심은, 노예제가 도덕적으로 배척해야 할 것임을 그때까지 아무도 알아채지 못한 것에 있지 않았다. 당장 노예들에게 물어보는 것만으로도 노예제의 비도덕성을 알아채기에 충분했을 것이다. 반대편, 곧 노예주들의 편에서도 자신들의 행위가 배척되어야 한다는 통찰이 숱하게 있었다. 그러므로 노예제 전체는 오로지 사이비 이론들 — 특히 인종 이론 — 을 통해 노예로 거래되는 사람들을 비인간화함으로써만 유지될 수 있었다. 또한 특히 18세기에 — 부분적으로는 더 일찍 — 노예의 (명백한) 인간성에 대한 인정을 얻어 내기 위한 노력이 발전했다. 노예주의 편에서 일어난 이 같은 도덕적 진보의 첫걸음들은 미국에서 새로운 개신교 종교 공동체들이 발생한 것과 관련이 있었지만, 또한 프랑스 혁명, 빈번한 — 대개 잔혹하게 진압된 — 봉기로 폭발한 노예

들의 일상적 저항과도 관련이 있었다.[6]

비대칭적 권력을 쥐고 억압하는 편(노예 소유에서 직간접으로 이득을 얻는 자의 편)에서는 근대 초기의 인종주의가 발생했다. 그 인종주의에 따르면, 인간은 인종으로 분류되며, 인종은 생물학적으로 측정 가능하며 대개 표현형으로서 눈에 띄는 특징에 따라서 특정한 성격 특징과 행동 양태를 나타낸다. 인종주의적 사이비 과학이 수백 년을 호령하고 난 오늘날 우리는 인간 인종들은 존재하지 않음을 안다. 하지만 야만적 인종주의의 시대에도 많은 이는 이 사실을 알아챘다. 인간은 실은 인종으로 분류되지 않으며 결코 이 분류에 따라 도덕적 가치나 경제적 가치가 매겨지지 않음을 깨달은 사람들이 항상 이미 있었다. 노예제와 인종주의(이 양자는 유감스럽게도 여전히 존재한다. 다만, 과거 미국이나 남아프리카에서처럼 합법화된 형태로는 존재하지 않을 따름이다)는 과거에 도덕적으로 수용 가능했다고, 왜냐하면 당시 사람들의 지식으로 노예제와 인종주의의 비도덕성을 깨닫는 것은 불가능했다고 우리가 생각할 때, 우리는 그 깨달은 사람들의 목소리를 제쳐 버리는 것이다.

인간들을 잔혹하게 억압하거나 심지어 체계적으로 제거하려면, 항상 그 인간들을 비인간화하거나 최소한 입증 가능하게 그릇된 전제와 왜곡된 과학적 데이터에 기초한 사이비 논증을 통해 심하게 깎아내려야 한다. 노예주도 그렇지만, 나치와 오늘날의 네오나치, 또한 자라친이 퍼뜨린 지능, 문화, 상속, 종교에 관한 과학적으로 쉽게 반박할 수 있는 주장들도 마찬가지다. 그 주장들을 통해 자라친은 영국 자연학자 프랜시스 골턴 경(찰스 다윈의 사촌)의 우생학적 주장들의 계보를 잇는다. 골턴의 지능 연구가 가져온 결과들 중 하나는 수많은 여성(캘리포니아에서만 약 2만 명)이 불임 시술을 당한 것이었다. 왜냐하면 그 여성들은 영리한 자식을 낳기에 충분할 만큼 영리하지 못하다고 여겨졌기 때문이다.[7] 골턴의 뜻을 이어 자라친이 주장하는 바를 하나만 예로 들어 반박하겠다.

　　모든 증거가 보여 주듯이, 유럽에서 무슬림의 교육 성과는 평균을 크게 밑도는데, 이는 문화적 조건 때문이며 궁극적으로 종교와 종교를 통해 형성된 문화적 환경에 뿌리를 둔 현상이다. 엄연한 사실인 이 뒤처짐은 안타깝게도 반박할 수 없다.[8]

논란을 일으킨 자라친의 발언 대부분과 마찬가지로 이 발언은 쉽게 반박된다. 왜냐하면 유럽에서 무슬림들의 교육 성과는, 유럽의 일부(특히 오늘날의 스페인 남부)가 무슬림의 지배 아래 있던 12세기에 근대 수학을 비롯한 위대한 지적 결실들로 이어졌으니까 말이다. 우리는 로마 숫자가 아니라 아라비아 숫자를 사용하며, 오늘날의 기술적 진보를 대표하는 단어는 알고리즘인데, 이 단어는 수백 년 전에 바그다드에서 가르치고 연구했으며 오늘날의 이란에서 태어난 수학자의 이름에서 유래했다.

이슬람은(이슬람이 정확히 무엇이건 간에) 아무리 이러쿵저러쿵해도 절대로 교육에 적대적이지 않다. 심지어 민주주의적으로 철저히 뒤처진 오늘날의 사우디아라비아나 에미리트 연합 같은 국가들에도 인상적인 연구 성과들과 연구 지원들이 있을뿐더러 건축학적 걸작인 초대형 건물들도 있다. 따라서 거기에도 발달한 지적 성과들이 있다. 이 사정은 자라친의 또 다른 그릇된 주장과 어긋난다. 그 주장에 따르면 〈이슬람 세계에서 대학교들의 수준은〉[9] 수학과 자연 과학에서 낮다. 그러나 만약에 이슬람 세계의 대학들(현재의 대표적 예로 NYU 아부다비 대학교, 소르본 아부다비 대학교, 튀르키예의 여러 대학교에서는 모든 분야에서 탁월한 첨단 연구가 이루어지고 있다)이 없었다면, 오늘날 역사적 정점으로 평가될 만한 현대 수학 및 자연 과학은 전혀 존재하지 않았을 것이다.

도덕적 진보는 어두운 시대에도 가능하다. 왜냐하면 아무리 끔찍한 시대라도 도덕적 사실들이 완전히 가려질 만큼 어둡지는 않기 때문이다. 부당한 시스템들이 존재했던 것은 사실이다. 전형적인 예로 나치 치하의 독일 제국은 온갖 강제력과 의도적 계획을 동원하여 도덕적 사실들에 대한 통찰을 파괴하려 했다. 목적은 일부 인간 집단들(특히 유대인들)을 완전히 비인간화한 다음에 없애는 것이었다.

당연한 말이지만, 일본 인종주의의 사정도 더 나을 것이 없었다. 그 인종주의는 동반구에서 제2차 세계 대전의 신호탄을 쏘아 올렸으며 처음엔 주로 중국인과 한국인을 적으로 삼았다. 제2차 세계 대전 이래로 인류의 다수는 (비록 지구의 절반 이상을 차지할 규모에는 턱없이 못 미쳤지만) 20세기의 만행들을 반성하면서 도덕적 진보를 허용하고 다양한 형태의 민주주의 법치 국가 안에서 제도적으로 실현하는 쪽으로 일단 방향을 잡았다.

(소위) 다양한 인간상은 노예제를 비롯해서
아무것도 정당화하지 못한다

안타깝게도 이 도덕적 진보의 성취들은 현재 상대화되고 있다. 일부 사람들은 문화 상대주의의 무기들을 다시 움켜쥐고 나선다. 보편적 가치에 관한 생각을 불신에 빠뜨리기 위해서다. 독일에는 문화 상대주의를 옹호하는 슬픈 전통이 있다. 대표적으로 니체, 슈미트, 하이데거의 사상이 그 전통에 속하는데, 이들의 부분적으로 엄청난 윤리적 오류들은 철학적으로는 오래전에 윤리학과 정치 철학 분야의 더 나은 논증들과 새로운 연구들을 통해 극복되었음에도 여전히 무비판적으로 널리 퍼뜨려진다.

문화 상대주의의 도덕적 혼란을 보여 주는 비교적 최근의 사례로 프라이부르크 대학교의 니체 연구자 안드레아스 우르스 조머의 저서 『가치: 비록 가치는 존재하지 않지만, 왜 사람들은 가치를 필요로 할까?*Werte. Warum man sie braucht, obwohl es sie nicht gibt*』를 들 수 있다.[10] 이 책에서 저자는 과거의 노예제를 정당화하는, 간신히 간접적이라고 부를 만한 논증을 제시한다. 이 논증에서 조머가 따르는 모범은 니체다. 가치들이 존재하지 않음을 (실은 성과 없이) 논증한 다음에 조머는 인간 존엄에 반기를 든다. 그에 따르면 〈인류는〉 〈인류 역사의 대부분 동안 《인권》이라는 개념뿐 아니라 실사(實事)도 보유하지〉 않았다.

인권의 소위 보편성과 무제약성은 역사적 보편성과 무제약성이 아니다. 그것은 사실적 존립 사항이 아니라 당위다. 골수 인권 보편주의자조차도 인권이 열역학의 세 가지 법칙처럼 원래부터 항상 이미 유효했는데 다만 역사가 흐르면서 발견되었을 따름이라고 주장하지는 않을 것이다.[11]

이 모든 문장은 각각 동등하게 여러 오류를 포함하고 있다. 철학적 비판이 어떻게 작동하는지 생생히 보여 주기 위하여 그 오류들을 지적할 가치가 있다. 철학에서는, 또 따라서 윤리학에서는 그저 견해와 견해가 맞서는 것이 전부가 아니다. 철학은 학문 분야이며, 이 분야에서 관건은 합리적으로 진실을 알아내기다. 한 생각의 전개를 더 자세히 살펴보니 구멍이 많은 것으로 드러나면, 바꿔 말해 비정합적이거나 심지어 모순적이라는 것이 드러나면, 우리는 그 생각의 전개를 제쳐 놓을 수 있다. 그 생각의 전개를 내놓은 철학자가 반박들을 받아치기 위해 그것을 수정하고 보완하기 전까지는 말이다. 철학은 이런 식으로 전진한다. 학문 분야로서 철학은 다른 모든 분야와 마찬가지로 진보하기도 하고 퇴보하기도 한다. 자연 과학도 성공들을 쌓아 가기만 하는 것이 아니라 역사 속에서 진보와 퇴보가 뒤엉킨 복잡한 궤적을 그린다. 과학사는 바로 그 궤적을 연구한다.

아무튼 조머의 인권에 관한 진술들이 포함한 전형적인 오류들로 돌아가자. 우선, 인권의 보편성과 무제약성이 당위라는 주장부터 살펴보자. 필시 그는 이렇게 말하고 싶을 것이다. 〈누군가가 인권을 의식하기에 앞서 사람들이 우주 안에서 모종의 장비로 인권을 측정하거나 그냥 맨눈으로 볼 수 있었던 것은 아니다. 오히려 인권을 보장

하라는 당위가 있을 따름이다.〉 누구나 아는 아래 문장을
보자.

> 인간 존엄은 불가침하다. 인간 존엄을 존중하고 보호
> 하는 것은 모든 국가적 강제력의 책무다.(독일 기본법
> 1조 1항)

조머에 따르면 이 유명한 문장은 인간에게 시간을 초월
한 방식으로 불가침의 존엄이 귀속한다는 서술적, 묘사적
진술이 아니다. 오히려 위 문장은 인간을 특정한 방식으
로, 즉 독일 기본법에 나오는 인권 규범들이 구체적으로
말해 주는 대로 다루라는 요청이다.
  이 생각을 기반으로 삼더라도 어쩌면 바람직한 방향으
로 나아갈 수 있겠지만, 조머는 이 생각으로부터 〈(인권
의) 소위 보편성과 무제약성은 역사적 보편성과 무제약
성이 아니다. 그것은 사실적 존립 사항이 아니라 당위다〉
라는 결론을 도출함으로써 막돼먹은 오류를 범한다. 그가
간과하는 핵심 논점은, 당위가 보편적이고 무제약적일 수
있다는 점, 당위의 유효성이 모든 문화와 시대를 포괄할
수 있다는 점, 그래서 우리가 고대 노예주들을 도덕적으
로 배척해야 할 방식으로 행동했다고 비난할 수 있다는
점이다. 설령 그 노예주들은 자기네 나름의 관점에서 어

쩌면 심지어 선하게 행동한다고 믿었더라도 말이다. 무언가가 요청이요 당위라는 것으로부터 이 당위가 보편적으로 유효하지는 않다는 것은 도출되지 않는다.

기본법이 말하는 바는 조머가 말하는 대로 소위 보편성과 무제약성이 아니라 전적으로 실재하는 보편성과 무제약성이다. 그 보편성과 무제약성은 최소한 모든 국가적 강제력을 통해 보호되고 존중되어야 한다는 의미에서 실재하며 작용력이 있다.

물론 도덕적 사실을 열역학의 기법이나 기타 자연 과학적 방식으로 인식할 수 있다는 뜻은 아니다. 도덕적 사실은 역사적으로 인식된다. 즉, 행위 상황에 놓인 사람들에 의해 인식된다. 무언가가 자연 과학적으로 탐구될 수 없다는 것으로부터 그것이 실존하지 않는다는 결론은 당연히 도출되지 않는다. 모든 인식의 진보가 물리적 사실의 발견인 것은 아니다. 당장 수학의 진보도 있고, 다름 아니라 도덕의 진보도 있지 않은가.

어두운 시대에는 우리가 무엇을 해야 하는지가 명백히 드러난다. 하지만 그때는 너무 늦은 경우가 많다. 그럴 경우 도덕의 진보는 힘겹게 쟁취되고 감수된다. 노예제는 과거에 아리스토텔레스와 니체를 비롯한 몇몇이 변호했다는 것을 통해 정당화되지 않는다. 그런 까닭에 조머는 전형적인 상대주의적 우회로를 선택한다. 즉, 그는 주장하기를, 우리가 아리스토텔레스의 인간상을 반박할 수 없다고 한다. 아리스토텔레스는 도덕적 숙고를 우리와 다르게 했을 뿐, 우리보다 더 저급하게 한 것은 아니라면서 말이다.

인권의 바탕에 깔린 인간상은 인류사의 대부분 내내 지배적이었던 인간상과 다르다. 그리고 후자가 반드시 어두컴컴하거나 원리적으로 결함 있는 인간상이었던 것은 아니다. 예컨대 아리스토텔레스가 보기에, 타인에게 귀속하며 타인을 통해 이성(로고스)에 참여할 수 있을 때만 이성에 참여하는 〈본성적 노예〉가 존재한다는 것은 자명했다. 자유인이나 노예가 본성적으로 존재한다면, 인권과 같은 것을 그들에게 동등하게 부여한다는 생각은 허용되지 않는다. 하물며 유럽 연합 기본권 헌장에 명기된 주요 조항에 따라 인간 존엄, 자유, 평등, 연대를 동등하게 부여한다는 생각은 더더욱 허용되지 않는다. 아리스토텔레스의 인간상은 전(前)계몽적이며 케케묵었다고 말하기는 쉽다. 하지만 이 인간상이 어떤 이유에서 비진실이거나 거짓인지 말하고 근거를 대기는 확연히 더 어렵다. 반면 오늘날 우리는 아리스토텔레스 물리학의 대부분이 비진실이거나 거짓이라고 그리 어렵지 않게 주장할 테지만 말이다.[12]

이쯤 되면 헛소리다. 소위 아리스토텔레스의 인간상이 어떤 이유에서 비진실이고 거짓인지 입증하는 일은 식은 죽 먹기만큼 쉽지 않은가. 본성적 노예는 과거에도 없었고 현재에도 없고 미래에도 없으리라는 점을 지적하는 것으로 충분하다. 일부 사람들은 과거에 노예화되었고 지금 노예화되고 있으며, 언제 노예화가 마침내 사라지게 될지 우리는 모른다.[13] 하지만 노예화되는 사람들이 노예화 이전에 이미 본성적으로 노예라는 견해는 심각한 오류다.[14] 이 대목에서 아리스토텔레스는 착각하고 있다. 더구나 아리스토텔레스가 보기에도 본성적 노예는 당연히 존재하지 않았다. 바로 그렇기 때문에 그는 만연한 노예제를 정당화하기 위한 논증과 노력에 더욱 매진했던 것이다. 아리스토텔레스의 인간상이 본성적 노예의 존재를 함축한다면(이 함축은 더 정확한 해석에서 의문시된다), 적어도 이 측면에서 그 인간상은 한마디로 틀렸다.

나중에 되돌아보며 노예제를 정당화하는 문화 상대주의적 논증의 근본 오류에 대한 통찰을 나는 문학자 겸 꿈 연구자 울리히 베어와의 대화 덕분에 얻었다. 베어는 뉴욕 대학교에서 가르친다.

과거나 현재 노예화된 사람들에게 물으면, 절대로 자신은 본성적 노예라고 답할 리 없다. 오히려 그들 중 다수는 노예제가 도덕적으로 허용될 수 없으며 악하기까지 하다는 것에 동의할 터이다. 왜냐하면 노예제는 인간임의 핵심을 폭력적으로 공격하기 때문이라면서 말이다.

이런 까닭에 고대에도 늘 노예 봉기가 있었다. 왜냐하면 노예제는 자연적이며 따라서 정당하다고 모두가 생각한 것은 아니었기 때문이다. 그것은 도덕적으로 배척해야 할 노예주들의 이데올로기에 불과했다. (본인이 노예주였던) 아리스토텔레스는 일부 저술들에서 그 이데올로기를 편들었다. 그런데 노예제는 특히 16세기에 체계적인 〈지위 강등, 곧 인종주의〉[15]를 통해 지구적 노예 시장이 열린 이래로 번성했다. 선도적인 노예제 연구자 중 하나인 미하엘 초이스케의 말마따나 그 인종주의의 임무는 〈본래 명백한 것을 구석으로 밀어내기〉[16]에 있었다.

미국은 노예제를 연구하기에 특히 적합한 무대다. 왜냐하면 미국 노예제는 역사적으로 비교적 근래에 존재했고 따라서 전근대적 노예제들보다 (사진, 언론 매체 등을 통해) 더 잘 기록되어 있기 때문이다. 그런 미국을 비롯한 여러 곳에서 노예제가 극복된 것은, 어느 날 갑자기 노예주들이 자기네가 그릇된 인간상을 지녔음을 깨달았기 때문이 당연히 아니다. 노예 봉기들이 없었다면, 노예 시스템 안에서 인간이 다른 인간에게 가하는, 장기적으로 묵과할 수 없는 고통이 없었다면, 역사적인 도덕적 진보는 (예컨대 노예제는 항상 이미 — 지금과 마찬가지로 과거에도 — 도덕적으로 허용될 수 없었다는 깨달음은) 발생하지 않았을 것이다.

아리스토텔레스나 다른 고대 저술가가 노예제의 정당화에 아무리 매진했더라도, 그로부터 당시에는 다른 인간상이 존재했으며 인권은 부적합했다는 결론은 나오지 않는다. 히틀러의 『나의 투쟁』이나 괴벨스의 일기를 읽어 보면, 1933년부터 1945년까지 존속한 독일 제국에서도 다른 인간상이 지배력을 행사했음을 알 수 있다. 그러나 단지 나치들이 다른 인간상을 지녔었고 그 인간상을 쉽사리 반박할 수 없었다는 이유만으로, 나치 집단 학살 수용소에서 체계적으로 자행된 대량 학살이 한동안 도덕적으로 정당했던 것은 아니다. 상대주의에 따르면, 그 인간상은 그 시대에 유효했으며 따라서 옳았을 터인데, 이는 명백한 헛소리다.

노예주들의 이데올로기는 노예화된 인간을 아리스토텔레스가 그랬듯이 〈살아 있는 소유물〉[17]로 간주함으로써 비인간화, 탈인간화하는 것에 기반을 둔다. 근대에는 인종주의가 이 기능을 넘겨받았다. 노예주는 노예를 흑인종으로 분류하고 소위 흑인종에서 인간임의 열등한 형태를 발견하고자 했다. 마찬가지로 나치는 유대인을, 인도에서 브라만은 파리아를 비인간화했다(안타깝게도 파리아에 대한 비인간화는 지금도 완전히 극복되지 않았다).

하지만 노예주들끼리는 서로의 인권을 아주 잘 인정했다. 요컨대 그들은 도착적 보편주의자였고 그래서 일부 인간을 비인간으로 분류해야 했다. 이것은 도덕적으로 배척해야 할 모순이다.

코로나 시대에 도덕의 진보와 퇴보

코로나 위기는 여러 층에 걸쳐 있다. 위기의 출발점은 바이러스 대유행이었다. 그 신종 바이러스는 아직 충분히 잘 연구되어 있지 않아서, 그것이 확산할 때 사람들은 인류가 처한 위험을 정확히 평가할 수 없었다. 그리하여 인명을 보호하기 위하여 공적인 삶을 제한하는 조치들이 과격하게 단행되었다.

바이러스 앞에서 우리 각자는 세포 더미일 따름이고, 바이러스가 그 세포 더미에 침투하여 증식할 수 있는 한에서, 만민은 바이러스 앞에 평등하다. 코로나바이러스는 인간에 의해 인간에 전파되며 아무도 차별하지 않는다.

이런 까닭에 대유행의 처음 몇 주 동안에는 예기치 못한 연대의 강화가 확연히 느껴졌다. 도덕적으로 까다로우면서 경제적으로 비용이 많이 들고 위험이 큰 정치는 불가능하다는 말은 핑계에 불과하다는 것이 하루아침에 명백해졌다. 도덕적 정치는 사치품이 아니다. 그것은 인간을 정당하게 대우하고 중심에 놓는 유일한 정치다.

인명을 보호하기 위하여, 늘 번아웃의 경계에서 미친 듯이 분주하게 돌아가던 사회가 속도를 늦추고 하나의 거대한 홈 오피스로 변환되었다. 그럼에도 봉쇄 조처는 처음엔 대체로 받아들여졌다. 그리하여 우리 눈앞에서 명백한 도덕적 진보의 사례가 실현되었다. 절대다수의 사람은 감염의 연쇄를 차단하기 위한 접촉 금지 조치를 수긍하고 집 안에 머무름으로써 특히 위태로운 인간 집단들을 기꺼이 보호했다.

이 도덕적 진보가 얼마나 지속 가능할지는 열린 질문이다. 왜냐하면 우리를 강박적 소비라는 치명적 오류로, 또 그와 결합된 번아웃 자본주의라는 치명적 오류로 몰아가지 않는 더 지속 가능한 미래를 우리가 어떻게 만들어 갈 것인가라는 또 다른 관건이 있기 때문이다.[18] 우리가 오로지 이익의 극대화만 추구하는, 강박적 소비자로서의 개별 인간의 (경험적으로도 틀린) 개념을 고수한다면, 우리는 도덕적 진보를 이해할 수조차 없다. 왜냐하면 우리는 우리의 주요 목표가 이윤이라고 전제할 테고 그러면 도덕적 행위는 순박하거나 심지어 불가능하다고 느낄 테니까 말이다.

아무튼 이것만큼은 확실하다. 맨눈으로 볼 수 없는 바이러스가 우리 곁에 섬뜩하게 있음으로써 우리 사회의 구조들이 보이게 되었다. 구체적으로 말하면, 예컨대 근거리 공공 교통 시스템과 집중 치료실이 어떤 의미와 중요성을 지녔는지, 가족은 어떻게 기능하는지, 국가와 그 대표자들은 어떻게 행위하는지 등이 바이러스 덕분에 드러났다. 사람들 사이의 접촉은 그 무엇으로도 대체할 수 없음을 우리는 누구나 매일 이런저런 방식으로 체험했다. 위기는 항상 사상이 만들어지는 실험실이기도 하다. 지난 수십 년 동안 복지 사회들에서 우리가 충격으로 체험한 모든 것을 뛰어넘는 막강한 코로나 위협 앞에서 우리 사회의 윤곽들이 나타나고 있다. 우리가 누구이며 누구이고자 하는지가 간과할 수 없게 드러나고 있다.

바이러스의 확산에 봉쇄로 대응하는 것을 옹호하는 중요한 근거는 우리의 보건 시스템과 더불어 의사들과 간호사들에게 과부하가 걸릴 위험이 있다는 것이었고 지금도 그러하다. 늦어도 이제는 우리가 깨달았듯이, 보건 시스템의 자금 부족과 지나친 이윤 추구는 도덕적으로 배척해야 한다. 왜냐하면 그런 보건 시스템에서는 우리가 전시가 아닌 평시에도 트리아제 기준들을 적용해야 하기 때문이다.[19]

이런 이유를 비롯한 여러 이유에서 독일 연방과 주들이 봉쇄 조처를 한 것은 정당했다. 그것은 다른 곳(특히 이탈리아 북부)에서 이미 벌어진 트리아제 상황을 막기 위해서였다. 더구나 경제를 계속 가동하기 위해 수십만 명의 죽음을 감수하는 것은 우리 사회의 가치 기반과 양립할 수 없었을 터이다. 결정을 내리는 정부의 관점에서 인명을 우선하는 것은 도덕적으로 정당한 정도가 아니라 무조건 명령된다.

그러나 이로써 우리는 다른 유형의 트리아제를 감수해야 했다. 무슨 말이냐 하면, 봉쇄의 부수 피해가 이미 지금 다양하게 존재한다. 그 부수 피해들 역시 보건에 관한 것이다. 예컨대 생명에 필수적이지 않은 수술과 검사, 그리고 일부 예방 조치가 연기되었다. 정책 결정자들은 과부하가 걸린 보건 시스템에서 트리아제 상황이 발생할 위험을, 감염 연쇄를 차단하기 위하여 일부 사람들과 집단들이 떠안은 위험보다 중시했다. 사람들은 집중 치료실 병상과 인공호흡기가 절실히 필요한데도 사용하지 못하는 환자들이 발생하는 것을 어떻게든 막으려 했다.

요컨대 봉쇄의 첫 단계는 도덕적 통찰에 의해 추진되었다. 그러나 안타깝게도 그 단계는 민족 국가의 국경 안으로 움츠러들고 민족주의적 자만에 빠지는 도덕적 퇴보와 짝을 이루었다. 봉쇄와 함께 각국에서 다양한 방식으로 비상사태가 선포되었다. 목적은 코로나 이전에는 실현 가능성이 없었던 정치적 목표들을 달성하는 것이다. 철저한 냉소주의에서 유래한 비상사태가 권력 확장을 위해 활용되는 헝가리, 폴란드, 미국만의 이야기가 아니다.

독일도 이데올로기가 없는 공간이 아니다. 정부가 전문가들이 권하는 옳은 행위만 하는 그런 국가가 아니다. 독일이 그런 국가라는 인상은 오히려 독일의 이데올로기적 구조의 일부다. 그 인상 덕분에 정치인들은 전문가들의 의견 수렴을 통해 여론의 지지를 끌어냄으로써 정치적 결정을 내릴 수 있다. 국가는 결정 과정과 내부 논쟁을 부분적으로 비밀에 부칠 권리가 있다. 이는 법이 허용할 뿐 아니라 옳다고 인정하는 바다. 안타깝게도 많은 사람은, 그런 연유로 민중에 맞선 엘리트들의 음모가 존재한다고 믿는다. 이것은 그릇된 믿음이다. 정치적으로 복잡한 협상 과정을 부분적으로 비밀에 부치는 것은 집권자들이 민중의 이익에 반하는 행동을 하는 것이 아니다. 민주주의에서 집권자들은 오히려 민중의 일부, 선출된 민중의 대표이며, 법보다 더 높은 곳에 있지 않다.

감염병 유행에 어떻게 대처해야 할지 숙고할 때, 당연히 정치적 계산도 끼어든다. 그것은 비난할 일이 아니다. 정치인은 그저 의료 전문가에게 매달릴 수도 없고 그렇게 해서도 안 된다. 정치인은 남에 의해 조종되지 않는다. 오히려 정치인은 사회의 상위 목표들을 달성하기 위해서는 어떤 사실들이 중요한지 판단한다. 정치인은 그 자체로 전문가이며, 당연히 자기 정당의 능력 발휘와 자신의 정치 경력을 함께 고려한다. 이것은 합법적이며 의회 민주주의의 게임 규칙에 부합한다. 특히 온갖 의견이 엇갈리더라도 이것만큼은 확실히 해두어야 하는데, 코로나 시대에 독일에서 공적 논쟁은 다양하고 관점이 다원적이며 실제로 도덕적 통찰에 의해 인도된다.

한마디 덧붙이는데, 우리의 정부들이 바이러스학자들에 의해 외부에서 조종된다고 믿는다면, 그것은 오류다. 정치적 공간에서 전문가의 역할은 기껏해야 정부에 조언하는 것이다. 정부는 복잡한 시스템들을 조화시켜야 하고 이를 위해 다양한 관점을 고려해야 한다. 코로나 위기의 정치적이면서 항상 또한 전술적인 차원은, 도덕적 진보와 마찬가지로, 또 도덕적, 자연 과학적 지식에 기초한 정부의 환영할 만한 결정들과 마찬가지로 탐구되어야 한다. 그렇게 하지 않으면 우리는 도덕적 진보와 우리의 새로운 연대감에 현혹되어, 동시에 중대한 퇴보의 과정들(예컨대 유럽 내의 국경 봉쇄, 보건 시스템들의 민족주의적 경쟁)이 진행되고 있음을 보지 못하게 된다. 정치적 변방에서 세력을 넓히는 음모론들은 제쳐 두더라도 말이다.

코로나 감염자가 아주 많이 발생한 지역을 봉쇄한다면, 그것은 인명을 구하기 위한 합리적 조치다. 단, 다음과 같은 전제가 충족될 때만 그러하다. 즉, 봉쇄된 주민들은 필요한 의료 서비스를 받아야 하고 불가피할 경우 이를테면 구조 헬기를 통해 다른 곳으로 이송되어야 한다. 그러나 이런 생각은 민족 국가의 국경과 아무런 상관이 없다. 〈독일인〉의 생명이 〈이탈리아인〉의 생명보다 더 보호할 가치가 있는 것은 아니다. 모든 국가에서 보듯이, 감염자 수는 지역에 따라 심하게 들쭉날쭉하다. 이 차이를 근거로 삼아 독일 내에서 예컨대 바이에른주와 바덴뷔르템베르크주에 대한 경계 통제를 다시 도입하고 브란덴부르크주와 메클렌부르크포어포메른주 사이의 경계 통제는 장기적으로 유지해야 할까? 이런 식의 경계 통제는 더 작은 구역들에도 얼마든지 적용될 수 있으며, 이 사실은 그 통제가 얼마나 불합리한지 보여 준다. 또한 왜 국경 봉쇄가 바이러스학이나 기타 의학적 전문성과 아무 상관이 없는지 보여 준다.

도덕적 진보는 〈고유한 유형〉의 진보다. 바꿔 말해, 도덕적 진보는 다른 형태의 진보에 기반을 두지 않는다. 구체적으로 도덕적 진보는 순수한 자연 과학적, 기술적, 또는 경제적 진보에 기반을 두지 않는다. 바로 이것을 코로나 위기가 생생하게 보여 주었다. 도덕적 진보와 윤리를, 목표가 뚜렷한 경제적 경쟁에 의해 조종되는 연구 시스템에서 제작된 자연 과학적-기술적 모형으로 환원하는 경향은 코로나 위기에 간접적이지만 뚜렷하게 기여했다. 신종 코로나바이러스는 비옥한 사회적 토양을 만나 창궐할 수 있었다. 순수한 경제적 지구화가 열어 놓은 교통로들이 없었다면, 사업을 위한 여행자, 대규모 관광, 크루즈선이 없었다면, 바이러스 대유행이 이런 속도와 형태로 확산하는 일은 절대로 없었을 것이다.

도덕적으로 미심쩍은 조치를 불사하는 감염 연쇄 차단과 백신 개발을 둘러싼 지구적이며 민족주의적으로 조직된 시스템 경쟁이 거침없이 벌어지는 것만을 통해 코로나 위기가 극복된다면, 위기가 끝나자마자 우리는 곧장 다음 위기에 봉착할 것이며, 어쩌면 그 위기는 훨씬 더 심각할 것이다. 민족주의적 경쟁과 잔혹한 시장 경제적 경쟁은 새로운 백신들에 대한 시험이 부실하게 이루어지는 상황을 초래할 테니까 말이다. 지금 이미 그 경쟁들은 부적절한 시간 압박 아래에서 과학 연구가 진행되게 만들고 있다.

그러나 좋은 소식도 있다. 만민이 느낄 수 있는 위기라면 어떤 위기든 사회 개선의 기회를 품고 있다. 눈앞의 실례로 코로나 위기의 초기에 연대의 물결이 있었다. 그 물결 속에서 많은 사람은 자발적으로 선택한 사회적 거리 두기를 통해 인명을 구하는 일에 동참했다. 과열될 대로 과열된 ― 수십 년 전부터 인간의 삶의 질을 급속히 파괴해 온 ― 터보 자본주의의 지구적 생산망이 일시적으로 붕괴하면서 숙고의 시간이 도래했다. 지금 우리는 우리 자신이 강박적 소비와 부를 둘러싼 호들갑에서 적정한 한도를 넘었음을 우리 자신의 몸에서 느낄 수 있다. 얼마 전까지만 해도 우리의 삶은, 간접적으로 우리의 생존을 위협하는 소비재들(예컨대 각자의 수입에 따라, 플라스틱 장난감, 스마트폰, 자동차 등)을 사들일 수 있기 위하여 노동하는 것이 대체로 전부였다. 휴가와 휴식 시간을 보내는 방법으로는 대규모 관광을 실천하여 한여름에 인파로 북적대는 이탈리아 광장에서 이리저리 치이기, 「모나리자」를 음미할 생각은 전혀 없이 다만 촬영하겠다고 그 작품을 에워싼 수백 명의 관광객 틈에서 몸싸움하기 등보다 더 나은 활동이 떠오르지 않았다.

설상가상으로 우리는 소셜 미디어와 디지털 유희에 빠져 자유 시간을 보낸다. 이 경향은 코로나로 인한 봉쇄 기간에 강화되었다. 이처럼 코로나 위기는 진보의 기회를 제공할 뿐 아니라 이미 도덕적 퇴보를 유발했다. 예컨대 소셜 미디어와 디지털 기업 집단이 우리의 일상에 더 광범위하게 침입하게 했다.

그렇지 않아도 독점을 통해 너무 큰 권력을 쥔 소셜 미디어들은 지금 더욱더 부유해지고 있다. 우리가 자발적으로 이토록 많은 데이터를 소셜 미디어에 무료로 제공한 적은 과거에 전혀 없었다. 얼마 지나지 않아 우리는 미국산 운영 시스템들에 추적 앱들tracing apps을 설치하게 될 것이다. 이 변화는 ── 우리가 원하든, 원치 않든 ── 부드러운 사이버 독재를 위한, 데이터 채굴data mining을 비롯한 여러 수단의 번창으로 쉽게 이어질 수 있다. 우리는 우리의 염려, 불안, 희망, 정치적 견해를 소셜 미디어에서 표현하고, 덕분에 코로나 위기는 디지털 착취를 위한 금광이 되어 버렸다. 우리 모두는 곧 이 사실을 확인하게 될 것이다. 소매점, 서점, 카페, 식당, 극장, 대학교, 오페라 연주 회장이 닫혀 있는 동안, 넷플릭스, 아마존, 줌, 스카이프 등은 이익을 거둔다. 그것도 엄청난 이익을 말이다. 독일은 몇 주 동안 자국 경제에 대한 거의 독점적인 지배권을 이 미국 거대 기업들에 넘겨주었다. 그 결과는 절실히 필요한 세금의 유출이다.

봉쇄 기간에 사람들이 실내에 웅크리고 있었던 것은 한편으로 도덕적 진보의 신호로 평가할 수 있다. 우리는 타인들과 우리 자신을 지키기 위해 감염 연쇄를 끊는 것이 도덕적으로 명령됨을 인정했다. 사실상 우리는 인명을 지키기 위한 전(全) 사회적 격리를 받아들였다. 이때 우리는 한 가지 도덕적 사실에 대한 통찰에 기초하여 행위한 것인데, 나는 아래 문장으로 요약되는 그 사실을 〈**바이러스학적 명령**Virologischer Imperativ, VI〉이라고 부르겠다.[20]

입증된 감염병이 대유행할 때는 마치 최선의 바이러스학적 모형들의 예측만이 유일하게 너의 사회적 접촉을 주재(主宰)하기라도 하는 것처럼 행위하라.

바이러스학적 명령은, 많은 사람의 건강을 위협하는 긴급하고 정확히 인지할 수 없는 위험을 예방하기 위하여 실재의 복잡성을 대폭 줄일 것을 우리에게 요구한다. 근래를 통틀어 가장 강하게 내려진 위생 조치들은 이 명령에 기초를 둔다. 이 명령에 대한 전 세계의 거의 한결같은 정치적 인정에 기반을 두고 국가는 얼마 전까지만 해도 상상할 수 없었던 방식으로 우리의 삶에 개입했고 우리에게 사적 공간으로 물러날 것을 다소 부드럽게 강제했다. 수많은 사람이 스스로 선택한 고립과 정부를 통한 바이러스학적 명령의 이행이 도덕적 통찰에 기반을 두었던 한에서, 이 연대의 물결을 어두운 시대에 일어난 근본적인 도덕적 진보로 간주할 수 있다.

또 다른 변화도 일어났다. 과감하게 표현하면, 봉쇄로 인해 우리는 겨우 며칠 만에 디지털 프롤레타리아가 되어 버렸다. 이미 지적했듯이 한편으로 우리는 미국 디지털 독점 기업들을 위해 임금 없이 노동한다. 이 치명적인 폐해를 코로나 시대의 독일어는 이제 통상화된 완곡어법으로 〈홈 오피스〉라고 부른다. 게다가 홈 오피스는 거기에 연루된 수많은 가족에게(특히 홀로 육아하는 부모에게) 사적 공간과 자유 시간이 이제 더는 없음을 의미한다. 하루 24시간 내내 노동이 이루어지고, 거듭 말하지만, 이 경제 형태의 주요 수혜자는 저작권 판매와 데이터 흐름에서 이익을 얻는 미국 기업들이다.

도덕적 진보는 항상 도덕과 무관한 사실들에 대한 통찰을 전제한다. 병의 진행 과정, 통계 자료, 보건 시스템의 역량 등은 우리가 행위 선택지들을 도덕적으로 평가할 때 고려해야 할 도덕과 무관한 사실들이다. 앞서 언급한 연대는 사회적 상황에서 동기를 얻었으며, 그 동기는 도덕적 진보의 표현이었다.

그러나 사정이 온통 장밋빛인 것은 아니다. 도덕적 진보의 핵심은 부분적으로 은폐된 도덕적 사실들이 알려지고 발견되는 것이므로, 거꾸로 **도덕적 퇴보**는 부분적으로 드러난 도덕적 사실들이 은폐되고 오해되는 것이라고 할 수 있다. 바이러스학적 명령과 결부된 도덕적 진보는 일차원적이기 때문에 어떤 면에서 동등하게 중요하거나 심지어 더 중요한 사실들을 — 도덕적 사실과 도덕과 무관한 사실을 막론하고 — 은폐한다.

바이러스 확산의 컴퓨터 시뮬레이션은 실재의 모방이 아니다. 모형과 컴퓨터에 의지한 예측은 어떤 미래가 얼마나 개연성이 있는가에 관한 진술인데, 미래는 아직 없으며, 따라서 바이러스학적 모형들은 의심 불가능한 사실 지식 — 무엇이 사실인가에 관한 앎 — 을 담고 있지 않다. 그럼에도 많은 이는 우리가 통계와 확률 계산에 기초한 예측을 통해 미래를 예견할 수 있기라도 한 것처럼 생각한다. 하지만 그런 예측이 불가능하다는 점은 당장 지금 우리가 아무도 예견하지 못한 거대한 위기에 빠져 있다는 사실에서 확인된다. **예측주의**Prognostizismus는 이데올로기이며, 그 이데올로기의 믿음에 따르면, 우리가 자연 과학과 사회 과학에서 개발된 모형들에 사회적 요인들을 정량적으로 파악하여 데이터로서 입력하기만 하면, 미래는 자동으로 산출된다.

하지만 이 믿음은 오류다. 왜냐하면 미래는, 우리가 도덕적 통찰 능력을 갖춘 개인들로서, 자유로운 정신적 생물들로서 미래를 어떻게 빚어낼지에 본질적으로 의존하기 때문이다. 이상적일 경우에 예측들을 제시하는 목적은, 가능한 시나리오들을 전개하면서 우리가 어떤 시나리오를 회피하고 어떤 시나리오를 실현해야 할지 판단하는 것이다. 예측들이 우리의 행위를 정말로 예견하거나 아예 불필요하게 만든다고 믿어서는 안 된다. 더구나 자연은 완전히 굽어보기가 절대로 불가능할 만큼 복잡하기 때문에, 마치 학생의 답안에 빨간 줄을 긋는 선생처럼, 인간의 미래에 관한 모든 예측을 틀린 것으로 만든다.

우리는 다음을 인정하는 법을 배워야 한다. 지식 사회는 전지(全知) 사회가 아니다. 왜냐하면 지구라는 행성 위에서 우리의 동물로서의 생존을 위한 복잡한 조건들과, 최소한 이것들만큼 복잡한, 정신적 생물로서 인간의 파란만장한 역사적 삶의 조건들 아래에서 완전한 확실성과 보증은 존재하지 않기 때문이다. 삶은 위험이다. 미래의 어떤 진단과 예측도 이 사실을 변화시키지 못할 것이다.

모형은 오직 데이터 집합에 적용될 때만 실재성을 얻는다. 데이터 집합이 — 예컨대 코로나 검사로 발생한 데이터 집단이 — 더 크고 우수할수록, 모형의 적용 조건들은 더 잘 충족된다. 그러나 인구 전체를 검사하여 완벽한 데이터 집합을 보유하더라도, 거기에 단 하나의 모형 — 바이러스학적 모형 — 만 적용할 수 있다. 그런데 우리가 건강하거나 병든 사람으로서 속한 실재는 단 하나의 모형만으로는 결코 파악되지 않는다. 다른 — 현재 상황에 대한 정신과학적 모형들과 사회 과학적 모형들을 포함한 — 모형들이 바이러스학적 모형과 경쟁하면서 마찬가지로 예측들을 내놓는다. 예컨대 정치 이론에 기초하여 비상 상황을 서술하는 모형들은, 어느 정도 자발적으로 수용되었고 어느 정도 국가에 의해 선포된 비상사태법과 계엄에 준하는 상황은 자동으로 국가에 대한 우리의 이해를 변화시키고 따라서 국가를 변화시킬 것이라고 예측한다.

신자유주의적 국가 이해에 따르면, 국가는 본질적으로 경제를 높은 수준으로 유지하기 위하여 최대한 약한 게임 규칙들을 견지해야 한다. 그래야 우리가 우리의 삶을 개인적으로 꾸려 나갈 수 있다. 이 국가 이해가 우리 눈앞에서 차츰 근대 초기의 국가관으로 변모하고 있다. 토머스 홉스는 그 국가관의 대표자다. 케임브리지 대학교의 교수이자 정치학자 데이비드 런시먼은 『가디언 *The guardian*』에 실린 글에서 이 유사성을 지적했다. 모든 시민의 건강이 관건인 상황, 바꿔 말해 삶과 죽음에 관한 총체적 질문이 관건인 상황에서 국가는 자신의 힘을 증명하고 따라서 가혹함도 증명한다.[21] 정부는 사실상 삶과 죽음을 결정해도 되는 지위에 오른다. 이것이 그 유명한 국가의 강제력 독점이다. 홉스에 따르면 오로지 국가 강제력만 합법적이다. 왜냐하면 국가 강제력은 하여튼 신뢰할 수 있는 사회 규칙들이 존속하고 (가족이나 친족 같은) 소집단의 범위를 넘어서 효력을 발휘할 수 있도록 보증하기 때문이다.

이로부터 현재 우리가 자유 민주주의 국가에 관하여 품은 생각을 위태롭게 만들 수 있는 귀결이 도출된다. 즉, 국가는 극단적인 상황에서(주어진 상황이 극단적인 상황인지는 국가가 국가 기관들을 통해 판정한다) 자신의 작동 방식을 안전하게 보호하기 위하여 우리의 자유에 개입할 권리가 있다는 것이 도출된다. 따라서 감염병 대유행을 비롯한 모든 사회적 비상 상황은 국가에 의해 활용되어 국가의 강제력 독점을 확장하고 시민의 여론 형성을 장기간 통제하는 데 쓰일 수 있다. 이 사정은 민주주의에서 집권 여당의 권력을 안정화하고 확장하는 데 악용될 수 있으며, 실제로 헝가리에서 그런 악용이 특히 황당하게 벌어지고 있다. 그 국가에서 오르반은 코로나 시대를 기회로 활용하여 장기 집권 방안들을 확보했다. 비상사태법에 따라서 그는 의회의 통제 없이 헝가리를 통치한다.

이처럼 자유 민주주의가 존속할지, 또 어떻게 존속할지는 정치적 행위자들과 시민들의 도덕적 통찰에 달려 있다. 독일 민주주의는 코로나 시대에도 자신의 가치를 지금까지 아주 잘 입증했다. 그리하여 스스로 선출한 대표자에 대한 시민의 신뢰가 증가하는 결과가 일어났다.

우리 모두를 보호하고 우리의 보건 시스템을 최악의 사태로부터 지켜야 할 바이러스학적 명령은 전적으로 정당하지만 우리가 다른 모형들을 등한시하는 결과를 초래해서는 안 된다. 우리가 국가적 행위에 대한 비판적 분석을 (이 분석을 위한 기관으로 미디어, 대학교, 싱크 탱크 등이 있다) 등한시한다면, 우리는 코로나 위기를 극복하려면 바이러스학적 명령과 동등하게 고려해야 하는 도덕적 사실들과 도덕과 무관한 사실들을 은폐하는 것이다. 지금 바이러스학적 명령을 명분 삼아 미묘하지만 총체적인 감시 체제가 점진적으로 확장되고 있다면, 코로나바이러스는 자유 민주주의와 계몽에 기반을 둔 자유 민주주의 가치 시스템에 충격을 가했다고 할 만하다. 그리고 그 귀결은 치명적인 도덕적 퇴보일 것이다.

그러나 예외 상황을 다루는 정치학적 모형들에 기초하여 실제로 민주주의의 자기 폐기에 도달할 것이라고 결론지을 수는 없다. 모든 모형이 그렇듯이 정치학적 모형은 가정적 조건들 아래에서 결론을 도출한다. 만약에 오로지 예외 상황의 규칙들만이 꽤 오랫동안 효력을 발휘한다면(정치 이론가 홉스, 슈미트, 데리다, 조르조 아감벤 등이 그 규칙들을 탐구했다) 민주주의 법치 국가의 기반은 점차 허물어질 것이다.[22] 이와 유사하게 다음 진술도 타당하다. 만약에 바이러스가 컴퓨터 시뮬레이션이 서술하는 대로 확산한다면, 우리는 특정한 감염자 수에 도달할 것이다. 그러나 실재는, 예외 상황이 만민을 체제 변화에 굴종하게 만드는 내용의 디스토피아 소설이 아니며(음모론자들은 그러하다고 여기지만), 개인이자 역사적 행위자로서 우리가 컴퓨터 시뮬레이션이 서술하는 대로 행동하는 것도 아니다(일부 바이러스학자들은 우리가 그러하다고 여기지만).

우리가 오직 한 유형의 모형들, 곧 자연 과학적으로 측정 가능한 사실들을 발견하고 탐구하기에 적합한 모형들에만 의지하고 다른 모형들을 무시한다면, 비물리학적으로 측정 가능한 사실들이 우리에게 불리한 방향으로 전개될 개연성이 높아진다. 이는 도덕적 퇴보가 프로그래밍되는 것이라고 할 만하다. 그 퇴보는 순전히 자연 과학에서 동기를 얻었기에 너무 편파적인 도덕적 진보의 탈을 쓰고 진행될 것이다.

도덕적 진보도 도덕적 퇴보도 자동으로 일어나지 않는다. 한 가지 결정적인 이유가 있어서 그러한데, 그 이유는 이것이다. 도덕적으로 중요한 결정은 정신적 생물에 의해, 대표적으로 인간에 의해 내려진다. 정신적 생물로서 우리는 옳은 행동이나 그릇된 행동, 선한 행동이나 악한 행동을 자동으로 하지 않는다. 설령 당신이 가능한 한 언제나 도덕적으로 옳게 행동하려 애쓰고 이런 의미에서 선한 삶을 살려 노력하더라도, 당신은 도덕과 무관한 사실들과 도덕적 사실들에 관하여 착각할 수 있고 결국 도덕적 판단에서 오류를 범할 수 있다. 역사는 인간에 의해 서술된다. 역사는 우리의 복잡하고 자유로운 결정과 다양한 사회적 시스템, 관습, 인간적 삶의 생물학적 성분의 표현이다. 바로 그렇기 때문에, 코로나 대유행 같은 도덕적으로 매우 복잡한 상황을 다양한 시각에서 고찰하는 것이 도덕적으로 명령된다. 왜냐하면 우리의 결정은 실재 안에서 효력을 발휘하는데, 그런 실재는 절대로 단선적 인과관계에 따라 흘러가지 않기 때문이다. 실재는 적절한 컴퓨터 시뮬레이션으로 추적할 수 있는 단일 프로그램의 전개가 아니다. 우리는 실재를 초보적인 수준으로도 결코 예측할 수 없다. 우리는 나머지 실재로부터 고립시킨 특정 시스템들만 예측할 수 있다. 우리가 그 시스템들을 고립시키는 이유는 그것들이 더 큰 맥락의 부분들이 아닌 양하며 그것들을 연구하기 위해서다.

우리의 인식 능력을 우리 자신이 평가하는 것과 진실 주장 및 지식이 온갖 학문 분야를 넘나드는 것은 21세기를 위한 보편적 가치를 부각하려 애쓰는 새로운 계몽의 본질적 요소다. 이를 위해 우리는, 자연 과학적-기술적 진보만 이루어지면 인간적 혹은 도덕적 진보를 위해 이미 충분하다고 그릇되게 믿는 완고한 편파성을 극복해야 한다.

내가 〈**과학주의적 축약**szientistische Verkürzung〉이라고 부르는 그 믿음은 뜻하지 않게 도덕적 재앙을 불러온다. 왜냐하면 그 믿음은 도덕과 무관하면서 물리적으로 측정되지 않으며 공학자의 솜씨로 다스릴 수 없는 사실들뿐 아니라 윤리학이 없으면 확인할 수 없는 고유한 도덕적 사실들도 도외시하기 때문이다.

경제주의의 한계

과학주의적 축약의 널리 퍼진 한 형태는 경제학의 설명력에 대한 과대평가다. 경제학의 많은 영역이 도덕적 가치와 경제적 가치를 혼동하거나 도덕적 가치를 경제적 가치에 종속시키는 것에 기반을 둔다는 점에서, 이 과대평가는 몹시 치명적이다. **신자유주의**는 하나의 경제학 학설이며, 본질적으로 이 학설의 신념은, 가능한 한 모든 결정을 시장과 금전적으로 측정 가능한 시장의 경쟁 논리에 맡기면 자동으로 인간적 진보가 이루어진다는 것이다.[23]

코로나 대유행은 지난 30년을 주도한 시장 논리의 많은 모순을 들추어냈다. 그 논리는 신자유주의 사상과, 또 순전히 경제적으로 이해된 지구화와 그 사상이 맞물린 것과 밀접한 관련이 있다. 신자유주의 시장 논리 자신의 고유한 기준에 따르더라도, 그 시장 논리는 우선 2008년 금융 위기 때 실패했고, 그다음 2020년 코로나 위기 때 훨씬 더 큰 규모로 실패했다. 추측하건대 현재 우리의 경제를 구제하기 위해 투입되는 공적 자금은 보건 시스템을 이익 논리의 예외로 만들고자 할 때 들 만한 비용보다 더 많다. 거기에 지난 30년 동안 신자유주의가 이끈 순전히 경제적인 지구화가 유발한 환경 파괴를 추가로 고려하면, 심지어 대차 대조표가 마이너스로 나온다. 즉, 생태계 파괴와 그로 인해 요구되는 생태계의 기술적 대체를 통해 산출되는 가치보다 상실되는 가치가 더 많다.[24]

늦어도 1970년대부터 잘 알려졌듯이, 자연 자원뿐 아니라 인공 자원까지 무시무시하게 써 없애는 행태는 지속 가능하지 않으며 장기적으로 인류의 자기 절멸을, 혹은 최소한 재난들을 초래할 것이다. 그 재난들은 코로나 대유행보다 훨씬 더 끔찍할 것이다. 그릇된 사상 때문에 위태로워진 우리의 미래에 관한 이 같은 사실은 지속 가능성과 보편적 인류의 안녕이라는 요소는 대체로 고려하지 않는 성장 지표들이 강조됨에 따라 점점 더 확고해졌다.

이것을 유의해야 하는데, 이런 유형의 경제 활동은 자본주의 그 자체와 동일시될 수 없으며 오히려 인간과 국가와 경제에 대한 특정한 해석에서 나온다. 자세히 살펴보면, 그 해석은 미심쩍거나 심지어 반박된 전제들에 기초를 둔다. 대표적으로, 모든 개인은 재화 거래에서 자동으로 탐욕과 사익을 추구하며 따라서 시장에서 행위자들 사이의 도덕적 색채를 띤 모든 상호 관계는 이기주의자들의 만남에 기초하여 설명되어야 한다는 전제가 그러하다. 이 모형은 이미 오래전에 편파적이라고 판명되었음에도 불구하고 〈경제적 인간homo economicus〉이라는 구호를 내세우며 지금도 경제학 교과 과정에서 중요한 역할을 한다. 인간은 탐욕에 따라 움직이는 강박적 소비자라는 그릇된 전제도 마찬가지다.

고삐 풀린 신자유주의적 자본주의는 요란한 소음을 내지만 늘 다시 심하게 버벅거리는 엔진이다. 그럴 때마다 강대국들이 개입하여 그 엔진을 다시 가동해야 한다. 그러므로 철학적으로 볼 때 코로나 이후 사회의 본질적 과제는 거의 2백 년 전부터 근대를 특징지어 온 자본주의 대 공산주의라는 대결 논리에서 마침내 벗어나는 것이다. 시장 경제가 그 자체로 선한 삶의 적인 것은 아니다. 시장 경제는 인간 착취와 사회적 불평등을 자동으로 낳지 않는다. 왜냐하면 반대 방향으로 작동하는 조종 메커니즘들이 있기 때문이다. 영토와 결부된 자원 주권을 지닌 국가뿐 아니라 나머지 사회도, 따라서 우리 각자도 그런 메커니즘이다. 재화 거래가 반드시 싸늘한 이기주의에 의해 추진되고 참여자들이 서로에게 바가지를 씌우려 애써야 하는 것은 아니다. 그런 일이 자주 벌어지는 것은 폐해다. 우리는 그 폐해를 바로잡을 수 있으며, 성공의 전망을 가지고 우리 세기의 커다란 난관들에 대처하고자 한다면, 반드시 바로잡아야 한다.

도덕적인 경제 활동, 인간적인 시장 경제가 가능하다.

애덤 스미스의 사상도 마르크스의 사상도 오늘날의 사회적 상황과 그 상황을 사회 경제적으로 측정하고 조종할 가능성에 대한 분석 도구로서 적합하지 않다. 그들이 서술하는 시장과 시스템은 우리의 사회 경제적 실재와 어렴풋하게만 닮았다. 그들은 인간이 만들어 내는 기후 변화도 몰랐고 지구화도 몰랐으며 민주주의 법치 국가도 몰랐다. 그들이 분석한 시스템은 이제 더는 우리의 시스템이 아니다. 그런 까닭에 우리 자신의 시대를 위해 그들에게서 무언가를 얻어 내려는 모든 시도는 결국 제한적으로만 성공할 수 있다. 국가가 자원 분배에 개입하는 것을 어떤 대가를 치르더라도 시장 논리로 대체해야 하는 것도 아니고(신자유주의적 국가 약화 교설은 그렇게 해야 한다고 가르치지만) 거꾸로 최대한의 국유화를 추구하거나 심지어 시장의 창조성을 억누르는 계획 경제를 추구해야 하는 것도 아니다. 시대에 뒤처진 이 양극단은 우리 시대의 기술적, 생태적 난관들을 극복할 능력이 없다. 양쪽 모두 철학적으로 이미 오래전에 낡아 버린 인간상과 세계상을 도구로 삼는다. 안타깝게도 경제학에서는 지금도 가끔씩 그 인간상과 세계상이 모형화 작업에 끼어들지만 말이다.

희랍어로 〈오이코노미아oikonomia〉는 〈집의 법Gesetz des Hauses〉을 뜻한다. 이 단어는 원래 고대 도시 국가들(특히 아테네)에서의 가정 내 역할 분담과 관련이 있다. 그곳들에서 여성은 정치적 역할을 하지 못했으며, 당연히 노예도 존재했다. 우리는 여성의 제한 없는 보통 선거권이 얼마나 나중에야 완전히 보편적으로 도입되었는지 잊지 말아야 한다. 그 시점은 독일에서 1918년, 스위스에서는 무려 1971년이었다.

경제가 수천 년 전부터 지침으로 삼아 온 규범과 가치관은 실재를 고려할 때 시대에 뒤처졌다. 한 예로 여전히 선호되는 인간적 합리성의 (그릇된) 모형인 경제적 인간을 들 수 있다. 이 모형을 다룰 때 사람들은 경제학이 결코 가치 중립적이지 않음을 간과한다. 오히려 경제학은 대개 주관주의적 가치 이론들을 기초로 삼는데, 엄밀히 따지면 그 이론들은 윤리학적으로 또 인간학적으로 근거가 없다. 가치들의 공간을 완전히 가치 중립적으로 고찰할 길은 없다. 경제적 가치에 대해서도 그러하고, 도덕적 가치에 대해서도 그러하다. 경제학자는 연구의 대가로 돈을 벌고, 윤리학자는 도덕적 가치를 탐구하면서 도덕적인 방식으로 자신을 평가한다. 무슨 말이냐 하면, 가치들은 본질적으로 정신에 의존한다. 즉, 가치들은 우리가 구체적으로 행위하고 생각하는 상황들 안에, 우리 자신과 우리의 태도가 관건인 상황들 안에 실존한다. 정치 경제학자 마야 괴펠은 이를 아래와 같이 명확하게 서술한다.

세계의 모든 현상 각각을 하나의 수로 변환하는 것이야말로 바로 가치 판단이다. 그리고 모든 가치 판단은, 우리가 정치와 정치의 공정함을 — 정치는 항상 가격들의 발생에 관여한다 — 판단하고 평가할 때 무엇을 주목하고 무엇을 고려하는가에 영향을 미친다.[25]

그릇된 경제적 인간 모형에 따르면, 사람들은 일차적으로 측정 가능한 경제적 효용 가치를 추구하며 생존 투쟁에서 결국 모든 것을 그 효용 가치에 종속시킨다.[26] 이 모형에 기초하여 수학적으로 엄밀한 이론들이 개발되었는데, 그 이론들의 과제는 행위자들의 선호를 알아내는 것이었다. 이는 시장을 예견하고 통제하기 위한 예측적 도구들을 개발하기 위해서였다.

그러나 인간의 행동을 다루는 이 모형들은 경험적으로 실패한다. 왜냐하면 인간은 경제적 경쟁 상황에서도 상호성과 공정성을 따지는 숙고의 결과로 결정을 내리기 때문이다. 이 분야의 행동 경제학 문헌은 방대하며, 고삐 풀린 시장과 근본적으로 약화된 국가에 관한 신자유주의적 견해의 한계를 보여 주고 대안으로 지속 가능성과 사회적 평등을 추구하는 분배적 정의의 형태들을 옹호하는 경제학 이론도 많다.[27] 이미 몇십 년 전에 게임 이론에서 지적되었듯이, 사람들은 경쟁 상황에서도 도덕적으로 판단한다. 즉, 이익뿐 아니라 공정성도 기준으로 삼는다. 경제학자들은 처음에 이런 행동을 비합리적이라고 여겼다.[28]

안타깝게도 이런 통찰들은 아직 완전히 정착하지 못했다. 우리 삶의 많은 영역, 너무나 많은 영역은 예나 지금이나 일차적으로 경제화된다. 즉, 인간의 실제 삶에 들어맞지 않는 경제학적 전제들에 의해 조종된다. 아렌트가 강력히 추천할 만한 저서 『활동적 삶*Vita activa*』*에서 보여 주었듯이, 우리 사회 전체의 근대적 경제화로 인해 윤리적-철학적 주장들의 공적 교환이 위태로워졌고 따라서

* 영어 원서의 제목은 〈인간의 조건Human Conditions〉이다.

공론장이라는 이념 자체가 위태로워졌다.

신자유주의 경제의 중심에 순박한 가족 모형이 자리 잡고 있음을 보여 주는 두드러진 예는 마거릿 대처에게서 유래했다. 그녀는 영국 총리로서 미국 대통령 로널드 레이건과 더불어 최대한 많은 사회 영역을 정치적 개입을 통해 경제화하는 데 결정적으로 기여했다. 그래서 대처는 1970년대 후반 이래의 거침없는 신자유주의를 대표하는 인물로 꼽힌다. 1987년에 이루어진 유명한 인터뷰에서 대처는 아래와 같이 말한다.

사회 따위는 존재하지 않습니다. 개별적인 남자들과 여자들이, 그리고 가족들이 존재합니다. 그리고 어떤 정부도 개인들을 통하지 않고는 일을 할 수 없어요. 개인들은 우선 자기 자신을 돌보아야 하고요. 우리 자신을 돌보고 또 우리 이웃들을 돌보는 것은 우리의 의무입니다.[29]

왜 대처가 가족에 의지하는지는 다른 대목에서 더 뚜렷해진다. 거기에서 명시적으로 그녀는 전형적인 가족 모형을 모든 상황의 경제화를 위한 기반으로 활용한다.

집안 살림을 꾸려 가는 문제를 이해하는 여성이라면

누구나 국가 운영에 관한 문제들을 더 잘 이해할 것입니다.[30]

이것은 돌발적 실언이 아니라 사회 존재론적 전제의 표명이다. **사회 존재론**은 〈어떤 조건 아래에서 인간 집단은 조율된 행위를 하는가〉라는 질문을 다룬다. 따라서 사회 존재론은 사회 형성Vergesellschaftung의 기반을 탐구한다. 신자유주의의 토대는 **사회 존재론적 원자론**, 즉 빠듯한 자원을 둘러싸고 경쟁하는 개인들의 선호가 누적되는 것 이상의 협력은 실은 존재하지 않는다는 전제다. 이 근본적인 철학적 오류는 안타깝게도 실재를 고려할 때 시대에 뒤처진 많은 국가 철학 및 사회 철학 사상의 바탕에 놓여 커다란 사회 경제적 폐해를 일으킨다. 이를 예컨대 디지털 사회를 탐구하는 옥스퍼드 대학교의 철학자 루치아노 플로리디가 정확한 분석으로 보여 준 바다.[31]

경제적 숙고는 항상 비경제적 가치 판단들의 영향을 받는다. 그런 까닭에 경제학 모형들에는 경제적 인간처럼 머리카락을 곤두서게 하는 구석이 있는 개념들이 수두룩하다. 행동 경제학이라고 사정이 더 낫지 않다. 왜냐하면 이 경제학 분파는 인간은 궁극적으로 항상 편견에 휘둘리며, 신속하지만 그릇되며 진화론을 통해 어느 정도 설명 가능한 추론에 의지한다는 전제를 흔히 출발점으로 삼기

때문이다. 그리하여 행동 경제학은 우리를 비합리적이며 조작 가능한 대상으로 간주한다.[32]

그러나 이때 행동 경제학이 비합리적이라고 평가하는 측면은 실제로는 진화를 통해 형성된 우리의 합리성이다. 그 합리성은 우리가 사회적 생물이기 때문에 형성되었다. 그리고 그 합리성은 우리의 수준 높은 도덕성의 원천이다.

우리의 합리성은 경제학적 이익과 부가 가치를 추구하는 경제적 계산 능력이 아니다. 인간의 이성을 그런 계산 능력으로 간주하는 자기 이해는 윤리와 논리를 도외시하며 따라서 충분히 예상할 만하게도 비윤리적이며 비논리적인(곧 비정합적인) 귀결들을 낳는다.

오늘날 우리의 가치관들에 대한 정당화들은 오로지 자연 과학에서 유래한 것이 전혀 아니며 경제학에서 유래한 것은 더더욱 아니다. 스미스도 마르크스도 성(性) 해방에 관한 견해를 가지고 있지 않았다. 또 여성들을 수천 년 동안 괴롭혀 온 (우리 모두가 이미 떨쳐 낸 것은 전혀 아닌) 역할을 떨쳐 내고 여성과 남성이 동등한 권리를 누리는 사회를 이룩하자고 주장하는 여성 해방 운동에 관한 견해도 없었다.

성 해방 및 여성 해방과 관련한 진보를 위해서는 심층 심리학, 특히 정신 분석이 필수적이었으며 근대 문학과 미술도 필수적이었다. 이 예술들은 특히 18세기 이래로 우리가 성적 욕망의 폭넓은 다양성에 친숙해지게 만들었다. 부르주아의 삶에서 여성이 해방되어 동등한 권리를 지닌 사람으로 우뚝 서는 변화는 정신과 예민한 몸에 대한 정신과학적, 철학적, 문화적 자기 탐구가 없었다면 불가능했을 것이다.

요컨대 경제적 가치들에서 모종의 방식으로 도덕적 가치들을 도출할 수 있다는 믿음은 우리 시대의 기괴한 판단 오류다. 이 오류는 흔히 스미스에게서 유래했다고들 하지만, 이는 부당한 평가다.[33] 도덕적 통찰은 자원을 놓고 겨루는 행위자들 사이의 경쟁 상황에서 도출되지 않는다. 기껏해야 나의 저명한 동료 아르민 팔크가 본 대학교에서 하는 것과 같은 행동 경제학적 실험을 통해 인간은 경쟁 상황에서도 도덕적 원리에 따라 방향을 잡음을 확인할 수 있을 따름이다. 인간은 타고난 이기주의자라는 (입증 가능하게 틀린) 전제하에서 예상되는 정도보다 더 도덕적으로 행동할 때가 많음을 실험으로 입증할 수 있다.

실험적으로 잘 보증된 이 숙고로부터 내가 끌어내고 싶은 결론은, 윤리학이야말로 어떤 조건 아래에서 경제적 경쟁 모형을 적용해야 하는가에 관한 지침을 제공하는 기초 학문이라는 것이다. 우리가 더 지속 가능한 형태의 경제 활동을, 실재하는 그대로의 인간을 중심에 놓은 경제 활동을 정당화하려 한다면, 학문 분야들을 넘나드는 대규모 연구가 필요하다.

경제학적 모형을 비롯한 모든 예측 모형은 절대로 모형의 출처인 전제들보다 더 낫지 않다. 경제학적 모형의 기반에 철학적, 윤리학적, 정신과학적 오류들이 있다면, 이는 편파적이거나 심지어 거짓된 인간상이 우리의 경제를 좌우하고 있다는 뜻이다. 그 결과는 치명적인 오류들이며, 그것들은 특히 위기가 닥쳤을 때 드러난다.

우리가 인간을 강박적 소비자로 보는 인간상을 고수한다면, 〈성장은 물질적 부를 낳는다. 인간은 다른 어떤 것도 바라지 않는다〉라는 공리를 바꿀 수 없다. 여기에서 나오는 인간과 환경에 대한 귀결들은 잘 알려져 있다.

도덕적으로 수용 가능한 형태의 경제 활동은, 오로지 경제학으로부터 독립적인 학문 분야인 철학적 윤리학이 모든 지식 분야뿐 아니라 인생 경험, 예술, 종교, 일상적 지혜에서 유래한 인간 과학적humanwissenschaftlich 지식을 돌아볼 때만 성취될 수 있다. 윤리학이 다루는 것은 온전한 인간이다. 반면에 다른 학문 분야들에서 인간은 하위 시스템들로 분해되어 고찰된다.

그러나 안타깝게도 여전히 21세기의 이데올로기 안에 확고히 정착한 근본적 오류가 있는데, 그것은 인간이 그 하위 시스템들(생물학적, 심리학적, 경제학적 시스템 등) 중 하나와 동일하며 따라서 다른 모든 분야를 지휘하는 한 선도 분야의 시각으로 해독 가능하다는 믿음이다. 길버트 라일 이래로 철학에서는 이를 **범주 오류**라고 부른다.[34]

범주 오류란 복잡한 현상을 편파적으로 따라서 그릇되게 규정하는 것을 말한다. 사람들은 경험적으로, 사회 과학적으로 관찰 가능한 방식으로 행동한다. 그러면서 또한 가치관을 표명하지만, 감각 경험이 쉽게 보여 주듯이 그 가치관을 철저히 고수하지 못한다. 이런 면에서 사람들은 부분적으로 비합리적인 것처럼 보인다. 하지만 이는 그들의 가치관들이 틀렸거나 효과가 없음을 의미하지 않는다. 여기에서 내가 예로 들고자 하는 범주 오류는 다음과 같은 추론이다. 즉, 사람들의 행동에 대한 관찰을 토대로 삼아, 참된 보편적 가치는 없고 단지 통계적으로 다소 잘 확인할 수 있는 가치관만 있으며 그 가치관은 행위자들의 선호와 일치한다는 결론을 내리는 것이다. 나는 이 범주 오류를 〈경제주의Ökonomismus〉라고 부르겠다. 경제주의는 특히 위험하다. 왜냐하면 우리가 일상에서 만나는 사회 경제적 실재가 이 오류에 강하게 휘둘리기 때문이다. 경제주의는 도덕적 가치를 경제적 가치로 환원하며, 더 나아가 행동 경제학을 통해 경제적 가치를 인간 동물의 생물학적 행동 패턴으로 환원하려 한다.

경제주의에 따르면, 시장 원리에 따라 서로 경쟁하는 인간 집단들의 행동을 다루는 모범적 학문은 행동 경제학이다. 그런데 동물계에서 인간끼리 경쟁할 때뿐 아니라 인간이 아닌 동물끼리 경쟁할 때도 부분적으로 도덕적 원리가 지켜진다는 것이 드러났으므로, 한 걸음 더 나아가 경제주의는 경제학적 모형을 통해 인간이 무엇을 해야 마땅한지 알아낼 수 있다고 간주한다. 바로 여기에 오류가 있다.

경제주의가 겉보기에 그럴싸한 이유는 도덕적 판단을 경제주의적 모형 안에 은근슬쩍 끌어들여 놓고 나중에 실험적 관찰의 결과라면서 떠벌리는 덕분이다. 비교적 근래의 행동 경제학에서는 사람들이(그리고 다른 생물들이) 공정성과 상호성을 기준으로 방향을 잡는다는 것, 따라서 〈협력하는 인간homo cooperativus〉도 존재한다는 것이 언급된다. 아무튼 명확해진 점은, 인간이 자신의 사회적 실재 안에서 모든 사회적 대가를 무릅쓰고 오로지 개인적 이익만 추구하지는 않는다는 것이다. 그런데 이 견해를 표현하려면 반드시 도덕적 생각 및 행동의 개념이 필요하다. 그리고 이 개념은 인간에 대한 경험적 관찰에서 도출되지 않았으며 모든 정교한 행동 경제학적 이론 구성에 선행한다.

따라서 진정한 도덕적 가치 판단은 사회 과학에 선행하고 따라서 사회학과 정치학에도 선행한다.[35] 경제학자, 사회학자, 정치학자가 도덕적으로 중립적인 관점에서 판단들을 해가는 과정에서, 이타적으로 협력하기와 실험을 수행하는 경제학자 자신과 대략 같게 판단하기가 인간의 생물학적 본성에 들어 있음을 어느 순간 기쁘게 발견한다는 것은 (다행스럽게도) 단적으로 틀린 이야기다.

무슨 말이냐 하면, 도덕과 무관한 사실들을 조사하는 것만으로는 도덕적 통찰을 얻을 수 없다. 예컨대 심각한 사회 경제적 불평등이 도덕적으로 배척해야 할 귀결들을 야기한다는 것은 어떤 경제학적 모형에서도 도출되지 않는다. 왜냐하면 도덕적으로 배척해야 할 것과 그렇지 않은 것을 경제학적 측정으로 분별할 수는 없으니까 말이다. 그런 까닭에 경제학의 관점에서만 보면, 심각한 사회 경제적 불평등이 결국 경제를 황폐화하는 도덕적 결함으로 이어진다는 것조차도 명백하지 않다.[36] 하지만 대통령 출마를 단지 생각만 해보기 위해서도 최고 부자의 반열에 올라야 한다는 사정이 미국의 체제 같은 자유 민주주의의 존속에 이로울 리 없다는 것은 당연지사다. 미국은 오래 전부터 금권 정치의 관행, 곧 최고 지도자들이 부를 통해 미리 걸러지는 지배 시스템의 관행을 보여 왔다. 건강 보험조차 감당할 능력이 없는 미국의 빈민 수백만 명과 그들을 지배하는 부자들 사이의 격차는 엄청나게 커서, 미국 내 자원 분배 시스템은 도덕적으로 배척해야 할 지경에 명백히 이르렀다.

이 도덕적 사실은 경제적 기준만으로는 알아챌 수 없다. 누가 누구보다 얼마나 많은 재산을 소유했는지는 오로지 수량을 묻는 질문이다. 경제학적으로 측정 가능하며 부분적으로 설명 가능한 이 격차가 도덕적 함의를 지녔다는 점을 경제학자는 알아채지 못하며, 만일 그가 올해 경제가 몇 퍼센트 성장하거나 위축될 것이라는 주장을 뒷받침하기 위해 일반적으로 경제 성장에 관여하는 변수들을 찾아내는 연구를 하는 중이라면, 그것에 관심을 둘 필요도 없다. 하지만 그 몇 퍼센트, 예컨대 경기 침체 선언 여부와 증권 가격을 결정하는 그 몇 퍼센트는 인간적 실재 안에서 도덕적으로 또 심리 사회적으로 실감되는 귀결들을 지녔다. 2008년 금융 위기는 이를 특히 명확하게 보여주었다.

늦어도 2020년 코로나 위기 이래로 근대 사회는 — 생태적 측면을 포함한 — 도덕적 측면들을 소홀히 다루는 것을 단적으로 더는 감당할 수 없다. 왜냐하면 자연 과학적-기술적 진보에 힘입은 경제 성장이 모종의 자동적인 방식으로 (시장의 〈보이지 않는 손〉에 이끌려) 우리 삶의 개선으로 이어지리라는 호언장담이 입증 가능한 거짓으로 판명된 것이 벌써 여러 번이기 때문이다.[37] 오히려 이 호언장담은 생태 위기를 초래했다. 이제껏 우리에게 알려진 모든 위기보다 훨씬 더 위험한 생태 위기를 말이다.

현대에 더 빨라진 자연 과학적-기술적 진보와 그것의 경제적 적용 덕분에 많은 사람의 생존 조건이 개선되었다는 점은 물론 이론의 여지없는 사실이다. 하지만 그 진보는 무수한 희생자를 양산한 책임이 있다. 왜냐하면 그 진보가 없었다면 당연히 지난 세기의 군비 경쟁과 자원 낭비와 인간 학살은 결코 일어나지 않았을 테니까 말이다. 또한 잊지 말아야 하는데, 중국에서 마오쩌둥은 산업화를 이루어 내고 서방과 교류할 길을 모색하기 위하여 〈대약진 운동〉을 벌여 수백만 명을 굶어 죽게 만들었다.

이미 잘 알려진 사실들을 이렇게 비판적으로 언급하는 이유는 시장 경제의 철폐를 권고하기 위해서가 아니라 오히려 사회적 시장 경제라는 새로운 질서가 필요함을 지적하기 위해서다. 신자유주의 경제 철학과 순전히 경제적인 지구화라는 실험장에서 시도된 그 철학의 실현은 실패로 돌아갔다. 왜냐하면 지금까지의 지구적 생산망은 인간과 환경을 용인할 수 없는 방식으로 착취하기 때문이다. 또한 우리의 시스템과 직결된 기반 설비(예컨대 교통 시스템과 보건 시스템)가 너무 많이 사유화되었기 때문이다. 코로나 이전을 회상할 때 잊지 말아야 할 것이 있다. 그때 독일에서는 기반 설비를 둘러싼 문제들이 점점 더 증가하고 있었다(열쇠 말로 〈독일 철도 주식회사〉와 〈용인할 수 없을 만큼 긴 진료 대기 시간〉을 떠올려 보라). 신자유주의 경제 철학은 경제적으로도 실은 실패했다. 왜냐하면 신자유주의 경제는 심리 사회적으로 부담스러울 만큼 빠른 속도로 거듭 붕괴했기 때문이다. 그렇게 붕괴가 일어나면 천문학적 규모의 세금을 투입하여 신자유주의 경제가 태워 없앤 것을 만회해야 했다. 진지하게 판단하면, 이런 사정은 좋은 경제 활동, 책임감 있고 지속 가능한 경제 활동의 이념에 부합할 리 없다.

간략하게 요약하자. 신자유주의적 모형 계산 대신에 지속 가능성을 중시하는 새로운 사회적 시장 경제를 수립하는 것이 가능하다. 그 새로운 경제의 목표는 풍요의 감소를 일으키지 않으면서도 좋고 지속 가능한 삶을 촉진하는 것이다.[38] 우리는 다만 다음을 깨달아야 한다. 풍요는, 우리가 과도하게 노동하고 소비재들을 추구하고 번아웃의 위험을 짊어지고 그 위험을 다스리기 위해 환경을 오염시키는 대규모 관광에 나서는 것을 의미하지 않는다. 이미 여러 해 전부터 많은 사람이 〈쳇바퀴〉로 체험하고 있는 이 순환 고리는 풍요가 아니라 도덕적으로 또 심리적으로 나쁜 삶이다. 풍요는 의미도 없고 절제도 없이 돈과 소유물을 쌓아 놓은 상태가 아니다. 이 상태는 도리어 스트레스를 유발하는데, 그 스트레스는 몇십 년 전부터 우리의 보건 시스템이 과부하에 시달리는 데 기여하고 있으며 이 간단한 이유만으로도 벌써 경제적 피해를 일으킨다. 고속

(高速) 자본주의는 짝꿍인 환경 파괴와 더불어 결국 생산하는 가치보다 더 많은 경제적 손해를 유발한다. 이쯤 되면 생각을 바꿀 이유로 충분하지 않은가.

생물학적 보편주의와 바이러스 대유행

이미 언급했듯이, 2008년 금융 위기와 마찬가지로 코로나 위기도 규제 없는 지구적 자본주의 시스템의 약점을 다수 드러냈다. 그 자본주의의 시장 논리와 거래 과정은 민주주의 법치 국가들이 직접 개입할 수 있는 범위를 벗어나 있어서, 디지털 혁명 이래로 많은 거대 기업 집단은 민주주의 법치 국가의 존속을 직간접으로 위태롭게 만들고 독일에서는 사회적 시장 경제를 위태롭게 만드는 사업 모형들을 실행하고 있다.

거듭 말하지만, 위기를 뜻하는 독일어 〈크리제Krise〉는 희랍어 〈크리시스Krisis〉에서 유래했는데, 이 희랍어의 여러 의미 중 하나는 대충 〈결정Entscheidung〉이다. 위기는 결정을 유발하고 따라서 그 결정을 둘러싼 구조를 드러낸다. 그런 식으로 위기는 기존에는 우리의 안중에 아예 없었거나 불가능하게 느껴졌던 새로운 행위 선택지를 눈에 띄게 만든다. 요나스는 이를 다음과 같이 표현한다. 〈상황이 전반적으로 위태로워졌음을 알 때 비로소 우리는 무엇이 위태로워졌는지 안다.〉[39]

코로나 위기는 우리가 누구인지를 우리에게 예전보다 더 선명하게 보여 주고 우리가 누구이고자 하는지에 관한 새로운 결정들이 들어설 공간을 연다. 현재의 위기는 항상 새로운 미래를 잉태하고 있기 마련이다.

요컨대 코로나 위기는 우리를 **생물학적 우주**의 요구에 직면하게 한다. 인간으로서 우리는 모조리 한 종의 구성원이며, 바이러스는 개인을 따지지 않고 그 종을 이용한다. 즉, 바이러스는 우리의 세포들 속에서 증식한다. 코로나바이러스를 통해 환히 드러난 도덕적 문제들을 해결할 수 있으려면 우리는 도덕적 진보의 새 장을 열어야 한다.

민주주의 정치는 도덕적으로 요구 수준이 높으면서 경제적으로 까다로운 결정들을 내리고 실행할 수 없다는 변명은 이미 2020년 3월 말 이래로 반박되었다고 할 수 있다. 지구적 신자유주의 경제 질서를 무력화하는 것이 그 시점에 느닷없이 가능해졌다. 그때까지 프랑스에 신자유주의적 구조를 더 많이 정착시키는 일에 주력해 온 에마뉘엘 마크롱은 2020년 3월 텔레비전 연설들에서 모든 것을 — 특히 보건 시스템을 — 시장에 맡기면 안 된다고 명확하게 밝혔다. 심지어 존슨(당시 영국 총리)도, 필시 본인이 걸린 중증 코로나 감염증에 깊은 인상을 받아, 사회란 존재하지 않는다는 대처의 신자유주의 원조 격언과의 결별을 명시적으로 선언했다. 2020년 3월 말에 공개된 영상

성명에서 그는 의도적으로 명확히 대처에게 반발하면서 아래와 같이 발언했다.

우리는 해낼 것입니다. 우리는 함께 해낼 것입니다. 내가 생각하기에, 실제로 사회라는 것이 있다는 사실은 코로나바이러스 위기가 이미 증명한 바입니다.[40]

우리가 어떤 대가를 치르더라도 함께 신종 바이러스에 맞서 우리 자신을 방어해야 한다는 도덕적 요구를 시장은 모방할 수 없다. 왜냐하면 이 사례에서 관건은 경쟁이 아니라 협력이기 때문이다. 경제적 경쟁과 도덕적 협력 사이의 결정적 차이는, 도덕적 협력은 모두를 향하며 어떤 경계라도(민족적, 심리적 경계뿐 아니라 문화들이나 세대들, 인종들 사이의 상상된 경계도) 뛰어넘을 것을 촉구한다는 점에 있다. 이 상황에서 인간 집단들 사이의 갈등을 조장하고 예컨대 경제적 경쟁을 유도하는 사람은 디지털 네트워크로 연결된 인류의 눈앞에서 도덕적 범죄를 저지르는 것이다. 그런 범죄의 예로, 바이러스의 창궐을 중국인 탓으로 돌려, 말하자면 〈민족화〉하려 한 트럼프의 정치적 거짓말을 들 수 있다. 또한 바이러스가 미국에서 발생하여 중국으로 들어왔다는 시진핑의 소설도 그런 범죄의 예다. 더 나아가, 유럽 남부 사람은 독일 사람에 비해 조직력이 약하고 분방하기 때문에 이탈리아 사람과 스페인 사람의 사망률이 더 높다는, 독일에서 회자되는 견해도 도덕적 범죄다. 또한 독일 사람이 세계에서 가장 좋은 보건 시스템을 보유했다고 믿는다면, 그것은 민족주의적 자기 과대평가일 터이다. 이런 자기 과대평가는 근거 없는 낙관론의 빌미가 되고 우리를 그릇되게 안심시킨다. 이 모든 것은 도덕적으로 배척해야 할 생각의 예이며 코로나 위기를 통해 드러나는 폐해다.

하지만 좋은 소식도 있다. 모든 위기는 사회적 상황의 개선을 위한 기회를 품고 있다. 이번 경우에 우리는 방금 언급한 도덕적으로 배척해야 할 생각들을 목도하면서, 민족주의에 기대어 오랫동안 웅크린 채 고립을 자초하는 것이 이제는 얼마나 위험한지 깨닫고 있다. 의학적 전문성을 지닌 사람들, 인공호흡기, 식량, 경제적 보호 장치 등의 전 세계적 상호 지원이 없다면, 우리는 신종 바이러스에 무방비로 노출될 테고 머지않아 독일에서도 묘지가 무더기로 생겨날 것이다.

그러므로 코로나 대유행은 베를린 장벽의 붕괴 이래로 고삐 풀린 경제적 지구화를 낳은 한 시대의 종결이 될 것이라는 슬로베니아 철학자 지제크의 지적은 옳다.

파울 크뤼천과 유진 스토머의 제안 이후 우리의 지질 시대는 **인류세**로 불린다. 즉, 지질학적 현재의 가장 뚜렷한 특징은 인간의 존재와 제작 능력이라는 것이다.[41] 실제로 우리 인간은 여러 겹의 그물처럼 서로 연결되어 있으며, 이 지구적 네트워킹을 국경 통제를 도입함으로써 되돌릴 수는 없다. 독일이 갑자기 고대 도시 국가처럼 고유의 자원으로 삶을 꾸리는 전근대적 현지 생산 시스템으로 웅크러뜨릴 수는 없다. 다른 유럽 국가들도 마찬가지다. 또 설령 미국이 완전히 고립될 능력을 원리적으로 갖추었다 하더라도, 미국도 이웃 국가들과 맞닿아 있으며 경제적 우위를 지키려면 초강력 군사력과 문화적 소프트 파워에 의지해야 한다.

코로나 이후 사회들의 커다란 과제는, 인류의 지구적 네트워킹과 민족 국가적 조직화 사이의 모순을 극복하는 것이다. 이 모순이 극복되면 우리는 21세기를 위한 보편적 가치를 함께 노력하여 획득하고, 시장 논리나 전쟁 논리에 얽매이지 않은 새로운 협력 형태들을 실현할 수 있게 될 것이다.

형이상학적 판데미를 위하여

도덕적 진보가 없으면, 인류의 보편적 진보는 없다. 밝아 오는 새로운 계몽의 시대에 인류의 진보는 윤리적으로 정당한 목표들을 향해 과학적 진보 및 기술적 진보와 도덕적 진보가 협력하는 방식으로 이루어질 것이다. 코로나

바이러스는 오래전부터 사실인 것을 더 명백하게 드러낸다. 즉, 지구적 계몽이라는 새로운 이념이 우리에게 필요하다는 점을 명확히 보여 준다.

21세기는 지구화의 뒤를 이어 새로운 계몽이 대유행하는 시대가 될 것이다.

이 대목에서 슬로터다이크의 표현 하나를 언급하고 새롭게 해석할 수 있다. 즉, 우리에게 필요한 것은 공산주의Kommunismus가 아니라 **공면역주의**Ko-immunismus다.[42] 우리를 민족 문화, 인종, 나이, 계급에 따라 나눠 놓고 서로 경쟁하도록 몰아가는 정신적인 독(毒)에 희생당하지 않기 위하여 우리는 모두 함께 백신을 맞아야 한다.

코로나 대유행이 시작된 이래로 우리는 예상치 못한 연대의 힘으로 환자와 노인을 보호해 왔다. 이를 위해 우리는 자식들을 집 안에 가두었고, 교육 시설을 폐쇄했으며, 의학적으로 정당하지만 정치적으로 위험한 비상사태를 보편적으로 선포했다. 그리고 곧이어 경제를 다시 활성화하기 위해 수조 유로를 쏟아붓고 있다. 그러나 우리가 바이러스 위기 이후에도 예전처럼 계속 살아간다면, 훨씬 더 심각한 위기들이 닥칠 것이다. 우리는 다음번에도 바이러스의 확산을 막을 수 없을 것이며, 미국과 중국 사이의 경제 전쟁이 격화하는 동안 유럽 연합은 양 진영 사이에 무기력하게 서 있을 것이다. 여러 요인 중에서도 특히 이민자

에 맞선 싸움에서 인종주의와 민족주의가 확산할 것이다
(이민자가 유럽으로 피난하는 것은, 우리 유럽인이 그들
을 박해하는 자들에게 무기나 박해의 노하우를 제공했기
때문이다). 또한 기후 위기를 절대로 잊지 말아야 한다. 기
후 위기는 인류에게 어떤 바이러스보다 훨씬 더 위협적
이다.

코로나 이전의 세계 질서는 정상적이었던 것이 아니라
치명적이었다. 그래서 새로운 계획을 촉구하는 목소리들
이 높아진다. 많은 것이 새 출발을 맞이하는 지금, 우리의
교통수단을 변화시키기 위해 수십억 유로를 투자할 수는
없을까? 비행기(경제계의 거물이라면 개인 전용기)를 타
고 세계를 누비는 대신에 디지털 기술을 활용하여 대수롭
지 않은 회의들을 늘 온라인으로 열 수는 없을까? 오로지
경제, 과학, 기술만이 근대의 모든 문제를 해결할 수 있다
는 믿음은 참담한 미신임을 우리는 마침내 깨달았을까?

문제는 자연 과학적-기술적 진보가 아니라 그 진보의
비도덕적 사용이다. 우리의 행동을 바꾸고 우리의 사고방
식을 되돌아보는 것은 우리 모두가 할 일이다. 민주주의
사회에서는 항상 손뿐 아니라 발로도 투표가 이루어진다.
우리가 저마다 개인으로서 어떻게 행동하는가는 정치적
자원 분배의 윤곽에 영향을 미치고, 역방향의 영향 관계
도 성립한다. 우리는 도덕적으로 나쁜 우선순위를 우리에

게 강제하는 어떤 전능한 패거리의 지배하에 있지 않다. 우리에게서 동떨어진 〈저 위의〉 엘리트는 존재하지 않는다. 물론 좌파 및 우파 포퓰리즘과 음모론은 그런 엘리트를 꾸며 내지만, 그것은 소설이다. 우리는 모두 우리의 행동을 통해 사회의 현재 상태에 기여한다. 의회 민주주의에서 정부는 여론에 반응한다. 의회 민주주의 정부는 법령을 통해 〈하향식으로〉 통치할 수 없다. 정치와 시민 사회는 영향을 주고받는 순환 관계를 맺고 있다.

21세기의 위협적인 광경 앞에서 우리 유럽인뿐 아니라 모든 사람을 향해 호소한다. 우리에게는 새로운 계몽이 필요하다. 모든 사람은 윤리적으로 교육받아야 한다. 그래야 우리가 도덕적으로 거의 맹인이 되어 오로지 자연과학, 기술, 신자유주의 시장 논리를 따르는 세태가 어마어마하게 위험함을 알아챌 수 있다. 우리가 과감하게 핸들을 돌리지 않는다면, 현재 감염병 대유행 시기의 연대는 결국 단기간의 도덕적 고공비행일 뿐이다. 우리의 자연을 파괴하고 민족 국가들의 시민을 어리석게 만드는, 그리하여 우리를 마치 본업인 것처럼 관광과 소비에 열중하게 하는 지구적 자본주의의 감염 연쇄는 장기적으로 모든 바이러스에 의한 사망자를 다 합친 것보다 더 많은 사람을 죽이리라는 것을 알아채야 한다. 의학적-바이러스학적 지식은 연대를 촉발하는데, 자멸적 지구화에서 벗어나는 유일한 길은, 냉소적이며 정량적인 경제 논리에서 추진력을 얻어 서로 싸우는 민족 국가들의 무더기와 결별한 저 너머의 세계 질서라는 철학적 통찰은 왜 연대를 일으키지 못하는 것일까?

희랍어 〈판데미오스pandêmios〉*는 〈모든 민중, 모든 사람에 관한〉을 뜻한다. 바이러스학적 대유행 이후 우리에게 필요한 것은 **형이상학적 판데미****, 곧 우리 모두를 포괄하며 우리가 결코 벗어날 수 없는 하늘 지붕 아래 만민이 모이는 것이다. 원하든 원치 않든, 우리는 지구에 있으며 지구에 머무를 것이다. 원하든 원치 않든, 우리는 죽을 운명이고 연약하며 그렇게 머무를 것이다. 그러니 이제 마침내 국민이 아니라 지구 시민Erdenbürger이 되자. 이기적 소비자가 아니라 세계 시민Kosmopolit이 되자. 다른 모든 길은 우리를 절멸로 데려갈 것이다.

도덕≠이타주의

코로나 대유행 중에 우리가 극단적이지만 도덕적으로 명령되는 안전 조치들을 연대의 정신으로 수용한 것은 거듭 말하지만 어두운 시대에 일어나는 도덕적 진보의 명확한 사례다. 어떻게 우리가 타인들을 위하여 우리 자신의

---

* 대유행을 뜻하는 독일어 〈판데미Pandemie〉의 어원.
** 모든 민중.

이해득실을 제쳐 둘 수 있을까, 또 언제 어떤 조건에서 그것이 도덕적으로 명령될까에 관한 도덕적 숙고는 윤리학이 다루는 주제 중 하나다. 타인을 위해 자신의 이해득실을 제쳐 두기를 일컬어 이타적 행위, 줄여서 이타주의라고 한다.

하지만 서둘러 논쟁하느라 다음을 간과하지 말아야 한다. 윤리와 도덕은 우리가 우리 자신의 이해득실을 타인들을 위해 제쳐 놓는 것에 국한되지 않는다. 완벽하게 이타적인 사회에서는 아무도 자신의 이해득실에 관심을 두지 않을 텐데, 이것은 도덕의 완벽한 실현과 거리가 있지 않은가. 또한 대관절 왜 타인의 이해득실이 자신의 이해득실보다 자동으로 더 중요하단 말인가?

이미 언급했듯이, 〈누구나 (타인의) 타인이다〉라는 근본적인 도덕적 통찰은 타인의 이해득실이 자신의 이해득실보다 자동으로 더 중요하다는 견해를 반박한다. 누구나 타인이라는 간단하지만 흔히 묵살되는 생각을 행위 상황에 적용함으로써 우리는 도덕적 사실들을 발견할 능력을 갖춘다. 윤리적 도구함 속에는 특히 인간에서 잘 발달한 능력 하나가 들어 있는데, 그것은 생각 속에서 나를 타인의 입장에 놓는 능력, 곧 내가 특정 행위를 하면 타인에게 어떤 일이 벌어질지에 관한 상상을 길잡이로 삼는 능력이다. 이 능력 덕분에 유명한 황금률이 정식화되었다. 황금률은 다양한 문화적 맥락에서 등장하며, 무엇을 하거나 하지 말아야 하는가에 올바로 답하기 위해서는 다른 누구에게도 해를 끼치지 않으려는 이해 관심을 최소한 전술적이거나 이기적인 방식으로 가지는 능력이 본질적으로 필요하다는 생각을 표현한다. 우리는 이 황금률이라는 규칙을 다음과 같은 속담으로 익히 안다. 〈타인들이 너에게 하기를 네가 바라지 않는 행동을 어떤 타인에게도 하지 말라.〉 이 생각에 따르면 당신은 타인을 해치지 말아야 한다. 왜냐하면 그 타인이 당신일 수도 있기 때문이다.

실제로 만약에 우리가 우리 자신을 타인들의 처지에 정신적으로 놓을 수 없다면, 우리는 복잡한 도덕적 사실들을 통찰할 능력이 없을 터이다. 이로부터 많은 이는 도덕적 지침에 따른 행위는 본질적으로 이타적이라는 결론을 도출한다. 그렇다면 **이타주의**Altruismus(어원은 라틴어 〈alter=다른 놈〉이다)는 타인들을 위한 행위, 반면에 **이기주의**는 자신의 이익을 위한 행위일 터이다. 타인을 위한 이타주의적 행위는, 사람들 및 다른 생물들을 돕기 위하여 — 심지어 자신이 위험에 빠지더라도 — 자신의 이해득실을 도외시하고 제쳐 놓는 우리 능력의 표현이다. 이를 기반으로 나의 본 대학교 동료 크리스토프 호른은 〈도덕의 작업적 정의〉[43]를 제안했다. 대체로 동의할 수 있는 그 정의는 이러하다.

도덕은 행위자에 대한 규범적 요구들의 시스템이라고 할 수 있다. 그 요구들은 행위자를 속박하여, 특정 상황들에서는 타인의 재산이나 이익을 추구하기 위하여 자신에게 이로운 전망을 제쳐 놓거나 내버리게 한다. 도덕이란 타인들의 안녕을 위하여 당분간 자기를 제한하라는, 다소 광범위하며 자신의 이해득실에 비교적 뚜렷이 영향을 미치는 요구다.[44]

이 작업적 정의는 도덕적 행위의 많은 사례를 포괄한다. 예컨대 수상 구조대원이 수영을 잘하지 못하는 타인을 구하기 위해 얼음처럼 차가운 강물에 뛰어들 때, 그는 타인의 이익을 위해 자신의 이익(추위에 떨지 않기, 위험을 자초하지 않기)을 제쳐 두는 것이다.

그러나 그렇다고 해서 도덕과 이타주의가 동일한 것은 아니다. 우리가 타인들의 이해득실을 위해 우리 자신의 이해득실을 제쳐 놓을 때만 도덕적으로 행위하는 것이라고 믿는다면, 이것은 추론 오류다. 이 추론은 우리 자신의 이해득실도 타인들의 이해득실과 똑같이 도덕적으로 중요하다는 점을 간과한다. 거듭 말하지만, 우리 자신도 타인이다! 연대란 타인들은 당신을 위해 희생하지 않는데 당신만 항상 타인들을 위해 희생하는 것을 의미할 수 없다.

따라서 여담 삼아 말하면, 코로나 위기에서 유럽의 연대는 더 부유하고 바이러스 피해가 더 적은 국가들이 다른 국가들에게 보상금을 지불할 책임이 있다는 것을 자동으로 의미하지는 않는다. 오히려 우리가 서로에게 정말로 해야 할 일은 상호 지원이다. 상호 지원이 없는 한, 연대와 이타주의에 대한 호소는 겉보기에만 도덕적으로 정당하다. 즉, 위선에 불과하다.

누구나 타인의 타인이라는 통찰, 따라서 사람은 자기 자신에 대해서도 도덕적 태도를 취한다는 통찰은(왜냐하면 예컨대 미래의 나는 현재의 나와 비교할 때 전혀 다른 타인이기 때문에) 〈도덕적 이유에 관한 이념Idee moralischer Gründe〉에 부합한다. 호른은 그 이념을 다음과 같이 요약한다. 〈도덕적으로 수용할 만한 이유는 행위자에 대하여 중립적이어야 한다. 즉, 모든 행위 관련자에게 동등하게 중요해야 한다.〉[45] 도덕적으로 옳은 행위 선택지를 발견하여 옳은 행동을 하기 위해 도덕적으로 숙고하는 사람은 자기 자신의 입장을 동등한 권리를 지닌 입장으로서 함께 고려해야 한다. 누구나 (타인의) 타인이므로, 어떤 특정한 타인도 도덕적 우선권을 가지지 않는다. 그러므로 이타주의에 호소하는 것만으로는 도덕을 정당화할 수 없다.

참된 도덕적 숙고는, 따라서 학문으로서의 윤리학은 이기주의와 이타주의에서 멀리 벗어난 저편에서 작동한다.

이기주의와 이타주의는 도덕적 범주들이 아니다.

이 중요한 논점은 다음과 같은 도덕적 보편주의의 귀결이다. 우리가 무엇을 하거나 하지 말아야 하는지는 항상 (최소한) 우리의 행위와 직접 또는 인식 가능하게 간접으로 관련된 모든 사람에게 영향을 미친다.[46] 그러므로 우리는 우리 자신에 대한 도덕적 의무들도 가지고 있다. 왜냐하면 행위 상황들에서 우리 자신이 고려되어야 하기 때문이다. 그렇지 않다면 도덕은 궁극적으로 우리가 모든 타인 앞에서 항상 최대한 희생할 것을 요구할 테고, 그러면 타인들을 위해 나설 수 있는 사람이 더는 남아 있지 않은 터무니없는 결과가 조만간 빚어질 터이다, 이는 미국 도덕 철학자 수전 울프가 〈도덕적 성자들Moral Saints〉에 관해 쓴, 영향력이 큰 논문이 보여 주는 바다.[47]

도덕과 이타주의의 동일시는 즐겨 실행된다. 왜냐하면 그 동일시는 도덕의 발생을 진화론적으로 설명할 수 있다는 (나름대로 주장되는) 장점을 지녔기 때문이다. 동물계에서 이타적 행동은 인간을 제쳐 두더라도 널리 퍼져 있으므로, 몇몇 개체가 다른 개체들을 위해 희생하는 것이 종의 생존에 유리하다는 견해를 품을 만하다. 그러나 우리가 이미 보았듯이, (인간을 포함한) 이런저런 동물들이 이런저런 행동을 규칙적으로 한다는 것으로부터 그 행동을 앞으로도 계속할 도덕적 이유는 도출되지 않는다. 우리 종의 쾌적하고 편리한 일상생활에 속한 많은 것은 도덕적으로 배척해야 한다. 예컨대 잔혹한 대량 축산과 환경을 파괴하는 대규모 관광이 그러하다. 자연은 우리의 도덕 선생이 아니다. 우리는 메뚜기나 벌이 아니다. 이놈들의 행동 방식은 사회적 본능들을 통해 조종되며, 그 본능들은 생물학적으로 완벽하게 설명 가능하다. 진화론적으로 설명 가능한 우리의 자극-반응 패턴들은 기껏해야 도덕적 숙고를 돕는다. 그 패턴들은 도덕적 숙고를 결코 대체할 수 없다.

<u>도덕적 이유들의 발생을 진화론적으로 설명함으로써 그 이유들을 정당화할 수는 없다.</u>

주목할 만하게도, 다름 아니라 찰스 다윈이 이 논점을 강하게 주장했다. 저서 『인간의 유래 _Die Abstammung des Menschen_』에서 다윈은 진화 역사에서 관찰되고 자연 선택을 통해 설명되는 사회적 본능과 도덕적 행동을 구별한다. 그의 견해에 따르면, 오직 인간만 도덕적 능력을 갖춘 생물이다. 그 이유는 우리가 지적 능력을 지닌 것에 있다. 반면에 다른 생물들에서는 지적 능력이 인간에서처럼 발달하지 않았다는 것이 다윈의 견해다.

자신의 과거 및 미래의 행위나 동기를 비교하고 승인하거나 배척하는 능력을 갖춘 놈을 일컬어 도덕적이라고 한다. 우리는 동물이 이 능력들을 갖추었다는 견해를 뒷받침하는 증명을 가지고 있지 않다. 그래서 우리는 뉴펀들랜드종의 개가 물에 빠진 아이를 건져 내는 행위나 유인원이 자신의 동료를 위해 자신을 위험에 빠뜨리거나 고아가 된 새끼를 양자로 받아들이는 행위를 도덕적이라고 부르지 않는다. 반면에 유일하게 확실히 도덕적인 놈으로 지목할 수 있는 인간에서는 특정 유형의 행위들을 도덕적이라고 부른다. 그 행위들이 신중하게 이루어졌건, 상반된 동기들 사이의 갈등 끝에 이루어졌건, 충동적으로 이루어졌건, 점차 습득된 습관의 작용으로 이루어졌건 간에 말이다.[48]

내가 윗글을 인용한 것은 다윈의 견해에 동의해서가 아니다. 이 주장이 담긴 그의 저서는 자연 과학적 오류와 도덕적 판단 오류를 많이 포함하고 있다. 그중에는 소위 〈야만인〉이 어떻게 생각하고 행위하는지에 관하여 다윈이 선입견 없이 직접 조사하지 않고 다른 사람들의 전언에서 넘겨받은 심각한 인종주의적 편견도 있다. 다윈은 〈하등 동물들〉뿐 아니라 야만인들savages도 비도덕적이라고immoral, 즉 사회적으로 조직화되어 있지만 도덕적 통찰 능력이 없다고 여긴다. 이 판단을 위해 그는 당대의 민족학적 보고들에 의지하는데, 그것들은 예외 없이 도덕적으로 배척해야 할 선입견과 토착민들에 대한 대량 학살을 정당화하려는 시도로 가득 차 있다. 다윈 본인도 토착민들을 도덕적으로 결함이 있는 무리로 간주한다.[49] 다윈 본인에게 문화적으로 낯설게 느껴지는 사람들의 행동에 대한 그의 (스스로 중립적이라고 여기는) 서술은 다양하며 때로는 치명적인 민족주의적 자기 과대평가와 왜곡을 드러내는데, 다윈은 그 과대평가와 왜곡을 생물학적 근거로 뒷받침된 인종론을 통해 손수 정당화한다. 부드럽게 말하더라도, 다윈의 저술들은 도덕적 통찰을 얻기에 그리 적합한 출처가 아니다.

여기에서 나는 진화 이론의 신뢰성을 깎아내릴 생각이 없다. 당연한 말이지만, 진화 이론은 현재 다윈의 시대보다 과학적으로 훨씬 더 진보했으며 이제는 종들의 발생과 유기체 형태들의 발달에 관한 최선이자 우리에게 익숙한 설명으로 자리 잡았다. 그러나 진화 이론은 인간의 온전한 삶꼴을 초보적인 수준으로도 전혀 설명하지 못한다. 그 이론은 자연 과학적으로 성숙했으며 끊임없이 계속 발전하고 있지만 도덕적 행위에 대한 정당화는커녕 설명도 제공하지 못한다. 도덕적 숙고가 생물학적으로 오롯이 도출된다는 견해는 범주 오류다.

물론 도덕적 숙고는 필시 자연에서 발생한다. 왜냐하면 우리가 생물로서 자연의 일부이니까 말이다. 자연이 자연 과학의 대상인 한에서, 당연히 자연 과학은 도덕적 숙고가 어떻게 자연적인가 하는 질문을 둘러싼 논의에 한마디 거들 수 있다. 그러나 위 질문을 제대로 다루려면, 도덕적 현상을 그것의 고유한 실재대로 인정해야 한다. 그 현상을 생물학에 따른 사회적 조율 현상과 혼동하지 말아야 한다. 도덕적 현상은 생물학에 따른 사회적 조율 현상과 동일시될 수 없다. 이 동일시는 어떤 자연 과학적 연구로도 해소할 수 없는 철학적 오류다.

우리가 다른 생물들에서 도덕의 흔적을 아무리 많이 발견하더라도, 인간 이론가들(과거의 플라톤, 아리스토텔레스, 칸트, 현재의 아렌트, 마사 누스바움, 볼프, 기타 철학자들)이 발전시킨 도덕 시스템들은 다른 동물들에서 발견되는 (그 시스템들의 전 단계로서의) 사회적 협력과는 전혀 다르다는 점을 망각한다면, 그것은 어처구니없는 짓일 터이다. 어떤 다른 생물도 윤리학 책을 써서, 다른 생물들을 도덕적으로 존중해야 한다는 생각을 밝히고, 왜냐하면 우리는 누구나 자신을 타자의 입장에 놓을 수 있기 때문이라면서 그 생각을 정당화하지 않는다. 이제껏 우리가 아는 어떤 다른 생물도 학문적으로 조직된 체계적 숙고를(이를테면 철학적 윤리학을) 보유하지 않았다. 예컨대 철학적 윤리학의 발생은 진화 이론을 통해 설명되거나 서술되지 않는다. 철학의 역사가 겪는 선택 압력은 그 본성이 생물학적이지 않다. 플라톤이나 아리스토텔레스, 아렌트, 누스바움, 호른 등이 도덕적으로 정당화할 수 있다고 간주한 바를 우리 자신도 도덕적으로 정당화할 수 있다고 간주할지 여부는 유전 암호에 의해 결정되는 것이 아니라 철학적으로 탐구할 사안이다.

유기체 형태들이, 따라서 종들이 어떻게 발생하고 소멸하는지를 진화 이론이 성공적으로 설명하는 것은 진화 이론이 진화 역사에서 승리해서가 아니라, 그 이론이 대체로 진실들을 담고 있어서, 바꿔 말해 그 이론으로부터 독립적으로 존립하는 사실들을 서술해서다. 따라서 다윈의 도덕적 오류들은 당대의 선입견들에서 비롯되었고 오늘날 우리는 최근 몇십 년에 걸친 분자 생물학의 발전 덕분에 더 나은 도덕적 숙고를 위하여 진화 이론을 적용할 수 있다는 주장은 부질없다. 예컨대 리처드 도킨스가 그런 식으로 진화 이론을 도덕적 숙고에 적용하는데, 그는 다른 많은 이와 마찬가지로 도덕적 현상들을 분자 생물학(특히 유전학)의 언어로 서술하려 애쓴다. 그들처럼 우리가 철학적-윤리학적으로 검증되지 않은 우리 자신의 도덕적 신념들에 의지하면서 그 신념들을 진화에서 읽어 내려 한다면, 우리는 다윈과 똑같은 오류를 범하는 것이다. 그런 우리를 이 시대 선입견들의 제물이라고 비난한다면, 그것은 정당한 비난이다.

물론 생물학적 사실들이 우리의 도덕적 판단에 아무런 영향을 미치지 않는다고 말하려는 것은 아니다.

이 책의 주요 주장 하나는, 도덕적 숙고에서 우리에게 주어진 행위 선택지들의 복잡성을 고려하려면 도덕과 무관한 사실들을 알아야 한다는 것이다. 따라서 도덕적으로 옳은 판단들의 시스템, 곧 이상적인 윤리학은 영영 종결되지 않는다. 왜냐하면 항상 새로운 발견과 난제가 존재할 것이기 때문이다.

일반적으로 자연 과학적-기술적 진보는 도덕적 진보에 이로울 수 있다. 하지만 반드시 그러한 것은 아니다. 진화 생물학은 19세기와 20세기에 생물학적 인종주의의 확산에 기여했다. 진화 생물학은 우생학과 그것의 다양한 폭력적 파생물들의 바탕에 놓여 있다. 한 예로 지능 지수가 낮은 여성들에 대한 불임 수술이 있는데, 다윈의 사촌인 골턴은 이 조치를 은근히 지지했다. 나치 우생학은 〈가치 없는 생명〉으로 분류된 사람들을 죽이는 결과로 이어졌다. 인간을 비인간화하고 이음매 없이 깔끔하게 동물계 안에 녹여 넣기 위하여 많은 이가 진화 이론에 관한 지식을 활용했다(또한 지금도 활용한다).

인간은 동물이다. 이 사실에 이의를 제기한 사람은 시대를 막론하고 거의 없으며, 이 사실은 진화 이론보다 훨씬 전부터 잘 알려져 있었다. 고대 윤리학, 예컨대 플라톤과 아리스토텔레스의 윤리학에서 다루는 질문은 인간은 어떤 유형의 동물인가 하는 것이지, 인간은 과연 동물인가가 아니다. 그러나 인간은 어떤 다른 동물과도 동일하지 않으며 오히려 유별나게도 〈동물이 아니고자 하는 동물〉[50]이다.

수천 년 전 이래로 우리는 우리를 역사적 생물로 만드는 정신적, 문화적 성취들을 통해 우리의 동물적 생존 조건들을 넘어선다.

인간을 다른 동물들과 비교하는 행위는, 인간의 정신적이며 자유로운 삶꼴이 이제껏 우리에게 알려진 어떤 다른 동물종의 어떤 지적 성취도 까마득하게 또 원리적으로 넘어선다는 점을 은폐하지 말아야 한다. 어떤 다른 동물도 학문을 연구하고 소설을 쓰고 오페라를 작곡하지 않는다. 바람직한 디지털화를 주제로 논쟁하지 않으며 다른 동물들을 생물학적 방법으로 연구하지 않는다. 게다가 이것들은 인간을 다른 동물들과 구별 짓는 무수한 특징 중 몇 개에 불과하다.

인간을 다른 동물들과 구별 짓는 특징은 하나가 아니라 많이 있다.

사람들이 다른 사람이나 인간 집단을 비인간화할 때마다, 조만간 도덕적 상황에서, 따라서 사회적 상황에서도 그 비인간화의 영향들이 나타난다. 지배자들의 도덕적 통

468

찰에 결함이 있을 경우 — 예컨대 영국 식민지 통치자들이 미국, 인도, 아프리카에서 그랬던 것처럼, 혹은 도덕적으로 더 나은 구석이 확실히 전혀 없었던 독일, 포르투갈, 스페인, 네덜란드 식민지 통치자들이 그랬던 것처럼 — 그들은 자연 과학적 사실들을 비인간화에 유리하도록 해석함으로써 도덕적으로 배척해야 할 시스템을 겉만 그럴싸한 근거들로 합법화하기 십상이다.

인간: 우리는 누구이며 누구이고자 하는가

인간은 윤리학의 출발점이다. 인간의 자기 탐구를 하나의 학문 분야로서 〈**인간학**Anthropologie〉(희랍어 〈anthrôpos〉는 인간을 뜻한다)이라고 하는데, 윤리학은 인간학에 기반을 둔다.

그렇다고 윤리학이 **인간 중심적**anthropozentrisch이라는, 그러니까 오로지 인간만을 고려한다는 뜻은 아니다. 그런 편협함은 오류일 터이다. 왜냐하면 우리는 다른 생물들과 살아 있지 않은 환경에 대해서도, 심지어 아직 실존하지 않는 것(예컨대 미래 세대)에 대해서도 도덕적 책임이 있기 때문이다. 하지만 윤리학이 **인간 유래적**anthropogen이라는 것은 엄연한 사실이다. 윤리학은 인간의 자기 탐구에서 발생하며, 철학의 합리적이며 학문적인 분과로서, 다른 생물들에서, 그리고 초기 인류 집단들에서 발생한 도덕적 숙고의 예비 형태들과 구별된다. 그런 원시 집단들은 무엇보다도 먼저 자기네 후손들과 가까운 친척들을 돌보아야 했다. 이것이 윤리의 싹인 것은 물론 맞지만, 이런 이웃 윤리는 이미 수십 년 전부터 윤리학 연구의 최전선에서 뒤처졌다. 이미 오래전부터 윤리학은 기술과 학문이 초래할 수 있는 위험, 환경, 다른 동물들에 대한 우리의 책임을 다루어 왔다. 더구나 원시 집단의 이웃 윤리는 일찍이 수천 년 전부터 우리가 더 높은 신적 질서에 대하여 책임을 져야 한다고 여겨 온 고등 종교들Hochreligionen의 수준에도 턱없이 못 미친다. 고등 종교들을 보면, 인류의 도덕적 수준이, 도덕을 진화적으로 설명 가능한 이타주의로 환원하는 그릇된 시도를 이미 수천 년 전에 훨씬 뛰어넘었음을 알 수 있다.

이제껏 우리가 아는 한에서, 인간은 〈우리는 무엇 혹은 누구이며 누구이고자 하는가〉라는 질문을 체계적이고 합리적인 방식으로 다루는 유일한 생물이다. 물론 호모 사피엔스의 모든 구성원이 그러한 것은 아니다. 우리 종에 속한 몇몇은 그 질문을 그렇게 다룰 능력을 전혀 갖추지 못했거나 제한적으로만 갖추었다. 둘러보면, 모든 인간이 자기를 되돌아보는 능력을 완전히 갖추지는 못하지 않는가.

인간이 윤리학의 출발점이라는 것으로부터 우리가 다른 종들에게 도덕적으로 배척해야 할 행동을 해도 된다는 것이 도출되지는 않는다. 오히려 정반대다. 우리는 인간이 아닌 동물들을 괴롭히는 것, 그들의 서식지를 파괴하는 것이 도덕적으로 그름을, 더 나아가 그들에게 선행을 베푸는 것이 도덕적으로 명령됨을 통찰할 능력이 있기 때문에 다른 종들에게 도덕적으로 행동할 책임이 있다. 우리의 체계적인 도덕적 숙고, 곧 윤리학은 우리 종의 울타리를 뛰어넘는다.

그러나 (특히 싱어가 두드러지게 옹호하는 견해처럼) 우리가 도덕적 이유에서 우리 종의 이익보다 다른 종들의 이익을 앞세울 필요까지 있는 것은 아니다. 그것은 생물학에 뿌리를 둔 그릇된 정체성 정치일 터이며, 이 정체성 정치가 따를 법한 패턴은, 우리 밑에서 고통받아 왔거나 현재 고통받는 생물들에게 배상하기 위해 우리가 지금 우리 자신에게 고통을 가해야 한다는 식일 것이다.

싱어의 출발점은 전반적으로 미심쩍으며 아무튼 그 자신에 의해서는 증명되지 않은 인간상, 쉽게 말해서 하나의 거대한 형이상학이다. 무슨 말이냐 하면, 다른 많은 이처럼 싱어는, 우리가 이미 우주와 인간과 삶과 우리 행성에 관한 모든 것을 본질적으로 알며, 인간은 (비록 더 복잡하더라도) 다른 많은 세포 덩어리와 다를 바 없는 하나의 세포 덩어리에 불과함을 알아챘다고 여긴다. 이런 시각으로 보면 신생아와 뱀 사이에 어떤 구별도 없을 터이므로, 중증 장애를 안고 태어나 짧은 삶을 고통스럽게 살 인간 아기들을 이를테면 건강한 뱀들의 안녕을 위해 (만약에 아기들과 뱀들 중 한쪽을 선택해야 한다면) 죽여도 된다는 것마저도 싱어처럼 받아들이게 될 것이다.[51] 하지만 이것은 싱어의 착각이다. 그는 인간에 관한, 도덕과 무관한 사실들을 옳게 고려하지 않고서 우리를 냅다 동물계 안에 녹여 넣는 오류를 범하고 있다. 인간은 더 높은 도덕성을 발휘할 능력을 지닌 반면에 다른 생물들은 그렇지 않다고 판정할 근거가 있다는 점을 싱어는 유념하지 않는다. 인간 생명은 신성하다는 — 싱어가 반박하는 — 생각은 그 판정에 기초한 것이지, 인간이라는 동물의 순전히 생물학적인 생존이 신성하다는 견해에 기초한 것이 아니다.

아무튼 예컨대 영국 진화 생물학자 도킨스의 견해는 다르더라도, 우리 각자의 삶의 의미가 다름 아니라 번식을 통한 유전자 확산에 있다는 것은 전적으로 틀린 주장이다.[52] 유전자, 신, 도덕에 관한 도킨스의 발언들은 다윈의 해당 발언들과 마찬가지로 생물학적 지식 자체에 근거를 두고 있는 것이 아니라 생물학적 지식에 대한 그릇된 철학적 해석에 근거를 두고 있다.

긴급하게 필요한 작업은 이것이다. 우리는 자연 과학, 기술 과학, 정신과학, 사회 과학의 다양한 분과가 지닌 나름의 힘과 지식을 한 다발로 묶어 내고, 인간으로서 우리는

472

누구이며 누구이고자 하는가 하는 질문에 초점을 맞추어야 한다.

그러므로 내가 새로운 계몽의 깃발 아래 촉구하는 바는, 철학적 윤리학을 다른 학문들의 지식으로부터 격리하거나 심지어 윤리학이 학문 분과들 사이의 싸움에 뛰어들어야 한다는 것이 전혀 아니다. 오히려 새로운 계몽은, 우리가 오늘날 인간에 관하여 아는 바가 무엇이고 어떤 도덕적 귀결들이 그 지식과 결부되어 있는지 알아내는 것을 목표로 삼아, 분과를 초월한 근본적 협업을 실천하자고 호소한다.

위 목표를 개인이나 개별 분과가 달성할 수는 없다. 오히려 숙고의 장이 열려야 하고, 거기에서 그 목표의 달성에 적합한 연구 구조들이 제공되어야 한다. 대학교가 지속 가능성과 인간과 다른 생물들을 위한 좋은(성공하는) 삶을 자신의 최고 목표로 삼는 것을 추구한다면, 바로 대학교가 그런 장일 수 있다.

하지만 이를 위해서는, 대학교는 사회로부터 격리된 상아탑의 조건 아래에서 사회적 목표 설정 없이 오로지 연구자의 마음에 내키는 관심사만 추구한다는 이념을 포기해야 한다. 이 이념은 많은 분과의 일상적 연구 현실과 어긋날뿐더러 대학교에 관한 본래의 계몽주의적 이념과도 어긋난다. 후자는 빌헬름 폰 훔볼트라는 유명한 이름과 결합되어 있는데, 훔볼트는 독일 관념론자들인 피히테, 셸링, 헤겔을 자기 편으로 언급한다(이 세 철학자는 모두 대학교 총장을 지냈으며 대학교의 의미를 다루는 글을 썼다).

학문의 자유란 학문은 사회적으로 중요한 목표를 추구하지 않으며 우리를 인간으로서 진보시키는 것에 관심을 기울이지 않는다는 것을 뜻하지 않는다. 현대적인 대학교의 목표 하나는 21세기의 커다란 난제들에서 유래한다. 다양한 분과의 지식을 취합하지 않는다면, 우리는 그 난제들을 해결할 수 없다. 인간학적 자기 위치 설정에서 우리는 추가적인 오류를 감당할 수 없다. 미래에도 우리가 편파적이고 그릇된 인간상을 — 이를테면 정신은 뉴런 활동과 동일하다는 견해, 경제적 인간, 자유 의지에 대한 논박, 진화 심리학의 언어로 사회를 해독할 수 있다는 생각, 우리의 생각하기는 계산 과정이라는 생각을 — 연달아 내놓고 오류들을 우리의 경제, 정치, 시민 사회의 지침으로 삼는다면, 우리는 지금으로서는 예상할 수 없는 재난들에 직면할 것이며, 그 재난들과 비교하면 코로나바이러스는 그야말로 코감기에 불과할 터이다. 요컨대 우리가 맞은 위기의 시간은 수준 높고 철학적으로 알찬 의미를 지닌 대학교의 시간이기도 하다. 우리가 고등 교육 기관들을 주로 영국과 미국에서 확산된 신자유주의 모형에 따라 점차 기술 연구소로 변신시키기 시작한 이래로 우리는 그 수준 높고 철학적으로 알찬 대학교의 의미를 망각했다. 이 괴멸적인 과정의 결과는 도덕적 퇴보였다.

인간의 본질에 관한 오류들은 우리의 도덕적 판단력에 막대한 영향을 미친다. 우리가 그릇되게도 인간을 진화 이론의 언어로 완벽하게 설명하고 예측하고 따라서 또한 통제할 수 있는 복잡한 세포 덩어리로 간주하면, 자동으로 우리는 도덕적 통찰에 이르는 통로를 잃는다.

생명 형태들의 자기 조직화를 지배하는 원리들은 우리가 도덕적 이유에서 무엇을 해야 하고 무엇을 하지 말아야 하는지 설명해 주지 못한다. 물론 이것은 틀림없는 사실인데, 우리 행성에서 종들이 발생하는(오늘날 우리가 진화 생물학으로 설명할 수 있는) 과정은 인간과 기타 생물들에서 도덕적 판단력이 형성되는 것에 긍정적으로 기여했다. 다윈은 우리의 도덕적 통찰들은 우리가 개체들과 우리 종의 존속을 위해 서로 협력하는 사회적 생물이라는 점에 본질적으로 의존한다고 추측했는데, 이것은 옳은 추측이다. 우리는 우리 각자의 직접적이며 자아 중심적인 이익의 저편에 놓인 목적들을 위해 우리의 행위들을 조율한다. 또한 다윈도 알았듯이, 다른 많은 생물도 그러함을 입증할 수 있다. 다윈은 여행하면서 매우 다양한 생물의 행동을 정확히 관찰했다. 인간뿐 아니라 다른 유인원, 개,

새, 돌고래, 꿀벌 등도 개체들의 협력이 원초 도덕적 protomoralisch 원리들을 따르도록 집단을 조직한다. 예컨대 많은 생물이 공정성 탐지기fairness detector를 보유하고 있음이 드러났다. 무슨 말이냐 하면, 이 생물에게는 공정한 자원 분배가 이기적인 이익보다 더 중요할 수 있다는 결론을 내리게 만드는 행동 반응들이 많은 생물에서 발견되었다.

하지만 이로부터 우리의 도덕적 통찰이란 사회적 본능이 언어적, 문화적으로 코드화된 수준으로 연장된 것일 뿐이라는 결론을 내린다면, 그것은 오류다. 우리의 많은 도덕적 통찰은 친척과 혈통에 대한 고려를 훌쩍 뛰어넘는다. 특히 우리의 고등한 도덕적 통찰은 이른바 도구적 이성과, 곧 우리의 조율된 생존을 개선하기 위한 전략적, 전술적 숙고와 결부되어 있지 않다. 도덕적 통찰은 생물학적으로 설명 가능한 〈먹기 달아나기 기계Fress- und Fluchtmaschine〉의 조종 메커니즘이 아니다. 〈먹기 달아나기 기계〉는 본 대학교에서 나와 함께 일하는 동료 볼프람 호그레베의 역설적인 표현이다.[53]

도덕과 무관한 인간학적 사실들이 오로지 생물학이나 기타 방법을 통해 물리적으로 측정 가능한 인간 속성들에 국한되는가 하면, 전혀 그렇지 않다. 왜냐하면 정신적 생물로서 인간은 역사를 가졌으니까 말이다. 어떻게 우리가

476

우리 자신을 인간으로 이해하고 실재의 일부로 파악하는가는 정신과학적 탐구의 대상이다. 예술, 종교, 우리의 다양한 언어와 생활 세계, 이 모든 것은 한눈에 굽어볼 수 없을 만큼 복잡하게 세분되어 있다. 정신의 실재성이 인간의 자기 규정에 기여하는 몫은 우리의 생존 조건들과 그것들의 기술적 최적화에 관한 자연 과학적 연구가 기여하는 몫과 비교할 때 아무리 줄여 잡아도 동등하다.

이와 관련하여 특히 유념할 점은 이것인데, 정신적 생물인 우리는 오늘날 자연 과학에서 이야기하는 의미의 자연으로 이음매 없이 매끄럽게 녹아들지 못한다. 이를 배경으로 삼아서 나는 우주와 자연을 구별한다. 오늘날의 자연 과학의 방법으로 연구를 할 수 있는 놈, 그놈이 바로 **우주**다. 우주는 측정 가능한 것에 국한된다. 실험에서 측정을 통해 입증되지 않는 것은 오늘날의 자연 과학 영역에 속할 수 없다. 이것은 일단 현재 자연 과학의 약점이 아니라 강점이다. 왜냐하면 이 같은 방법론적 자기 제한을 통해 지식의 진보가 가능해지기 때문이다.

자연은 우주를 넘어선다. 자연이란 우리가 측정을 통해 인식하려 하지만 고유한 복잡성 때문에 항상 현재 우리가 보유했다고 여기는 지식 그 이상인 그런 놈이다. 원리적으로 자연은 자연 과학적 방식으로 남김없이 연구되고 통제될 수 없다. 자연이 오늘날 우리의 지식을 어느 정도로 넘어서는지 우리는 모른다. 따라서 이 대목에서 또 한 번 요나스에게 동의할 수 있다. 그는 〈자연 과학이 자연에 관하여 온전한 진실을 이야기하지 않는다〉는 〈생각에 대해서〉 열린 태도를 취할 것을 권고했다.[54] 짐작하건대 이 생각은 자연에 관한 최초 발언들의 바탕에 깔려 있다. 그 발언들은 에페소스의 헤라클레이토스에게서 유래했는데, 그는 최초의 자연 철학자들 중 한 명으로, 아마도 기원전 6세기와 5세기에 오늘날의 튀르키예에 해당하는 지역에서 살았다. 주목해야 할 헤라클레이토스의 발언은 이것이다. 〈자연은 …… 숨은 채로 머무르는 경향이 있다(φύσις κρύπτεσθαι φιλεῖ).〉[55]

어느 자연 철학이 궁극적으로 옳건 간에, 인간은 정신적 생물로서 자연을 넘어선다. 이것은 도덕적 요구들의 존재에서 벌써 도출되는 결론이다. 왜냐하면 그 요구들은 자연 사실이 아니기 때문이다. 그 요구들은 우리의 인식에서 원리적으로 벗어나 있을 수 없다. 더구나 자연 과학이 측정과 수학적 이론 구성을 통해 도덕적 사실을 알아낸다는 것은 부적절하다. 따라서 도덕적 사실이란 존재하지 않느냐 하면, 전혀 그렇지 않다. 오히려 이 사정이 보여 주는 바는, 자연 과학적으로 탐구되고 기술적으로 통제될 수 없는 것이 많이 존재한다는 점이다.

이 대목에서 일부 사람들이 제기하는 반론은 우리는 자

연의 일부이며, 우주 바깥에 있으면서 우주 안에 영향을 미치는 무언가는 존재할 수 없다는 것이다. 하지만 저명한 물리학자들은 철학에서 **인과적 폐쇄성 추측**이라고 부르는 이 견해에 반발한다. 도리어 그들은 우리가 우주의 측정 가능한 상황들을 제대로 서술하고 설명하려 한다면 물리적으로 측정 가능하지 않은 추상적 실재들(예컨대 수학적 구조, 도덕적 가치)을 본질적으로 고려해야 한다고 본다.

한 예로 양자 컴퓨터 개척자 중 하나인 옥스퍼드 대학교의 물리학자 데이비드 도이치는 우리의 인식 능력이 측정 가능한 것들의 범위를 큰 폭으로 능가하며 우리를 무한과 정신적으로 접촉하게 함을 보여 주었다. 이때 무한은 고유의 본질에 따라 실험에서 측정할 수 없지만 추상적, 수학적 구조를 구성함으로써 파악할 수 있다.[56] 몇 년 전부터 나와 협업하는, 남아프리카 공화국의 우주론자 겸 수학자 조지 프랜시스 레이너 엘리스는 전혀 다른(특히 물리학적인) 논증들을 통하여 우리의 정신적 삶이 우주에 인과적 영향을 미침을 보여 주었다. 따라서 우주는 인과적으로 폐쇄된 공간이 아니다. 우주는 그 내부에서 단지 기본 입자들만이 자연법칙들에 따라 이리저리 돌아다니는 그런 공간이 아니다.[57]

엘리스의 논증들은 타당한데, 왜냐하면 인과 관계 —

원인과 결과의 관계 — 의 핵심은 물질-에너지 시스템들이 다른 물질-에너지 시스템들을 떠미는 것이 아니기 때문이다. 한여름에 갈증을 해소하기 위해 시원한 음료를 손에 넣으려는 나의 바람은 뉴런 활동에 불과하지 않다. 오히려 그 바람은, 내가 어디에 음료가 있는지 안다는 것, 내가 음료를 마실 의도를 품는다는 것, 나의 취향, 음료 생산망의 존재 등과도 관련이 있다. 이 같은 요소들의 조합은 모든 성공적인 행위 설명에 결정적으로 기여한다. 일반적으로 인간이 하는 일은 물리적으로 설명할 수 없다.[58]

우리가 누구이고 누구이고자 하는지를 알아내고 싶다면, 인간의 정신과학적 자기 탐구 곧 인간학을 함께 고려하는 것이 필수적이다. 역사 안에 놓인 우리의 처지로부터 우리의 행위 선택지에 영향을 미치는, 도덕과 무관한 사실들이 발생하므로, 우리가 이 사실들을 고려하는 것은 도덕적 진보의 한 부분이다. 도덕적으로 중대한 모든 구체적 행위 상황은 도덕과 무관한 사실들과 도덕적으로 자명한 것들의 복잡한 배열로 이루어졌다. 주어진 실재적 상황에서 도덕과 무관한 것과 도덕적인 것이 서로 어떻게 관계를 맺는지 우리가 옳게 규정한다면, 우리는 도덕적으로 옳은 것을 최대한 정확하게 파악할 능력을 갖추게 된다.

모두를 위한 윤리학

철학이란 지혜에 대한 사랑이다. 희랍어로 〈sophia〉는 곧 **지혜**인데, 지혜란 복잡한 행위 상황에서 옳은 잣대를 발견하는 능력이며 오류를 범할 수 있다. 이를 이 책에서 간략하게 다룬 도덕 철학인 새로운 도덕적 실재론의 맥락 안에서 이렇게 해석할 수 있다. 지혜란 도덕과 무관한 사실들과 기존에 잘 알려진 도덕적으로 자명한 것들 사이의 관계를 옳게 설정하는 능력이다. 이 관계를 성공적으로 설정하면, 우리는 이제껏 부분적으로 은폐되었던 도덕적 사실들을 발견하고 따라서 도덕적 진보를 이루게 된다.

관계Verhältnis와 잣대Maß를 희랍어로 〈로고스logos〉라고 하는데, 이 단어는 이성을 뜻하는 독일어 〈Vernunft〉에도 상응한다. 〈로고스〉는 **논리학**을 뜻하는 독일어 〈Logik〉의 어원이다. 철학의 기초 분과인 논리학은 숙고에 대한 숙고를 합리적이며 체계적인 방식으로, 따라서 학문적인 방식으로 다룬다. 철학-윤리학-논리학은 도덕적 진보를 이루어 내기 위해 반드시 필요한 생각 형태들의 조합이다. 왜냐하면 이미 보았듯이 도덕적 진보란, 우리 행위 상황의 복잡성 때문에 혹은 의도적인 선전, 조작, 기타 현혹들 때문에 은폐된 도덕적 사실들을 들추어내고 알아채는 것이니까 말이다.

고대 그리스인들도 이미 알았듯이, 윤리학이 있으려면

그들이 〈퓌시케physike〉(물리학을 뜻하는 독일어 〈Physik〉에 해당함)라고 부른 것이 반드시 있어야 한다. 이때 〈퓌시케〉는 코스모스 안에서 인간의 위치를 고려하면서 자연(퓌시스physis)을 연구하는 활동을 뜻한다. 이 퓌시케로부터 얽히고설킨 경로들을 거쳐 오늘날 우리의 자연 과학, 기술 과학, 생명 과학이 진화했다.

지혜에 대한 사랑은 훈련될 수 있고, 따라서 지혜도 훈련될 수 있다. 이는 우리가 — 우리의 출신과 상관없이 — 무엇을 하거나 하지 말아야 하는지에 관한 규율 잡힌 합리적 숙고로서의 논리학과 윤리학을 훈련할 수 있는 것과 마찬가지다. 윤리학은 상위의 도덕성을 다룬다. 즉, 우리가 무릇 인간에게 무슨 빚을 졌는지, 우리 모두가 인간이라는 사실을 고려할 때 우리는 무엇을 하거나 하지 말아야 하는지를 우선 다룬다. 이 과정에서 윤리학은 다른 생물들뿐 아니라 우리 모두가 공유한 거처인 지구도 함께 고려한다. 우리 마음에 들건 말건, 우리에게는 다른 생물들과 우리 행성(환경)에 대한 도덕적 의무들이 있다. 우리가 그 도덕적 의무들을 위반하면, 장기적으로 부정적 귀결들이 발생하는데, 그것들은 우선 일부 인간과 생물들에게 감지되고 언젠가는 모두에게 감지된다.

이 사실은 **도덕적 운명**에 관한 신화적, 종교적 생각의 배후에 숨어 있다. 우리가 도덕적으로 배척해야 할 행위를 하면 타인들뿐 아니라 우주나 자연으로부터, 혹은 신이나 신들로부터 벌을 받으리라는 인상을 우리는 자주 받는다. 이 인상은 완전히 착각은 아니다. 물론 숨어 있는 (신적이거나 그렇지 않은) 메커니즘이 모종의 계산을 수행한 뒤에 우리의 좋은 행위에 대해서는 상을 주고 나쁜 행위에 대해서는 벌을 주는 것은 아니다. 그러나 도덕적으로 배척해야 할 행위가 파괴적 효과를 낸다는 것은 그런 행위의 본질에 속한다.

이를 철학적인 생각의 과정을 통해 보여 줄 수 있다. 행위는 행위자가 다소 의식하고 다소 고의로 설정한 목표와 관련하여 실재의 상태를 변화시킨다. 빵을 사는 행위는 누군가가 빵을 살 의도를 품는 것과 다른 누군가가 빵을 생산할 의도를 품는 것을 전제한다. 더 나아가 또 다른 사람들이 밭을 경작하고, 그 밭에서 밀이 자라고, 그 밀은 빵을 만들 밀가루를 위해 필요하다. 이런 식으로 복잡한 행위 시스템이 실존하며, 이 시스템은 우리가 빵을 살 수 있기 위해 필수적이다. 이 행위 시스템은 많은 의도와 계획을 아우르며, 이것들은 서로 들어맞게 조율되어 있다. 이 조율된 요소들은 부분적으로 수천 년에 걸쳐 발생했으며 한 세대에서 다음 세대로 전달된다.

그런데 우리가 주어진 실재를 우리의 행위를 통해 도덕적으로 배척해야 할 방식으로 변화시킨다면, 이는 우리가 우리 자신이나 타인들에게 해를 끼침을 의미한다. 왜냐하면 그 행위를 통해 우리는 인간적 행위들의 조율 시스템에 개입하기 때문이다. 우리가 그 시스템의 일부 요소를 마땅한 방식대로 다루지 않음으로 인해, 그 시스템은 불안정하게 된다.

구체적인 예로 밀크커피 한 잔을 생산하고 판매하는 데 기여한 노동자에 대한, 때때로 보잘것없는 임금 지급을 들 수 있다. 대규모 커피 농장의 노동자들은 착취당한다. 저임금 낙농업 노동자들도 마찬가지다(소답지 못하게 사육되는 소는 거론하지 않기로 하자). 이런 사정의 귀결로, 착취당하고 과도한 저임금을 받는 노동자들은 확연한 불의가 자신에게 가해짐에도 불구하고 살아가기 위하여 모종의 설명을 마련해야 한다. 이런 식으로 이데올로기들이 발생한다. 이때 이데올로기란 기만 및 자기기만 시스템을 뜻하며, 그 시스템은 관련자들이 도덕적으로 위태로운 상황을 유지할 수 있게 해준다(많은 경우에 그들은 큰 위험을 감수해야만 그 상황에 반발할 수 있다). 그리하여 행위 시스템이 불안정해진다. 이스라엘 철학자 아디 오피르는 동명의 저서에서 이 상황을 〈악의 질서〉라고 부른다.[59]

당연한 말이지만, 식료품 업계 종사자에 대한 부분적으로 과도하게 낮은 임금 지불만으로 행위 시스템이 붕괴하지는 않는다. 이것은 비교적 미미한 폐해다. 사회적 시장 경제에서 이 폐해는 노동조합, 연대, 보편적 건강 보험, 기타 복지 국가의 면모들 등의 조정 메커니즘을 통해 완화된다. 하지만 이 행위 시스템의 그물망 안 어딘가에서 우리는 이런 식으로는 전혀 완화할 수 없는 착취와 맞닥뜨리게 된다. 왜냐하면 이 그물망 전체가 사회적 시장 경제의 영향권 안에 있지는 않기 때문이다. 예컨대 농업은 지구적 생산망들 안에 편입되어 있는데, 그 생산망들은 근대적인 민주주의 법치 국가와 사회적 시장 경제의 조정 메커니즘을 부분적으로 벗어나 있다. 실제로 어디에선가 예컨대 우리의 일용할 양식을 생산하는 데 쓰이는 농기구들이 등장한다. 더구나 농업은 오래전부터 기후 변화의 피해를 입어 왔다. 지금은 독일에도 우리 모두의 행위로 인해 발생하는 가뭄이 존재한다(내가 이 문장을 쓰는 지금, 독일은 가뭄에 시달리는 중이다). 그 가뭄의 중요한 원인 하나는 독일이 위험한 이산화탄소를 과거에 엄청나게 배출했고 지금도 엄청나게 배출하는 것이다. 설령 생태학적 통찰이 실행으로 이어져 어느 정도 변화가 일어나더라도, 독일 자동차 산업의 세계적 역할을 고려하면, 독일은 여전히 최고 수준의 환경 파괴 국가로 머무를 것이다. 물론 세계 이산화탄소 배출량에서 독일이 차지하는 비율은 현재 약 2퍼센트로, 중국이나 미국과 비교가 안 될 정도로 적지만, 독일 기업들이 중국과 미국에서 제품을 생산한다는 점을 잊지 말아야 한다. 이 국가들의 이산화탄소 배출량 중 일부는 결국 독일의 책임이다. 우리의 에너지 살림은 다른 산업화된 복지 국가들의 에너지 살림과 연결되어 있다. 왜냐하면 행위 시스템들이 서로 연결되어 그물망을 이루기 때문이다. 따라서 우리의 이산화탄소 배출량을 민족 국가의 영토를 기준으로 측정하는 방식은 오해를 유발한다. 독일의 육류 소비를 위해 브라질의 열대 우림이 벌목된다면, 독일인도 그 벌목에 책임이 있다. 때로는 크고 때로는 작은, 도덕적으로 배척해야 할 행위들이 이런 식으로 맞물리며 축적되면, 그 귀결은 인류의 점진적 자기 절멸이다.

이 문제는 우리가 행위자로서 자연의 일부임을 우리 다수가 현재까지도 인정하지 않는다는 점과도 관련이 있다. 자연은 우리의 친구도 아니고 적도 아니다. 오히려 자연은 활동을 위한 공간이다. 우리는 그 공간에 의존하며 그 공간에서 우리의 행위들을 실현하고 이를 통해 그 공간을 항상 또한 변화시킨다. 우리는 상위의 도덕성을 발휘할 능력을 갖추었으며, 바로 그렇기 때문에 지구와 우리 자신의 생존 조건을 파괴할 수 있다. 이는 일찍이 칸트가 유난히 예리하게 지적한 바다. 『판단력 비판*Kritik der Urteilskraft*』에서 칸트는 다음과 같이 확언했다.

[〈자연은〉 인간을] 특별히 총애하는 대상으로 받아들이고 호의를 베풀어 모든 동물보다 유리하게 해주지 않았다. 오히려 자연은 자신의 파멸적인 작용에서, 페스트, 굶주림, 수해의 위험, 서리, 크고 작은 동물들의 공격에서 다른 동물들을 보호하지 않는 것과 마찬가지로 인간도 보호하지 않는다. 더구나 인간이 지닌 자연적 소질의 부조리성은 인간을 스스로 만들어 낸 재앙들과 인간종이 만들어 낸 다른 재앙들에 빠뜨리고 지배자의 압력, 전쟁의 야만성 등을 통해 심한 곤경에 빠뜨린다. 인간 스스로 온 힘을 다하여 인간종의 파괴에 열중한다.[60]

우리가 도덕적 사실들과 도덕과 무관한 사실들 사이의 관계를 적절히 설정하지 않는다면, 근대 민주주의 법치 국가와 같은 도덕적 성취들조차도 우리에게 도움이 되지 않는다. 왜냐하면 민주주의 법치 국가들은 존속을 위하여 특히 외교 관계에서 도덕적으로 배척해야 할 얽힘으로부터 이익을 취해야 하기 때문이다. 그리하여 전체적인 도덕적 성적은 나빠지고 계속해서 자기 절멸을 향해 나아가게 된다. 이 모든 것은 생각의 전환을 통해서만 변화될 수 있다. 그 전환의 목표는 우리가 우리의 조율된 행위의 방향을 도덕적 목표들에 맞추는 것이다. 그리고 그 목표들은 지구적 협력을 통해 달성되어야 한다.

이른바 신자유주의 세계 질서는 대략적으로 지구적 소비재 생산망이라고 할 수 있으며, 특히 부유한 사람들이 그 소비재를 요구한다. 그런데 신자유주의 세계 질서는 물질적 자원과 상징적 자원의 심각하게 치우친 분배에 기반을 둔다. 그런 자원 중 하나는 국적이다. 독일 국민으로 태어나는 사람은 부유하게 살 전망이 우간다 국민이나 리비아 국민으로 태어나는 사람보다 확실히 더 밝다. 우리는 누구나 이 불균형에 책임이 있으며 이제는 마침내 그 책임을 져야 한다. 코로나 시대에 우리가 사회적 거리 두기와 엄격한 위생 조치로 감염 사슬을 끊음으로써 인명을 보호해야 마땅한 것(또한 대체로 자발적으로 보호하는 것)과 마찬가지로, 미래에 우리는 사람들을 극도의 빈곤에 빠뜨리는 지구적 생산망도 인간뿐 아니라 환경과 기타 생물들까지 보호하기 위하여 끊어 내야 할 것이다.

물론 도덕적으로 옳게 행동하기 위하여 우리가 소비재와 사치품을 생산하지 말고 우리의 생활 방식을 전근대로 되돌려 놓아야 하는 것은 아니다. 오히려 새로운 계몽의 시대가 우리에게 촉구하는 바는 지속 가능한 생산망을 이룩하기 위하여 가능한 노력을 다하라는 것이다. 언제나 그 생산망의 부분적인 목표는 불공정한 불균형을 완화하는 것이어야 한다.

우리에게는 시스템 수준에서 지속 가능한 도덕적 경제 질서가 필요하다. 그 질서 안에서 창출되는 경제적 부가 가치는 모든 인간을 위한 도덕적 진보라는 이상과 체계적으로 결부된다. 그 질서는 무한 성장을 위해 설계되지 않은 도덕적 인간적 시장 경제다.

도덕적인 옳음을 싸움을 통해 관철하는 것은 비정부 기구와 온갖 저항 활동가만의 과제일 수 없다. 오히려 지속 가능성과 정의를 우리의 최상위 목표로 설정하는 것은 모든 인간의 과제요 당연히 정부의(또한 건설적인 야당의) 책임이기도 하다. 도덕적 옳음을 바라는 소망은 정치적 좌파나 녹색당과, 심지어 순박한 박애주의와 자동으로 연결된다는 착각이 존속하는 한, 우리는 자기 파괴라는 심연을 향해 나아갈 것이다. 도덕적 옳음은 그 본질상 초당파적이다. 다양한 시대에 다양한 정당이 도덕적 옳음을 뚜렷하게 추구할 가능성을 배제할 수 없다.

그러므로 그레고어 도차우어가 주간지 『디 차이트*Die Zeit*』에서 신(新)실재론의 정신을 요약하기 위해 사용한 표현을 빌리자면, 〈급진 중도radikale Mitte〉 세계 정치가 필요하다.[61] 우리는 도덕적으로 요구하는 바가 많은 정치를 실행하는 것이 가능할뿐더러 필수적이라는 생각을 초당파적 가치 기반으로 인정해야 한다. 독일에서 어느새 꽤 오래 지속 중인 대연정* 시대에 실현된(비록 항상 유쾌하게 합의가 이루어진 것은 아니지만) 많은 진보적 프로젝트가 보여 주듯이, 그런 정치는 이미 점진적으로 도래했다. 예컨대 동성 결혼 합법화, 연금 시스템 개선, 에너지 전환, 2015년 난민 수용, 2020년 1차 코로나 파동 때의 연대 조치가 그런 프로젝트다.

내가 이 이야기를 하는 것은 정당 정치적 입장 표명을 위해서가 아니다. 철학자로서 나에게 지지 정당은 중요하지 않다. 오히려 내가 이 이야기로 보여 주려는 바는, 여전히 민주주의 법치 국가가 소송 절차와 선거 제도만 제공하는 것이 아니라 도덕적 진보를 위한 공간도 창출한다는 그 국가 고유의 주장을 실천에 옮기기에 적합한 장이라는 점이다. 물론 급진 중도 정치(거듭 말하지만, 급진 중도 정치는 특정 정당이나 정당 연합에 국한될 수 없으며 보편적으로 유효해야 한다)는 우리에게 훨씬 더 많은 것을 요구한다. 우리는 특히 **세계 시민주의적 명령**을 일관되게 고려해야 한다. 이 명령이 촉구하는 바는, 우리 모두를 동일한 행성의 거주자로, 또 거대하고 복잡한 시스템의 부분으로 간주하라는 것이다. 그 시스템은 무수한 부분 시스템으로 이루어졌으며, 그 부분 시스템들은 서로 맞물려 있다. 어느 누구도 — 정부, 연구 기관, 교회도 —

* 우파 정당들과 좌파 정당들의 연합 정부.

그 모든 부분 시스템의 작동 전체를 한눈에 굽어볼 수 없다. 따라서 세계 시민주의자는 항상 절대로 극복할 수 없는 불확실성 안에서 산다. 그리고 바로 그 불확실성으로부터 변화를 위한 동기와 힘을 길어 낸다. 실재는 궁극적으로 환원 불가능하게 복잡하고 우리는 실재를 절대로 완벽하게 통제할 수 없기 때문에, 항상 추가적인 도덕적 진보의 가능성이 열려 있다.

철학은 그 본질상 지구적이다. 바꿔 말해 세계 시민주의적이다. 따라서 윤리학도 마찬가지다. 단 하나의 민족 국가에 사는 사람들이 하거나 하지 말아야 할 것만 다루는 윤리학은 원리적으로 존재할 수 없다.

칸트는, 그리고 칸트의 사상을 기반으로 삼은 위대한 낭만주의 자연 철학자 겸 사상가 셸링은 목적들의 나라에 대한 공격을 〈근본적인 악〉이라고 부른다. 근본적인 악은 상위의 도덕성을 파괴하고 따라서 도덕적으로 가장 배척해야 할 행위들, 곧 악한 행위들을 직접이나 간접으로 허용한다. 사람은 동일한 민족 국가의 울타리 안에 사는 동포들에 대해서만 도덕적 책임이 있다고 믿는 것은 다른 모든 사람(그리고 생물들)은 야수라고 직접이나 간접으로 선언하는 것과 같다. 따라서 민족주의는 강력하게 배척해야 마땅하다. 민족주의는 도덕의 기반에 관한 엄청난 오류다.

이 같은 약간 추상적인 철학적 숙고에서 매우 구체적인 귀결이 하나 나온다. 무슨 말이냐 하면, 철학, 특히 모두를 위한 윤리학과 논리학을 학교에서뿐 아니라 미취학 아동에 대한 예비 과정에서도 필수 과목으로 가르쳐야 한다는 요구가 그 숙고로부터 도출된다.

새로운 계몽은 학교 유형, 종교, 출신, 재산, 성별, 정치적 견해로부터 독립적인, 모두를 위한 윤리학을 촉구한다.

우리 자식들에게 계산하기, 글쓰기, 읽기만 가르칠 것이 아니다. 소비와 정량적으로 측정 가능한 성공만 추구하지 말고 지혜를 추구하도록 이끄는 사상을 가르쳐야 한다. 그렇게 해야만 행복하게 사는 법을 배울 수 있다.

숙고에 대한 숙고를 다루는 학문 분과로서의 철학은 과거의 유물이 아니다. 오히려 철학은 근대의 구조들과 그것들의 발전에 깊은 영향을 미친다. 19세기와 20세기에 철학적 논리학이 발전하지 않았다면, 예컨대 정보학(컴퓨터 과학)과 디지털화는 존재하지 않았을 것이다. 지금 정보학과 디지털화가 윤리적, 철학적 반성의 고삐에서 풀려나 위험한 민주주의 위기에 중대하게 기여하고 있다는 점(트위터와 페이스북이 없었다면, 지금 트럼프는 필시 미국 대통령이 아니었을 것이며, 왓츠앱Whatsapp이 없었다면, 아마 우리가 보우소나루와 마주칠 일도 없었을 것이다)은 지식 사회가 자신의 고유한 도구들을 갑자기 자기 자신을 공격하는 무기로 활용할 수도 있음을 보여 준다. 학문에 대한 회의와 학문적 지식의 정치적 악용을 가장 잘 꿰뚫어 보고 비판하고 극복하는 길은 철학적 방법들을 활용하는 것이다. 이 일에 인식론, 과학 철학, 윤리학, 정치 철학, 사회 철학 등이 가담할 수 있다.

학문으로서의 철학에 대한 회의는 최소한 다른 학문 분과들에 대한 회의와 같은 수준으로 치명적이다. 따라서 철학과 윤리학은 종교의 대안이며 아무튼 선택 과목이라는 생각이 여전히 독일 학교 시스템에 뿌리내려져 있다는 것은 가히 스캔들이다. 대체 어떻게 철학과 윤리학이 종교와 대비된다는 것일까? 독일에 가장 널리 퍼진 종교로서의 기독교는 철학이 없었다면 오늘날의 모습으로는 전혀 존재하지 않을 것이다. 기독교가 윤리학과 조화를 이룰 수 없다면, 그것은 끔찍한 일일 것이다. 철학과 종교는 한 켤레의 신발이다. 둘의 관계는 종교 철학에서 규정되는데, 종교 철학은 철학에서 다른 분야들보다 수준이 월등히 높다. 철학은 자동으로 종교에 대해 비판적이지도 않고 자동으로 종교에 대해 우호적이지도 않다. 그리고 윤리학은 논리학, 수학, 생물학, 물리학, 독일어 수업과 똑같은 수준으로 종교적이다. 쉽게 말해서, 윤리학은 전혀 종교적이지 않다. 윤리학을 종교의 대안으로 또 선택 과목으로만 제공하는 실태는 독일 학교 시스템에 인간 이성에 대한 경멸이 체계적으로 뿌리내렸음을 증언한다.

우리는 자식들에게 기본적인 계산, 글쓰기, 읽기를 가르치지만 우리 행위의 기반에 관한 합리적 숙고는 가르치지 않는다. 이런 식으로 우리 사회는 도덕적 문맹이 양산되는 것을 받아들인다. 아이들과 청소년들은 단지 우연적으로만 합리적인 도덕적 통찰에 도달한다. 왜냐하면 우리의 교육 시스템은 근본적으로 좋으며 다음 세대의 합리적 능력들을 양성하기에 충분할 만큼 요구가 많기 때문이다. 근대 사회가 붕괴하지 않는 이유는 간단하다. 도덕적으로 자명한 것이 존재하기 때문이다. 우리는 많은 선한 것과 악한 것을 명백히 알아본다. 설령 시대가 어두워 그것들이 기만 시스템을 통해 부분적으로 은폐될 수 있더라도 말이다.

21세기의 많은 난제 — 디지털 고도 기술(구호는 〈인공지능〉), 인구 과잉, 지구적 생산망, 사이버 전쟁, (반사회적) 소셜 미디어 등 — 를 다룰 수 있으려면 학문 분과들을 뛰어넘는 심층적 반성이 반드시 필요하다. 그리고 이 반성은 철학적 윤리학의 이론적 정당화들을 체득하는 것을 전제한다. 그 정당화들은 수천 년에 걸쳐 성숙했으며, 예상치 못한 행위 상황들에서 (새로 발견된 도덕과 무관한 사실들과 씨름하며) 항상 다시 자신들을 입증해야 한다.

이 같은 도덕적 진보 과정은 최종 목표가 없다. 이 과정이 자동으로 단일한 방향으로 진행하는 것도 아니다. 실재의 복잡성은 우리가 그때그때 떠올릴 수 있는 모든 것을 능가하며, 특히 위기 상황에서 모든 사람이 느끼는 불확실성은 영영 완전히 사라지지 않는다. 그렇기 때문에 지속 가능한 함께 살기의 형태들을 산출하기 위하여 사회의 다양한 하위 시스템이 협력해야 한다. 이 협력은 민족국가들과 그 국경들을 중시하는 사고방식에서는 작동할 수 없으며 오히려 보편적 윤리학을 필요로 한다. 보편적 윤리학은 문화를 초월한 대화를 통해 다듬어져야 한다. 전형들에 의해 왜곡되지 않은 적절한 인간상을 구성하기 위하여 우리는 — 당연히 — 출신이 아프리카, 라틴 아메리카, 아시아 등인 철학자들과 기타 이론가들의 말을 듣고 글을 읽고 다양한 전통을 고려해야 한다. 이 방면은 여전히 결함투성이다. 유럽 연합 내에서도 마찬가지다. 예컨대 이탈리아 사상가나 스페인 사상가는 독일에서 거의 주목받지 못한다.

우리는 지구적으로 생각하고, 체득된 전통과 선입견 너머의 지구적 철학을 개발해야 한다. 왜냐하면 이 세기의 관건은 인류의 생존을 확보하고 공정한 세계 사회를 건설하는 것이기 때문이다. 우리에게 다가오는 문제들은 민족국가 단위에서 효과적으로 해결될 수 없다. 현재와 미래의 감염병 대유행도 그러하고, 기후 변화, 디지털화로 인한 격변도 그러하다.

윤리적 질문과 관련해서는, 정치적 견해가 형성되는 야생의 들판에서 우리가 무엇을 해야 마땅한지를 놓고 서로 싸우는 것으로 충분하지 않다. 왜냐하면 학문 분과로서 윤리학에서 관건은 궁극적으로 싸움이 아니라 진실의 발견이기 때문이다. 정치적 싸움터는 철학적 연구를 진척시키기에 가장 좋은 장소가 아니다. 코로나 위기 때 바이러스학자들은 학문이 정치적 싸움과 얽히면 어떻게 되는지 경험했다. 미디어와 정치권은 바이러스학자들이 편을 갈라 싸우도록 부추겼다. 반면에 그들은 자신들의 전문적 견해를 정치적 행위에 대한 직접적 권고로 오용하면 안 된다는 점을 거듭 강조했다.

독일 사람들이 자식들에게 계산, 글쓰기, 읽기를 가르치는 일을 등한시한 탓에, 독일에 사는 (당연히 독일 국민에 국한되지 않은) 사람의 과반수가 계산, 글쓰기, 읽기를 할 수 없다면, 그것은 모든 토크 쇼와 통계 뉴스에서 회자되는 스캔들일 터이다. 누구도 그 상황을 옹호하지 않을 것이다. 철학과 윤리학이 독일에서 보편적인 필수 과목이 아니라는 사실 역시 마찬가지로 용인할 수 없으며 옹호할 수는 더더욱 없다.

독일에 사는 사람의 과반수가 윤리적 문맹이라는 것, 도덕적 질문들에 관한 논리적으로 규율 잡힌 철학적 숙고를 체계적으로 훈련하지 않는다는 것은 스캔들이다.

민주주의란 부분적으로 민중에 의해 선출된 지배 장치를 통한 행정 행위에 불과하다는 주장을 일컬어 〈관료주의〉라고 한다. 이 주장은 틀렸다. 왜냐하면 민주주의 법치 국가는 제도적 자원 분배 과정을 조정하고 조율하기 위한, 법으로 코드화된 조치들의 시스템 그 이상이기 때문이다. 민주주의는 관료주의와 같지 않다. 오히려 관료주의가 민주주의에 종사한다. 관료주의는 모두가 아는 방식대로 과정들이 전개되도록 만드는 절차들을 제공한다. 이는 이른바 민의(민중의 의지Volkswille)를 여론 조사와 공개적 논쟁을 통해 확인하고 실현하기 위해서다. 이것은 선출된 정치인들의 과제이자 전문적 능력이다. 선출된 정치인은 자신의 사적 견해를 밀어붙이는 대신에 복잡한 행위 과정들에서 자신에게 가용한 도구들을 고려할 때 민주주의적으로 정당하다고 스스로 여기는 바를 행하려 노력한다. 이때 정치인은 자신의 고유한 도덕적 통찰을 사용한다. 왜냐하면 정치인은 우리로부터 멀리 있고 세상과 동떨어진 엘리트가 아니라, 매우 까다롭고 책임이 막중한 과제를 떠맡은 시민이니까 말이다. 정치인은 불확실성과 시간적 압박이라는 조건 아래에서, 또한 지정학적, 민족 정치적 싸움터에서 중대한 결정들을 내려야 한다. 정치인은 여론 형성과 논쟁 문화에 관하여 잘 알아야 하는 것과 마찬가지로 특히 철학 및 윤리학 연구에 관하여 잘 알아야 한다. 그렇게 되기 위해서 우리는 모두를 위한 윤리학을 제공해야 한다. 그러면 개인이 윤리학 연구 상황을 합리적으로 가늠할 수 있게 될 것이다.

학문 분과로서 철학과 윤리학은 오류 가능한 앎 주장 및 진실 주장을 내놓기 마련이다. 철학자가 홀로 (니체처럼 외로이 숲길을 산책하면서) 예언자의 격언을 내놓고, 사회가 그 격언을 변덕스럽게 주목한다는 것은 불가능하다. MINT 분야들(수학, 공학, 자연 과학, 기술 과학)에서라면 우리는 그런 격언을 결코 받아들이지 않을 것이다. 왜냐하면 우리는 자연 과학적-기술적 진보를 우리의 전 사회적 행위 조율의 맥락 안에 편입하고자 하기 때문이다 (그리고 이를 위해서는 허풍쟁이들이 필요할 리 없다).

근대 민주주의 법치 국가는 계몽의 산물로서, 특히 프랑스 혁명과 그것의 복잡한 역사적 귀결들의 산물로서 발생했다. 무수한 사람이 자유와 저항을 위한 싸움에 목숨을 바쳤다. 덕분에 인류는 하나의 조직 형태에 도달할 수 있었고, 그 조직 형태는 오늘날 인간 존엄의 원리를 꼭대기에 놓는다. 우리의 정치 질서는 도덕적 진보에 기반을 두며 그 진보를 민주주의 법치 국가의 관료주의적 형식들 안에서 구현한다. 그 형식들이 도덕적 사실들에 부합하지 않거나 더는 부합하지 않게 되면, 민주주의 법치 국가의 시민으로서 우리는 진로 수정을 촉구할 권리가 있고, 기쁘게도 때때로 진로 수정이 성공적으로 이루어진다.

당연한 말이지만, 우리는 낙태나 안락사를 놓고 격하게 논쟁할 수 있다. 이는 정확히 어떤 근거들이 개별 조치들과 그것들의 법적 제도화를 옹호하거나 반박하는지 확인하기 위해서다. 민주주의 법치 국가에 새로운 권리와 의무를 도입하는 것에 관한 결정은 오류 가능하지만 근거에 바탕을 둔다.

민주주의적 논쟁의 목표는 근거들을 귀담아들음으로써 진실을 발견하는 것이다.

이 사실을 거듭 강조하는 학자로 예컨대 독일의 민주주의 이론가 율리안 니다뤼멜린과 라이너 포르스트가 있다. 그런 논쟁에서 우리는 그때그때 어떤 근거들이 진실 능력을 갖추었는지, 또 어떤 복잡한 숙고들이 어떤 결과들로 귀결되는지 확인해야 한다. 구체적으로 독일에서 예컨대 낙태, 동성 결혼, 안락사는 특정 조건들 아래에서 허용된다. 왜냐하면 그 허용을 옹호하는 근거들이 반박하는 근거들을 능가하기 때문이다.

또한 당연히 민주주의 법치 국가가 세계관의 측면에서 중립적으로 논증해야 한다는 점도 중요하다(민주주의 법치 국가는 특히 우리가 믿는 다수의 종교 가운데 하나로부터 국가적 결정을 도출하지 말아야 한다). 나는 무신론이나 종교 수업 폐지를 옹호할 생각이 없지만, 우리가 학교 시스템에 중대하게 개입해야 한다는 점만큼은 통찰되어야 한다.

종교와 윤리학은 갈등하는 관계일 수 없다. 양자 중 하나를 선택해야 한다면, 그것은 치명적인 결정이다. 철학과 윤리학 사이의 선택도 전혀 존재하지 말아야 한다. 교과 과목의 이름은 〈철학〉이어야 한다. 그리고 이 과목에서 관건은 인간 삶의 근본적 질문들과 합리적으로 씨름하는 법을 배우는 것이다. 그 배움은 윤리학뿐 아니라 논리학, 논증 이론, 인식론을 아우른다.

모두를 위한 윤리학을 보편적으로 도입함으로써 우리는 민주주의 공동체를 행정 시스템으로서뿐 아니라 무엇보다도 가치 시스템으로서 진보시킬 수 있다. 우리 협력의 목표는 경제 활동과 함께 살기의 지속 가능성을 향상하는 것이어야 할 터이다. 그 목표가 달성되면, 인류는 수많은 세대에 걸쳐 안녕과 복지를 누리며 평화롭게 살게 될 것이다.

맺음말

이 책에서 나는 어떻게 철학적-윤리학적 생각들이 우리의 구체적인 일상적 염려와 사고방식에 영향을 미치는지, 또 어떻게 우리가 선입견을 비판적으로 꿰뚫어 보고 극복할 수 있는지를 몇 가지 예를 들어 보여 주려 했다. 나에게 관건은 완전함을 추구하면서 21세기를 위한 윤리학 시스템을 개발하는 것이 아니었다. 그것은 영웅에게나 어울릴 법한 거대한 과업이며, 나는 미래에 그 과업에 나름의 기여를 — 특히 사회를 교란하는 정보 기술(이를테면 소셜 미디어와 인공 지능)에 관한 윤리학을 창안함으로써 — 하게 될 것이다.

어두운 시대에 도덕적 진보가 가능하다는 것, 그리고 객관적으로 존립하며 인간으로서의 우리를 향해 있는 도덕적 사실이 있다는 것, 그 사실은 진화나 신이나 보편적

인간 이성을 통해 정당화될 수 없고 그럴 필요도 없다는 것을 당신이 깨달았다면, 나의 목표는 일단 달성된 셈이다. 윤리학은 외적인 정당화가 필요 없다. 만일 합리적이고 체계적이며 결과에 대해서 열려 있고 오류 가능한 숙고가, 윤리적 근거에서 우리가 무엇을 하거나 하지 말아야 마땅한지에 관한 안내를 얻기 위한 최선의 길임을 사람들이 인정하지 않는다면, 윤리학의 주장들은 폭삭 붕괴할 것이다. 이 숙고의 실행은 수천 년의 역사에 의해 지탱되며 유럽 대륙에서는 고대 그리스에서 시작되었다. 하지만 이 숙고의 실행은 문화를 뛰어넘으며, 다른 인류 구성원들의 얽히고설킨 역사에서도 마찬가지로 발전했다.

인간 삶의 목표요 의미는 좋은 삶이다. **좋은 삶**의 핵심은, 우리가 우리 자신을 목적들의 나라에 속한 책임 있는 행위자로 만들고 우리 자신을 더 높은 보편적 도덕성을 발휘할 능력을 갖춘 생물로 파악하는 것에 있다. 이런 인간상은 지구의 모든 곳에서 다양한 시기에 다양한 강도로 일어난 모든 계몽의 기반이다. 오늘날 우리가 처한 어두운 시대에 계몽은 절실하게 필요하다. 계몽이 이렇게 절실히 필요했던 적은 과거 오랫동안 없었다. 근대의 지난 두 세기 동안 우리가 행한 도덕적으로 배척해야 할 행위들은 치명적인 불공정 자원 분배 시스템이 건설되는 결과를 초래했고, 그 행위들 때문에 우리는 자기 절멸의 위험에 처했다. 우리의 자기 절멸을 막고자 한다면, (유럽 중심주의를 비롯한) 민족주의적 왜곡으로부터 멀찌감치 떨어진 지구적 계몽의 새로운 장을 반드시 열어야 한다.

그러므로 나는 우리 모두를 향해 새로운 계몽 프로젝트에 동참하라고 호소하는 것으로 책을 마무리하고자 한다. 코로나 이후의 사회는 더는 예전 같지 않을 것이다. 인류는 지구적 운명 공동체라는 사실이 예전보다 더 명확해졌다.

정신과 상위의 도덕성은 실재한다. 그리고 이것들은 결코 완전히 설명할 수 없는 방식으로 물질적-에너지적 우주의 사실 구조 및 자연 전체와 얽혀 있다. 그런 완전한 설명이 가능하기에는 실재가 너무 복잡하다. 따라서 〈역사의 종말〉도 없다. 실재는 인간이 원리적으로 벗어날 수 없는 장소이며(왜냐하면 다른 곳은 없으므로) 유토피아가 아니다. 실재는 말하자면 〈WIR-klichkeit〉,* 즉 우리를 강제로 하나의 우리Wir로 결합하는 그런 놈이다.

모든 것이 걸린 관건은, 우리가 이를 통찰하는 것, 그리고 이 통찰을 명확히 표현하는 것이다. 나는 이와 관련하여 낙관적이다. 왜냐하면 옳은 일을 하는 것은 여전히 우리 손에 달려 있기 때문이다. 우리는 깨어나라는 외침을

* 저자는 〈실재〉를 뜻하는 독일어 〈Wirklichkeit〉에서 〈우리〉를 뜻하는 〈WIR〉를 따로 떼어 강조하고 있다.

귀담아듣게 될까? 아니면 머지않아 탐욕으로 가득 찬 육식 동물처럼 서로를 덮치게 될까? 대답은 우리에게 달려 있다. 우리 인간은 자유롭다.

주

머리말

1 유명하며 이제는 거짓임이 입증된 역사의 종말 논제를 참조하라. Francis Fukuyma, *Das Ende der Geschichte. Wo stehen wir?*, München 1992. 반대 견해를 펼치는 최근 문헌으로는 Ivan Krastev, Stephen Holmes, *Das Licht, das erlosch. Eine Abrechnung*, Berlin 2019 참조.

2 Maja Göpel, *Unsere Welt neu denken. Eine Einladung*, Berlin 2020, 50면에 제시된 계산 참조. 당연히 이 계산은 코로나 위기를 아직 반영할 수 없었다.

3 미국 철학자 브랜덤은 최근에 헤겔의 철학을 새롭게 해석하는 작업의 마무리로 정교한 신뢰의 철학을 제시했다. 그 철학의 사회 존재론적 심층 구조는 미래의 성공적인 지구적 사회화의 청사진이 될 수 있을 성싶다. Robert Boyce Brandom, *A Spirit of Trust. A Reading of Hegel's Phenomenology*, Cambridge/MA. 2019 참조.

4 우리가 나아갈 길을 제시하는 Thomas M. Scanlon의 저서 *What We Owe to Each Other*, Cambridge/MA. 1998 참조. 이 책에서 내가 펼치는 입장인 도덕적 실재론을 옹호하는 문헌으로는, 같은 저자, *Being Realistic About Reasons*, Oxford 2013 참조. 최신 저서에서 스캔런은 사회 경제적

불평등이 도덕적 위험을 초래하는 이유를 윤리학적 관점에서 보여 준다. 같은 저자, *Why Does Inequality Matter?*, Oxford 2018 참조.

5 이 사정은 근본적인 윤리학 혁명과 맥이 통한다. 그 혁명을 더없이 명확하게 부각한 최초의 인물은 위대한 철학자 요나스다. 그 혁명은 고대나 근대 초기가 생각할 수 있었을 만한 범위를 훌쩍 뛰어넘는 새로운 유형의 생명 윤리와 기술 윤리가 필요함을 함축한다. 고대와 근대 초기에 인간의 행위들은 대개 작은 집단에만 영향을 미쳤다. 반면에 현대의 고도 기술은 그 영향력에서 모든 인간을 포괄한다. 그러므로 21세기를 위한 보편적 가치를 부각하는 일이 과거 어느 때보다 긴급하다. 나는 요나스의 주저 *Das Prinzip Verantwortung. Versuch einer Ethik für die technologische Zivilisation*, Berlin 2019를 모든 독자에게 간절히 추천한다.

6 닉 보스트롬은 미래의 초지능에 관한 허구적 공포 시나리오들을 조망하는데, 그 조망은 때때로 눈에 띄게 비합리적이고 근거가 상당히 허술하다. Nick Bostrom, *Superintelligenz. Szenarien einer kommenden Revolution*, Berlin 2014 참조. 반대 입장의 문헌으로는 Markus Gabriel, *Der Sinn des Denkens*, Berlin 2019; 가브리엘, 마르쿠스, 『생각이란 무엇인가』, 전대호 옮김(2021) 참조. 인공 지능에 관한 윤리학의 새로운 주제들을 소개하는 문헌으로는 Mark Coeckelbergh, *AI Ethics*, Cambridge/MA. 2020 참조.

7 하버드 대학교 교수이자 경제학자 쇼샤나 주보프의 매우 시의성 높은 저서 Shoshana Zuboff, *Das Zeitalter des Überwachungskapitalismus*, Frankfurt/M., New York 2018 참조.

8 디지털화로 인한 〈공론장의 구조 변동〉을 사회 철학자 하버마스가 쓴 유명한 동명의 저서와 비교하면서 다루는 문헌으로는 Markus Gabriel, *Fiktionen*, Berlin 2020, 16면 이하; 가브리엘, 마르쿠스, 『허구의 철학』, 전대호 옮김(2024), 그리고 Armin Nassehi, *Muster. Theorie der digitalen Gesellschaft*, München 2019 참조.

9 내가 사람들이 자신을 여성으로, 또는 디베르스diverse, 남성, 기타 범주들로 분류하는 것과 아무 상관 없이 모든 인간을 가리키고자 할 때 문

법적 남성형을 주로 사용하는 것은 오로지 표기를 단순화하기 위해서다. 내가 드는 예가 단조롭게 남성으로 느껴지는 것을 막기 위해, 때때로 나는 남성형의 사용을 피할 것이다. 이는 예컨대 의사를 남성으로 간호사를 여성으로 여기는 전형적 견해에 들어맞는 글쓰기에 반발하기 위해서다. 이것은 정치적 올바름을 강조하는 이들에게 아부하기 위해서가 아니다. 이것은 우리가 전형들을 사회적 실재에 대한 그릇된 해석 패턴으로 파악하고 극복할 수 있게 되는 데 결정적으로 기여한 도덕적 진보의 입장에 부합한다. 이에 관한 논의는 3장에서 이루어질 것이다.*

10 Bruno Latour, "On the Partial Existence of Existing and Non-existing Objects", in: Lorraine Daston (Hg.), *Biographies of Scientific Objects*, Chicago 2000, 247~269면 참조. 미국 철학자 보고시언은 라투르의 추론 오류, 모순, 틀린 추측을 하나하나 꼼꼼히 반박하는 노고를 마다하지 않았다. Paul A. Boghossian, *Angst vor der Wahrheit. Ein Plädoyer gegen Relativismus und Konstruktivismus*, Berlin 2013(마르쿠스 가브리엘이 쓴 맺음말 포함) 참조.

11 Bruno Latour, *Das Parlament der Dinge. Für eine politische Ökologie*, Berlin 2010.

12 나는 2013년부터 울슈타인 출판사에서 낸 3부작, 『왜 세계는 존재하지 않는가』, 『나는 뇌가 아니다』, 『생각이란 무엇인가』에서 새로운 실재론(신실재론)을 (바라건대) 누구나 이해하기 쉽게 제시한 바 있다. 새로운 실재론를 조망하려면 또한 Markus Gabriel (Hg.), *Der Neue Realismus*, Berlin 2016; Markus Gabriel, Matthias Eckoldt, *Die ewige Wahrheit und der Neue Realismus. Gespräche über (fast) alles, was der Fall ist*, Heidelberg 2019 참조.

13 다른 많은 문헌과 더불어 예컨대 Michael Hampe, *Die Dritte Aufklärung*, Berlin 2018; Steven Pinker, *Aufklärung jetzt: Für Vernunft,*

* 우리말의 특성상 번역에서는 남성형과 여성형의 구별을 반영할 수 없었다.

Wissenschaft, Humanismus und Fortschritt. Eine Verteidigung, Frankfurt/ M. 2018 참조. 나는 본질적인 세부 사항들에서 이 두 저자의 견해에 동조 하지 않는다. 여기에서 이 문헌들을 소개하는 것은 단지 새로운 계몽에 대 한 뚜렷하고 정당한 욕구가 있음을 지적하기 위해서다.

14 Stanley Cavell, *Der Anspruch der Vernunft. Wittgenstein, Skeptizismus, Moral und Tragödie*, Frankfurt/M. 2006, 200면.

1장 가치들은 무엇이며 왜 보편적인가

1 본문에서 굵은 명조체로 표기된 문구들은 이 책의 〈개념 찾아보기〉 에 수록되어 있다. 책을 읽은 뒤에도 〈개념 찾아보기〉에 열거된 개념들을 안내선으로 삼아 이 책의 논증을 다시 한번 훑어볼 수 있을 것이다.

2 새로운 실재론, 곧 이 책의 배경을 이루는 철학적 입장의 틀 안에서 다음과 같은 네 번째 핵심 주장(핵심 주장 4)이 제기된다. 〈도덕적 사실들 은 고유한 유형의 사실들이다.〉 도덕적 사실은 특히 우주 안의 사건으로 환원될 수 없다. 도덕적 사실은 인간 정신의 영역 안에서 고유한 의미장 Sinnfeld을 이룬다. 이 핵심 주장들을 조합하고 그것들을 더 포괄적인 철 학적 풍경 안에 편입하면, 전체 입장이 도덕적 실재론 연구에서 하나의 혁 신임을 알 수 있다. 하지만 이것은 본문에 실린 숙고들을 이해하기 위한 부차적인 관점들이다. 다른 글에서 나는 동시대의 다른 도덕적 실재론들 과 대결하면서 이 관점들을 더 상세히 서술할 것이다.

3 반면에 도덕적으로 무조건 명령된 것, 곧 절대적인 선은 주어진 모든 상황에서 해야 마땅한 것이다.

4 도덕적으로 배척해야 할 것을 도덕적으로 무조건 배척해야 할 것, 곧 근본적인 악과 구별할 수 있다. 근본적인 악이란 어떤 상황에서도 하지 말 아야 할 것이다.

5 Martha Nussbaum, *Kosmopolitismus. Revision eines Ideals*, Darmstadt 2020.

6 Bertolt Brecht, *Die Dreigroschenoper. Der Erstdruck 1928*, hg. und kommentiert von Joachim Lucchesi, Frankfurt/M. 2005, 67면.

7 Jean-Paul Sartre, *Drei Essays: Ist der Existentialismus ein Humanismus? Materialismus und Revolution. Betrachtungen zur Judenfrage*, Frankfurt/M. 1980.

8 물론 모든 형태의 국가적 규제가, 기관들이 우리를 도덕적 통찰 능력을 지닌 인간으로 간주할 수 없게 만드는 것은 아니다. 개인이 자신의 삶에서 실행에 옮기는 개인적 통찰은 국가와 대립하지 않는다. 왜냐하면 대의 민주주의에서 국가는, 개인들이 내린 개별 결정들의 계열로 이루어지고, 이상적일 경우 개인들은 도덕적 통찰을 따르기 때문이다. 헌법 재판소나 정부 같은 기관들이 도덕적 통찰을 실행에 옮기기 위한 조치들을 결정할 경우, 그 기관들이 시민들을 자동으로 비인간화하는 것은 아니다.

9 메타 윤리학 입문서로 Markus Rüther, *Metaethik zur Einführung*, Hamburg 2015를 추천할 만하다.

10 John Leslie Mackie, Ethik. *Die Erfindung des moralisch Richtigen und Falschen*, Stuttgart 2014.

11 가치 허무주의의 역사에 대해서는 Winfried Schröder, *Moralischer Nihilismus. Radikale Moralkritik von den Sophisten bis Nietzsche*, Stuttgart 2005 참조.

12 www.morgenpost.de/berlin/article228228491/Diese-16-Spruechemuss-sich-Kuenast-weiterhin-gefallen-lassen.html(2020년 4월 28일 12시 17분 방문)

13 이 때문에 칸트는 자신의 윤리학과 법철학을 펼치는 저서 『윤리 형이상학*Metaphysik der Sitten*』에서 〈법Recht〉을 〈보편적인 자유의 법칙에 따라 한 사람의 자의가 다른 사람의 자의와 함께 통일될 수 있기 위한 조건들의 총합〉으로 정의한다. Immanuel Kant, *Die Metaphysik der Sitten*, Werkausgabe Band VIII, hg. von Wilhelm Weischedel, Frankfurt/M. 1991, 337면.

14 Samuel P. Huntington, *Kampf der Kulturen. Die Neugestaltung der Weltpolitik im 21. Jahrhundert*, München 1998, und ders., *Who We Are. Die Krise der amerikanischen Identität*, München/Wien 2004.

15 Amartya Sen, *Die Identitätsfalle. Warum es keinen Krieg der Kulturen gibt*, München 2007 참조.

16 고대 민주주의에서 소피스트들은 계획된 여론 조종을 위해 투입되었다. 그들은 말하자면 교활한 변호사와 대변인을 합쳐 놓은 듯한 존재로서 미국의 로저 스톤*이나 루돌프 줄리아니**에 빗댈 만했다. 나쁜 소피스트의 또 다른 예로 캐나다 심리학자 조던 피터슨이 있다. 그는 정치적 올바름에 맞서 전쟁을 벌이면서 자신은 네오마르쿠스주의자 여성 동료들에게 핍박받는 백인 남성인 척하며, 이 쇼로 수백만 명의 추종자를 얻었다.

17 Platon, *Der Staat*, Stuttgart 2008, 96면.

18 같은 곳, 99면.

19 같은 곳, 100면.

20 예컨대 *Die deutsche Ideologie in Karl Marx*, Friedrich Engels, Werke, Bd. 3, Berlin 1990, 26면 이하에 나오는 유명한 대목을 참조하라. 〈도덕, 종교, 형이상학, 기타 이데올로기와 그것들에 부합하는 의식 형태들은 …… 독립성의 가상을 더는 지니지 않았다. 그것들은 역사가 없고 발전이 없다. 대신에 자신들의 물질적 생산과 물질적 유통을 발전시키는 인간들이 이 같은 자신들의 실재와 더불어 자신들의 생각과 생각의 산물들을 변화시킨다. 의식이 삶을 규정하는 것이 아니라 삶이 의식을 규정한다.〉 같은 곳 299면에는 이런 대목이 나온다. 〈공산주의자들은 어떤 도덕도 설교하지 않는다. …… 그들은《너희는 서로 사랑하라, 이기주의자들이 되지 말라》라는 도덕적 요구를 들이대지 않는다.〉『독일 이데올로기』의 저자가 발견한 바들은 도리어 〈모든 도덕의 기둥을 부러뜨렸다〉(같은 곳, 404면)고 한다. 때때로 외견상 스스로 도덕화하는 마르크스의 도덕 비판에 대해서는 예컨대 Denis Mäder, *Fortschritt bei Marx*, Berlin 2010, 255면 이하 참조.

* 보수주의 로비스트.
** 정치인이자 법률가, 전 뉴욕 시장.

21 Boghossian, *Angst vor der Wahrheit*, und ders., "Der Relativismus des Normativen", in: Markus Gabriel (Hg.), *Der Neue Realismus*, Berlin 2014, 362~395면.

22 Boghossian, "Der Relativismus des Normativen", 366면 이하.

23 〈다양성 존중 – 연대 촉진〉. 독일 통일 20주년을 기념하여 독일 연방 대통령 불프가 2010년 10월 3일 브레멘에서 한 연설. 다음 웹 페이지에서 연설문 전체를 읽을 수 있다. www.bundespraesident.de/Shared Docs/Reden/DE/Christian-Wulff/Reden/2010/10/20101003_Rede_Anlage.pdf;jsessionid=575C6841744E384168A464F0077D61DC.1_cid362?_blob=publicationFile&v=3.

24 미국의 상황에 관해서는 Brian Leiter, *Why Tolerate Religion?*, Princeton 2014 참조.

25 Helmuth von Glasenapp (Hg.), *Bhagavadgita. Das Lied der Gottheit*, Stuttgart 2003 참조.

26 John Rawls, *Eine Theorie der Gerechtigkeit*, Frankfurt/M. 1975, § 24.

27 예컨대 Edmond Awad, Sohan Dsouza, Azim Shariff, Iyad Rahwan, Jean-François Bonnefon이 함께 쓴 논문 "Universals and variations in moral decisions made in 42 countries by 70000 participants", in: *Proceedings of the National Academy of Sciences* 117 (5), 2020, 2332~2337면 참조.

28 Victor Farías가 쓴 고전적 연구서 *Heidegger und der Nationalsozialismus*, Frankfurt/M. 1989, 그리고 Emmanuel Faye, *Heidegger. Die Einführung des Nationalsozialismus in die Philosophie. Im Umkreis der unveröffentlichten Seminare zwischen 1933 und 1935*, Berlin 2009 참조. 비교적 최근의 모범적인 논의는 Walter Homolka, Arnulf Heidegger (Hg.), *Heidegger und der Antisemitismus. Positionen im Widerstreit*, Freiburg i. Br. 2016 참조.

29 Carl Schmitt, *Die Tyrannei der Werte*, dritte, korrigierte Auflage,

Berlin 2011, 38면 이하.

30 나의 고유한 형이상학 비판적 발언들을 아는 독자들을 위해 덧붙이
자면, 세계는 존재하지 않기 때문에, 절대적인 전부에 관한 이론, 실재 전
체에 관한 이론으로서의 형이상학은 실패로 돌아간다. 이것이『왜 세계는
존재하지 않는가』와『의미와 실존 *Sinn und Existenz*』의 주제다. 또한 이
책들에서 나는, 비물리적인 대상들이 있으며 그것들은 실재적이고 심지
어 측정 가능하게 효과를 발휘한다는 견해를 옹호하는 논증을 편다. 이것
이『나는 뇌가 아니다』, 『생각이란 무엇인가』, 『신실존주의 *Neo-
Existenzialismus*』, 『허구의 철학』의 주제다. 다양한 형이상학 개념, 그리
고 그것들과 의미장 존재론 사이의 관계에 대해서는 Markus Gabriel,
"Metaphysik oder Ontologie?", in: *Perspektiven der Philosophie. Neues
Jahrbuch* 42 (2016), 73~93면 참조. 슈미트 인용문에 대한 나의 해석은,
슈미트가 여기에서 말하는 〈형이상학적인 것〉이란 물리적으로 측정 가능
하지 않은 무언가, 또 실증주의와 형이상학의 대비와 관련이 있는 무언가
라는 전제에 기반을 둔다.

31 이 주제에 관한 입문서로는 칸트의 고전, Immanuel Kant,
Grundlegung zur Metaphysik der Sitten, Werkausgabe Band VII, hg. von
Wilhelm Weischedel, Frankfurt/M. 1991, 7~102면 참조. 칸트의 형이상
학 개념은 전체적으로 애매하다. 칸트에 따르면 〈자연 과학의 형이상학적
기초〉도 있으며, 칸트는 평생 학문적 형이상학을 제시하는 일에 열중했다.
그러나 당위를 자연 과학적 인식 가능성과 설명 가능성의 바깥에 놓으면
서도 생물로서의 우리가 자연 과학적으로 인식 가능하고 설명 가능한 사
건이라는 점을 그 위치 설정과 조화시키는 것이 칸트의 근본 작업 중 하나
라는 것은 확실하다.

32 Christoph Möllers, *Die Möglichkeit der Normen. Über eine Praxis
jenseits von Moralität und Kausalität*, Berlin 2015 참조. 이 생각과 대결
하는 문헌으로는 가브리엘, 마르쿠스, 『허구의 철학』, 전대호 옮김(2024),
14장 참조.

33 Martin Heidegger, *Anmerkungen I–IV (Schwarze Hefte 1942–*

1948), Gesamtausgabe IV. Abteilung: Hinweise und Aufzeichnungen, Band 97, Frankfurt/M. 2015, 20면.

34 Friedrich Nietzsche, *Zur Genealogie der Moral*, Kritische Studienausgabe, Band 5, München 1999, 249면 이하.

35 Johann Wolfgang Goethe, *Faust. Der Tragödie erster Teil*, Stuttgart 1971, 40면.

36 Nietzsche, *Zur Genealogie der Moral*, 253면.

37 예컨대 다음 문헌에 담긴 제이슨 스탠리의 선전 이론을 참조하라. Jason Stanley, *How Propaganda Works*, Princeton, Oxford 2015. 또한 같은 저자, *How Fascism Works. The Politics of Us and Them*, New York 2018 참조.

2장 왜 도덕적 사실은 존재하지만 윤리적 딜레마는 존재하지 않는가

1 Donald Davidson, "Was ist eigentlich ein Begriffsschema (1974)", in: ders., *Wahrheit und Interpretation*, Frankfurt/M. 62017, S. 261~282. 유사한 기반 위에서 니다뤼멜린은 민주주의와 진실의 관계를 규정하는 논의를 펼친다(Julian Nida-Rümelin, *Demokratie und Wahrheit*, München 2006).

2 유럽 문화권 이전과 바깥에서 이루어진 보편적 가치들의 발견에 관해서는 Jan Assmann, *Achsenzeit. Eine Archäologie der Moderne*, München 2018 참조. 아프리카에서의 논의는 예컨대 Kwasi Wiredu, *Cultural Universals and Particulars. An African Perspective*, Bloomington/IN, Indianapolis/IN 1996, 그리고 Franziska Dübgen, Stefan Skupien (Hg.), *Afrikanische politische Philosophie*, Berlin 2016에 실린 글들 참조. 중국의 맥락에 관해서는 Zhao Tingyang, *Alles unter dem Himmel. Vergangenheit und Zukunft der Weltordnung*, Berlin 2020 참조.

3 Michael Zeuske, *Sklaverei. Eine Menschheitsgeschichte von der Steinzeit bis heute*, Stuttgart 2018 참조.

4 고문이라는 주제를 철학적 관점에서 다루는 문헌으로는 Jay Bern

stein, *Torture and Dignity. An Essay on Moral Injury*, Chicago 2015 참조.

5 이 책의 바탕에 깔린 사회 존재론의 이론적 세부 사항에 관심이 있는 독자는 가브리엘, 마르쿠스, 『허구의 철학』, 전대호 옮김(2024), 3부를 참조하라.

6 몇몇 예외들에서는 이 원리를 놓고 논쟁할 수 있지만, 압도적인 다수의 경우에 이 원리는 제한 없이 유효하다. 내가 생각하는 예외 하나를 설명하면 이러하다. 철학에서 이루어지는 핵심 논쟁 하나는, 〈우리가 의식이 있는가〉라는 질문 앞에서도 우리가 착각할 수 있을지에 관한 것이다. 이 논쟁은 우리를 자기의식 이론의 깊은 심연으로 이끌며 행위 이론에 영향을 미친다. 이 문제에 관심이 있는 독자에게는 예컨대 라이프치히 대학교의 교수이자 철학자 제바스티안 뢰틀의 철학적 구상을 추천할 만하다. 뢰틀은 우리가 우리 자신에 관하여 착각하는 경우가 통념보다 훨씬 더 드물다는 점을 보여 주려 애쓴다. 왜냐하면 오류가 범접할 수 없는 자기 지식의 핵심 영역이 존재하기 때문이라는 것이다. Sebastian Rödl, *Selbstbewußtsein*, Berlin 2011, 그리고 같은 저자, *Selbstbewußtsein und Objektivität. Eine Einführung in den absoluten Idealismus*, Berlin 2019 참조.

7 Aristoteles, *Metaphysik* IV.7 1011b26~28을 내가 번역한 것이다. 또한 Aristoteles, *Metaphysik. Schriften zur ersten Philosophie*, hg. und übersetzt von Franz v. Schwarz, Stuttgart 1991 참조.

8 인간의 진실 주장의 도달 범위와 구조를 다루는 철학 분야인 인식론을 소개하는 문헌으로는 Markus Gabriel, *Die Erkenntnis der Welt. Eine Einführung in die Erkenntnistheorie*, Freiburg i. Br., München 2014 참조.

9 Thomas Nagel, *Der Blick von nirgendwo*, Berlin 2012.

10 더 상세한 논의는 Gabriel, *Die Erkenntnis der Welt*, 2부 1장 참조.

11 Gabriel, *Warum es die Welt nicht gibt*, 5장 참조.

12 Peter Singer, *Praktische Ethik*, Stuttgart 2013, 26면 이하.

13 Gottfried Wilhelm Leibniz, *Neue Abhandlungen über den menschlichen Verstand*, Hamburg 1971, 13면. 〈자연은 절대로 도약하지

않는다는 것은 나의 가장 중요하며 가장 잘 입증된 원리 중 하나다.〉도덕
성의 진화적 전사(前史)를 다룬 최근 문헌으로는 Patricia S. Churchland,
Conscience. The Origins of Moral Intuition, New York 2019 참조.

14 Sharon Hewitt Rawlette, *The Feeling of Value. Moral Realism
Grounded in Phenomenal Consciousness*, Virginia 2016.

15 Johann Wolfgang von Goethe, *Werke. Hamburger Ausgabe*, Bd. 1,
München 1998, 330면.

16 Immanuel Kant, *Kritik der praktischen Vernunft*, Werkausgabe
Band VII, hg. von Wilhelm Weischedel, Frankfurt/M. 1991, 103~302면.
인용문의 정확한 출처는 7장, 140면.

17 Kant, *Grundlegung*, 61면.

18 Gabriel, *Der Sinn des Denkens*, 178~187면; 가브리엘, 마르쿠스,
『생각이란 무엇인가』, 전대호 옮김(2021).

19 Immanuel Kant, *Über ein vermeintes Recht aus Menschenliebe zu
lügen*, Werkausgabe Band VIII, hg. von Wilhelm Weischedel, Frankfurt/
M. 1991, 635~643면.

20 Slavoj Žižek, "Mein Traum von Wuhan", in: *Die Welt* vom 05. 02.
2020, www.welt.de/kultur/plus205617755/Corona-Virus-Slavoj-
Zizeks-Traum-von-Wuhan.html.

21 Thaddeus Metz, "Auf dem Weg zu einer Afrikanischen
Moraltheorie", in: Franziska Dübgen, Stefan Skupien (Hg.), *Afrikanische
politische Philosophie. Postkoloniale Positionen*, Berlin 2016,
295~326면. 정확한 인용 출처는 300~303면. 메츠는 또 다른 도덕적 요
구들도 열거하는데, 그가 스스로 인정하듯이 그것들은 보편적 원리라기
보다 국지적 사회적 규범에 가깝다. 이 접근법의 전반적인 약점은 국지적
인 〈아프리카적〉 도덕 판단들을 제시한 것에 있다. 오히려 아프리카에서
입증 가능한 이 같은 사고방식들과 판단들이 근거를 잘 갖추었으며 따라
서 도덕적으로 보편적이라는 점을 옹호하는 논증을 펴는 쪽이 더 나았을
것이다. 윤리학에서 관건은, 유럽과 대비되는 아프리카를 내세우거나 반

대로 유럽을 내세우는 것이 아니라 보편적인 옳음을 탐구하는 것이다. 유럽 바깥에서, 또 이른바 〈서양〉 바깥에서, 독일의 일부 도덕적 폐해와 비교할 때 우월한 도덕적 통찰을 발견하는 경우가 확실히 자주 있다. 그런 통찰의 예로 메츠의 목록에서는 특히 I)와 J)가 허용되지 않는다는 점을 들수 있을 것이다. 또한 수천 년 전부터 아마존 유역에서 살아온 많은 부족의 환경 윤리도 들 수 있다. 이처럼 근대의 자연 과학적-기술적 진보는 도덕적 퇴보도 유발하며, 부유한 지역의 거주자들이 자동으로 도덕적으로 우월하다는 것은 전혀 보장되지 않는다. 당연히 유럽인은 아프리카인, 라틴 아메리카인, 아시아인에게서 많은 것을 배울 수 있다. 21세기의 관건은 도덕적으로 실행 가능한 세계 시민주의 정치를 발전시키는 것이다. 민족주의적 오만과 특정 대륙이 도덕적으로 우월하다는 상상은 명백히 도덕적 폐해이며 도덕 판단의 윤리학적 정당화에 긍정적으로 기여하는 바가 전혀 없다.

22 Gertrude Elisabeth M. Anscombe, *Absicht*, Berlin 2011.

23 Andreas Rödder, *Konservativ 21.0. Eine Agenda für Deutschland*, München 2019, 그리고 Thomas Bauer, *Die Vereindeutigung der Welt. Über den Verlust an Mehrdeutigkeit und Vielfalt*, Stuttgart 2018. 안타깝게도 바우어의 논증은 진리에 관한 다수의 포스트모던한 오류에 기반을 둔다. 그는 26~30면에서 그 오류들을 범한다. 진리에 반발하는 그의 논증에서 나오는 다음과 같은 결론도 받아들일 수 없다. 〈민주주의적 결정들은 진실성, 순수성, 초시간적 타당성을 자부할 수 없다.〉(84면) 이 견해는 민주주의 법치 국가의 기반과 — 특히 보편적이며 명백한 인권에 대한 인정과 — 조화를 이룰 수 없다. 여기에서 바우어의 접근법이 저지르는 자기모순은 중대하다. 무슨 말이냐 하면, 그는 명확화에 철저히 반대하면서도 예컨대 다음과 같이 주장할 때 진실 주장을, 그것도 상당히 호전적인 진실 주장을 제기한다. 〈20세기 후반 이전의 1천여 년 동안, [이슬람 율법을 적용한 법 시스템들에서] 간통한 사람에 대한 투석 사형은 없다시피 했고, 동성 간의 합의된 성적 행위들로 인한 처형은 전혀 없었다.〉(37면) 이 주장은 정당하게 의심할 만하다. 진실이 무엇이건 간에, 만일 지난 1천 년 동

안 이루어진 그런 생명형과 처형에 관한 신뢰할 만한 통계가 존재한다면, 나는 경악할 것이다.

24 Immanuel Kant, *Kritik der reinen Vernunft*, Werkausgabe Band IV, hg. von Wilhelm Weischedel, Frankfurt/M. 1992, B 579/S. 501 Fn.

25 Crispin Wright, *Wahrheit und Objektivität*, Frankfurt/M. 2001, 12면 이하.

26 Für einen Überblick vgl. die Einführung von Coeckelbergh, *AI Ethics*.

27 Kant, *Grundlegung*, 66면.

28 Ronald Dworkin, "Objectivity and Truth. You'd Better Believe it", in: *Philosophy & Public Affairs* 25/2 (1996), S. 87~139, hier S. 104f.

29 Ernst Tugendhat, *Vorlesungen über Ethik*, Frankfurt/M. 1994.

30 같은 곳, 87면.

31 www.ekd.de/Zehn-Gebote-10802.htm (aufgerufen am 9. 2. 2020, 15:46).

32 Libreria Editrice Vaticana, *La legge fondamentale dello Stato della Città del Vaticano*, Acta Apostolicae Sedis, Ergänzungsband 2001, deutsche Version online unter: www.vatican.va/news_services/press/documentazione/documents/sp_ss_scv/informazione_generale/legge-fondamentale_ge.html.

33 더 높은 도덕성, 곧 우리가 떠올리는 친척 범위를 뛰어넘는 도덕성을 반박하는 이 입장에 관해서는 Richard Dawkins, *Das egoistische Gen*, Heidelberg 2007 참조.

34 이 같은 정신 개념에 관해서는 가브리엘, 마르쿠스, 『나는 뇌가 아니다』, 전대호 옮김(2018); 같은 저자, *Neo-Existenzialismus*, Freiburg i. Br. 2020; 같은 저자, 『허구의 철학』, 전대호 옮김(2024), 2부 참조.

35 특히 브랜덤의 철학을 이어받은, 철학적으로 약간 전문적인 내용을 담은 문헌으로는 Markus Gabriel, *An den Grenzen der Erkenntnistheorie. Die notwendige Endlichkeit des objektiven Wissens als Lektion des*

Skeptizismus, Freiburg i. Br/München 2014 참조. 이에 관한 입문적인 문헌은 Gabriel, *Die Erkenntnis der Welt* 참조.

3장 사회적 정체성: 인종주의, 외국인 혐오, 여성 혐오가 악한 이유

1 예컨대 시의성 있는 논의를 보려면 Kwame Anthony Appiah, *Identitäten – Die Fiktionen der Zugehörigkeit*, Berlin 2019 참조. 인종 개념이 사회학적으로 유지될 수 없다는 통찰의 발생에 관해서는 Jürgen Kaube, *Max Weber. Ein Leben zwischen den Epochen*, Berlin 2015, 190~224면 참조.

2 우리 일상 세계의 우연성에 대한 유명한 분석을 담은 문헌으로 Peter L. Berger, Thomas Luckmann, *Die gesellschaftliche Konstruktion der Wirklichkeit. Eine Theorie der Wissenssoziologie*, Frankfurt/M. 2018 참조. 후설과 마찬가지로 베르거/루크만도 과장된 주장들을 내놓는다. 왜냐하면 그들은 일상적인 생활 세계가 우리의 생물학적 삶꼴과 연결되어 있으며 따라서 모조리 사회적으로 구성된 것은 전혀 아님을 통찰할 여유가 없기 때문이다. 하지만 이것은 별개의 문제다. 더 깊은 논의는 가브리엘, 마르쿠스『허구의 철학』, 전대호 옮김(2024) 참조.

3 Walter Lippmann, *Die öffentliche Meinung. Wie sie entsteht und manipuliert wird*, Frankfurt/M. 2018, 127면.

4 같은 곳, 117면.

5 같은 곳, 162면.

6 Markus Gabriel, "Der Hygienismus kann in eine Gesundheitsdiktatur umschlagen", in: *Die Welt* vom 21. 04. 2020.

7 실존하지 않는 대상들을 다루는 존재론은 세부적으로 상당히 복잡하다. 세부 사항에 관심이 있는 독자에게는 가브리엘, 마르쿠스『허구의 철학』, 전대호 옮김(2024), 1~5장을 권한다.

8 더 상세한 논의는 Gabriel, *Der Sinn des Denkens*, 223~241면; 가브리엘, 마르쿠스『생각이란 무엇인가』, 전대호 옮김(2021) 참조.

9 안타깝게도 (예나에서 활동한 가장 잘 알려진 인물들을 꼽자면) 피히

테, 셸링, 헤겔의 사상에서는 일부 인종주의적 면모가 발견된다. 그러나 그들은 당대의 인종주의를 반박하는 논증도 펼쳤다. 예컨대 당시 널리 퍼졌던 두개학에 대한 반론을 폈는데, 두개학은 인간의 성격 특징과 인종을 두개골의 형태에서 알아내려 애썼다.

10 Martin S. Fischer, Uwe Hoßfeld, Johannes Krause & Stefan Richter, "Jenaer Erklärung-Das Konzept der Rasse ist das Ergebnis von Rassismus und nicht dessen Voraussetzung", in: *Biologie in unserer Zeit* 49/6 (2019), 399~402면.

11 같은 곳, 400면 이하.

12 Nina Power, *Die eindimensionale Frau*, Berlin 2011.

13 특히 Richard Rorty, *Der Spiegel der Natur. Eine Kritik der Philosophie*, Frankfurt/M. 1987, 그리고 같은 저자, *Kontingenz, Ironie und Solidarität*, Frankfurt/M. 1991 참조.

14 Immanuel Kant, "Beantwortung der Frage: Was ist Aufklärung? (1784)", in: Barbara Stollberg-Rilinger (Hg.), *Was ist Aufklärung? Thesen, Definitionen, Dokumente*, Stuttgart 2010, 9~17면.

15 Ludwig Wittgenstein, *Philosophische Untersuchungen*, Frankfurt/M. 1971, §309/S. 131.

16 브랜덤의 걸작 *A Spirit of Trust* 참조. 하지만 이 책은 일반인에게 권할 만하지 않다. 입문 수준의 문헌으로는, 같은 저자, *Begründen und Begreifen. Eine Einführung in den Inferentialismus*, Frankfurt/M. 2001 참조.

17 Wittgenstein, *Philosophische Untersuchungen*, § 95/S. 62.

18 Thomas Sturm, "'Rituale sind wichtig'. Hans-Georg Gadamer über Chancen und Grenzen der Philosophie", in: *Der Spiegel* 8/2000.

19 Max Weber, *Wirtschaft und Gesellschaft. Grundriss der verstehenden Soziologie*, Tübingen: Mohr Siebeck 1980.

20 같은 곳, 242면.

21 같은 곳, 236면.

22 같은 곳, 237면.

23 같은 곳.

24 같은 곳.

25 같은 곳.

26 비사회적 개인Individuum과 구별되는 사회적 역할 담당자Person
에 관해서는 Gabriel, *Der Sinn des Denkens*, 183~187면; 가브리엘, 마르
쿠스, 『생각이란 무엇인가』, 전대호 옮김(2021) 참조. 상상된 공간으로서
의 사회에 관해서는 코르넬리우스 카스토리아디스의 위대한 작품
Cornelius Castoriadis, *Gesellschaft als imaginäre Institution. Entwurf
einer politischen Philosophie*, Frankfurt/M. 1990, 그리고 가브리엘, 마르
쿠스, 『허구의 철학』, 전대호 옮김(2024), 12~17장 참조.

27 현재 철학 이론에 부과되는 조건에 비추어 볼 때 헤겔이 얼마나 위
대한 수준에서 철학했는지 이해하고 싶은 독자가 있다면, 그에게 나는 미
국 철학자 브랜덤의 독창적인 걸작을 꼼꼼히 독파할 것을 권하겠다.
2019년에 브랜덤은 헤겔의 『정신 현상학』을 분석적으로 해독하여 현재의
이론 수준에 걸맞게 재구성하는 데 성공했다. 브랜덤의 *A Spirit of Trust*
참조.

28 입문과 개관을 원하는 독자에게 나는 Dirk Jörle, Veith Selk,
Theorien des Populismus zur Einführung, Hamburg 2017을 추천한다.

29 가브리엘, 마르쿠스, 『허구의 철학』, 전대호 옮김(2024), 13장 참조.

30 가브리엘, 마르쿠스, 『나는 뇌가 아니다』, 전대호 옮김(2018); 같은 저
자, 『허구의 철학』, 전대호 옮김(2024); 같은 저자, *Neo-Exist enzialismus*.
어쩌면 우리 외에 다른 생물들도 정신을 지녔을 수 있다. 하지만 이것은
별개의 문제다. 아무튼 중요한 것은, 우리가 모든 특징을 모든 생물과 공
유한 것은 아니라는 점이다. 따라서 정신이 동물계에 널리 퍼져 있을 수는
없다. 어쩌면 정신이 동물계 너머까지 퍼져 있을 수도 있겠는데, 정말 그
럴지는 신과 불멸의 영혼이 존재하는지 여부에 달려 있다. 만일 신과 불멸
의 영혼이 존재한다면, 정신은 신체화조차도 면할 수 있다. 하지만 이 문
제를 판가름할 필요는 없다. 왜냐하면 우리가 지금 다루는 주제는 세속적

상황 안에서 우리의 도덕적 책임과 위치니까 말이다. 하지만 여기에서 최소한 다음을 지적할 필요가 있다. 우리가 특정 유형의 동물이라는 것으로부터 우리가 단지 동물에 불과하다는 것이 귀결되지는 않는다. 어떤 자연 과학의 성과도 신과 불멸의 영혼의 부재를 증명하지 못한다. 자연 과학적으로 관찰 가능한 우주가 어떠하건 간에, 그 어떠함은, 〈자연 과학적으로 관찰되는 것을 넘어선 실재의 차원이 존재하는가〉라는 형이상학적 질문에 아무런 영향을 미치지 못한다. 더구나 이 질문의 답은 말할 것도 없이 〈그렇다〉이다. 왜냐하면 예컨대 수학적 사실, 미학적 사실, 도덕적 사실은 자연 과학적으로 관찰할 수 없으니까 말이다. 자연 과학적으로 관찰 가능한 과정들과 실재하는 다른 의미장들 사이에 관련은 물론 존재하지만, 이 관련은 동일성이 아니다. 예컨대 수는 물질적 대상들의 집합과 동일하지 않다. 수 4는 물질적 대상 네 개로 이루어진 모든 집합의 집합이 아니다. 오히려 수 4는 추상적 구조다. 수학에 관해서는, 수학자 겸 철학자 고틀로프 프레게가 천재적인 저서 『산술의 기초Die Grundlagen der Arithmetik』에서 이를 증명했다. 도덕적 사실에 관해서는, 실은 플라톤을 지목하는 것으로 충분해야 마땅하다. 그는 많은 대화편 ― 예컨대 『국가』, 『에우튀프론』, 『파이돈』, 『변론』 ― 에서 우리의 그때그때의 견해로부터 독립적으로 우리의 행위들이 어떤 도덕적 가치를 지녔는지 판정해 주는 도덕적 사실들이 있음을 설득력 있게 제시했다. 우리 마음에 들든 말든, 법정 소송 너머 저편에 옳음이 있다.

31 이 문장의 취지는 다른 동물들에 대한 비도덕적 행동을 정당화하는 데 기여하는 것이 아니다. 동물 윤리는 도리어 우리가 인간으로서 특별한 도덕적 통찰의 능력을 지녔다는 점을 기반으로 삼는다. 요나스는 이 대목에 적합한 원리를 이렇게 정식화했다. 우리가 지배할 권능이 있는 모든 것에 대하여 우리는 도덕적 책임이 있다. 우리는 과학과 기술을 통해 다른 생물들을 지배할 권능이 있으므로 그들에 대하여 책임도 있다.

32 Bernard Williams, *Der Begriff der Moral. Eine Einführung in die Ethik*, Stuttgart 1978, 62면.

33 가브리엘, 마르쿠스, 『왜 세계는 존재하지 않는가』, 김희상 옮김

(2017)과 같은 저자, 『허구의 철학』, 전대호 옮김(2024) 참조.

34 정체성 정치는 우선 차이 정치를 통해 뿌리 뽑혀야 한다. 이것이 첫 번째 진보다. 한마디 보태자면, 이 첫 번째 진보는 지난 세기의 차이 철학들이 설정한 목표들 중 하나였다. 그 차이 철학들을 대표하는 이름은 에마뉘엘 레비나스, 자크 데리다, 뤼스 이리가레이 등이다. 역설적이게도 우리 시대의 정체성 정치는 이 차이 이론가들의 진격에 대한 퇴행적 반응이다. 더 나아가 그 차이 이론가들은 — 특히 데리다는 확실하게 — 내가 말하는 차이 없음 정치의 한 형태도 옹호했다. 한마디 보태자면, 데리다는 성 아우구스티누스, 카뮈, 현재 필시 가장 영향력이 큰 프랑스 철학자 알랭 바디우와 더불어 짐작하건대 유럽과 미국에서 수용된 가장 중요한 북아프리카 철학자에 속한다. 특히 후기 작품 『우정의 정치Politique de l'amitié』에서 데리다는 손님에 대한 환대를 논하는 이론을 기반으로 삼아 보편주의적 윤리학을 펼쳤다. 그 윤리학은 아직 제대로 이해되지 않았다. 이에 관한 중요한 연구 문헌으로는 Philip Freytags, *Die Rahmung des Hintergrunds. Eine Untersuchung über die Voraussetzungen von Sprachtheorien am Leitfaden der Debatten Derrida-Searle und Derrida-Habermas*, Frankfurt/M. 2019 참조.

4장 21세기의 도덕적 진보

1 상세한 논의는 가브리엘, 마르쿠스, 『나는 뇌가 아니다』, 전대호 옮김(2018), 같은 저자, 『생각이란 무엇인가』, 전대호 옮김(2021), 같은 저자, 『허구의 철학』, 전대호 옮김(2024) 참조.

2 이 광범위한 주제를 입문 수준으로 다루는 문헌으로는 Jan Rehmann, *Einführung in die Ideologietheorie*, Hamburg 2008 참조. 현재의 이론은 가브리엘, 마르쿠스『허구의 철학』, 전대호 옮김(2024), 12~17장 참조.

3 Shoshana Zuboff, *Das Zeitalter des Überwachungskapitalismus*, 그리고 Yvonne Hofstetter, *Der unsichtbare Krieg. Wie die Digitalisierung Sicherheit und Stabilität in der Welt bedroht*, München 2019; 같은 저자,

Das Ende der Demokratie. Wie die künstliche Intelligenz die Politik übernimmt und uns entmündigt, München 2016; 같은 저자, *Sie wissen alles. Wie intelligente Maschinen in unser Leben eindringen und warum wir für unsere Freiheit kämpfen müssen*, München 2014 참조.

4 나의 취지는 예술, 문화, 종교가 자동으로 해방에 기여한다는 것이 아니다. 좋은 예술과 나쁜 예술이 존재하며, 좋은 종교와 나쁜 종교가 존재한다. 예술, 문화, 종교는 오직 선(善)을 지향할 때만 도덕적으로 가치가 있다. 이것들이 인간의 실행들과 결부된 한에서, 이것들은 주어진 시대에 사람들이 자기 자신을 어떻게 보는지를 항상 또한 표현한다. 상세한 논의는 가브리엘, 마르쿠스, 『왜 세계는 존재하지 않는가』, 김희상 옮김(2017), 5~7장 참조.

5 Jonas, *Das Prinzip Verantwortung*, 18면.

6 상세한 논의는 Zeuske, *Sklaverei* 참조.

7 Stephen Cave, "On the Dark History of Intelligence", in: *Aeon* (2017), online unter: aeon.co/essays/on-the-dark-history-of-intelligence-asdomination.

8 Thilo Sarrazin, *Feindliche Übernahme. Wie der Islam den Fortschritt behindert und die Gesellschaft bedroht*, München 2018, 277면.

9 같은 곳, 143면.

10 Andreas Urs Sommer, *Werte. Warum man sie braucht, obwohl es sie nicht gibt*, Stuttgart 2016.

11 같은 곳.

12 같은 곳.

13 물론 개별적인 역사적 실상은 더 복잡하다. 왜냐하면 노예제라는 개념이 다양한 형태의 비대칭적 종속성을 포괄하기 때문이다. 다양한 형태의 노예제가 존재한다. 그 형태들은 역사 속에서 변화하고 다양한 맥락에서 다른 모습으로 출현한다. 이런 사정 때문에 노예제가 덜 나빠지는 것은 아니지만, 노예제의 도덕적 약점을 완전하게 연구하고 재구성하려면 이 사정을 고려해야 할 것이다. 이 주제는 2019년 이래로 본 대학교의 탁

월한 학자들이 꾸린 팀(연구 주제는 〈자유와 노예제를 넘어서: 전근대 사회들에서 비대칭적 종속성들〉)에 의해 연구되고 있다. 이 연구의 맥락에서 나온 훌륭한 책으로 Zeuske, *Sklaverei* 참조.

14 아리스토텔레스는 이 견해를 품었던 듯하다. 다음과 같은 잘 알려진 대목은 이 추측에 힘을 실어 준다. Aristoteles, *Politik*, Reinbek 1994, 1254b/S. 〈따라서 본성적 노예란, 타인에게 속할 수 있는 — 또한 그렇기 때문에 실제로도 타인에게 속한 — 사람, 그리고 이성의 명령들을 소유하지는 못하고 이해할 만큼만 이성을 나누어 가진 사람이다.〉

15 Zeuske, *Sklaverei*, 7면.

16 같은 곳, 25면.

17 Aristoteles, *Politik*, 1253b/S. 50.

18 자본주의라는 개념은 당연히 여러 의미를 지녔다. 그리고 자본주의 옹호자와 비판자가 과연 무엇을 놓고 싸우는지가 항상 명확한 것은 아니다. 현재 사회 철학의 수준에서 자본주의를 둘러싼 논쟁의 지형을 명확히 보여 주는 문헌으로 Nancy Fraser, Rahel Jaeggi, *Kapitalismus. Ein Gespräch über kritische Theorie*, Berlin 2020 참조.

19 보건 시스템에 관한, 도덕적으로 배척해야 할 시장 논리에 관해서는 Giovanni Maio, *Geschäftsmodell Gesundheit. Wie der Markt die Heilkunst abschafft*, Berlin 32018 참조.

20 Markus Gabriel, "Die meisten liberalen Demokratien habe eine Ausgangssperre verhängt – doch ist sie, ethisch betrachtet, wirklich gerechtfertigt?", in: *Neue Zürcher Zeitung* vom 26. 03. 2020, 그리고 같은 저자, "Der Hygienismus kann in eine Gesundheitsdiktatur umschlagen", in: *Die Welt* 21. 04. 2020 참조.

21 www.theguardian.com/commentisfree/2020/mar/27/coronaviruspolitics-lockdown-hobbes(2020년 4월 1일 방문).

22 이 방면의 법철학적 국가 철학적 이론 지형을 정확히 재구성한 문헌으로는 Christoph Menke, *Kritik der Rechte*, Berlin 2015 참조.

23 신자유주의 학파를 소개하는 문헌으로는 Thomas Biebricher,

Neoliberalismus zur Einführung, Hamburg 2018 참조.

24 다시 한번 Göpel, *Unsere Welt neu denken*에 나오는 계산들을 참조하라.

25 같은 곳, 152면.

26 스미스 연구에서 드러났듯이, 스미스 자신은 어떤 유의미한 방식으로도 경제적 인간의 선구자가 아니다. 오히려 그의 인간상은 도덕으로부터 사회가 발생한다는 것을 출발점으로 삼는다. 이때 도덕의 핵심은 우리가 항상 타인들에 비추어 우리 자신을 평가하고 상호 협력에 의존한다는 점에 있다. 스미스는 사람들이 본성상 일차적으로 이기적이라는 그릇된 견해를 옹호하지 않는다. 상세한 논의는 Reiner Manstetten, *Das Menschenbild der Ökonomie – Der homo oeconomicus und die Anthropologie von Adam Smith*, Freiburg i. Br., München 2004 참조.

27 저명한 목소리들 가운데 하나로 Amartya Sen, *Die Idee der Gerechtigkeit*, München 2010 참조.

28 입문 수준의 서술로 Göpel, *Unsere Welt neu denken*, 55~73면 참조.

29 이 인용문의 영어 원문은 이러하다. "there is no such thing as society. There are individual men and women, and there are families. And no government can do anything except through people, and people must look to themselves first. It's our duty to look after ourselves and then, also to look after our neighbor." (Douglas Keay, "AIDS, Education and the Year 2000. An Interview with Margaret Thatcher", in: *Woman's Own*, Oct. 31, 1987, S. 8ff. 인용문이 나오는 곳은 10면.)

30 John Blundell, *Margaret Thatcher: A Portrait of the Iron Lady*, New York, 2008, 193면에서 재인용. 원문은 이러하다. "Any woman who understands the problems of running a home will be nearer to understanding the problems of running a country."

31 Luciano Floridi, *Die 4. Revolution. Wie die Infosphäre unser Leben verändert*, Berlin 2015.

32 노벨상 수상자 대니얼 카너먼의 세계적 베스트셀러 Daniel Kahn eman, *Schnelles Denken, langsames Denken*, München 2016 참조.

33 스미스는 이기주의를 중심으로 한 경제 이론을 제시하지 않았다. 그의 경제 이론은 그의 저서 『국부론』에 담겨 있다. 더 나아가 도덕 철학자로서 그는 특히 윤리학 분야의 주저 『윤리적 느낌에 관한 이론*Theorie der ethischen Gefühle*』도 저술했다. 이 작품에서 스미스는 자신을 타인들의 입장에 놓는 우리의 능력과 타인들에 대한 공감을 발전시키는 우리의 능력을 탐구한다. 그의 경제 이론과 도덕 철학이 어떻게 연결되는지는 스미스 연구에서 논란거리다. 이 주제에 관한 입문서로는 Michael S. Aßländer, *Adam Smith zur Einführung*, Hamburg 2007을 추천할 만하다.

34 Gilbert Ryle, *Der Begriff des Geistes*, Stuttgart 2015.

35 문화 사회학자 클레멘스 알브레히트는 흔한 일상의 예를 들면서 사회학과 사회적 영리함과 일상의 윤리 사이의 관계를 명쾌하게 서술한다. Clemens Albrecht anhand von geläufigen Alltagsbeispielen aus in: *Sozioprudenz. Sozial klug handeln*, Frankfurt/New York 2020 참조.

36 특히 두드러지고 유익한 예외는 Thomas Piketty, *Kapital und Ideologie*, München 2020이다. 피케티는 너무 큰 사회적 불평등은 경제적으로 해롭고 도덕적으로 배척해야 한다는 점을 보여 주려 한다.

37 이를 유념해야 하는데, 스미스는 〈보이지 않는 손〉에 관한 이야기를 경제학에 도입했지만, 이기주의에 의해 추진되는 시장 메커니즘이 만인의 안녕을 자동으로 촉진한다고 주장한 적은 전혀 없다. 그의 이론에서 보이지 않는 손은 도덕, 경제, 정치가 협력한 결과로 발생한다. 스미스의 〈보이지 않는 손〉을 소개하는 문헌으로는 Aßländer, *Smith zur Einführung*, 124~140면 참조.

38 영어권의 선도적인 대학교들에서는 이미 오래전에 확립된 분야인 사회 과학적 행복(경제적 행복 포함) 연구의 현재 상황을 철학적으로 조망하려면, 케임브리지 대학교의 교수이자 과학 철학자인 안나 알렉산드로바의 저서 Anna Alexandrova, *A Philosophy for the Science of Well-Being*, Oxford 2017 참조. 또한 개론서의 성격을 띤 Julian Nida-Rümelin, *Die*

Optimierungsfalle. Philosophie einer humanen Ökonomie, München 2011 참조.

39 Jonas, *Das Prinzip Verantwortung*, 63면.

40 www.theguardian.com/politics/2020/mar/29/20000-nhsstaff-return-to-service-johnson-says-from-coronavirus-isolation 참조 (2020년 4월 22일 방문). 인용문의 원문은 다음과 같다. "We are going to do it, we are going to do it together. One thing I think the coronavirus crisis has already proved is that there really is such a thing as society."

41 Paul J. Crutzen, Eugene Stoermer, "The 'Anthropocene'", in: *IGBP Global Change Newsletter* 41 (2000), 17면 이하.

42 Peter Sloterdijk, *Du musst dein Leben ändern. Über Anthropotechnik*, Frankfurt/M. 2009, 713면.

43 Christoph Horn, *Einführung in die Moralphilosophie*, Freiburg i. Br., München 2018, 24면.

44 같은 곳, 24면 이하.

45 같은 곳, 18면.

46 다른 생물들과 살아 있지 않은 자연도 타인들과 마찬가지로 고려해야 하는 경우가 많다. 비록 그 이유는 다르지만 말이다. 그 이유는 동물 윤리학이나 환경 윤리학에서 논의된다. 나는 싱어가 두드러지게 옹호하는 견해, 곧 우리가 다른 생물들을 대할 때에도 사람들을 대할 때와 똑같은 이유에서 도덕적 태도를 취해야 한다는 견해에 동조하지 않는다. 인간을 도덕적으로 우대하는 것은 도덕적으로 배척해야 할 〈종 차별주의 Speziesismus〉라는 주장은 옳지 않다. 싱어는 〈종 차별주의〉라는 용어를 쓰면서 심지어 〈종 차별주의〉를 〈인종주의〉에 빗대기까지 하지만 말이다. 하지만 둘 사이에는 본질적인 차이가 있다. 무슨 말이냐 하면, 인종들은 존재하지 않지만, 종들은 존재한다. 싱어의 급진적 입장에서 나오는 기괴한 귀결들은 많은 비판을 받았다. 대표적인 비판의 이유를 대자면, 싱어는 심각한 장애를 안고 태어난 신생아와 어린아이에 대한 안락사를 허가하고, 중증 장애인 일반을 예컨대 침팬지 같은 건강한 다른 동물들보다 도덕

적으로 후순위에 놓기 때문이다. 하지만 이런 귀결들은 인종주의와 종 차별주의에 대한 싱어의 그릇된 동일시를 받아들일 때만 도출된다. 그 동일시는 오류이며, 따라서 우리는 싱어가 끌어내는 귀결들을 정당하게 거부할 수 있다. 하지만 이로부터 우리가 다른 생물들에 대하여 도덕적 의무가 없다는 결론이 나오는 것은 전혀 아니다.

47 Susan Wolf, "Moral Saints", in: *The Journal of Philosophy* 79/8 (1982), 419~439면.

48 Charles Darwin, *Die Abstammung des Menschen*, Stuttgart 1982, 140면.

49 예컨대 같은 곳 149면에 나오는 다음 대목을 참조하라. 〈많은 야만인은 낯선 사람의 고통에 전혀 아랑곳하지 않으며 심지어 기쁨을 느끼기까지 한다. 잘 알려져 있듯이, 인디언 성인 여자들과 소녀들은 포로가 된 적들을 고문하는 것을 도왔다. 일부 야만인들은 동물을 괴롭히는 활동에서 최고의 재미를 느낀다. 그들은 인간성이라는 미덕을 전혀 모른다. 그렇지만 호의의 감정도 발생하는데, 특히 동일 부족의 구성원이 병들었을 때 그러하며, 때로는 호의의 감정이 이 경계를 넘기도 한다. 아프리카 내륙의 한 흑인 여성이 멍코 파크*에게 호의를 베풀었다는, 파크 본인에게서 유래한 이야기는 잘 알려져 있다. 야만인들이 서로에게 고귀하게 충성한 사례도 많이 댈 수 있다. 그러나 그 예들은 낯선 사람과 전혀 무관하다. 일반적인 경험은 스페인 사람들의 다음과 같은 원칙을 정당화한다. 《절대로, 절대로 인디언을 신뢰하지 말라!》〉

50 Gabriel, *Der Sinn des Denkens*, 17면; 가브리엘, 마르쿠스, 『생각이란 무엇인가』, 전대호 옮김(2021).

51 Singer, *Praktische Ethik*, 274~279면. 이 책에 나오는 싱어의 견해에 따르면 〈오늘날 우리가 젖먹이 아기들의 생명을 보호하는 것은 ...... 명확히 정의된 기독교적 마음가짐의 표현이며 보편적인 도덕적 가치 따위가 아니다.〉(같은 곳, 277면) 싱어는 이 해괴한 주장을 내놓으면서 출처

---

* 18세기 말에 아프리카 내륙을 탐험한 스코틀랜드인.

나 기타 증거를 제시하지 않는다.

52 Dawkins, *Das egoistische Gen*.

53 호그레베에게서 들음.

54 Jonas, *Das Prinzip Verantwortung*, 30면.

55 Jaap Mansfeld (Hg.), *Die Vorsokratiker. Griechisch/Deutsch*, Stuttgart 1987, DK 22 B 123, 252면 이하.

56 David Deutsch, *The Beginning of Infinity. Explanations that Transform the World*, London 2012, 또한 Gabriel, *Der Sinn des Denkens*, 46~50면; 가브리엘, 마르쿠스 『생각이란 무엇인가』, 전대호 옮김(2021) 참조.

57 George Ellis, *How Can Physics Underlie the Mind? Top-Down Causation in the Human Context*, Berlin/Heidelberg 2016. 또한 과학 철학자 제난 이스마엘의 유사한 논증 참조. Jennan T. Ismael, *How Physics Makes us Free*, Oxford 2016.

58 Gabriel, *Ich ist nicht Gehirn*, 263~327면; 가브리엘, 마르쿠스 『나는 뇌가 아니다』, 전대호 옮김(2018)에 제시된 자유 의지 이론 참조. 최근에 크리스티안 리스트도 유사한 논증을 제시했다. Christian List, *Why Free Will Is Real*, Cambridge, MA, 2019.

59 Adi Ophir, *The Order of Evils. Towards an Ontology of Morals*, Brooklyn/NY. 2005 참조.

60 Immanuel Kant, *Kritik der Urteilskraft*, Werkausgabe Band X, hg. Von Wilhelm Weischedel, Frankfurt/M. 1992, 388면.

61 Gregor Dotzauer, "Radikale Mitte. Der Philosoph Markus Gabriel erklärt, warum es die Welt nicht gibt", in: *Die Zeit* 34/2013.

옮긴이의 말
인본주의적 보편주의자들의
공화국을 호소함

1.

지난 세기말에 유행의 정점에 이르렀던 상대주의적 포스트모더니즘에 맞서 21세기에 적합한 새로운 실재론을 추구하는 철학자답게, 저자 마르쿠스 가브리엘이 이 책에서 펼치는 것도 역시나 실재론이다. 그는 참이거나 거짓인 도덕적 문장들을 이야기하고, 도덕적 사실들을 거론한다.

〈나는 밥을 먹는다〉 같은 서술형 문장에는 진릿값을 부여할 수 있으나 〈너는 밥을 먹어야 한다〉 같은 명령형 문장에는 그럴 수 없다고 교양 철학에서 배운 독자들, 또는 사실과 당위를 예리하게 구별해야 한다는 흄의 견해에 익숙한 독자들은 〈도덕적 사실〉이라는 개념에서부터 불편함을 느낄지도 모르겠다.

그런 분들께는 칸트의 철학뿐 아니라 인류의 오랜 지혜가 담긴 다음 문장을 생각해 보라고 여쭙겠다. 〈나의 자유는 타인의 자유를 침범하지 않는 선에서 제한적으로 행사되어야 한다.〉 이 문장은 옳은가? 가브리엘과 내가 보기에는 완벽하게 옳은 문장, 참인 문장이다. 따지고 보면 도덕적 옳음, 참, 사실의 존재를 부인하는 입장이 오히려 더 납득하기 어렵다.

가브리엘의 〈새로운 도덕적 실재론(도덕적 신실재론)〉을 담은 이 책은 기존의 새로운 실재론(신실재론) 혹은 새로운 인본주의 3부작(『왜 세계는 존재하지 않는가』, 『나는 뇌가 아니다』, 『생각이란 무엇인가』)에 비해 대중성과 시의성이 더 높을 뿐 아니라 (칸트의 용어를 빌리면) 강단 철학보다 세계 철학에 중점이 놓여 있어 메시지가 더 뚜렷하고 절절하다.

내가 느끼기에 이제껏 만난 가브리엘의 저서 가운데 일반인이 읽기에 가장 적합하다. 이 녹록지 않은 시대에 인류가 얻은 깨달음, 이루어 낸 도덕적 진보, 겪은 도덕적 퇴보, 직면한 정치적, 사회적, 경제적, 교육적 문제들, 나아갈 방향과 교육에 관한 구체적 제안까지 담고 있기 때문이다.

흔히 철학은 속세와 상당히 거리가 있다고들 하지만, 그건 터무니없는 착각이다. 이 책을 보라. 현재 독일을 대표하는 철학자 중 하나인 마르쿠스 가브리엘은 이토록 상세하게 속세를 들여다보며 우리 모두의 지혜를 일깨울 방안을 모색하고 있다.

2.

1장과 2장은 새로운 도덕적 실재론의 개요를 제시하는 대목이다. 이를테면 중심부나 기반이어서 전문적인 철학 용어가 비교적 많이 등장하기 때문에, 일반 독자에게는 약간 지루할 수도 있겠다. 하지만 저자로서 가브리엘의 장점은 어디 가지 않는다. 일반적인 철학책과 비교하면 훨씬 더 재미있다.

새로운 도덕적 실재론의 세 기둥은 실재론, 인본주의, 보편주의다. 이때 실재론의 핵심은 그 자체로 실재하는 도덕적 사실들을 인정하는 것이며, 인본주의는 우리 인간이 그 도덕적 사실들을 알 수 있다는 주장이다. 양심의 목소리를 생각해 보라. 우리가 인간인 한, 양심의 목소리가 우리 정신의 귀에 전혀 들리지 않는 일은 있을 수 없다. 바꿔 말하면 〈우리가 전혀 인식할 수 없는 도덕적 사실들이 있다는 믿음은 터무니없다〉. 시대가 어두워 도덕적 사실들이 부분적으로 가려질 수는 있어도 완전히 은폐되고 영영 망각될 수는 없다. 마지막으로 보편주의는 도덕적 가치들이 모든 시대, 모든 문화, 모든 사람에게 유효하다고 주장한다.

이 같은 새로운 도덕적 실재론의 진면목을 실감하려면, 그 맞수인 가치 다원주의, 가치 상대주의, 가치 허무주의와 비교해 보는 것이 유용하다. 우리 사회에서도 지난 세기말에 지식인들 사이에서 상당히 유행했던 이 포스트모던한 입장들에 따르면 〈도덕적 규범들 곧 가치 시스템들은 오로지 다소 자의적인 인간 집단들이 그 가치 시스템들을 채택함을 통해서만 발생하고 유지〉되며 〈가치들은 집단을 결속하는 믿음들이며, 따라서 가치들의 유효성은 해당 집단에 국한된다〉. 언뜻 겸손한 듯한 이 입장은, 소속 집단과 직결된 정체성에 휘둘리는 이른바 정체성 정치를 부추긴다는 점에서 대단히 위험하다.

가브리엘은 진실을 가리는 베일과도 같은 가치 다원주의, 가치 상대주의, 가치 허무주의, 정체성 정치를 걷어내고 보편적인 도덕을 환히 밝히는 새로운 계몽을 호소한다. 17세기와 18세기에 유럽에서 일어난 계몽을 재현하자는 것이 아니다. 올곧은 보편주의자 가브리엘은 〈지구의 모든 곳에서 다양한 시기에 다양한 강도로 일어난 모든 계몽〉을 언급한다. 아래 인용문은 가브리엘이 촉구하는 계몽의 의미를 알려 준다.

인간 삶의 목표요 의미는 좋은 삶이다. 좋은 삶의 핵

심은, 우리가 우리 자신을 목적들의 나라에 속한 책임 있는 행위자로 만들고 우리 자신을 더 높은 보편적 도덕성을 발휘할 능력을 갖춘 생물로 파악하는 것에 있다. 이런 인간상은 지구의 모든 곳에서 다양한 시기에 다양한 강도로 일어난 모든 계몽의 기반이다.(502면)

〈목적들의 나라〉는 칸트의 용어이며, 굳이 해설하자면, 도덕적으로 숙고하고 행위하는 사람들의 나라, 간단히 말해 사람들이 사람답게 사는 나라다. 가브리엘은 이 나라를 〈인본주의적 보편주의자들의 공화국〉이라는 나름의 용어로 지칭한다. 이 책의 메시지를 긍정적인 부분과 부정적인 부분으로 나눈다면, 긍정적인 부분은 새로운 계몽을 통해 인본주의적 보편주의자들의 공화국을 이룩하자는 것이다. 나머지 부정적인 부분은 이 이상의 실현을 가로막는 걸림돌들을 제거하자는 것인데, 그것들은 정체성 정치, 경제주의, 디지털 기술로 무장한 과학 만능주의 정도로 요약될 수 있을 성싶다.

정체성이란 무엇인지, 왜 정체성 정치를 도덕적으로 배척해야 하는지, 정체성 정치를 깨부수는 차이 정치란 무엇인지, 차이 정치에서 한 걸음 더 진보한 〈차이 없음 정치〉란 무엇인지를 논하는 대목은 3장이다. 이 부분은 구체적인 예들이 많아 꽤 흥미롭게 읽힐 것이다.

정체성이란 본디 동일성, 곧 나와 나 자신 사이에만 성립하는 같음 관계다. 그러나 현재 세계적으로 정치를 비롯한 온갖 분야에서 거론되는 정체성은 사회적 정체성 혹은 집단적 정체성, 곧 나와 내가 속했다고 여겨지는 막연한 집단 사이의 같음 관계다. 가브리엘은 그 막연한 집단을 〈전형(典型)〉이라 부르면서, 그런 전형들은 존재하지 않는다고 폭로한다.

전형적인 한국인, 전형적인 한국 남성 교수, 전형적인 주부, 전형적인 트랜스젠더, 전형적인 페미니스트, 전형적인 전라도 사람, 전형적인 경상도 사람은 존재하지 않는다. 이 모든 전형은 보편주의를 해치는 독이며 우리가 누구나 인간이라는 이유만으로 다 함께 연대하는 것을 가로막는 장벽이다.

이 대목에서 우리 문화를 돌아보지 않을 수 없다. 흥미롭고 어쩌면 안타깝게도 우리는 사회적 정체성에 매달리도록 부추기는 환경 안에서 산다. 우리에게 소속 집단은 엄청나게 중요하며 집단에 속한 모든 구성원을 동일시하는 것은 거의 당연하다. 〈나는 나다〉라는 궁극의 정체성을 내세우거나 흡족하게 받아들이는 사람은 드물다. 하다못해 혈액형을 통해서라도 〈나는 B형이다〉라는 공유 가능한 정체성을, 심지어 〈나는 전형적인 B형이어서 성격이 이러저러하다〉라는 전형적 정체성을 보유하기를 많은 이가 원한다.

특히 한국인이라는 정체성은 위력이 막강하다. 이어령의 한국인론은 결국 한국인이라는 전형을 만드는 작업이었고, 그 작업을 아주 많은 이가 우러르며 찬탄했다. 우리 사회에서 호칭과 직결된 직위의 중요성도 빼놓을 수 없다. 조금 과장하면, 우리 사회는 과장, 사장, 국장, 소령, 검사장 등으로 이루어졌지, 제각각 다른 개인들로 이루어지지 않았다. 게다가 엎친 데 덮친 격으로 인터넷 문화가 번창한다. 인터넷은 전형을 양산하는 기계라는 가브리엘의 지적을 귀담아들을 필요가 있다.

인터넷은 전형들의 확산을 측정하고 조종하려 할 때 도구로 삼을 수 있는 기계이기도 하며 무엇보다도 먼저 그런 기계다. 바로 이것이 검색 엔진, 소셜 미디어, 모든 대형 플랫폼에서 사용되는, 알고리즘이 조정하는 추천 시스템의 핵심 기능이다. 이것들은 전형들에 아주 쉽게 휘둘리는 우리의 경향을 현대의 가장 성공적인 사업 모형 중 하나로 만들었다.(302~303면)

그러나 우리를 민족, 나이, 성별, 피부색 등에 따라 갈라놓는 이 모든 전형은 아예 존재하지 않는다고 가브리엘은 일갈한다. 인간은 제각각 다르며 누구나 타인이라고 가르친다. 그는 이 가르침을 따르는 차이 정치를 이렇게 설명한다.

정체성 정치의 해독제는 차이 정치다. 후자는 누구나 타자의 타자임을 인정한다. 누구나 언제 어딘가에서는 이방인이다. 절대적 고향은 없다. 다른 모든 정체성들보다 우월하기 때문에 절대적 차이의 근거가 될 수 있는, 그런 정체성은 없다. (289면)

더 나아가 그는 차이 정치를 목표로 삼은 20세기의 대표적 철학자들을 꼽으면서 그들의 긍정적 기여를 인정하고 현재의 퇴행을 지적한다.

정체성 정치는 우선 차이 정치를 통해 뿌리 뽑혀야 한다. 이것이 첫 번째 진보다. 한마디 보태자면, 이 첫 번째 진보는 지난 세기의 차이 철학들이 설정한 목표들 중 하나였다. 그 차이 철학들을 대표하는 이름은 에마뉘엘 레비나스, 자크 데리다, 뤼스 이리가레이 등이다. 역설적이게도 우리 시대의 정체성 정치는 이 차이 이론가들의 진격에 대한 퇴행적 반응이다. (522면)

하지만 차이 정치에 머물러서는 안 된다고 가브리엘은

판단한다. 왜냐하면 차이 정치는 우리를 〈대화로 이끄는 필수적인 초대일 따름〉이기 때문이다. 〈관용과 너그러움은 궁극적으로 불충분하다. 왜냐하면 관용과 너그러움은 여전히 정체성들을 그대로 놔두기 때문이다.〉 요컨대 목표는 차이 없음 정치, 곧 헛것인 정체성에 휘둘리지 않는 보편주의적 정치이며, 그 목표에 도달하기 위해 필요한 것은 새로운 계몽이다.

4장은 코로나 대유행을 비롯한 세계적인 문제들을 짚어 가면서 새로운 계몽을 호소하는 내용으로 채워져 있다. 가장 시의성이 높은 부분이다. 이 대목에서 가브리엘은 늘 그랬듯이 과학 만능주의를 비판하고 우리가 보유한 지식의 오류 가능성을 겸허히 받아들일 것을 강조한다. 어쩌면 여러 저서에서 반복되는 이야기지만, 여기에서는 코로나 대유행 및 도덕적 가치와 맞물려 과학 만능주의가 무엇이든 예측할 수 있다고 믿는 예측주의로서, 또 경제학의 관점으로 인간 전체를 설명하려 드는 경제주의로서 등장한다. 전자에 대한 가브리엘의 비판을 들어 보자.

지식 사회는 전지(全知)사회가 아니다. 왜냐하면 지구라는 행성 위에서 우리의 동물로서의 생존을 위한 복잡한 조건들과, 최소한 이것들만큼 복잡한, 정신적 생물로서 인간의 파란만장한 역사적 삶의 조건들 아래에서 완전한 확실성과 보증은 존재하지 않기 때문이다. 삶은 위험이다. 미래의 어떤 진단과 예측도 이 사실을 변화시키지 못할 것이다.(424~425면)

결국 코로나 대유행으로 귀결된 지난 30여 년을 주도한 신자유주의는 경제주의와 뗄 수 없게 얽혀 있다. 가브리엘이 〈범주 오류〉라고 부르는 부당한 환원주의의 한 형태인 경제주의가 추구하는 바는 다음과 같다.

경제주의는 도덕적 가치를 경제적 가치로 환원하며, 더 나아가 행동 경제학을 통해 경제적 가치를 인간 동물의 생물학적 행동 패턴으로 환원하려 한다.(442면)

이 환원이 성사된다면, 만민을 향한 보편주의적 도덕은 설 자리를 잃을 것이다. 베토벤 9번 교향곡의 합창 부분에서 등장하는 〈모든 인간이 형제가 된다〉는 가사는 허튼소리로 전락할 것이다.

3.
가브리엘은 정체성 정치, 과학 만능주의, 경제주의를 극복하고 인본주의적 보편주의자들의 공화국을 이루어 내는 새로운 계몽을 호소하면서 책을 마무리한다. 현란하고 신기하고 뜻밖이기 일쑤였던 지난 세기말의 포스트모 던 철학들과 비교하면, 가브리엘의 철학은 이번에도 우직하게 상식의 곁에 있다. 또한 그러면서도 이 복잡하고 어두운 시대에 매우 요긴한 철학으로 느껴진다. 전 세계가 협력해야만 감당할 수 있는 과제들이 속속 불거지는 이 시대에 필요한 바는 고도로 정교하고 모험적인 사고 실험이 아니라 명백한 도덕적 명령들의 실천일 터이기 때문이다.

개인적으로 국가에 대한 저자의 언급이 인상에 깊이 남았다. 〈독일인은 국가를 도덕적 진보를 위한 탈것으로 신뢰한다〉라고 가브리엘은 자신 있게 말한다.

얼마 전부터 우리는 국가 곧 나라에 관하여 여러 이야기를 해왔다. 나라다운 나라를 향한 갈망이 분출했고, 〈이것이 나라인가?〉라는 근본적인 의문이 제기되었으며, 〈그때 나라는 어디에 있었는가?〉라는 처절한 물음이 더 먼저 터져 나왔다. 이 모든 이야기를 주고받을 때 우리 역시 〈도덕적 진보를 위한 탈것〉으로서의 국가를 암묵적으로 전제하는 것이 아닐까?

도덕적인 삶, 곧 좋은(선한) 삶은 당연히 사람다운 삶이며, 사람다운 삶은 당연히 타인에 대한 존중과 배려를 필수 성분으로 포함할 것이다. 지금 우리나라는 모든 타인을 존중하고 배려하는 사람다운 삶을, 도덕적인 삶을 북돋는가?

만약에 그렇지 않다면 우리나라가 이루어 냈다고 자부하는 민주주의는 내실 없는 껍데기로 전락할 위험이 크다. 참된 민주주의 공동체는 한낱 행정 시스템을 넘어서 가치 시스템으로서 작동해야 마땅하다. 무엇을 위하여 민주주의인가? 우리 모두의 좋은 삶을 위해서다. 도덕적 가치는 제도적 합법성을 떠받치기도 하고 뒤엎기도 하는 바닷물이다.

어두운 시대에 도덕의 진보를 긍정적으로 논하는 이 책이 지금 우리 사회에서 굳센 희망의 거름이 되기를 바란다. 우리나라가 우리 모두의 도덕적 진보를 위한 탈것으로 기능하기를 염원한다.

개념 찾아보기

인명 찾아보기

옮긴이 **전대호** 서울대학교 물리학과를 나와 동 대학원 철학과에서 박사 과정을 수료했고, 독일 쾰른 대학교에서 철학을 공부했다. 1993년 조선일보 신춘문예 시 부문에 당선되어 등단했으며, 현재는 철학 및 과학 분야의 전문 번역가로 활동 중이다. 철학 저서로 『철학은 뿔이다』, 『정신현상학 강독(1·2)』이 있고, 시집으로 『내가 열린 만큼 너른 바다』, 『가끔 중세를 꿈꾼다』, 『성찰』 등이 있다. 옮긴 책으로는 『허구의 철학』, 『생각이란 무엇인가』, 『나는 뇌가 아니다』, 『신은 주사위 놀이를 하지 않는다』, 『유물론』, 『더 브레인』, 『인터스텔라의 과학』, 『로지코믹스』, 『위대한 설계』 외 다수 있다.

어두운 시대에도 도덕은 진보한다

발행일 **2024년 11월 15일 초판 1쇄**

지은이   마르쿠스 가브리엘
옮긴이   전대호
발행인   홍예빈
발행처   주식회사 열린책들

경기도 파주시 문발로 253 파주출판도시
전화 031-955-4000 팩스 031-955-4004
홈페이지 www.openbooks.co.kr 이메일 humanity@openbooks.co.kr